戴笠

蔣中正的特務頭子

良雄　著

目次
Contents

目次 Contents

目次 Contents

一、序言

戴笠將軍，為一曠世奇人，平生事蹟，瑰異雄偉，如萬頃琉璃，多彩多姿。屈指數近百年風雲人物，似無人能比他的生活境界更為廣闊，生活內容更為豐富。

在國家內安外攘時期，他表面職司情報，為當局作耳目；而在實際上，各種戰鬥，無役不與。其對國家之卓越貢獻，同儕百僚，鮮有出其右者。故言中國革命與抗戰史實，不可忽視此一曾膺重寄，苦守苦幹二十年，真正有功於國家的人。

自國民政府揮師北伐，掃除廓清，以迄抗戰勝利，二十年間，海內豪傑之士，風雲際會，奮力奔命，以馳騖功名。其有成就，顯名於時的人，不可勝數。江山戴笠將軍，尤為人所稱艷。

戴氏之成名，可謂「其興也勃。」民國二十年前，他尚猶沉於下僚，沒沒無聞。以後幾年，他雖被拔擢，廁足樞要，亦尚猶如一小彗星，隱顯無常，社會知其姓字者甚少。及至抗戰軍興，已是光芒萬丈。

他供職政府，共十八年，其受當局之器重與信任，甚少有人可與相比。其間並無任何淵源，可說完全由於他勇敢、勤奮與忠心而來。當其初為情報員時，不過是一尉級額外軍官，資歷既淺，更無親故在朝，可以援引，他要想策名樞府，受知於當局，其難無異於登天。但他自負有才；亦自知堅忍一心，努力不懈，必將受人重視。譬之渾金璞玉，日久必有識者。所以早年在上海工作，同事不堪其苦，相繼離去，他獨堅守崗位，雖窮困達於極點，而豪情不減，了無懈意。以後奉調南京工作，輒深入敵陣，冒不測之險，但求有所表現，而不計生死安危。他憑著自我奮鬥，終於致身於青雲之上，得以展其長才。

民國十八年至二十五年間，戴氏以智慮過人，屢建奇功，尤以豫變、閩變與兩廣事變之所表現，最為出色。其所破獲各種叛亂案，不知其數。而西安事變之慷慨赴難，大義凜然，更使當局對他信念，深植心中而不可移。

民國二十六年，盧溝橋事變發生，敵人大舉入侵，我國實行全面抗戰。戰時之情報、保防、治安以及鋤奸懲叛等工作，其事甚繁，亦甚艱鉅。當局深知戴氏之才，足以肩鉅承艱，舉以相付，任之而不疑。他亦深知其艱鉅，殫精竭慮，而勇為之，俾政府全力對敵，無後顧之憂。翌年，軍事委員會調查統計局（以下簡稱軍委會、軍統局）改組，戴氏以功績升任副局長，負實際責任，與外寇內奸，及一切惡勢力，周旋於全國各地，遠至海外。十餘萬愛國青年，在他領導下，百道並出，奇謀湍發，若鷙風，若怒濤，無堅不摧，使敵人聞風喪膽。

抗戰後期，他復與美國海軍部及戰略局合作，在我國淪陷區及東南亞一帶，多方打擊敵人。其協助盟軍，殲敵海上，加速其崩潰，厥功尤偉。

勝利之前，淪陷區偽軍，無慮百萬，各自雄踞一方，類皆傑驁不馴之徒。而十之七八，在戴氏策動控之下，莫不頫首奉約束。

敵人投降後，他於傾力維持陷區秩序，協助處理俘虜之外，又復受命全面肅奸，為國家重振紀綱。當時陷區既廣，阻礙頗多，時機又稍縱即逝，故人以為難。而他獨能以周密佈置，與迅雷不及掩耳手段，使緹騎四出，市廛不驚，元惡大憝，悉數就逮，無所逃罪。

由於他驚人的領導才能，與輝煌成就，戴笠之名，遂不脛而走，不僅在國內成為家喻戶曉的大人物，在國外亦頗有名聲。自沒沒無聞，以至聲勢顯赫，屈指不過數年耳。

當其盛時，戴氏部屬，遍布全國，武職中少將人員，數以百計，皆負有相當重要責任，使他一人影響力，足以籠罩全局。社會一切蠹國禍國之輩，無不對他有所忌憚。官場鑽刺功名之人，都願交驩於他。陷區人民言禍福者，唯無視，視必戴笠。由此可以概見其聲勢。

戴氏在政府，只不過是一情報機關負責人，其官階，亦止於少將，並非顯宦。而他在當時，受人注意，則為一般顯宦所不及。這不僅因他聲勢甚大，亦因他鋒芒畢露，不恤仇怨。因而譽之所在，毀亦隨之。

稱譽他的人，說他雄才大略，特立獨行，是一個了不起的人物。毀謗他的人，則說他「不學無術，一文不值。」甚至有人說他是「私人工具。」

對於許多謗言，戴氏充耳不聞，從未與人爭論是非。他自信是在革命，是在為黨國利益而努力，絕無私人企圖。在抗戰剛勝利時，有人夥謀排擠，他亦毫不在意，他認定「中國革命，距成功之路，還很遙遠，仍須繼續努。」所以他照舊埋頭工作，奔走各地，席不暇暖。

民國三十五年春，戴氏尚未滿五十歲，依然雄心勃勃，亦依然為當局所倚重。言年齡、言事業，俱可說是如日中天，方興未艾。他亦有自己的理想與抱負，想為國家多做一些有益的事。譬如他想在復員裁軍之後，建立全面新制警察，藉以根絕武裝割據，配合憲政實施，且已早有成算。他又有鑒於近百年國恥，與海防空虛，門戶洞開，大有關係，係謀借助盟邦，重建海軍，亦已獲致初步協議。……

其時，中國共產黨（以下簡稱中共），因得蘇俄支援，已公開叛亂。整個社會，亦因八年抗戰，問題叢生，危機四伏。政府正需要強幹、貞亮，而有抱負的人，出力任事，以濟國家之急。眾信戴氏將仍在政府，負更重大責任。不料他於巡視途中，忽遇空難，齎恨以歿。

「如果有人正在生命巔峰中突然死亡，是會令人震驚的。」恰如約翰・甘迺迪氏之所言，戴氏正是死在他之生命巔峰中，亦正是大有為的時候。故當其噩耗傳佈後，朝野驚悼！社會較有正義感人士，知與不知，莫不惋惜。民間競傳他生前鐵面無私，為國家除害的英勇故事，為他之死而嘆息！他的同志、部屬、親故之悲傷，更不待言。

據說當時被拘禁在蘇州等他的數千囚犯，聽到噩耗，亦暗自飲泣。因為他們知道循政治途徑，解決漢奸問題的擬議，將因戴氏之死，而成泡影。

在歷史上，每一個時代，都有人崛起草莽，取功名如拾芥，乃至夤緣時會，浪得大名。但如無所立，足以傳世，多數是「當時則榮，歿則已焉。」一個情報工作者，所作的事，如同電光石火，一過不留，非昔人所謂不朽之業。其在生前被人稱讚，死後令人悼惜的，已是十分難得。其有身後之名的，更是百難一覯。

可是，戴氏不但有身後之名，殉國多年，墓木已拱，他仍活在很多人的心靈與記憶之中。在大陸變色後，且有若干人士，感慨系之地說：「倘使戴雨農不死，局勢何至於此?!」意思是說他如猶在，將可力挽狂瀾，至少不會讓中共輕易得志。社會對他評價之高，於此可見。

如眾所知，戴氏一生任軍職，未嘗從政，亦未曾致力於學問，既非政治家，更非思想家。他雖出身軍校，但如說他是軍事家，亦嫌牽強，他並未親歷戎馬，立功疆場。社會對他評價如此之高，就因為他是一實際而有為的政治性人物，具有潛在影響力，而不僅僅是一傑出的情報工作者。

不論誰毀誰譽，有一事實，應可肯定，即民國二十一年──三十四年，正當國家內安外攘時期，戴氏曾扮演一重要角色，獨為其難，對於國家，有極卓越貢獻，是無可否認的。

在這一段時間，他所有施為，並未以情報為限，而是多方面的。其已為社會一般人所知者，約十居二三，所不知者，則十居六七。其中又有少許特殊之事，未易測識者，不僅他人無從知悉，即起戴氏於地下，他亦只心知其然，而口不能宣。

大體言之：戴氏生前所主持的工作，諸如保衛政府安全、防止中共叛亂、全面保密防諜、維持後方治安、監察交通運輸、查緝走私、搶購物資、懲治貪墨，誅除強梗都是公開進行，人所共見的。其在敵後武裝抗暴，騷擾破壞，殺敵鋤奸，前仆後繼，血跡斑斑，亦是陷區民眾有目共睹的。至於在海內外從事情報戰，謀略戰，與廣泛的進行策反和反間工作，皆屬極端秘密之事，當非局外人所得而知。

除此之外，他在維護政府威信，貫徹統帥命令，協調各方關係，團結抗戰力量等方面，亦作過很多頗值稱道的事，而知者殊少。

一系列的工作任務之達成，對於社會安定，政府穩固，以及國家統一與抗戰政策之遂行，直接或間接，有其重大作用，毫無可疑。

吾人無意於因傳戴氏，而特意強調情報工作之重要性。但必須指出：當若干問題已然發生，非謀解決不可，而客觀情勢，又非政治或軍事力量所能解決時，情報工作，往往能以多種特殊手段，使問題迎刃而解。試舉兩個實例：

當政府正全力準備抗戰之際，忽然發生兩廣事變，數十萬抗命軍隊，陳師湘贛邊境，劍拔弩張，內戰有一觸即發之勢。同時，冀、魯、川、滇一帶，亦有野心者四處構煽，唯恐天下不亂。假設不幸而演變為鬩牆之爭，不僅地方糜爛，國力耗損，人心亦必因而渙散，何能外禦其侮？就正在危機間不容髮時候，賴戴氏以計略策反成功，終於化干戈為玉帛，使已然瀕於分裂局面，復歸團結，一致對敵。

抗戰進入第二階段，全國淪陷地區日廣，在敵人「以華制華」陰謀下，無一地沒有受敵卵翼的偽軍。再到南京偽政權出現，為數益多。面對這種情勢，政府的政治與軍事力量，皆無所獲施。由於戴氏之著佔機先，多方策動，其中百分之七十以上偽軍，不僅暗中擁護政府，避免與國軍作戰，且不敢過份為惡。迨敵人投降，或奉命維持治安，或協力抵抗中共，或繳械歸命，皆如所期。所以勝利之後，雖有中共騷擾，仍能順利復員。

國人但知兩廣幡然變計，偽軍聽命政府，有裨於抗戰與復員，但見焦頭爛額者受上賞。而不知曲突徙薪，伊誰之功？原因是軍統局工作，一直嚴守秘密，從不對外發表。同時，戴氏始終堅持一個原則——「作特種工作人員，不可好名邀功，要一切歸功於領袖。」

只看這兩個列子，已可窺見軍統局對於國家，確有貢獻。亦可確信戴氏之成名，並非偶然。

綜觀戴氏一生，可以說他是一奇人——其際遇奇、其才略奇、其事功奇、其踐履與器局，亦無不奇。吾人所謂奇，意指他有異於常人之處，並非說他是超人，他亦有平凡之一面。

先從際遇說起：戴氏早年孤寒，讀書無成，流浪多年，幾於沉淪，而他能自拔，並受知於當局，獲得信任。其次，他獨立開創一種素未諳習的事業，全憑自己智慧、勇氣與毅力，而能做來有聲有色，使盟邦人士亦驚異不置。再次，他領導一個極為龐雜的組織，能夠羅致各種人才，銜勒鈐制，使人皆樂於為用，俛首帖耳，而不敢肆。最後是他的工作機構，遍及海內外，人員眾多，千歧萬轍，繁重無比，而他能從容指揮，剖繁理劇，舉重若輕。更值稱道的，是他的革命精神——不怕死、不沾名、不要錢。凡此，皆尋常知名之士所不可企及。

毫無疑問，戴氏在並時崛起人物中，可稱是「出乎其類，拔乎其萃」的。他亦是貢獻最多，「鞠躬盡瘁，死而後已」的！他為國家所做的事，都有事實可稽，他不是盜竊虛聲，儻得浮名的。故其人可傳，其事亦可傳。

從史學觀點講，一個政治性人物，如對社會與國家，有所貢獻，或與當時治亂興衰，有其因果關係，則其個人行誼，必與歷史有關，或直為歷史之一部份。以戴氏負責之重，貢獻之多，他與國家統一，抗日民族戰爭，豈能毫無關係？講我國近代史實，特別是國民革命史、抗戰史，又豈能抹殺像他這樣有實功實績的人？因此，吾人深信戴氏一生紀錄，必有可供史家采摭之處。

戴笠將軍像

二、戴笠家世與童年景況

戴笠生長在江山鄉間一個寒素之家，幼年喪父，幸有賢母，始得入學。由於天資聰穎，在小學六年，他能作文不屬稿，而包辦第一名。他生性豪放好勝，又喜生事，但極坦率，很講理智，他因此屢受母親責罰。亦因此為師友所敬愛，料定他如上進，必成大器。

家庭背景

戴氏籍隸浙江省，江山縣，生於民國紀元前十五年（公元一八九七）夏曆四月二十七日。在他出生前三年，日本侵略中國，引起戰爭，史稱「甲午之役」。我國革命，發軔於此時。以後半個世紀，發生過多次重大變亂，動關國家安危，包括軍閥割據，帝國主義者干涉，中共暴亂，與日本再一次大舉入侵在內。故戴氏可說是生在一個驚濤駭浪的大時代，亦正是男兒建立奇功時代。

江山原屬衢州，地當浙、閩、贛三省之交，仙霞主峰，盤亙於其西南，境內萬山環列，層巒疊翠，一望無際。須江發源於縣境之石鼓，流經鹿溪，繞奇峰怪石，奔騰而下，與信安江同匯於錢塘，東流入海。故山明而水秀，風景幽絕，仙霞嶺尤為著名。顧祖禹所稱：「……隘處僅容一馬，至嶺益陡，蹊徑回曲，步步皆險，」就是指此地。

仙嶺北麓，石鼓、鰲頂兩山之間，有小鎮，舊名保安街，距江山縣城約百里。戴家居此數世，戴氏即出生於此。

在清朝，一個家族，必經科舉得到功名，始受人重視。戴家在江山，原非望族，未聞有人以科名顯庸於世，世系源流，遠莫能考。僅知其先世居龍井關頂地方，開設客棧為生。至戴氏高祖父戴日明時，始由關頂遷居保安街。

戴氏祖父名順旺，以農為業，為人勤儉而和善，略有積蓄，除耕地數十畝之外，還有山地一區，出產竹木。雖非素封，亦可稱小康之家。不過，在戴氏出生後，家境已不及以前寬裕，原因是他父親戴冠英不事生產。

戴冠英原本姓鄭，名雲富，為鄰村廣渡人，因順旺老而無子，乃以螟蛉入繼為嗣，改名姓為戴冠英。據說戴氏得志後，常有人自稱戴姓宗支，遠自鄉間來，請求位置，屢卻而屢請。戴氏曾有一次憤然地說：「我做的是國家事，非戴家事，而且我原不姓戴。」此一傳說，亦頗有人否認。其實，父為養子，並無妨其子之為英雄豪傑。戴氏坦率性格，就是如此，大可不必隱諱。

戴順旺之於冠英，自始即視同己出，盡力培植。而冠英讀書數年，卻無進步，乃改而習武。戴冠英生性既放蕩不羈，不求上進，習武亦無所成，又不願力耕，遂成為一的無所事事的人。鄉里因其放浪，都不願與之聯姻，所以年逾弱冠，尚猶未娶。

稍後，保安藍家，因與順旺交厚，念其為積善之家，必有餘慶，乃毅然與之議婚嫁，以其愛女名月喜者，許字戴家。

戴冠英與藍月喜結褵後，初生一女，名春鳳。越年舉一男，名春風，即是以後叱吒風雲的戴笠將軍。又二年，再生一男，名雲林。

戴氏年甫四歲，其父冠英不幸病故。戴家在保安一帶，雖有數戶，皆遠族。冠英謝世後，其親屬僅賸一年輕孀婦，與三個髫齡孤兒，其景況淒涼可知。

過去我國婦女，不幸喪偶，多本於夫死從子之義，以守志為第一大節，貞潔亦頗為社會所敬重。戴母藍太夫人乃決志守節，母兼父職，撫育戴氏姊弟三人，以教以養，至於成立。其持家教子，皆能循禮法，鄉黨俱稱其賢。

可是，他畢竟是一農村婦女，又不幸居孀，處處要受舊的禮俗束縛。更無能力，別治生產，只能靠祖遺田產度日。冠英逝世時，營奠營葬，所費不貲，曾將部份田產，典質與廣渡祠眾。鄉里無賴，又不免因其一門孤寡，加以欺凌。他家山地竹木，亦時有被人盜伐情事。戴氏回憶早年情況，常說幸賴他母親苦心撐持，他才有讀書機會。他對於他父親甚少談及，但對於母親的辛勞，則念念不忘。

幼年生活及其性格

在民國以前，保安街只有私塾，俗稱童館，一般兒童，須先入私塾，讀過四子書後，再到設有新制小學地方升學。戴氏六歲入私塾，識字背誦，能倍於常兒。兩年以後，初學作文，即解「見賢思齊」之義，才思異常敏捷，為其啟蒙老師毛逢乙所激賞。

實際上，他讀書並不十分用心，當別人苦讀時，他常藉故出入遊戲，或一旁觀望，自得其樂。但他天資特高，每項功課，只須複習一兩次，便能牢記不忘。故在私塾數年，他所讀的書，比常兒為多。

以往大人物紀傳，都照例附上一段神話，以示其與眾不同。現代如說某人是「山靈毓秀，川后降神，」已無人相信。惟人之資質，因稟賦不同，而有智愚之分，則毋庸置疑。

曾與戴氏共事的人，都認定他頭腦清晰，反應敏銳，對於很多複雜問題，不待深思，便能體察入微，洞見利弊。其記憶力之強，更屬少見。在軍統局內，凡屬中級以上幹部，只要和他談過話，即相隔甚久，他能一見即知其姓名、出身、與工作成績，而且屢試不爽。據說在西安事變時，他突然索閱「新國民黨」所發出的一件密令。事隔數年，主管人員早已忘記，遍尋無著。他再以電話告知「此」紙條，為某年某月劉蘆隱所寫，附於某文卷內。並說「隱」字是如何寫法。再經檢查，果如所言。他在中年，記憶力仍如此之強，可見他小時必聰明過人。

往時讀書，是一般人的最大希望，所以說：「書中自有黃金屋，書中自有顏如玉。」意思是只要讀書有成，財富美色，垂手可得。但在科舉廢除以後，讀書又是一最重負擔。普通家庭，進中小學，已不容易。進大學、留洋，非富貴人家子弟不可能辦到。故一般只能入私塾數年，能識姓名而已。

戴氏既失怙，家境又欠寬裕，故當其應升小學時，親故鄉黨，皆主張他應出外學習，或習商務，俾資以為生。而藍太夫人正憫其為孤兒，覺得自己責任更重，亦覺得愛子只有讀書，才能光耀門楣，更加毛逢乙之慫恿。遂勉力張羅，送戴氏入仙霞小學。

戴氏十一歲入初級小學，改名為戴徵蘭。在校四年，成績依然優良，亦依然不免於藍太夫人之責罵，有時且忍痛責打。據他自己說：「我四歲便喪父，自那時直到十四歲離開家庭，整整受了十年嚴格的母教，數百次痛苦的笞楚。」

十年之中，受笞楚至數百次之多，可以想見戴氏小時必很任性。據說他小時就剛強好勝，每與群兒嬉戲，常要別人聽他擺佈，而自以為是英雄。性復好動，常呼朋嘯侶，遨遊於仙霞一帶懸崖險穴之中，人所不敢做的事，他率先為之，以膽力自衒。又喜與人爭議是非，他如認為不合理，即遇鄉里長者，辭色之間，亦不稍屈。稍長之後，他更憎惡別人以強凌弱，好打抱不平，往往事不干己，強自出頭。

這本不算是異常現象，世界許多大人物，因其天賦特厚，活力特強，當其童年，大都如此。但由於戴家門衰祚薄，他稍放縱，就會為藍太夫人平添許多煩憂，所以從嚴管束，不敢稍加溺愛。

民國前二年，戴氏升入文溪高等小學。學校設在江山縣城，他說十歲離開家庭，就是指到縣城就讀。

文溪高等小學，在當時，為江山全縣師資設備最佳學校，優秀少年，皆薈集於此，與戴氏先後同學，以後並與同事者，有周念行、王蒲臣、何芝園、毛人鳳、姜紹謨等，皆以品端學優著稱。由於他有很多同窗同鄉，時常追述往事，使吾人對於他在文溪時代一般情形，獲得較多亦較真實的資料。

戴氏在文溪高小，仍如在仙霞初小，善讀書，而不甚用功，然在校四年，每季考試，仍為第一名。課餘喜愛活動，亦以他為第一。他入校不久，即發起組織青年會，除提倡體育運動外，並提倡清潔運動，反對婦女纏足，與吸食鴉片。民國初年，小學生組織團體，從事社會性活動，是不多見的。

據他另一文溪高小同學姜超嶽說：「當肄業文溪時，與戴雨農同學一年，有一事受其影響至深，而獲益亦至大。時戴為青年會會長，又為校中唯一沿清制之四年級班班長，在校以才學著稱外，最以作文不屬稿名。」

在校任會長、班長，以才學著稱，作文章不須屬稿，自然會有很多同學敬愛他。更加他能言善辯，膽量亦大，喜打抱不平，亦自然不免好管閒事。然亦並不無理取鬧。

據說有一次歷史教員毛英，在課堂講述五代後蜀主孟昶故事，當講到花蕊夫人無端被射殺時，戴氏忽於座中起立，拍案大罵「趙光義混蛋。」滿堂為之愕然，而他神色自若。

又有一次，是某國文教員講孟子離婁篇，他亦在場。其時，正值辛亥革命後，民主思想，已經萌芽。而這一位教員仍說：「不論作君上的如何待臣下，作臣子的，都不可視君如路人，如寇仇。」在場學生，都心知其非，而噤不作聲，獨戴氏不以為然，起而駁辯。他在事後，並指責某教員思想陳舊，又無實學，號召同學反對。他在校有號召力，很多人唯他馬首是瞻，學校惟恐滋生事端，只好將某教員解聘。

繼其任的教員名李守愚，頗有實學，戴氏亦心服其人，甚為敬重。經過十幾年後，戴氏已發跡，聞李守愚亦在南京，供職中央黨部，年時佳節，他必備禮物，親往探候，執弟子禮。李守愚亦以有此學生為榮。

不過，他雖已有若干成人的思想，畢竟仍是小學生，仍不免有稚氣。例如同學周念行，來自鄉間，入學之時，仍蓄有髮辮，學校亦不禁止。他卻認為既已打倒滿清，就不應再留髮辮。他並未得同意，便將其長辮強行剪掉。周雖不快，亦莫可奈何。

儘管如此，多數同學仍喜歡他，因他為人坦率而熱忱。譬如他愛管閒事，常常自以為是路見不平，拔刀相助。但如別人能指出他的錯誤，雖責怪他，亦不在意。他常喜逞口舌之能，若是理屈，他亦能坦然認錯。他和任何人都可相處，即偶有爭執，從不宿怨。如他覺別人需要幫助時，總是唯力是視。

在生活方面，是最能表現戴氏之豪爽性格的。他喜愛交結朋友，用錢非常慷慨，交際應酬之間，從不佔人便宜。因此，他雖非富有，而每季費用，常比別人為多，錢到手，即花盡，乃至借債，亦所不計。傳說當時江山城內所有菜館，無一家他不曾光顧，亦無一家不曾欠賬。但他很守信用，無論所欠銀錢，所借他人衣物，到時必定歸還。

戴氏小時性格，大抵如此。

進入中學及失學經過

民國三年底，戴氏以第一名畢業於文溪高等小學，年十七歲。或許因鄉俗習於早婚，亦或許因藍太夫人渴望抱孫，翌年即之授室。所娶為江山鳳林鄉毛家女，名秋叢。他結婚不久，即赴杭州，投考第一中學。

杭州為浙江省會，人文薈萃之區，省立第一中學，又為全省學子所嚮往之學校，故競爭頗為激烈。惟戴氏仍以高分被錄取。當時國文試題是：「試各言其志。」他在略加思考之後，迅速寫成一篇洋洋灑灑的文章，抒發自己懷抱，結語是：「希聖希賢希豪傑而已。」意謂如做不到聖與賢，亦當做一豪傑之士，可謂吐屬不凡。

雖然第一中學優秀青年更多，課業亦更繁重，他在校仍名列優等，為老師所稱許。可惜只住過三個月，便被迫退學。

戴氏被學校除名，並非因其品行不端，只可說是因其任性。從來才華出眾的人，多半個性較強，如不是傲骨嶙峋，孤芳自賞；便會是剛正負氣，不肯俛仰由人，戴氏是屬於後面的一型。

當時第一中學學生，多數住宿校內，戴氏寢室，位於二樓樓梯口，為上下必經之地。每到深夜，便有舍監上樓查看，必經他的寢室，履聲橐橐，擾人清夢。他常因此不能成眠，甚為厭惡，卻又無法阻止。於是想出一個警告方法，暗將木製啞鈴，置於樓梯間，以為如此可以提醒舍監注意，不料弄巧成拙。

某日，當某舍監上樓視察寢室時，自不小心，誤踏啞鈴，跌落地下，認為有人惡作劇，定要查明嚴懲。學校當局，因其與某權貴有瓜葛，必須敷衍，為此集合全體學生，鄭重查問。這一近於遊戲的行為，別無他人知道，本是不易查明的。戴氏負氣，亦不願連累同學，不待詢及，即坦承是他所為。他並申述理由，侃侃而談，略無懼色。

他的坦率而英勇氣概，博得同學一致同情。校長知他為一優秀學生，又能勇於認錯，本欲薄責了事。無如某舍監固執，以去就爭，終於被迫退學。

現代傳記作者，對於傳主之家庭背景、幼年生活情態及其常與接近之人，都很注意，不厭求詳，因其有關一個人的教養、習染及其性格之形成。可惜在這一方面，吾人所知無多！然而戴氏早年生活情態與性格，可以徵信者，亦僅止於此。

三、十餘年坎坷生涯

失學以後的戴笠，有十年以上時間，浪跡各地，過著坎坷不平的生涯，使他飽受痛苦。同時，亦使他能結交「三流九教」朋友，深入社會底層，瞭解各種情態。他得志以後，比別人更通達世故，更為堅忍而有容，沒有驕矜之氣，似皆由於十年困頓，磨練而來。

戴氏天賦殊厚，為一可造之才，如專心致力於學，不難以學術名世。不意造化弄人，竟因細故而失學，這對他是一沉重打擊。在此以後，他未再入學讀書。所以他常公開的說：「論資格，我只是高小畢業，中學只讀了三個月。」

一時負氣，以致失學，他當然深感懊惱，自覺愧對慈母，亦無顏返回故里。所以離校之後，仍逗留在杭州。傳說他曾在一遠親所設之豆腐店作工。一說是紙坊，而非豆腐店。

江山盛產竹造紙張，戴家有竹山，可能與造紙商人熟識，或有親友經營此業。戴氏在抗戰時，常談及改良造紙技術之事，並對紙坊作業情形，甚為熟悉。依此推想，他當時可能是在某紙坊作一臨時職員，而非在豆腐店做苦工。

他在杭州逗留時間，說者不一。以他離開第一中學，及回投考師範時間計之，大約不過年餘。這一年，他的獨子藏宜出生，他或許是因其夫人生產，經家人催促，才返江山。

據姜紹嶽筆記所載：「民國五年，舊曆七月杪，赴衢應考聯合師範。同學戴雨農，時名徵蘭，亦自杭歸來應考。」這顯示他回家不久，即去投考師範。

「人在窮途，絕不可喪志。」這是戴氏常用以勉勵朋友和部屬的兩句話。他雖受強迫退學打擊，似乎壯志猶在，並未氣餒。姜紹嶽的筆記又記：「考前一日，予偕鄉友六七人，聚於戴所，戴出一書示予。……見予信口讀來，了無滯礙，於是大聲呼予名曰：『此次應考，自分第一名非我莫屬。今遇君，則我第二矣。』榜發，戴果第二。惟第一則為毛繼寶，因熟讀名師所撰同題範作也。否則戴第一矣。」於此可見其自信與豪氣。

當時衢屬五縣聯合師範招生，投考者頗多，而錄取名額甚少。戴氏以第二名考取，應入校而未入校，原因不明。有人認為他不進師範為失策，因其負擔甚輕，畢業以後，又可得一安定職業，乃他人所求之不得者。其實，「塞翁失馬，焉知非福？」如他當時進師範，將一生從事平淡的粉筆生涯，英雄無用武之地，又如何建立奇功？

自失學後，約有四年以上時間，正是戴氏徬徨歧途，不知何去何從時候。他有部份情態，恰與他父親相似，即自視為讀書人，不屑與農夫為伍。經商既無經驗，更無資本。而比較起來，他更為豪放，更喜結交朋友，干預閒事。

這一段時間，據說他在家日子甚少，鄰近城鎮，遠至金華，杭州，都有他的足跡。他看似忙碌，而實無正事，和他往來的，多半是一群情況相類的人，相聚一處，以玩樂為事。有時別人聚賭，他亦在旁幫場。他的興趣，又是多方面的，每逢各地有廟會，他必定會到。別人設壇開乩，求神問卜，他亦參加。總之，他是一最喜熱鬧，而不甘寂寞的人。

更使他家人為他擔憂的，是他任性，喜愛打抱不平。他常因此與人起爭執，別人人多勢大，他毫不畏縮。他曾被人毆辱，有一次，並被人綑綁，而意氣之間，仍不稍屈，幸得一毛老先生為之解圍，始得平安回家。

這些情形，顯示戴氏在失學以後，生活很不正常。然亦只是比較放蕩，不會如傳說之甚。譬如有人說他曾騙取朋友衣物，典質花費，不但並無其事，亦與他性格不合，他在失落時，亦是很講信義的。

民國六年，戴氏年已二十一歲，仍是飽食終日，無所事事。家中食指日繁，經濟狀況，略無改善，藍太夫人雖口不言貧，而拮据之狀，不能盡揜。戴氏畢竟與他父親不相同，他能刻苦，有面對現實勇氣。自覺坐食非計，乃決志從戎，投考浙軍第一師模範營，充當學兵。

戴氏不進師範，從事清高的教育工作，而當學兵，是頗令人費解的。但如明瞭當時社會風尚，明瞭戴氏性格，亦不難索解。自民國成立，武人當道，不必讀書，仗劍馳馬，亦可得志。其僥倖萬一者，且可竊權擅政。戴氏生在這種時代，他的思想，不能完全不受影響。顯然他是想從軍隊方面，開闢一條出路，卻未料到這對他又是一次打擊。

他入模範營不久，江浙軍閥，又復內鬨，浙軍第一師潘國綱部最先潰敗，學兵營解散，他因而流落在外。當時舉目無親，食宿俱無著落，有一段時間，他是住在一古廟內。幸而藍太夫人愛子心切，聞戰事結束，親身出外查訪，蹤跡至寧波，知其下落，他始隨母還鄉。自此里居不出者約有兩年。

所謂里居不出，只是說他這一段時間，不曾遠出。他生性好動，又喜交遊，他是不會息交絕遊，杜門不出的。這兩年中，他除偶而在家讀書外，如不是外出訪友，便是與鄰里少年，嘯傲徉徜於山水之間。仙霞嶺一帶，固以山雄水奇名，五關六嶺，景色尤佳。戴氏在文溪小學時，就常邀約同學，前來仙嶺遊覽。所以這一帶名勝古蹟，如何處山嶺最高，共有若干石級；何處廟宇最古，係於何時興建；何代曾在仙嶺用兵；何人曾在仙嶺題詠；他都熟悉原委，說來如數家珍。而鹿溪一帶，山水紆曲，縈林絡石，美麗如畫，尤為他所常遊之地。顯然他自當兵歸來，生活情調，和他個性，並無多改變。

一個青年，性情磊落，以氣自豪，不屑於隨人作計，乃昔人所謂「跅弛之士，泛駕之馬」，正足以見其不凡。但在鄉俗眼中，戴某既任性，喜交遊，愛花錢，讀書從戎，又皆無成，必是一無出息的人。並有人料定他將和他父親一樣，終必為敗家子。

戴氏貴顯以後，他的鄉人，當以有此奇才為榮。但在當時，他顯然是一個不受歡迎人物。亦難免不有人因其放浪，「敬鬼神而遠之。」戴氏雖任性，雖不矜小節，卻不是一個自甘墮落的人，他耳聞目睹，對於流俗冷暖之情，不能毫無感覺。

在另一方面，他昔時同窗友好，都已進入有名大學，或高飛遠舉。他原是最為師友所器重的人，有人還說他如上進，「一旦逢雷雨，必非池中物。」他一向好勝，不甘後人，而竟落在人後。

由於種種感觸，種種刺激，他無法再得過且過，乃決計離開保安，外出創業。藍太夫人雖未讀書，卻深明事理，且有丈夫氣，不類尋常婦女。他常對戴氏說：「一個人死後，要令人家感嘆一聲──唉！而不能令人家發出輕蔑、不屑和鄙夷的──啊！」意思是說要堂堂正正做人，死後令人同情。他亦相信愛子非久居人下者。故允其所請，立將部份山地割讓與人，籌措川資，助其遠遊。

戴氏這次外出，前後共有六年以上時間，只在他二十六歲時，曾一度回家小住。他被聘為仙霞鄉學務委員，就在此時。其餘時間，則浪跡各地，多數時候，是在杭州與上海。

當時的上海社會，幾全為軍閥、買辦與幫會勢力所籠罩，可說是最複雜的地方，亦可說是罪惡淵藪。一個剛入社會的青年，不工不商，毫無憑藉，要在那種社會立足，不是容易事。

戴氏有很長時期，浪跡在上海一帶，所與往來者是何種人？曾作何事？如何生活？知者殊少。一般傳說他是為人作記室。以他文字能力而言，為人司筆扎，是足可勝任的，但亦無人確知他在何處為人作記室。

有幾件事，是可推想而知的：一是他早期在上海的生活費用，必有部份，仍是由其家庭接濟。據他老友鄧展謨說：「藍太夫人由江山寄錢來，均託我代收。」時在民國十七年，他已任軍職，領有薪俸，猶不免向家中告乏，其在外漂泊時，自不免請其家人接濟。一是他交遊必定很廣，亦必有幫會中人。他自己常說：「交朋友不妨多，三教九流都要交。至擇善固執，則操之在我。」另一是他當時生活，必定是很困苦。

戴氏得志後，亦常對他部屬講述早年故事，曾經說到：「昔年在杭州，遇到暑天，我常穿著一襲紡綢長衫，一套紡綢褂褲，每天出外，總是整潔如新。別人以為我的衣服必定很多，殊不知就只此一套。有時朋友邀約，別無衣服可換，我就先行跑到西湖邊，找一隱蔽地方，將衣服洗淨，掛在樹上，坐待晾乾。再摺疊壓平，穿著赴約。」這可略見他當時窘況。

至於他在流浪時期，曾否參加幫會組織，亦有各種不同傳說，卻都缺乏具體事實。在幫會組織社會化以後，雖然薰蕕猥雜，不良之輩，所在皆有，亦未嘗無任俠好義之士。我國早期革命時，就曾經運用過幫會組織，亦有人參加幫會，革命黨人，亦不諱言。民國以來，知名之士與幫會中人交往者，更是指不勝僂。故戴氏曾否參加幫會，是無關緊要的事。

可是，社會一般人，已習慣於將幫會與地痞流氓，混為一談。而後者又是含有罪惡意思，為人所不齒的。事實上，憎恨戴氏者，就曾經有人說戴氏是流氓，意指他是幫會份子。故雖知無關緊要，亦須有所交代。

為此，吾人曾歷訪戴氏故舊，希望知其究竟。據他幾位老友表示：戴氏為人坦率，他對早年落魄窮困情形，乃至男女之間的事，在老友面前，從不隱諱，惟未聞他談幫會事，亦從未見他參與幫會活動。

另據幾位與戴氏共事最久人士說：「我們有十幾年與戴先生朝夕相處，他所予人印象，是一派高雅風度，言談舉止，看不出有幫會氣息。如他曾參加幫會，沾染惡習，久而久之，習與成性，是難免在不覺之間，顯現原形的。」

戴氏對其部屬手令中，亦有：「特工之幹部人員，切不可用流氓，因流氓習於招搖，用之未有不敗者」諸語。從原文語氣看，他所謂流氓，是意指幫會中人。

依此，則戴氏似乎並未參加幫會組織。

但另據可信人士說：北伐以前，革命黨人運用幫會關係，發展組織，與幫會中人之暗中響應革命，乃為一公開之秘密。上海著名之洪幫首領王亞樵，即其中之一。戴氏因嚮往於革命，在其流浪時期，曾結識王亞樵，參加洪幫，並因王之關係，而與胡宗南、胡抱一等相識。戴氏且為王亞樵門客，住在他的家中。

亦有人說戴氏對於幫會情形，最為熟悉，並知道各幫「海底」，及其組織源流。

前面兩說，恰巧相反，吾人以為後者較為可信。戴氏同志所見到的，是得志時候的一位處長、副局長，而不是失意時候的戴徵蘭。一個人已入官場，都不免有幾分矯飾，舉止高雅，並不能證明與幫會無關。且戴氏自己亦說過曾與王亞樵「結義金蘭」，則後一說言之有據，而非出於揑造。

不過，即使他曾參加幫會，亦可說是「湼而不緇」。這可從他行動看出，如他涉入幫會很深，以他的才華，大可在上海生存，而不必毅然離開。

每一個人的實際生活，都是多方面的，戴氏和幫會關係雖不甚深，並不表示他在流浪中生活，沒有瑕疵。他生性豪放，和「三教九流」都有接觸，「近朱者赤」，自然不免要過荒唐生活，因上海的浮華，對於青年是有誘惑力的。

據他告訴朋友，他昔年在滬杭一帶，曾遇到很多誘惑，足可使他生活糜爛，無以自拔。他能把持自己，沒有墮落下去，依他解釋，是每當他一念及他母親盛年守節，望子成龍的一片苦心，便不禁慄慄危懼，有若將隕於深淵之感，遇到這種時候，便盡量克制自己。他畢意是一知識青年，一向自負，很可能有一種自我警覺意識。據戴氏老友說：他早年善飲酒，以量自豪，可以千杯不醉，自任公職，他即戒酒，除在中美人員聯歡時，他遇爾飲酒少許外，平時點滴不嘗。這亦可見一個人的克制力。

戴氏在滬杭一帶，經過幾年摸索，受到很多苦楚，而卒無所遇。他對流浪生活，似已感到煩厭，倦鳥知還，復歸江山。他的家人，勸他從此息遊，在家安分守己度日。這當非他所願。而他處在一種困境，暫時只好如此。不意又突然發生戰事，使他再受到一次很重打擊。

民國十三年，軍閥又在東南掀起內戰，浙軍伍文淵部據江山，直軍孫傳芳部由閩攻浙。當時浙閩公路尚未建成，仙霞嶺為必經之地，亦為必爭之地。如果在仙霞嶺一帶發生戰事，保安近在咫尺，即幸免於烽火，亦難保不被兵勇之騷擾。這個時期，民間是沒有防衛組織的，故一時風聲鶴唳，父老驚惶，不知所措。

此時戴氏已回保安，並且已然是一位年輕紳士，他對於這種與地方安危有關的事，當然不會袖手旁觀。於是挺身而出，倡議團練自衛。由於他的努力，很快就組成一有百餘丁壯的保衛團，他被推為團總，以刀矛、木棍、鳥槍為武器，慨然負起保衛桑梓的責任。卒賴其力，得慶安堵。

當興事之初，他方人士為求生命財產安全，都表示支持。及至事過境遷，閭閻之間，幸而無事，事修而謗興，並使他債台高築，獨受其累。藍太夫人雖不疾言責斥，亦不免因其好事，而有不豫之色。至此，他知道地方事無可為者，遂復萌外出之念。

他要建功立業，是應當外出的，「大丈夫當立功異域」，不當株守田園，老死牖下。可是，前途茫茫，飛向何處，才能找到棲枝？則毫無把握。他曾經幾度外出，尋覓出路，而所感受到的，則是世途險巇，人情澆薄。許多痛苦經驗，尚猶縈迴在他心頭，使他思之心酸！他已決意不再往滬杭，打算另闢出路，最好是陌生地方，使他能忘掉過去。

經過很久考慮，他打算南走廣州，投考黃埔軍官學校。恰在此際，他在江山縣城，不期而遇見同學毛人鳳，適從廣州奔喪回籍，晤談之下，他知道同學周念行等，都在廣州，於是決定投入革命軍營。他的決定是正確的，他在家鄉已難於立足，又別無更好出路，只有參加革命，才有意義，才合於自己懷抱。

關於戴氏投身革命事，亦有若干傳說。譬如有人說他早已研究革命主義，立下革命大志。相反地，亦有人說是經某人指點，知道黃埔軍校招生事，才打定主意。這些說法似皆出於附會。

戴氏知道普通的革命道理，可能比他人更早。他有一族兄名戴春陽，留學日本，為同盟會會員，曾參加辛亥革命，晚年在家教書。據說戴氏小時，他甚愛其才，常勉其學成之後，獻身革命。他可能會對戴氏講述他參加革命經過，及中國之所以要革命的道理。不過，戴氏當時正在讀書時期，更加東南地區，仍為軍閥所盤踞，社會諱言革命。說他早有研究，實難以置信。

在民國十三年前後，南方革命，正蓬勃發展，各地知識青年，投奔廣州的人已經很多。戴氏常在滬杭等大城市，朋友甚多，他不必待人指點，才知道革命情形。

他之所以徬徨很久，遲至十五年春，才作決定，很可能是因家庭關係。他上有老母，更有妻室，且己身為人父。他又是戴家長子，有撐持門戶，仰事俯蓄責任。尤其是他事母至孝，不欲重違母意。很顯然地，他曾經飽受從軍之苦，如再遠出從軍，藍太夫人是絕不會同意的。

可是，環境逼迫，他已到非走不可的時候。他十年蹉跎，一事無成，他無法再忍受鄉里無言的諷刺。他亦深深知道，時光對他是非常重要，他已經是壯年，如有一種機會被輕易放過，他將永遠得不到相同機會。所以決計之後，立即在縣城張羅，他自己籌得大洋八十元，朋友贈送他二十元，準備以此作為南行旅費。

諺語說：「貧賤夫妻百事哀。」戴氏夫妻，亦無例外。當他在縣城籌得旅費之後，便回家暗自料理，打算不告而別。未料到臨行之前，所籌一百元大洋，已不翼而飛。他料定必是他的夫人取去，詢問之下，毛秋叢承認錢是他所取，堅持不肯交還。

戴氏不知費過多少唇舌，他才說出自己取錢的苦衷，她說：「自從我到你家以後，你十有九天在外，婆母責怪我，說我連丈夫都管不住。我幾乎沒有一天，不是以淚洗面。這回無論如何，希望你為了婆母，亦為了我和孩子，不要再出門！」他說到傷心處，不禁淚簌簌下。

戴氏是一個天性很厚的人，他們夫妻之間，情感不惡，兒女情長，人之恒情。他見毛秋叢啼哭不已，亦不禁陪著流下幾滴英雄淚。最後，他將他不得不走原因，告訴毛秋叢，並解釋他去廣州，是住學校，而不是當兵。他請毛秋叢諒解他，並在他走後，婉勸老母，善盡婦職。

毛秋叢是屬於善良而溫順女性，當亦希望自己丈夫，早有出頭之日。於是立將所取大洋一百元交出。兩人計算應需盤費，毛秋叢覺得丈夫行囊羞澀，反以金簪一枝相贈，以壯行色。在贈金簪時，講過如下幾句沉痛話，她說：「我所有私房錢，都已被你花光了，僅剩這枝金簪，亦送給你。但望你這回出門，能多少有些成就！」

就在第二天拂曉，戴氏瞞過老母，和他夫人互道珍重，掩淚而別，踏上征途，去創造自己前程。時年三十歲。

四、戴笠在黃埔軍校

考取黃埔六期以後，戴笠大改常習，深藏不露，只在清黨時期，略顯其才華。他在軍校只受過十個月訓練，便被編入騎兵營，充任中士，駐防蘇州。不久離營他去，並未畢業。他在蘇州，曾被推為學生代表，首次謁見　蔣總司令，留下良好印象。

入伍前後

民國十五年五月，（一說是在五月以後）戴氏間關千里，到達華南名城廣州市。其時黃埔軍官學校新生考，尚未定期，他因所帶盤費無多，擬覓一臨時職務，以資維持生活開銷。可是，人地生疏，歷訪故舊，又皆不遇。且報考以後，能否錄取，亦不能自必，他在當時，不免有進退維谷之感。

繼而想到他自己排除種種困難，遠自江山前來廣州，實非容易，如不能進軍校，亦別無路可走。當亦想到賢妻臨歧贈言，語重心長。更重要的，是自己年已三十歲，時不我予。於是下定決心，不管如何困難，必考取而後已。為節省計，他遷至一廉價旅社——宏興客棧居住。此乃專供貧苦學生住宿地方，外地前來投考軍校者，亦有人寄寓於此。

其時黃埔軍校招考新生，是分批考試，而按錄取時間，再分期別。戴氏到廣州時，第五期才考畢入營，後此則編入第六期。這一期應考人數特多，很多青年，寄望於革命，不遠千里而來。

第六期預定招收入伍生一個團，下轄三營十二連。因其人多，旋增為四營十六連。仍不能容納，最後增為十九連。可見應考者之踴躍。

戴氏自離家至報考，已有數月，床頭金盡，連旅棧費亦不能如期支付，店主催索至急，乃至揚言要押扣他的行李，驅逐出棧。某月傍晚，同棧旅客徐亮，目睹店主正向戴氏索討棧費，發生爭執，乃慷慨解囊，代為墊付棧費五元，始允其繼續居住。

徐亮字為彬，江蘇人，亦為投考軍校而南來，與戴氏寓同一客棧，初不相識。但見其人瞻視非常，聽其口音為江浙人，乃解囊相助。繼見戴氏行若無事，不曾言謝，即揚長而去，頗覺奇怪。入夜以後，戴氏過訪，並致謝意，兩人傾談，意氣相投，遂成莫逆之交。他在徐亮為他排解時，不當眾致謝，乃是怕人說他寒傖。而在他內心，則非常感激，他是一個受人滴水之惠，而願湧泉相報的人。

在同時期，他還結識王孔安，是遠自陝西，前來投考軍校的。

徐亮、王孔安與戴氏，於是年九月，參加第二批考試，他改名為戴立，蓋取三十而立之義。以學力而言，他是應無問題的。不意發榜以後，前二人皆錄取，惟獨他名落孫山。他千辛萬苦，棄家來廣州的希望，眼看已落空。更加手頭已十分空乏。遭際如此，其心境煩悶可知。

在報考以前，他的生活已經很苦。據徐亮說：「……門前有賣臘味飯，荷葉飯的，我們就隨便買些來吃。有時候沒有錢，便相偕到財政廳門前粥攤上去吃粥。這樣日子，過了一兩個月。」

在戴氏正感失望時候，徐亮等鼓勵他再度應考，這是唯一希望。他不便再用戴立之名，乃於笠字之上，加一竹頭，更名為戴笠，別號雨農。這個名字，在十年以後，不但非常響亮，曾使很多人愛慕，亦曾使很多人畏懼。

第二次應考，約在九月底或十月初。這次不僅被錄取，而且名次很高。報到以後，被編入入伍生團第十七連。至此，才算達到他來廣州，投身於革命的目的。

有人認為以戴氏之才，如早在十三年投考軍校，成為黃埔第一二期學生，其成就將大不同。意思是說他因期別較低，在事業發展上，不免有所拘限。吾人所見，有異於此。誠然，社會上頗有重視資歷，而忽視才能風氣。而對於一個真正有才能的人，並不必定有何影響。戴氏創業之後，他能使很多黃埔前期學生，為他所用，就是一很好證明。至於成就，其最著者，亦不過寄命專閫，獨當方面。雖亦能各自建立功業，但如與戴氏之所建樹相比，則又不免瞠乎其後。

如前所述，戴氏為一極有才氣，而兼有豪氣的人，以往在群體活動中，人皆目之為首腦，他亦以此自居。自入軍校，他忽然改變，事事謙退，沉默寡言，前後判若兩人。當時軍校入伍生，平均年齡，約在二十歲上下，都很活躍。而戴氏則顯得很老成，看來像一個三家村學究，所以有人以為他是一個平淡無奇的鄉下人。

其實，他是有意的韜光隱曜，不露圭角。因為他已下決心，要通過軍校，來改造自己命運。自失學之後，他所遭遇折挫，所感受到的刺激與教訓，實在太多，他年已三十歲，不容他再蹉跎歲月，更不能再走錯一步路。

軍校第五六兩期，有成千青年，濟濟一堂，對戴氏而言，正是結交朋友好時機。不過，現在的戴笠，已不是過去熱情奔放的戴徵蘭，他內心雖熱愛朋友，而外表卻顯得很穩重而冷靜。所以在校學生，和他相契的，並不甚多。吾人所知，徐亮、王孔安之外，僅有河南劉藝舟、山西喬家才、湖南勞建白、廣西何岌芳、江蘇東方白等數人，和他往來較為密切。這與當時軍校內國共兩黨鬥爭激烈，不無關係。

軍校內部鬥爭

自民國十三年，國民黨決定容共政策之後，中共即傾力滲透，其目標，除黨組織外，就是黃埔軍校。中共知道革命不能沒有武力，而軍校學生，勢將成為革命武力之中堅，能掌握未來的中堅幹部，就不難掌握軍隊。

如實地說：國共鬥爭，可說在容共開始時，便已發生，到十四年後，已近於表面化，而早期鬥爭最明顯地方，就是黃埔軍校。十四年一月，軍校內部的共黨份子，已組織「青年軍人聯合會」，公開活動。三個月後，非共學生，亦組織「孫文主義學會」以相抗。從此形成兩個鮮明壁壘，展開各種形式鬥爭—聚眾辯論，以至鬥毆。有一段時間，代理校務的人，幾於無法維持秩序，尤其是在北伐以後。

北伐以前，軍校政治部雖為中共所把持，尚不敢為所欲為。以後，則猙獰面目，完全顯露，很多忠於國民黨學生，動輒被加以「莫須有」罪名，如「右派、新右派、東山會議派」等，施以處罰。其反共最激烈者，並被開除學籍。在循環不息鬥爭中，只有社會經驗較多的人，才寥可自保，戴氏是其中之一。

民國十五年七月，國民政府任命黃埔軍官學校校長　蔣中正（以下均稱　蔣中正）為國民革命軍總司令，率師北伐。軍校由方鼎英以教育長代理校務，內部情形，日益混亂。軍校是培養幹部中心，廣州更是革命根據地，　蔣中正當然十分關切。他於軍次武漢，羽檄旁午之際，特派第二期畢業學生胡靖安、陳超等，遄返廣州，調查實況，聯絡非共學生，共謀安定軍校，為未來清共作準備。

民國十六年四月十二日，國民黨實行清黨。廣東方面，於十四日開始進行。直到此時，被視為鄉下人之戴笠，始略顯露其才能。因他深藏不露，又早已留心中共活動，學校根據他平時所作調查紀錄，迅速將第十七連共黨份子，全部肅清。在這以後，他開始參加校內各種活動，由於他擅於言詞，對公務極為熱烈，使他逐漸受到同學敬愛。他在校內，曾以多數票當選營黨部執行委員，直到離營為止。

軍校內部的國共鬥爭，對於若干在校學生之思想觀念，是有深遠影響的。當時站在國民黨立場的人，在國共分裂以後，絕對多數是一直忠於國民黨，而反對共產黨，戴氏就是如此。

離開廣州以後

北伐軍進展極速，所向克捷，很快就席捲江南，控制長江下游各省，轉向中原挺進。為適應平原地區作戰需要，　蔣中正特命軍校組織騎兵營，挑選在校學生之志願者充任，戴氏亦列名其中。編成以後，隨即開往江南一帶駐防。這時戴氏仍是中士學生。

騎兵營開抵蘇州不久，　蔣中正宣佈下野，北伐頓受大挫，一時人心惶惶。很多黃埔學生，前往溪口陳情，希望　蔣中正俯順輿情，早日復職。騎兵營亦推舉戴氏及劉藝舟、賴雲章等三人為代表赴溪口，晉謁　蔣中正，這是戴氏入軍校後，首次見到校長。據說他所陳述意見，頗有條理，第一次見面，就留下良好印象。

由溪口回營不久，戴氏因浙江清黨，其族妹被捕，主持清黨工作的，有他同學姜紹謨，他曾請假前往杭州營救。其時　蔣中正尚未復職，很多公務，有廢弛現象。駐在蘇州的騎兵營，並發生補給不繼問題，營長沈振亞夫人，甚至脫簪脫珥，來維持伙食。在生活困難情形下，有很多學生自動離營。戴氏因而留在上海，一說他銷假以後始離去。他自廣州入伍，至離開騎兵營，大約不出一年，據他自己說：「我在黃埔，只受過十個月訓練。」以後軍校遷南京，他並未報到，第六期畢業典禮，亦未參加，故有人說戴笠並未正式畢業。惟軍校仍保有他的學籍，並承認他是騎兵科畢業。

離開騎兵營後，戴氏行蹤，知者殊少。據他語人，他在當時，「被派到北伐軍司令部服務。」亦有人說他不是自動離營，而是奉調往總司令部工作。這一類話，似不可信，無論其時北伐已陷於停頓，他亦只不過是一普通學生，無單獨被調往司令部服務之理。

據一位曾在軍校入伍生部與戴氏同寢室之黃漢英說：「騎兵營駐防蘇州時，我正在上海，不久，戴笠亦自蘇州來，有一段時間，我們同住在一起。他白天甚少在家，看似十分忙碌，回家以後，常在深夜伏案寫作，問他所作何事，總是笑而不答。以後，我才知道他是在作情報工作。」這一段話，證明戴氏到上海，即與胡靖安取得聯絡，負有工作任務，但不是總司令所派遣的。

五、從情報員到組長

從額外情報員，到情報參謀、組長，約有四年時間，是戴笠創業時期，亦是最艱苦時期。他在這一階段孤軍奮鬥，充分表現出他的膽略與毅力，亦充分表現出優異的工作成績，因能得到蔣中正的賞識，為他的事業立下根基。

從額外情報員，到情報參謀、組長，約有四年時間，是戴笠創業時期，亦是最艱苦時期。他在這一階段，孤軍奮鬥，充分表現出他的膽略與毅力，亦充分表現出優異的工作成績，因能得到　蔣中正的賞識，為他的事業立下根基。

四年堅苦奮鬥

戴氏畢生致力於情報工作，受胡靖安之影響至大。胡靖安，字茂全，江西人，畢業於黃埔軍校第二期，北伐之初，供職總司令部。以奉派回粵聯絡同學，協助清黨有功，升任軍校入伍生部政治部主任。他在此時，始與戴氏相識，並因清黨關係，略知其才能。

胡靖安任職政治部主任不久，因與方鼎英不睦，仍回總司令部供職，一度充任侍從武官。　蔣中正下野，他到上海，聯絡軍校同學，蒐集各種情況，以學生名義，提供　蔣中正作參考。最早應胡靖安之邀，參加工作的，戴氏之外，有蔡勁軍、成希超、許宗武、王兆槐、東方白、廖五郎等，稍後又有喬家才等參加，均為黃埔學生。胡靖安所領導的這一情報工作單位，名為聯絡組。

各方對於聯絡組這一單位，有兩種說法：一說有此單位，只不過是在編制之外。一說根本無此單位，乃出於胡靖安之杜撰。依吾人推測，胡靖安奉派回廣州工作時，可能用過此種名義，以後在上海蒐集情報，師出無名，故沿用之，以便號召。

聯絡組既非正式工作機構，又值　蔣中正下野之時，因無固定經費，原先參加工作的人，不久相繼離去，僅剩蔡勁軍、喬家才與戴氏等繼續工作，一任編審，一任交通，戴氏則為唯一情報員。

自　蔣中正下野至復職，歷時將近五月，聯絡組人員，因無待遇，生活非常困苦。戴氏當時在上海，食宿俱無定所，他曾在其張姓表親之一小閣樓中，搭地舖睡眠，時或以冷飯燒餅之類充飢。傳說其張姓表妹偶以冷言相譏，而其表妹夫則知其只是一時落魄，終必發達，遇之甚厚。一日正苦告貸無門，不期而路遇窗友王蒲臣，借與銀元二十元，使他喜出望外。他後來自己亦常說：「當時困苦，有非言語所能形容者。」

儘管無名無利，他仍孜孜不倦，表現非常積極。雖然他原無情報工作的知識與技能，卻有這一方面的天才與興趣。經過不斷研鑽，他漸知何種情報，最合於當時需要，如何運用社會關係，去蒐集其最需要的情報。另一條件，是他在上海一帶，朋友最多，「三教九流」的人物，都和他有接觸。於是他的情報，漸被重視，戴笠兩字，在當局腦海中所留印象亦漸深。故他終於取代胡靖安，而成為當局的重要耳目。

民國十七年一月，　蔣中正復職，胡靖安解除總司令部侍從副官職務，奉派往德國留學。所謂聯絡組工作，由戴氏接替。傳說是由於胡靖安之推薦，不過，戴氏所接替的，只是一種工作任務，而不是一個工作機構。因為實際上，並沒有聯絡組這樣的情報單位。

傳說戴氏任聯絡組組長不久，即改組為密查組，屬於總司令部，仍由他擔任組長。此乃無根之談。在總司令部，確有一個密查組，為一非建制單位，亦確是由戴氏負責，惟成立時間甚晚。據戴氏自己說：「我們在二十年十二月十日以前，只有一個人，或說一個半人。」這一個半人，是指當時為他繕寫情報的毛某，及其勤務兵賈金南。此可證明密查組之成立，是在十二月十日以後。而在此以前，他是真正的在孤軍奮鬥。

十七年一月，戴氏因接替胡靖安任務，奉派為總司令部上尉參謀，這是他首次任政府正式軍官，每月可從特勤處領取薪津。更重要的，是他能和胡靖安一樣，以學生名義，直接向校長提供情報。這對他而言，可說已向前邁進一大步。

在最初一段時間，戴氏似無固定工作任務，而是視實際需要，臨時派遣。譬如當津浦路戰局緊張時，他便被派往徐州工作。雖然他是總司令部之一員，並不需到部辦公。據馬志超（黃埔一期畢業）的回憶：「戴先生當時每月工作費，及所需信箋等，經常是託我代領。」因此，總司令部人員，認識戴氏的人不多，知道他負有情報任務的人更少。

有一故事，為戴氏故舊所津津樂道的，是「攔車投書」。他有幾次獲得重要情報，時機迫促，又恐洩漏，乃逕往總司令部，求見　蔣中正。當時侍從人員，並不知戴笠為何人，所以屢次請求，屢被拒絕。他知請亦無益，乃決定伺機當面呈遞報告。

所謂「攔車投書」，實際上，是先到總司令部守候，俟　蔣中正座車到停車地點，正步出汽車時，跑步上前，將報告面呈　蔣中正。這是要冒危險的，因為侍衛人員，並不知他目的何在。如誤以為他謀刺，就可能當場射殺。他幸而未被誤殺，卻因此曾被毆打。當時任侍衛長的王世和，並曾聲明：「如戴笠敢再搗亂，即拿送憲兵部懲辦。」

毆辱、恐嚇，並未能阻止一個有決心的人，他認為有必要時，仍然前去守候。有時守候竟日，而不相值，則翌日再去。他的決心，使他終於突破層層禁阻，並使侍衛人員感到驚訝！因為　蔣中正忽然召見他，慰勉有加。並囑侍從官：「如戴笠有事面報，准其隨時來見。」至此，他始撥雲見日，受知於　蔣中正。

此一故事之真實性，毋庸置疑。至於發生時間，則很可能是在十七年六月以前。因為六月以後，蔣中正赴華北視察，以及往北平祭告　國父，戴氏均曾隨行，顯然是經核定的隨行人員。

以後幾年，他雖仍舊是一獨來獨往的秘密工作人員，而在有關方面，已漸有人知道他是一個很不尋常的人。這是無可避免的，因為在業務上，他不能與人毫無接觸。譬如當時拍發免費軍電，依照規定，均須檢附原稿，而他所發密電，獨經特許免附原稿。由此不難判斷他負有機密性任務，只不過不得其詳而已。

血汗換來功勞

以戴氏當時職位而言，可說微不足道。但他知道職位雖低，不失為進身之階，只要他在工作上有表現，不難更上層樓。所以他牢牢把握，不管如何艱苦，一刻不肯放鬆，甚至為工作而奮不顧命。

民國十七年春，戴氏被派往徐州，以戒嚴司令部少校副官名義，蒐集軍事情報。其時津浦路沿線，戰事相當激烈，他為確實瞭解敵情，深入敵後工作，唯一助手，就是勤務兵賈金南。一只半舊籐箱，裝著文具衣物，由他自己攜帶。賈金南則肩揹行囊及行軍床，尾隨其後（因他最怕旅棧臭蝨）。入夜以後，如無投宿處，則在別人屋簷下，架床睡眠。亦有時以軍用敞車，權作寢室。

有一次，路過某地，苦無住處，幸而巧遇同學王兆槐，為他覓得一空廠房，已破爛不堪，風雨自殘壁敗瓦中侵入，夜不能寐。第二天，他照常奔馳於槍林彈雨之中，櫛風沐雨，忍飢挨餓，不以為苦。

其時，徐亮亦在軍中，偶與戴氏相遇於碭山，有過兩日盤桓。據徐亮語人：「人稱戴笠是英雄，我以為是怪物。他在前線和我遇見時，他因連日騎馬，臀部為鞍韉所擦傷，血跡殷然，竟不自覺。我見他狀至疲憊，強留他於旅社，為他延醫治療。他原答應為我暫留，以待傷癒。不料他乘我外出，夤夜離去，復往前線工作。這種人醉心事業，連皮肉痛苦，都能忘卻，非怪物而何？」

一個能以志率氣的人，又何止是皮肉痛苦，有時且可置生死於不顧。民國十八年，討逆軍第五路總指揮唐生智，突然在河南稱兵作亂，政府不得已而用兵。這一戰役，是在大風雨雪中進行，士卒凍餒而死者甚眾，戰事一度呈膠著狀態。當消息傳出時，戴氏正在潼關，他為求確知叛軍虛實，乃以軍事雜誌社記者名義，深入叛軍防區，蒐集情報。比至信陽，即有一李姓友人，勸他及早離去，因其已知叛軍正在搜查可疑份子。

傳說戴氏當時化名江漢清，叛軍曾懸賞十萬元，購求其人頭。其說顯與情理不合。如叛軍早已知江漢清即戴笠，則他的工作，已無秘密可言。何況當時的戴笠，並非重要人物，叛軍亦無以重金購求其人頭之理。惟叛軍當時已經戒嚴，正搜查可疑之人，如查獲中央諜報人員，並有賞金，則屬實情。（另據可信資料，戴氏化名江漢清，是在「九一八」事變後。）

當時信陽為一重鎮，在叛軍控制下，設有軍警督察處，由該總指揮部憲兵營長周偉龍主持。戴氏聞道路已被封鎖，叛軍正清查戶口，不許匿藏生人，知逃避已不容易，乃決計以身事敵，作孤注之一擲。

周偉龍畢業於黃埔第四期，與東方白私交殊厚，戴氏早有所聞。於是冒東方之名，逕自往見周偉龍，曉以大義。他對周說：「我知你是黃埔同學，才來對你盡忠告。你如甘心附逆，與校長為敵，便無異於與全體黃埔同學為敵，勝敗之數，不卜可知。現在正是悔禍時機，失此不圖，將貽後悔。如你不聽忠告，一意孤行，你可用我頭顱，去報功領賞。」周偉龍原是一個很驕傲的人，他和戴氏素未謀面，而且自以為是得意時候，他不會將一個小情報員放在眼下。但聽到戴氏一席話，不得不為正義而低頭。他被說服之後，應允掩護戴氏離開信陽，並將叛軍部署情形，盡情相告。

這是出乎意外的收穫，而戴氏猶為未足，他料定周偉龍已然太阿倒持，授人以柄，無反顧之餘地，乃進而與之商定策反計劃，共請鄧展謨協助進行。

由於情報正確，及部份策反之成功，以後駐馬店一役，中央軍因能洞悉敵情，避實搗虛，裏應外合，一鼓而瓦解叛軍。

兩年以後，周偉龍亦成為戴氏工作人員，他回憶往事，對戴氏十分佩服。他說：「當時我見來訪者，為一陌生人，冒東方白之名，甚為憤怒。繼而見他和我親切握手，自稱是戴笠，英氣逼人，令我極為驚異。及至聽他一番說詞，正義凜然，又不覺肅然起敬。既佩其才氣，又服其膽量，遂不由自主的聽命於他。」

只就這一樁事而言，其成功不能不說有幾分行險僥倖。作為一個情報工作者，有時不免要行險，於險中求勝。但如無高度機智，不瞭解敵對方面情勢，及其心理狀態，只逞血氣之勇，是無濟於事的。

民國二十年底，密查組成立，由戴氏任組長，這是戴氏的情報事業，由個人活動，而變為組織活動之開始。雖然這一單位，是在總司令部編制之外，卻是奉准設立，因而有額定的人員與經費。並且有固定辦公地址—南京雞鵝巷五十三號，不須東餐西宿。這時參加工作的，有馬策、胡天秋、徐亮、趙士瑞、鄭錫麟、張炎元、方超、唐縱、吳迺憲、王天木等，亦即是所謂最早十幹部，其中九人是黃埔前期學生。（一說有周偉龍、張筱嵩，無趙、吳、方三人，連同戴氏，共為十人。）

早期與戴氏共事的人，對於雞鵝巷，都不勝懷念。此不僅因其為戴氏事業之發祥地，亦因他們曾經在該處，度過一段艱辛而興奮的歲月。據他們回憶：

雞鵝巷五十三號，為一舊式平房，原為國軍第一師駐京辦事處所有，因該師師長胡宗南，與戴氏有交，乃借與密查組使用。戴母藍太夫人、戴夫人及其公子，住於後宅，餘供工作人員辦公與食宿之用。工作人員，逐漸加多，顯得十分狹窄，因而原先用作門房地方，亦成為辦公室。

這一秘密機構，對外沒有任何名義，以住家作為掩護。

工作人員，無分內外勤，見事就作，從蒐集處理情報，傳遞文件，以至清潔打掃，都不假手外人。戴氏要求極嚴，一般工作時間，每日至少有十小時以上，白晝所未辦完事，都須夜以繼日，如限辦竣，故甚少有休假與娛樂時間。

每人每月所得薪津，略較一般機關為低，家庭負擔較重者，生活殊苦。惟戴氏對於工作人員伙食，極為注意，三餐之外，且有宵夜，菜蔬都力求豐實。

戴氏本人，為此一單位負責人，同時又是一主要外勤工作人員，他幾乎沒有片刻停止活動。偶爾得暇，他亦參加研判情報，撰擬文稿，或翻譯電報，故他比別人更忙，常不能以時寢食。

據他們說：雖然生活清苦，無名無利，一夥青年人，都以最高熱忱，從事一種開拓性工作，各盡其力之所及。因為他們都覺得戴氏所領導的，是一嶄新而有意義的事業。

在民國十七年至二十年，戴氏孤軍奮鬥時期，必曾經歷過許多更離奇而困苦的事，可惜沒有留下紀錄！但只就上述情形看，已可概見其創業之艱難。昔人說：「蓽路藍縷」，極言創業之不易。而戴氏之開創特種工作，又何止是「蓽路藍縷」而已。

六、戴笠與力行社

「九一八」事變後，國內出現一革命性組織——力行社，曾使社會耳目一新。此一組織，雖然無疾而終，其對戴笠思想及事業，則有極深遠之影響；亦可說以後唯一能保存力行社革命精神的，只有戴笠所領導的軍統局。

所謂「藍衣社」頭子

大約在「一二八」戰役之後，社會即傳說中國有一秘密組織，名為「藍衣社」。稍後，日本人盛傳「藍衣社」為中國反日核心組織，戴笠則是這個組織頭子。凡有抗日、鋤奸活動，皆說是「藍衣社」所為。

當時確有政治性組織，亦確有戴氏參加，並且曾在國內發生相當影響力，但不是「藍衣社」。此一曾為國人帶來新希望的組織，稱得是一英物，可惜生命甚短！其正式名稱是力行社。

戴氏為力行社中堅份子，卻非首領。他被視為頭子，可能是因他曾任特務處長，而力行社曾被誤認為特務組織之故。

外傳民國二十一年一月，國民政府軍事委員會設立特務處，派戴笠為處長。實際上，當時軍委會所設立的，是調查統計局，並無特務處名目。特務處屬於力行社，本身是一革命組織，而非政府機關，依其規定，是絕不對外公開的。

組織形成與發展

戴氏事業，與力行社有極為密切關係，如沒有力行社，其事業、其成就，都可能改觀。故言戴氏歷史，不能不略說力行社之經緯。

先略說力行社之所由來：一種政治思想、傾向與熱忱，都必有其時代背景，而因很多人有相同觀念，互相吸引，才能結合為一種組織。觀念愈正確，吸引的人愈多，組織力量愈大。力行社亦是如此。

民國十五年的北伐，在軍事上是成功的，而在政治治上，其進雖速，而退亦銳。很多野心者，假革命之名作惡；根深蒂固的腐化勢力，又復腐蝕革命；致使社會黑暗面，逐漸擴大加深。許多熱愛國家的青年，已經深感不滿。

再到「九一八」事變，日本軍閥，公然要以武力征服中國，亡國之禍，迫在眉睫。而一切唯我苟生主義者，竟以尋常恥辱視之！青年蒿目時艱，當然更加憤慨。

就由於這種背景，產生一種共同意願——結合有志之士，重振革命精神，救亡圖存，進而貫徹革命之宗旨。首先倡議的，是一群曾受革命洗禮的黃埔學生。但不限於軍人、社會知識青年，亦有人與謀其事。二十年十月，留日學生推代表蕭贊育、滕傑回國，與黃埔前期學生多人交換意見，均認為局勢嚴重，有重建革命力量之必要。於是向當局陳明宗旨，並開始籌備。當時參與籌備者，共為二十八人，其中較為知名者，有桂永清、曾擴情、胡宗南、賀衷寒、潘佑強、鄧文儀、康澤、戴笠等。

在醞釀階段，曾面臨兩個問題：一是新的組織，既是以三民主義為依歸，不能自外於國民黨。但如無別擇的容納國民黨員，又有很多顧慮。一是組織的公開與秘密，互有利弊，甚難兼取其長，而無其短。最後，為求組織健全，防止腐化與惡化份子之滲入，決定採秘密活動方式，而定名為「三民主義革命同志力行社」，表明組織是屬於國民黨的。

民國二十一年三月一日，力行社正式成立於南京。事前曾否徵得國民黨之同意，不得而知。惟依推理，此一組織，既是服膺三民主義，以力行為宗旨，國民黨人似亦無理由加以反對。

因為要求組織嚴密，份子純潔，力行社另設有「革命青年同志會」、「革命軍人同志會」（此兩會後合而為一）、「復興社」等外圍組織。並另設有「忠義救國會」，以運用維繫幫會與民眾團體中之信仰革命，忠於國家者。雖是秘密活動，沒有對外張揚，而發展之迅速，至為驚人。大約在二十一年底，各省已有分支社。二十三年以後，全國較大城市，均已建立組織。參加份子，有少壯軍人、中等以上學生、社會知識份子與學人，間亦有工商界愛國人士。

力行社對於政治影響，並不明顯，甚難具體指證某種政策，是出於該社之策劃。而在社會上所發生之影響，較之國民黨，似有過之。其原因，是因其若干觀點與目標，與當時一般青年知識份子之所想望者，不謀而合。例如：該社標榜，國家只應有一個主義，一個領袖；要實現主義，只有重振革命，身體力行；要抵禦外侮，只有在領袖領導下，生聚教訓，加強團結。……這類主張，正可矯正當時紛拏揉雜，爭權攘利之弊，而正告國人一個努力的大方向。此外，力行社之反對腐化，主張樸實節儉，亦甚合於青年心理。故能在社會上得到廣泛的同情，而發生組織力量。在西安事變時，這種力量，已可明顯看出，並且有若干觀念，在此一組織解散後，仍為很多人所接受。

正因此一組織之迅速發展，發生力量，故有人嫉妒，亦有人敵視。反對者並說力行社是特務組織，是變相的法西斯蒂組織。

當法西斯蒂在意大利得勢，如火如荼時候，在中國似亦有人傾心於此種組織。在傳說中，當時所謂「正義社」、「建設救國會」等，均近似法西斯蒂組織。卻與力行社若風馬牛之不相及。至於謂為特務組織，如非無知，便是故意歪曲。

蔣中正曾有過一次嚴正表示：「在思想上，言左不能學共產黨；言右不可學法西斯蒂。」力行社既以黃埔學生為骨幹，他們不會違背　蔣中正意旨，自外於國民黨，而獨樹一幟，是可以斷言的。

至於力行社之被稱為「藍衣社」，乃由於劉健群其人之一篇文章所引起。實際上，力行社並未規定社員，穿著藍色土布服裝，用資識別，如劉某之所言。

民國二十七年，力行社奉命歸併於三民主義青年團，其真正原因不詳。一群愛國之士，數年辛勤經營，一瞬之間，化為烏有，這是非常可惜的事！在這以後，就未再見到一種運動，像力行社一樣朝氣蓬勃，而有力量。唯一尚能或多或少，保持力行社精神的，就只有戴氏所領導的軍統局。

外傳力行社倡議之初，並無戴氏，因其為黃埔六期畢業，資歷較淺。其實，軍校六期以上，均有人參與發起與籌備，如干國勛、劉誠之等，即是代表第五期與第六期，蓋為便於聯絡。戴氏不僅為原始發起人，當時邀約若干留學生梁幹喬、劉漢清等人，在南京留俄學生招待所草擬政綱，即有戴氏參加。

力行社對戴笠之影響

力行社成立，戴氏被推選為中央幹事—相當於常務委員。依組織規程，於總社設立組織、訓練、軍事、特務等處，戴氏並兼特務處長。據另一發起人鄧文儀說：「……戴處長秉賦異於常人，精神飽滿，聰明睿智，刻苦耐勞，頗有革命英雄氣慨，豪傑作風，為一般同志所尊重。」可見戴氏當時在力行社，為一受人注意人物。（一說特務處長原為桂永清，桂請辭始由戴繼任。）

力行社所賦予特務處任務，頗為繁重。惟約而言之，亦共有兩句話——進而為革命作前鋒，退而保衛革命安全。當時被保薦出任特務處長的人選，共有六人，戴氏被核准擔任此職，顯然是因他在這一方面，已有基礎，認定他的能力，足以負荷此任。戴氏奉命後，隨即在南京徐府巷開始籌備，並於四月一日正式成立。所以軍統局時代，四月一日這一天，定為創業紀念日。

特務處內部編制，初分一室兩科，掌理偵查與執行工作，以鄭介民（廣東人，黃埔二期畢業，留學莫斯科。）、邱開基（雲南人，黃埔三期畢業，留學日本。）分任科長。稍後增設第三科，掌理通訊，以梁幹喬（廣東人，黃埔一期畢業，留學莫斯科。）任科長。另以唐縱（湖南人，軍校六期畢業。）擔任書記室書記。此時參加工作的，如王孔安、簡樸、喬家才等人，皆為黃埔學生。另有若干參加訓練後，始派工作的人，亦多半係由黃埔學生中挑選而來。這顯示力行社是預期以黃埔學生，作為骨幹的。其時特務處全部編制，共為一四五人。

同年，戴氏奉派為軍統局第二處處長。外間傳說特務處已取消。其實，這是因特務處為一秘密機構，特以第二處為掩護。特務處與力行社的組織關係，一直維持到該社解散為止，其與舊的軍統局，只不過是形式上的隸屬關係而已。實際上，特務處一直是自成一工作系統，並不是受軍統局的指揮。

在形式上，力行社對於戴氏事業，雖有助益，並不甚多，他在出任特務處長以前，已受知於　蔣中正。而其事業之重大發展，又是在力行社解散之後。

可是，在實際上，力行社所予戴氏助力，可說無與倫比。即說力行社幾年耕耘，唯一收穫者，只有戴氏，亦不為過。試言其故：

力行社成立之初，是一頗有權威性的組織，參加的人，都必須放棄自我中心觀念，而受組織約束。譬如力行社規定，社員工作，要視「團體」需要，與客觀條件而定，不許計較資歷、名位與待遇。「團體」徵召，亦不得抗命。這在無形中予以戴氏極大便利。即如前述之梁幹喬、鄭介民、邱開基等，或已任政訓單位主管，或供職參謀本部，被派到特務處服務，可說是高階低用。但因係「團體」徵召，就不能不服從命令。這在無形中，使戴氏在黃埔學生中之地位，大為提高，聲望亦大不相同。

正因特務處為力行社之一部門，休戚與共，所以各分支社，均設特務幹事，俾能運用組織力量，開展特種工作。各黨政軍幹部，凡屬力行社社員，都視特種工作為「團體」工作，而願盡力協助。例如：閩變時，力行社立即動員，選派有關社會赴閩，協助戴氏工作。如果特務處不屬於力行社，情況就會大不相同。

力行社組織遍佈全國，特務處除運用組織力量之外，還可通過組織關係，物色工作人員。在民國二十七年以前，估計戴氏所有工作幹部，至少有三分之一以上，是由於力行社的組織關係而來。這種便利，使戴氏能廣事羅致，兼客並蓄，他的幕僚中，能有各種人才，其原因在此。他的事業，一日千里，而無人才竭蹶之虞，其原因亦在此。

人稱戴氏領十萬之眾，而上下嚴整，若使一人，乃得力於他能重視紀律。而探本溯源，力行社實開其先河。實際上，戴氏在紀律方面的許多嚴格要求，諸如無條件的遵守命令；不論年資階級，一律職務服從；參加工作後，不許自由進退；永遠命守「團體」秘密；以及反貪污、腐化等，皆為力行社之主張，或由力行社之所規定。當然，戴氏之重視紀律，是無可否認的。

情報工作能逐步走上統一之路，亦與力行社頗有關係。在力行社成立前後，因環境之需要，有甚多機構，從事於情報工作，主其事者，又多數為黃埔學生。力行社以組織權力，支持特務處統一指揮，故無不就範。如其非是，以戴氏個人力量，雖亦可以逐漸統一，亦必定難免不有許多周折。

正因力行社在當時，具有權威，戴氏挾組織以自重，故易於建立個人威信。及至力行社解體，軍統局已然形成另一組織，他個人威望，已經建立，故指揮無不如意。

不寧唯是，在思想觀念方面，亦可明顯看出他曾受力行社之啟發與影響地方。例如：他強調革命的重要性；認定特權工作任務，是為促進革命之實現；革命必須有嚴密而健全的組織；並且要絕對服從領袖命令；乃力行社的共同觀點。由於這些觀點，故他始終將他的工作，和中國革命聯繫在一起，而不承認他所做的是一般特務工作。力行社對戴氏之重要如此。不瞭解這種關聯性，及其實際影響，只說他早就有志於革命，並且天生是一個領導人才，是不合實情的。

戴笠隨侍　蔣中正像

七、特務處發展階段

由戴笠所領導的特種工作，肇始於密查組；因特務處成立，而略具規模；因兼領第二處，而更為充實；因調查課之歸併，而奠定基礎。軍統局改組以後，廣廈萬千，層樓巍峩，皆建立在此基礎之上。

民國二十年底，成立密查組之初，組內僅有十人，組外亦僅有少數通訊員，故二十一年「一二八」戰事發生時，內勤人員，亦須至戰地蒐集情報。這一單位雖小，但對戴氏卻很重要，這顯示他已然是一個單位負責人，亦顯示當局對他信任有加。當提名特務處長人選時，這兩個因素，自必在考慮之內。

戴氏在被保薦六人中，獨蒙拔擢，雖不能說是異數，已經很不尋常。因為黃埔學生中，有很多人比他資望更高，通籍更早。所以很多人在他奉派為特務處長後，頗有反感。據熟悉內幕的人士透露：批評的人，並不只是因戴氏資望較低關係，還別有一種原因，即力行社內，有若干人，原是擁護賀衷寒，而反對胡宗南的，因戴氏與胡較為接近，故表示不滿。因此，他曾被迫請辭，經當局當面慰留，他才就任。

密查組和特務處顯著不同之處，在於工作任務，前者只有作重點偵查工作，以情報為主；後者則有一種廣泛的政治鬥爭任務，不限於情報，而且是全面性的。

雖然特務處規模較大，人員較多，並可運用組織關係；但要充份開展，仍有很多困難。即如經費，由力行社所補助的，每月不過數千元，就不免捉襟見肘。

民國二十一年九月，戴氏奉派為軍統局第二處處長，這可能是出於他本人或力行社之建議。因為特務處為一秘密組織，為便於執行任務，須有適當掩護。更重要的，是要解決日益困難的經費問題。軍統局是政府法定機關，有正式的編制預算。

由於經費問題，獲得相當解決，戴氏的工作人員迅速增加，工作佈置亦不再限於少數重點，而漸由點擴展至線。若干地區，且有複式佈置。其在初期佈置的大概情形是：特別重要地區，如平津、港穗等地，設區特派員（改區以後稱區長）；重要地區，設通訊站；次要地區，則設組；餘則設通訊員。同時，於南京、上海、武漢、平津、港穗等地，設立行動工作組。

以上佈置，比二十七年以後之軍統局，工作任務，包羅萬象，分支機構，星列棋佈。但與密查組相比，則有天壤之別。一個情報機構，工作幹部，多至六百餘人，在中國尚屬創見。

在特務處前期，參加戴氏工作，並在以後擔任公職，比較知名的，有趙龍文、江雄風、邢森洲、林桓、鄭興國、岑家焯、周偉龍、劉藝舟、連謀、胡國振、柯建安、岳燭遠、鄧展謨、謝鎮南、張輔邦、劉乙光、蔣肇周、鄧匡元、蔡慎初、喻耀離、張家銓、白世維、蕭勃、阮清源、高鞏白、魏大銘、張冠夫、毛萬里、胡子萍等人。其中十有八九，為黃埔學生。

較前列諸人略晚，陸續參加工作的幹部，有王固磐、張君嵩、陳紹平、楊繼榮、馬志超、何芝園、徐志道、楊蔚、王兆槐、郭履洲、東方白、劉培初、黎鐵漢、陳質平、沈觀康、李國俊、張業、嚴靈峰、王志超、張師、王撫洲、潘其武、文強、羅毅、龔少俠、吳安之、馬漢三、張季春、陳達元、杭毅、王蒲臣、劉方雄、汪祖華、李人士、李肖白、董益三、史銘、鄭修元、劉啟瑞、曾徹、李崇詩、毛人鳳、尚望、金遠詢等人，亦多數是黃埔學生。

在此以後，參加戴氏工作的人，亦不少是社會知名人士，如吉章簡、劉璠等，在黃埔學生中，亦早嶄露頭角。惟人數甚多，難以殫述。

民國二十三年七月，軍委會委員長南昌行營的調查課課長鄧文儀辭職，戴氏奉派兼任課長。七個月後，調查課再奉命歸併於軍統局第二處。這在戴氏事業中，為一大事。

如前所述，在民國二十年前後，由於國共兩黨鬥爭劇烈，社會情形複雜，有甚多軍警機關，從事情報工作。力行社雖為全國性組織，卻非政府機關，可以統一指揮。故特務處成立後，被裁併者，僅有南京警察廳由蔡勁軍負責之一單位，餘皆仍舊，各不相屬；其中尤以南昌調查課規模為最大。

二十一年，豫鄂皖三省剿匪總司令部秘書處，增設第三科，從事情報蒐集，並設外勤單位，由蔣中正侍從秘書鄧文儀主其事。翌年，南昌行營設計委員會，設立調查課，亦由鄧文儀負責。因有鑒於剿匪總部第三科工作，頗有績效，乃由研究性機構，而變為情報機關，並加強情報組織之佈建。其時 蔣中正多數時候，駐節南昌，行營威信極高，故調查課發展極為迅速，到二十三年，已與戴氏所領導之特務處，及康澤所領導之別動總隊，鼎足而立，其聲勢，且遠過之。

當時的南昌調查課，內部設有一室三組，及兩個偵查隊，約與特務處相埒。其外勤機構，在華中及東南各省，均設有特別區站，與普通站組，並有行動人員，及甚多特派員，分佈於各地。同時，設在武漢之第三科，與禁煙密查組，皆受其指揮。各省保安處，設置諜報單位，納入中央情報系統，亦為調查課所首創。此外，並儲訓有部份軍事情報人員，預定介派到駐外使館工作。

由於調查課成立時，剿匪工作正激烈進行，展開政治鬥爭，擴大政治影響力，撲滅中共組織，遂成為主要任務。更因鄧文儀亦為力行社中央幹部，與該社分支社亦有聯繫，故所羅致工作幹部，有較多知識青年、留俄學生與中共脫黨份子。黃埔學生反而較少。其中堅幹部，如李厚徵、李果諶、王新衡、張毅夫、謝力公、吳賡恕、李葉、蕭作霖、王力生、劉哲民、王平一、錢新民、賀元、施岳、陶鎔、曾堅、郭壽華、曾廣勛、朱若愚、孔覺民、關素質、吳景中、徐業道、涂壽眉等，皆以才幹著稱，卻都非黃埔學生。這一批人，以後均成為戴氏得力幹部，在其事業上，佔極為重要地位。

在調查課歸併前，特務處全部工作人員，共有六百七十餘人。歸併之後，全部達一、七〇〇餘人，比原有人員，多達兩倍，大有喧賓奪主之勢。通常在這種情形下，都不免有畛域之見，乃至形成一道鴻溝，互相摩擦。而戴氏之於調查課人員，則一概待之如故舊，在其內心，絕不稍存彼此之念，不僅在形式上一視同仁而已。其中留俄學生如李東謀、王新衡等人，都曾屢予重寄，與共機密。正因為他有與天下才俊共天下事的雅量，所以兩個機構人員，很快就融合為一體，略無痕跡，並且在以後十年，從未發生過相互摩擦情事。

由於調查課之歸併，人員倍增，經費亦隨之加多，於是戴氏乃得針對實際，為全面較有系統之佈置。此一階段，大體是重要地區，設立一級單位，仍名曰區。各省設省級單位，統名為站。以次則設直屬組；人員配置，視工作繁簡而定；區與站皆冠以地名，如川康區、綏遠站。一般的是每省只設一站。惟情形特殊者，亦分設兩站，如河南省有省站與洛陽站；福建有閩南站與閩北站。在一般系統上，站屬於區，組屬於站。亦有若干站、組、以及個別通訊員，直屬於本處。

此外，尚有若干特別單位，不受省區之限制，如南京國際組，鐵道通訊組，禁煙密查組，財政秘查組……，因性質不同，一律直屬於本處。

此種組織系統，除抗戰時期，在淪陷地區，略有變通外，共餘皆相沿未改，直到三十五年為止。於此，必須再一次說明的，是特務處實際上為力行社之一部門。雖是戴氏兼任軍統局第二處處長，並自二十一年九月起，在必要的公務接觸方面，使用第二處名義，而始終自成為一系統，保有高度獨立性。所以在軍統局改組以前，第二處與該局其他各處，有時處於一種競爭地位。雖無重大衝突，但小的摩擦，仍不能免。實際上，二十七年以前之軍統局，是二元化的，只有在改組之後，才走上一元化之路。

惟其如此，所以戴氏在二十七年以前的工作經過，仍當稱特務處之名，以免新舊的軍統局混淆。

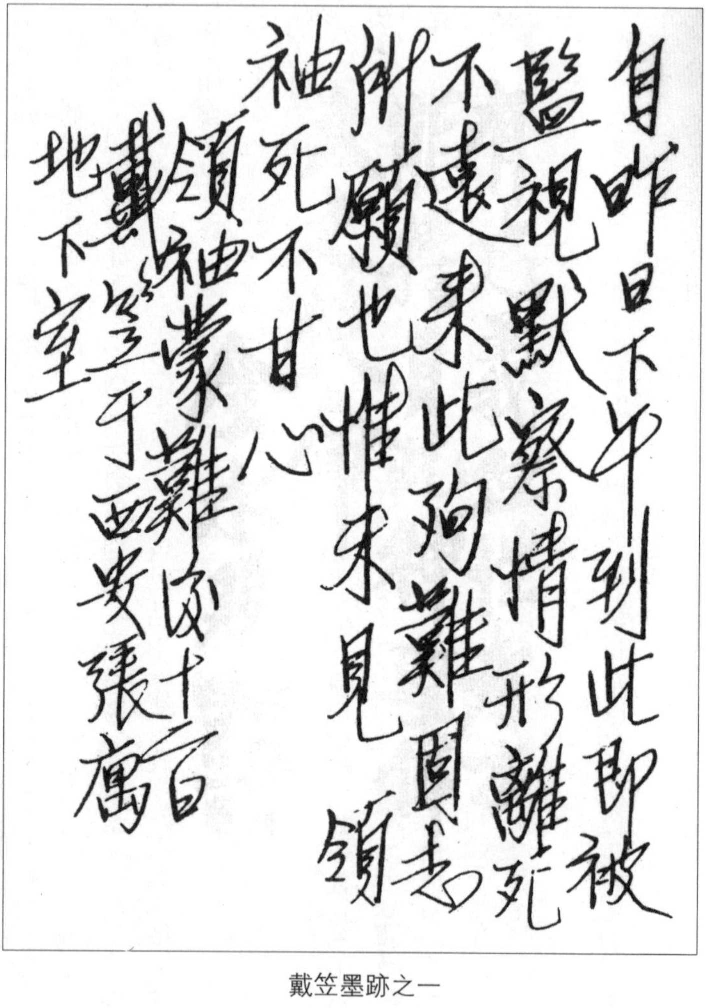
自昨日下午到此即被
監視默察情形離死
不遠來此殉難固志
所願也惟未見領
袖死不甘心
領袖蒙難後 十二日
戴笠于西安張寓
地下室

戴笠墨跡之一

八、特務處前期工作概述

戴笠之奇，首推事功，他在短短十五年中，所做之事，是尋常人在數十年中，所難以完成的。很多工作，是由他親自策劃、推動，而不是完全假手於部屬。即部屬所做之事，比較重要者，亦無不有他心血在內。故他個人歷史，亦是整個工作紀錄。如抽出這種紀錄，則可述事蹟無多，亦不足以見其奇。惟其事至繁，仍只能舉其犖犖大者。

一個負有多方面任務的情報機關，處在一種蜩螗沸羹局面，無一時一地不在戰鬥中，要將其每一戰役經過，作完整紀錄，而無遺漏，殆為不可能之事。對於一個指揮作戰者而言，亦無此必要。

自民國二十一年特務處成立，至二十七年軍統局改組，經過六年以上時間，千頭萬緒之事，即只舉其犖犖大者，仍無法於一章一節之內，敘述清楚。因此，茲將特務處時代的一般工作，分為前後兩期，各約為三年，擇其要者，作示例性敘述。其性質相近，或較特殊者，則各從其類，按其時間之先後，而分別敘述之。

華北鋤奸

我國全面抗戰，始於民國二十六年，是舉國皆知的。而另一形態的戰爭，早在二十一年已經開始，且從未間斷，知者似不甚多。此即戴氏所領導的特務處，與日本特務機關之間的鬥爭，亦可名為反間諜戰。

日本侵華種種陰謀，是早在「九一八」事變前，就已暗中策定的。其在東北，最先是企圖脅迫我國，承認既成事實。如我拒絕，則在華北製造混亂，使其分崩離析，然後分而制之。主謀者是日本軍閥，為之執行陰謀者，則為特務機關。

民國二十一年，當我嚴拒承認偽滿之後，以土肥原賢二為首之日本特務，即積極策動華北五省自治，進而為所謂偽「華北國」鋪路。為達到此目的，並預定以日幣一千萬元，收買社會敗類，製造暴亂。同時，以日幣五萬元，收買北平軍分會內線，企圖暗殺我駐平大員何應欽將軍。負責策劃的，是日本駐北平特務機關長松井久太郎。

在製造暴亂方面，日諜所選擇的兩個對象，一為前五省聯軍總司令孫傳芳，一為前湖南督軍張敬堯，皆為罪不容誅的大軍閥。他們雖早已失勢，而野心猶在，故甘於認賊作父。他們亦覺在華北一帶，殘存的軍閥餘孽較多，嘯聚較為容易。

張敬堯等與日諜勾結，圖謀不軌情形，被戴氏所偵悉後，即密切注意其活動。不久，派在天津之日本領事館的潛伏工作人員，深入調查，確知其在短期內，將有所行動，戴氏乃決定除去首惡，以儆效尤。

當時的平津，仍在我政府統治下，照理翦除一二國賊，應屬易事。而實際上，平津一帶，均駐有敵軍，漢奸敢於為惡，就恃在有敵人庇護。即如張敬堯一幫，就是以北平東交民巷之六國飯店為據點。這一特殊地區，不但禁止中國軍警進入，且鄰近日本軍營。更有日諜住在旅社內，暗中保護。如處置稍有疏虞，在敵正尋釁之際，就可資為藉口，滋生事端。

可是，事機已迫，為制於未發，特務處駐平代表鄭介民，承戴氏之命，立即著手進行制裁。先派擅長日語之王天木等，喬裝日商，住進六國飯店，作偵查與佈置。然後把握時機，命白世維化裝潛入，乘張敬堯剛起床，其所僱四名鏢手剛巧離開之一剎那間，衝入其室，連發兩彈，立即斃命，遂順利除去一大國賊。時在二十二年五月九日，選擇這一天，是要國人勿忘國恥日。

翌日，平津各報登載：「鉅商常石谷，在六國飯店遇刺殞命，兇手逃逸無蹤。」外界顯然不知道常石谷為張敬堯之化名，而群奸則已聞風膽破，紛紛作鳥獸散。

這一宗鋤奸案，看似輕而易舉，不甚費力。其實，是愛國之士，冒生命危險換來。當白世維奉命之後，他是先留下遺囑，抱必死決心，去執行任務的，因為戴氏指示，不論成功與否，他都不能落在日本手中，增加政府困難。吾人還須指出：白世維乃黃埔學生，而不是尋常亡命之徒。

當張敬堯被制裁時，孫傳芳正應約由天津而來，剛步入六國飯店，忽聞槍聲，即倉皇由窗口跳出，再翻越院牆，逃入日本軍營，由日諜保護返回天津。但他並未因張敬堯之死而悔過，仍與日諜暗中往來，圖謀不軌。

翌年，孫傳芳在天津一居士林佛堂內遇刺殞命，報紙登載兇手名施劍翹，為施從濱之女，為父報仇而行兇。施劍翹刺殺孫傳芳後，立即向政府自首。法院因他自首，依法寬減其刑責。又念施從濱被孫傳芳殺害，恐非其罪，施劍翹以一弱女子，志切報仇，一片純孝，故提前開釋。

其實，施劍翹乃戴氏之工作人員，他是奉命行事。因孫傳芳住在租界，不便鳴槍，故派他以佛教徒身份，進入居士林，設法接近孫傳芳，然後乘其不備，以鋒利匕首，自其背後刺入；因施身強力壯，匕首自後背直貫前胸，孫傳芳不及呼救，即已倒斃，他亦因能從容逃出。

張敬堯、孫傳芳相繼被制裁後，敵諜策劃已久之陰謀，遂成泡影，華北亦賴以安定。有人認為這是暗殺行為，暗殺是有欠光明的事。惟亦不可一概而論。當賣國漢奸，在敵人庇護下，為敵張目時，捨此實無他法。

日諜如餓狼，永無饜足之日，他們不會因張敬堯等人之死而罷手，於是再收買敗類，進行擾亂與分化，其中最活躍的是吉鴻昌等。吉鴻昌原為西北軍軍長，曾參加馮玉祥所組織之「抗日同盟軍」，假抗日之名，行反政府之實。由他所暗中聯絡的失意軍人，有方振武、孫殿英、劉桂棠等人。並謀策動宋哲元部屬叛變。日諜允於組成軍隊後，給予械彈經費，伺機發難，一舉而佔領平津。然後在日軍支援下，組織偽「華北國」。

戴氏接獲情報，查證屬實，立即採取行動。這一次，是要遵照指示，逮捕歸案，因這一案牽涉到很多軍人，而其中多數是無辜的。當時吉鴻昌住在天津，以國民飯店為據點，亦有日諜暗中保護。戴氏當派天津站負責人陳恭澍等嚴密佈置，再運用內線，出其不意，於二十三年十一月九日，暗中將主犯吉鴻昌，從犯任應歧捕獲，瞞過日方，迅速密解北平軍分會，審訊確實，明正典刑。

在吉鴻昌被捕前後，另一著名漢奸白逾桓，以鼓吹華北獨立，與日諜深相結納，極為活躍。二十四年夏，亦經戴氏派唐振武冒死進入天津日租界棋盤街白之寓所，予以制裁。

經過這幾次有效打擊之後，日諜所策動之平津大暴亂，偽「華北國」，與華北五省獨立運動種種陰謀，乃因元惡已除，終歸幻滅。

在華北鋤奸時，另一重要漢奸殷汝耕，亦是戴氏所欲得而甘心的。殷汝耕原為政府官員，於出任河北冀東區行政督察專員時，投靠敵人。民國二十四年十一月，他更喪心病狂，在日諜導演下，組織偽「冀東自治政府」，使關內出現第一個偽組織。他敢於在距北平不遠的通州，公然叛國，就是因為敵軍近在咫尺，他有恃而無恐。當時北平的軍政機關，竟然對他莫可奈何。

戴氏決定不顧困難，除去此獠。特務處北平區先派一向姓女工作員，潛伏通州，打入偽組織；繼而運用殷逆丁姓友人為內線；又繼而運用殷逆張姓情婦；並一度收買殷逆保鑣；進行襲擊。皆因其防範甚嚴，恐引起日軍干涉，而未成功。

以後，他派吳安之、王撫洲等策動偽冀東保安總隊成功，本可立予誅除。又因要求配合國軍作戰，不欲因小失大，以致延遲。

盧溝橋事變發生，吳安之所策動的偽軍反正，乃將殷逆捕獲。不意在押解途中，因敵軍截擊，在混戰之中，竟被乘機脫逃。但他似乎命已註定要死於戴氏之手，最後在全面肅奸時，仍被戴氏設法捕獲，繩之以法。

各地肅諜

在「九一八」事變前，大多數國人，對於日本在我國無孔不入的間諜活動，可說懵然罔覺。自日諜頭目土肥原誘架溥儀，導演「復辟」以後，少數人始知間諜之名，然亦終無警覺。實際上，日本間諜，並不止是一個特務機關，他們的外務省、內務省、參謀本部、海軍軍令部、憲兵部以及朝鮮、台灣總督府，均負有間諜任務。甚至是旅華日僑、新聞記者，亦多與間諜組織有關。這些部門，各自有其間諜系統，所施展手法，不盡相同。而蓄謀弱我亡我，則無不同。屬於日本關東軍之土肥原特務機關，只不過是更為兇悍而已。

因此之故，在民國二十年以後，幾乎各地都有日諜活動，如鬼如蜮，無所不在。其活動地區，遠至川康西藏。甚至極為偏僻之湖北西部，亦曾發現有奸徒受其利用，陰謀組織「施鶴七屬自治政府」，其猖獗可知。

特務處前期，以其力量，尚不足以言全面防諜。但在當時，對防諜工作，曾盡力而為，則是有事實可證的。這幾年中，特務處與其所配合運用之治安機關，所破獲間諜案頗多。其較著者，計有：

福建站在莆田捕獲漢奸首領黃鑄，他受日諜唆使，陰謀組織偽「華南國」。

南京區捕獲漢奸徐冠九等，由日諜給予鉅款，陰謀在南京設立機關，並組織便衣廠，必要時，用以擾亂京畿治安。

南京區捕獲漢奸黃逸民等，亦攜有巨款，陰謀組織暗殺團，謀刺熱烈抗日人士。

南京區破獲由日諜直接指揮之「先鋒隊」，將其黨羽齊亞夫等多人，一網打盡。

河南站捕獲偽「華北自治分會」首領魏清祥，並因其被捕，破獲日諜所已聯絡之會匪組織。

河南站破獲由石友三等與日諜合作所組成之「護清剷民會」。並捕獲偽「華北自治會」第三路副總指揮何安亭，偽師長杜瑞亭等多人，亦皆受日諜之指揮。

其他各地，亦有日諜被破獲，茲不備舉。

雖然日本間諜，如此之多，亦如此之猖獗，但要破獲，並不容易。這不僅因為社會毫無警覺，奸徒有隙可乘；亦因重要間諜，都曾受過訓練，善於掩護，不易敗露。例如當時有一重要漢奸張顯如，及其妻石慧君，曾在東北屢次破壞義勇軍，殺害抗日志士甚多。又曾在北平一帶，幫助日諜，作惡多端。戴氏極欲除之，乃派員赴平緝拿，經過周密佈置，仍被脫逃。嗣派員跟蹤至廈門，他又搶先一步，逃往京滬，一到上海，行蹤即告消失。幸而判斷正確，加派人員窮追，始被漢口站拿獲。可見破獲間諜案，並非容易事。

所謂「藏本事件」

民國二十三年，住在京滬一帶的人，無不知其所謂「藏本事件」，亦無不知這一事件，曾一度使得人心惶惶。是年六月，日本與我復交，派有吉明為大使，於六月八日到京履新。六月九日，有吉明即向我提出一強硬照會，聲稱該國駐南京副總領事藏本英明無故失蹤，將導致嚴重後果，要求我方於四十八小時內，負責尋獲。同日，日本總領事須磨，並到我外交部大肆咆哮，定要如限交人。停泊於下關江面之日軍艦，且褪卸炮衣，作向我首都轟擊之勢。日本報紙更故意渲染，說藏本被我抗日份子所殺。他們此呼彼應，彷彿實有其事。

但是，明眼人已知其為預定陰謀，和侵略東北時所發生之「中村事件」，在動機和目的上，是相同的。其所以要待有吉明到任後發動，是要表示日本有識意和好，而中國無意於和平，先向日本挑釁，其曲在中國，其直在日本。主其謀者，仍為日本軍閥。依他們計劃，是以藏本為犧牲品，或至少要他隱藏一段時間，迨事態擴大，然後秘密遣返日本。但他們忽略藏本的懦弱性，亦低估我方偵防能力，所以結果弄巧成拙。

就正當南京氣氛非常緊張，很多機關，束手無策時候，戴氏挺身而出，慨然負起搜尋責任。他先通過潛伏在日領館工作人員，對於藏本性格及各種情況，求得充分瞭解。繼對水陸交通情形，作過研究之後，判斷藏本還未離開南京，很可能藏匿在近郊。於是立即封鎖幾個主要交通線，派員徹夜搜查，以紫金山區為主要目標。

果然不出所料，搜查人員，於十三日正午，就在明孝陵附近山麓，尋獲藏本，乃將他迅速送往外交部。又慮日方狡賴，另生枝節，於移送同時，乃請外交部招待中外記者，公布尋獲經過，一場可測的風波，至此頓告平息。

此一「苦迭打」詭謀，據藏本透露：原本是要他自殺，嫁禍於我。其所以選定他作犧牲，則是因其體弱多病，性情怪異，意志消沉。他信佛教，不願自殺或投河，更無勇氣自戕，乃決定絕食而死。他在山中藏匿兩日，忽生悔意。而飢火中燒，不能忍耐，遂復下山，擬以所帶金戒指，向附近居民，換取食物，行蹤因而敗露。

吾人不知藏本如不能尋獲，究將發生何種後果？但如日本重施故技，藉「藏本事件」，用武力脅迫，後果必是很嚴重的。

九、兩次重大事變之敉平

北伐以後，國內仍有變相的武裝割據，叛服無常，成為國家的嚴重問題。掃除這種障礙，促使國家統一，成為特務處基本任務之一。戴笠在這一方面，有令人驚異的表現。尤以「閩變」與「兩廣事變」之敉平，對國家前途，所關至鉅。

民國二十一年，「一二八」戰事發生，我上海守軍，在敵陸海空軍猛攻之下，以比較落後武器，堅強抵抗，寸土必爭，苦撐三個月之久，曾使敵受重創。這不僅出乎敵人意料之外，且使西方人觀感為之一變。此一戰役，參加各軍，都盡過力，而第十九路軍尤享盛名。率領該軍作戰的蔣光鼐、蔡廷楷，一時被視為是民族英雄。

上海戰事結束後，十九路軍調往福建整訓。二十一年五月，政府任命蔣光鼐為福建省政府主席，十一月，再任命蔡廷楷兼任福建綏靖公署主任，便於協力剿匪。這兩次任命，顯有酬庸之意。不料蔡、蔣等人，偶得不虞之譽，自覺功浮於賞，仍然有觖望。素以反對派著稱，而野心無窮的武人陳銘樞、李濟琛等，又思蠢動，便乘機鼓煽。他們原是十九路軍早期負責人，一經煽動，蔡蔣兩人竟亦盲從，共謀不軌。他們一面是以福建為根據地，另組政府；一面是積極聯絡各地好戰份子，與中央抗衡；目的是傾覆政府，奪取政權。

二十二年十一月，以李濟琛、陳銘樞為首之一群反中央份子，在福州成立所謂「人民政府」，以「中華人民共和國」為國號。同時，另組「生產黨」，以示與國民黨已絕緣。除十九路軍改稱為「人民革命軍」之外，並在各地收編軍隊。亦自然和其他變亂一樣，有很多失意政客軍人參加，這就是所謂「閩變」。

事變發生後，政府念在國難方殷，亦念及十九路軍抗敵有功，一再勸導，冀其悔過。稍後，發覺此一事變中，另有一更大陰謀，乃決計用兵。

此一陰謀，是李濟琛等已與中共及蘇俄互相勾結，並已簽訂一項密約，名為「合作抗日協定」。

南昌行營的電訊機構，於其往來密電中，經過密碼破譯，並獲知密約內容。其中最主要的是：「實行攻守同盟，由人民政府提供福州、廈門兩港口，為中共打通外援之路；由蘇俄負責接濟武器彈藥，供中共與人民政府使用。」繼又偵悉蘇俄已決定先由海參威運出步槍三萬枝，輕重機槍四千挺，大砲若干枚，飛機若干門架，及應需彈藥器材等。第一批，預定在廈門入口。

戴氏在此密電破譯之前，得悉十九路軍有異動跡象，立即調派閩籍工作人員連謀、張超、何震等多人返閩，深入偵查其動靜，相機進行策反。力行社亦派員赴閩，聯絡十九路軍內之力行社同志，協助工作。另有戴氏幹部邱開基、周昭瓊等，適時運用私人友誼，聯絡十九路軍參謀長黃強，六十一師參謀長趙錦雯。周昭瓊之父周南煌（粵軍宿將），並暗中勸導其舊屬之服務十九路軍者，及時去逆投順。於是十九路軍幹部，發生動搖。

當中央決定討逆之後，迅即動員海陸軍指向福建， 蔣中正並親往浦城指揮作戰。戰事如不能避免，自不免有損傷。而鬩牆之爭，尤為國人所引以痛心！所幸戴氏之策反工作，獲得成功，結果兵不刃血，已獲全勝。

當黃強、趙錦雯等說服六十一師師長毛維壽、六十師師長沈光漢時，其他人員，亦與四十九師師長張貞、六十七師師長區壽年等取得聯絡。戴氏認定叛軍內部多數已傾向中央，乃親往漳州、廈門，與毛維壽等密洽，保證中央必寬大處置，不究既往。隨於二十三年一月二十一日，通電擁護中央。毛維壽、沈光漢、張貞、區壽年、劉戡等師，乃十九路軍之主力，於緊要關頭，倒戈歸命；中央海陸空軍，亦能迅赴事功；故得以迅速收復廈門，進逼福州。陳銘樞等無從反抗，乃倉皇逃遁，偽「人民政府」，遂立告瓦解。

「閩變」因戴氏之策反成功，迅速敉平，使人民免於塗炭，政府威信，亦得以維護，是一件很有益的事。但不僅止於此，其對剿匪，助益更大。如果當時戰局持久，中共能打通外援之路，取得所需武器，則數年圍堵，就可能功虧一簣，何時能將中共逐出江西老巢？亦難預料。

兩廣事變

廣東廣西兩省，自北伐以後，就一直擾攘不寧，除少數游離份子，製造分裂之外，更有武人負嵎稱雄。戴氏知道兩廣是最多事地方，早於特務處成立時，即派幹員邢森洲、吳迺憲等常駐港澳，窺察動靜。迨陳濟棠盤踞廣州，又復遴派粵籍幹部龔少俠等多人，潛往廣州，暗中聯絡黃埔學生，及傾向中央人士，以備不虞。因此，中央對於陳濟棠等活動情形，諸如籌餉募兵，擴充軍隊，以及購買飛機、軍艦等情形，無不瞭若指掌。

民國二十四年六月，陳濟棠擅將中央派在南海之軍艦三艘，無故扣留，行跡已經顯露。政府以國難時期，一面盡量容忍，不予譴責，期其相忍為國，只命其將所扣留軍艦交還，俾能執行巡弋任務。一面作調停人情之努力。而陳濟棠仍抗不交還三艦。戴氏知勸說無益，乃命廣州單位負責人邢森洲、龔少俠等，暗中設法，營救三艦。依他估計，如能救出三艦，萬一有變，用以威脅叛軍根據地，至少可以發生牽制作用。

龔少俠等經過甚多困難，先後與海圻、肇和、海琛三艦，取得聯絡。這三艦軍官，多半出身於海軍學校，傾向中央。故聯絡之後，隨即密謀伺隙逃走。其時，虎門要塞，尚在政府控制之下，只須逃出粵江，即可脫離魔掌。

或許由於三艦拒絕改編，亦或許由於事機不密，在待機逃走之時，陳濟棠突命自己的海空軍，包圍黃埔江，迫使三艦開回廣州，有繳械意。幸而時在傍晚，更因風雨交加，飛機視線不明，海琛副艦長陳精文把握機會，首先率艦衝向外海，海圻艦長唐靜海繼之，肇和亦尾隨其後。經過一番奮鬥，前兩艦終於安抵虎門。後一艦則因機器故障，仍被俘去。

民國二十五年春，兩廣軍隊，備戰日極，負責調停人員，往返奔走，毫無結果。戴氏乃決定釜底抽薪之策，派出更多幹員，多方進行。參與其事者，在廣州：有梁幹喬、邢森洲、龔少俠、袁曄等；在韶關：有謝鎮南、張君嵩等；在港澳：有鄭介民等；凡與兩廣軍中有人事關係者，精銳盡出，以策動其陸海空軍歸命中央為目標。

深入叛軍內部，從事策反工作，隨時有被殺害的危險。在廣東策反時期，練炳章就是最先為工作而犧牲者。他是粵軍李福林部參謀長，奉戴氏之命，策動軍隊，並謀控制地方武力，期於必要時，配合中央行動。因事機不密，被陳濟棠所殺害。

特務處工作人員，雖明知要冒生命危險，而一經選派，無不踴躍赴命。在策反進行過程中，又不免遭遇很多阻礙，很多困苦，但從無人退縮。這一群人，為國家而冒險犯難精神，為便說明，姑且以梁幹喬作個例子：

梁幹喬在未進入黃埔軍校以前，即任教職，讀書頗多，富有思想。軍校一期畢業後，被選派赴莫斯科中山大學留學，他不滿於共產思想，以號召同學反共著稱。在廣東少壯軍人中，可說是知名之士，陳濟棠之流，無不知他是絕對擁護中央，反對割據的。甚至可能知道他和戴氏關係。如陳濟棠知他在廣州活動，是必定要加以殺害的。但他奉命之後，毫不考慮個人安危，立即奔赴廣州。他到達以後，即化裝車伕苦力，展開活動。雖然他在廣州，只是驚鴻一瞥，所策動的亦只是一個空軍電台，還有許多人工作，比他更為艱險，貢獻更多，亦可概見特務處幹部之勇敢的工作精神。

中央對於兩廣之容忍，以及黨內人士之調停，仍不能挽回危局。兩廣軍人，終於公開叛亂，在廣州成立所謂「國民革命救國軍軍事委員會」，由陳濟棠自任為「委員長」兼「總司令」，以李宗仁副之，時為二十五年六月二十二日。而在實際上，所謂兩廣聯軍，在五月底已採取行動。六月五日，已有一路進佔永州，一路進迫衡陽，另一路且已進至贛境。這顯示雙方已無妥協餘地。

陳濟棠、李宗仁等，在國難時期，甘冒天下之大不韙，稱兵作亂，一面是自恃兵力強大；一面是與若干野心軍人如雲南之龍雲、四川之劉湘、山東之韓復榘等暗中已有聯絡。而更重要的，是眼看中央正傾力應付日本，認為有機可乘。

在中共被逐出江西老巢之後，國家本已呈現一片好景，正可養精蓄銳，待機收復失地，湔雪國恥。至此，又復滿天陰霾，大戰且有一觸即發之勢。其時兩廣叛軍，不下四十萬，如不幸發生戰事，再加各地野心者乘機竊發，兵連禍結，國家前途，豈堪設想！為此，當局特別慎重，亦表現出最大容忍，一再命令湘贛邊境駐軍後撤，以避免衝突。

政府容忍，與駐軍退讓，並不能改變野心者之好亂心理，使其迷途知返。這種時候，唯一可以兵不血刃，使其就範的方法，就只有寄望於成功的策反。但這是並無絕對把握的事，因環境極為複雜，情況又瞬息萬變。肇和軍艦之垂成復敗，就是例子。戴氏為此亦頗為憂心，他擔憂戰事發生，很難收拾；擔憂眾多幹部之安危，他們都是最優秀同志；當亦擔心萬一有變化，很多傾向中央，準備起義的人，將遭到迫害。

大約在六月二十二日以前，戴氏即命電訊總台，於每天午夜，與一名為XSF·DE·XHOB電台聯絡。既無波長，亦不知其方位，本是不易聯絡的。經過連續數夜之呼叫，竟然與此一奇怪電台，取得聯絡。這時，戴氏才知他的策反，已接近成功階段。原來此一電台，屬於粵空軍司令部，是梁幹喬運用其侄梁伯倫關係，加以控制，預定在緊要時使用的，戴氏以外，別無他人知道。

戴氏得知繼鄭介民之後，擔任策反粵空軍的人已達成任務，即電令促其儘速來歸。七月二日，由黃志剛所率領的飛機七架，率先離粵，安全飛抵南昌，這是成功的開始。

陳濟棠所恃的力量，第一是空軍。他經過數年經營，已建立一支屬於私人的空軍，擁有各式飛機百餘架之多。當他警覺到粵空軍人員，有傾中央意向時，尚擬僱用外籍飛行員，為破釜沉舟之計，但為時已晚。

七月四日，陳卓琳、梅錦昭、陳勉吾等，繼黃志剛之後，率機四十架，直飛南昌。陳卓琳是粵空軍參謀長，所率人員與飛機，又是全部精銳，粵方空軍，可說事實上已崩潰（剩餘部份，亦於十八日全部來歸。）陳濟棠竭數年之力，所組成之龐大空軍，遂在一瞬間，為戴氏所瓦解。

與此同時，負責策反粵海軍幹部，亦正加緊進行。當時的粵海軍，雖不及空軍之強大，但亦擁有軍艦多艘。其中且有新從國外購得新艦，頗具威力。負責策反幹部，獲悉鄺文光、鄧瑞功兩人，在粵海軍中具有號召力，並知其與舒宗鎏有戚誼，乃覓取前虎門要塞司令陳策之函，請舒妻密往聯絡。鄺、鄧兩人，遂率領新艦，駛出粵江，在虎門會合，然後北上歸命。粵海軍亦頓時解體。

對於粵陸軍，戴氏亦毫不放鬆。由張君嵩、楊秉中、謝鎮南等所負責策動之粵陸軍，原在海空軍之先，而成功則在其後。原因是陸軍分散於各地，時有調動，情形亦較為複雜。

陳濟棠等乘國家之危，圖謀叛亂，他們部屬中很多愛國之士，頗不直其所為。其高級將領，如粵軍第一軍軍長余漢謀，即與之貌合而神離。因此，陳濟棠特派其親信部隊，扼守韶關等要地，以防內變。若干傾中央將士，在其監視之下，不能不有所顧慮。

經過張君嵩等設法策動之後，粵陸軍第四師師長巫劍雄，首先自動撤離韶關；第六師師長黃質文繼之；另一被視為精銳之第七師，亦由其師長譚朗星率領，離開汎地，至此藩籬盡撤，很多粵軍將領，乃隨余漢謀之後，表明態度，通電擁護中央。

七月十五日，陳濟棠被迫下野。李宗仁所部，隨亦向桂境退縮。一時曾使舉國震駭之「兩廣事變」，竟然出現奇蹟，陰霾頓開，復歸晴朗。

「兩廣事變」之敉平，對戴氏而言，為一大奇功。對國家而言，則為可以改變歷史之一大事。很明顯地，如不能適時策反成功，即使政府忍讓，戰事終不能免。有近數百萬的軍隊交戰，不論誰勝誰敗，國家元氣，勢必大傷，翌年盧溝橋事變，亦勢必不能團結一致，及時抵抗。假使政府將幾年儲備，為內戰所耗消，敵人又乘勢佔有東南與華南，則抗戰前途，極為艱難，可以斷言。惟其為一大事，故將其經過作較詳之敘述。

南宋時代，虞允文采石之捷，劉錡曾經感慨的說：「朝廷養兵三十年，今日大功乃出儒者！」如說「兩廣事變」，關係民族抗戰前途，則戴氏之功，此之虞允文，又遠過之。很難得的，是他口不言功。當鄭介民等覆命之日，他備便餐為之洗塵，亦只不過向他們道勞而已，無一毫矜己之色。

於此，另有兩人，對於兩廣事變時之策反工作，貢獻很大，而鮮有知者，吾人須表而出之。以整個策反工作而言，鄭介民當居首功，因粵軍之崩潰，空軍投順，為一大關鍵，而負責策動的是鄭介民。而鄭介民能策動成功，陳振興之功不可沒。

陳振興原為粵籍華僑，喜愛運動，游泳、舞蹈等無不擅長，因而粵空軍幹部多半相識，常共私生活，於公私事無所不談。鄭介民乃運用其關係，試行接觸。陳振興既與粵空軍重要幹部如陳卓琳等私交甚厚，苦口相勸；陳卓琳等亦知去順投逆之非計，而感到徬徨；於是鄭介民得以深入，終於達到策反目的。如果沒有陳振興，策動粵空軍全部反正，是不會如此順利的。

另一隱在幕後，功不在陳振興之下的，是一奇女子，即當年上海社交界所稱之許大姐。他名許兆賢，小字盈盈，亦是廣東人，為富商之女，平時生活豪華，但富有愛國思想。當陳振興策動粵空軍，已有成議時，急需活動費用，估計第一次需款港幣八萬元。當時八萬元港幣，可謂鉅額，戴氏不便直接請款，乃謀之於航空委員會。不意若干淺視者，以為此乃幻想。並有人說：「航空委員會經費雖是充裕，卻絕不能容戴某去浪費。」因為他們認為策反是不可能的事。戴氏無以為計，乃往上海求助，許兆賢得知此事，立即為之解決困難。據說戴氏與許兆賢及另一名女人陳華（楊虎夫人），早有交往，情同姊弟。當戴氏說明需款急切時，許兆賢即慨然於其頸上取下名貴項鍊一串，付與戴氏，說事機急迫，籌款恐有遲誤，可速持此典質，至少可質八萬元。戴氏似覺不情，尚欲婉謝，而許兆賢催之甚急，略無吝色。於是以所典質八萬元港幣，如期匯交鄭介民，策反因能照計劃實行。假使當時無此鉅款應急，陳振興不能實踐諾言，策反工作，就難免不有反覆。

許兆賢在此以後，下嫁其鄉人熊少豪。熊為留學生，在宋哲元主持華北政務委員會時，任高級職員，主管外交事務，夫妻兩人，對於戴氏在華北工作，一直熱心贊助，故戴氏對於許兆賢，不但感激，且甚敬重其為人。

戴笠與其母親

十、暗殺惡風之撲滅

民國二十三年至二十五年之間，國內發生多次政治性謀殺案，以汪兆銘被刺，最為駭人聽聞。雖然特務處只負有保衛　蔣中正安全責任，戴笠則認為此種惡風，斷不可長。於是傾力窮究，緝捕真兇，並為此而誅除他多年以前的一個朋友。暗殺之風，乃被遏止。

保衛領袖安全

民國十五年冬，戴氏在黃埔軍校，一日與同學聚集一處，各言其志，他獨沉默不語。詢之至再，他始謙虛地說：「我無大志，但願畢業之後，為校長作一名侍衛，保護他的安全。」他所說的話，五年以後，竟然成為事實。

二十一年，特務處成立不久，即設立警衛股，並派邱開基赴武漢，負保衛　蔣中正責任。自二十二年七月起，特務處再組成一隨節組，派黎鐵漢為組長，專負保衛之責。這個組織，以後並擴大為特別警衛組，且為一常設機構。

蔣中正領導革命，有志於振衰起敝，因而能得到國人擁護，亦因而不免有人反對。早在廣東練兵時，即曾遭遇過兩次謀害——一在自廣州返黃埔的船中，一在軍校辦公室，幸而皆未得逞。到南京時代，地位日益重要。戴氏深知　蔣中正一身繫國家安危，保衛領袖，如護頭目，為無比重要的事，乃引以為己任。他要求所屬工作人員，將保衛　蔣中正安全，列為第一重大任務，不許有片刻懈怠。

自二十三年至二十五年間，曾發生過四次謀刺　蔣中正事件，主謀者分別是：「中華民族共濟會」、中共「行動組」、「新國民黨」與「人民政府」殘餘份子。這幾案的兇嫌，有劉仲武、袁鏗、何仲甫等人，均經戴氏部屬，分別在南京、上海、廣州等地捕獲，由法院科以應得之罪。

實際上，可能還有他人謀刺　蔣中正，而因保衛嚴密，無法行兇，沒有被發現。據說其時被圖謀暗殺的人，並不止　蔣中正，若干中央大員，如何應欽、宋子文等，都曾有過被暗殺而未遂的情事。而宋子文且係得戴氏之助，而免於被害。這種謀殺事件，並不能說完全沒有私人恩怨因素在內。但就已破獲兇嫌看來，多數是政治性的。政治上有歧趨，可以爭辯，可以反對，卻不可以暗殺，這是一般的觀點。

楊永泰被刺案

二十四年十月二十五日，湖北省政府主席楊永泰，在漢口輪渡碼頭，遇刺身死，兇手譚戎軒當場被捕。楊永泰被目為「政學系」首領，在政治舞台，早露頭角，他被刺，眾信其非普通仇殺。惟兇手堅不吐實，治安機關，無以為計。

這類謀殺案，本應屬地方機關處理，與特務處無關。惟因其是政治性的，戴氏乃命所屬湖北站協助治安機關辦理。湖北站接辦不久，即查出別有一同黨名龔柏舟，嫌疑最大，但已離開武漢，依於判斷，正在逃往上海途中。戴氏據報後，立命沿途查緝。蕪湖工作人員，在一艘日本輪船中，迅將龔柏舟拿獲。經過審訊，抽絲剝繭，終於查明主謀者為社會所知名之劉蘆隱。

劉蘆隱曾任國民黨中央委員兼宣傳部長，為一文人，說他主謀殺人，當時頗有人懷疑。但根查結果，事實與證據，皆無可疑。事實真相是劉蘆隱早已參加「新國民黨」，為一重要反政府份子。當時在他上海寓所，所搜出證據甚多，其中包括有「革命軍團」組織文件，「中華青年鋤奸特務隊」工作計劃。並於同犯中，查出劉蘆隱所親寫之行刺命令。至於為何謀刺楊永泰？據他供述，是他們組織認定楊永泰是漢奸，阻撓中國抗日運動。

因此案之破獲，得以查悉殺害外交部次長唐有壬之兇手，為項應昌。特務處派員追蹤至西安，將項應昌捕獲，他亦供認是奉劉蘆隱之命行刺，行刺理由，亦是認定唐有壬為漢奸，阻撓抗日。劉蘆隱輩，在動機上，或許是一時激於義憤，而其手段，則實令人難以同情。

汪兆銘被刺案

楊永泰被刺案發生不久，又有汪兆銘在南京遇刺事件發生。二十四年十一月一日，國民黨四屆六中全會，在南京中央黨部舉行，在全體出席人員攝影留念時，突有人鳴槍，汪兆銘被擊傷，兇手當場被汪之警衛擊斃，同黨逃匿無蹤。

這一謀殺案，異常重要，因為汪兆銘有其政治上重要地位，亦有其政治上恩恩怨怨。他和政府之間，常有歧見，經中央苦心孤詣之調停，他才到南京，就任國民黨中政會主席，兼行行政院長。這兩個職位，是僅次於黨總裁與國家元首的。這無異於在政治中心，投下一顆炸彈，所以全國為之駭異。

事件發生於警戒森嚴的中央黨部，兇手已死，無從究明其行刺目的，　蔣中正又適因公忙，未能在攝影之前，趕到會場，世俗不察，妄加猜疑，使得社會上謠言的蠭起，覺得離奇。

當戴氏得知兇手名孫鳳鳴，是假借「晨光通訊社」記者名義，混入會場後，立即奔赴該通訊社，已是人去樓空，亦無任何跡象，可資探索。僅見一火盆中尚有文件在燃燒中，他急於火中搶出一角尚未燒盡的明信片，雖僅存數字，且為隱語，他亦甚為重視。經過研究，他判斷同黨必係逃往上海，乃立即電令上海區嚴查。

但如只知其同黨逃走方向，以上海地方之大，情形之複雜，要查獲不知姓名之兇手，是很不容易的。另一重要而正確的判斷，是他料定這種政治性謀殺案，可能與王亞樵有關，因使偵查工作有其目標與範圍。上海區照他指示，集中目標於與王亞樵有關之人，幾天之後，即將其妻王寶珍及嫌犯張玉華等捕獲，果與此案有關。惟重要嫌犯，尚有余立奎等，已經逃往香港。

在香港英人勢力範圍內，緝捕乃至偵查刑案，是要受限制的。如其是政治犯，即使能捕獲，亦難以引渡。這就是多年以來，政府場合中，有人犯罪之後，只要逃至香港，就可逍遙法外的原因。戴氏有決心要使這一宗暗殺案水落石出，乃不顧任何困難，派員立飛香港，配合在港工作人員，運用港警中華探，多方偵查，很迅速的將余立奎、胡大海、周世平三重嫌捕獲。隨即派鄭介民、李果諶赴港，以南京首都警察廳名義，請求英方引渡。英方初則多方留難，交涉至再，毫無結果。繼請英籍律師向法庭提出控訴，歷時八月，並發動香港輿論界支持，始達引渡目的。

余立奎等嫌犯既引渡，很快就查明幕後指揮行刺者為王亞樵，而王亞樵則受僱於李濟琛。李濟琛等之所以僱兇行刺汪兆銘，遠因是他們所領導的反對派，曾經勸阻汪兆銘響應政府共赴國難之號召，而被汪所拒。近因是他們當時正策動兩廣叛離中央，企圖藉汪之被殺，掀起政治風潮，遺禍政府。

另有一說是謀刺第一目標是　蔣中正，如其不成，則改為刺殺汪兆銘。

本案發展至此，真相乃大白，社會許多謠喙，因而得以澄清。

職業兇手王亞樵之死

北伐以後，國內發生政治性謀殺案，如由戴氏查辦，他會首先想到王亞樵其人，因他對王亞樵有極深刻之瞭解。

王亞樵，原籍安徽，亦是知識份子，早年曾入同盟會，參加革命。同時亦是幫會中最活躍人物，上海洪門幫會，以他所領導的「徽幫」，實力最大，他掌握有多數碼頭工人，並養有亡命之徒。民國二十年時代，在上海地區，王亞樵可稱一霸，其他幫會首領，都對他有所忌憚。

戴氏流浪上海時期，聞人言王亞樵有豪俠之氣，經朋友介紹，與之相識。王亞樵亦很欣賞戴氏才幹。於是兩人訂交。據戴氏自己說：他們曾經結過金蘭。傳說戴氏有一段時間，是住在王亞樵家。可見他們兩人關係，很不尋常。

戴氏對於幫會，似乎不感興趣，他和王亞樵往來，可能是因其與國民黨人暗中有聯繫，而想藉此關係，謀求自己出路。王亞樵是確與當時國民黨若干人士有交，但關係似不甚深。所以戴氏決然離開上海，返回江山，與王亞樵關係因而疏遠。

戴氏出任特務處長以前，他知道有兩個危險人物，必須設法控制，其一是北方的王天木，另一就是南方的王亞樵。這兩個人，亦很敬佩戴氏，有投效之意。王天木為戴氏所羅致，由運用關係，成為正式工作人員，在華北工作，頗為努力。而王亞樵則因　蔣中正亦知其人，指示戴氏：「這種人不可用。」只好放棄。

王亞樵以未能參加戴氏工作，而深感失望。在致戴氏函中，他說：「我對你沒有話講，委員長禮賢下士，你就和顏悅色，委員長疾言厲色，你就嫉惡如仇。……」他們友情，從此中止。王亞樵亦從此一意孤行，終於成為一職業兇手。

在十九年發生有人謀刺宋子文案後，又連續發生若干政治性謀殺案，戴氏判斷與王亞樵有關，然亦沒有證據。他曾經警告過王亞樵，說「你如有謀害我領袖舉動，我必殺你。」同時命令在上海工作人員，注意王亞樵行動。王亞樵知道戴氏對他注意，乃離開上海，遠走香港。

王亞樵之南走香港，傳說並非完全是因戴氏注意關係，而是應李濟琛等之約，參與其陰謀，因他早已參加「新國民黨」。他原本是國民黨老黨員，與很多黨人是舊識，此說亦近情。

汪兆銘案發生，他知道此非尋常謀刺案可比，政府必定嚴究，戴氏亦必不會輕易放過，乃逃往廣西梧州，受當地軍隊保護，他認為即使戴氏知道是他受僱行兇，對他亦莫可奈何。事實亦確是如此，當時的廣西，形同化外，更有軍隊保護，是很難緝捕歸案的。

當張玉華等被捕，供述出王亞樵之妻王寶珍由香港到上海，是專為送款而來，戴氏即斷定主兇為王亞樵，決意將他除去，以免後患。然偵查結果，亦僅知他在廣西，而不知確實匿藏地方。稍後，得知同犯余立奎之妻名木蘭者，與王亞樵有染，可能與之聯絡，乃派一陳姓工作人員，輾轉結識木蘭，窺伺其行蹤。迨陳員與木蘭關係日深，戴氏乃親往香港，約見木蘭，曉以大義，要他協助為國除害。

木蘭為戴氏誠意所感動，接受任務，多方設法，與王亞樵取得聯絡，知他藏匿在梧州西江邊某軍人別墅，只可襲擊，而不能加以逮捕。於是決定以木蘭為餌，派幹員史克斯等隨之往梧州，乘王亞樵與木蘭歡聚，猝不及備，將此一著名惡徒擊斃。

在此後十年，沒有再發現政治人物被暗殺情事，未嘗非此一擊之功。

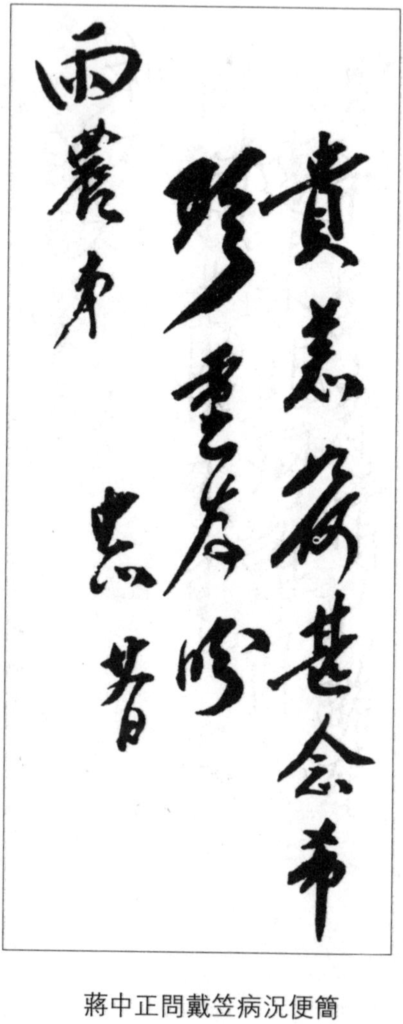
貴恙甚念希
珍重為盼
雨農弟
中正

蔣中正問戴笠病況便箋

十一、蔣中正與戴笠

戴笠在職之日，踔厲風發。主要是由於他感激知遇、常存圖報之心。他於 蔣中正，名為師生，而其真摯之情，則儼若孝子之於嚴父，愛慕敬畏，兼而有之。西安赴義，使他受知益深，信任益篤。故雖「謗書盈篋」，終不為動。如他沒有這種千載一時的際遇，他雖有才，又安從展佈？

師生風誼

當戴氏初露頭角時，頗有人猜測他必是因鄉黨之誼，葭莩之親，才被不次拔擢，廁身近禁。多年以來，官場援引私昵的風氣，尚未盡除，這種猜測，是不為無因的。

其實， 蔣中正與戴氏，除名為師生外，別無淵源。即師生關係，亦猶之孔門顏濁鄒之類，不在七十二子之數。戴氏自己曾說：「我入黃埔軍校，僅受了十個月訓練，當時並沒有受到委座耳提面命。」因他入校時， 蔣中正已率師北伐。

因此，有人說：「戴笠如不是出奇釣險，只憑黃埔學生關係，未必能蒙青睞，而邀眷寵。」意思是說他如不作情報工作，有其特殊表現，他不一定能受知於 蔣中正。事實亦確是如此。

不過，還別有兩個因素，是不容忽略的。

其一、是戴氏本身條件：他有才略、勇氣與特有的韌性，而且沉毅謹慎，不務浮競，是一般人所難兼而有之的。這些條件，正是一個處近要、負責任、共機密的人，所不可缺少的。如果沒有這些條件，只是因他作情報工作，僥倖於一時，他即使偶而為 蔣中正所賞識，要得到長時間的信任，是不可能的。

其二、是他自己懷抱：他是一個保有較多舊的觀念，自負有才，且多少有些英雄主義傾向的人，而十年潦倒，懷才不遇，上無以報慈母，下無以塞鄉里悠悠之口，故他比別人欲有成就之心更切。一旦於稠人廣眾之中，為 蔣中正所拔識，感遇知己，懷恩圖報之心，亦比別人更切。他對 蔣中正之忠心，亦由此欲報之德一念而來。他能得到信任，這一點是很要緊的。

當然，他是黃埔學生，亦有關係。

民國二十一年二月二十六日，戴氏奉派為特務處長。但在第三天，即請辭職。據他說：「有一位同志，要打倒我。還說：關於特務處的人事經費，校長叫他負責。次日，我就報告領袖辭職。」就在當天，　蔣中正在中山陵園召見他，面予慰留。並說：「只要你有決心，其餘不必顧慮。」這短短兩句話，含有不盡的知愛與期望之意，他不便堅辭，亦不敢堅辭。從此便下定決心，誓以死相報。在這以後十餘年，他遭遇很多委曲，很多拂逆之事，他總是逆來順受。而不輕言辭職。

接掌特務處以後，戴氏曾有幾次語人：「我這顆頭顱，已非復我所有，若不是被領袖殺掉，就必是被敵人殺掉。」這並非故作驚人語，而是他深深感覺到他已以身許　蔣中正，義不得復為私人計，他不能預料將來如何，亦不能保證工作上沒有錯誤，萬一失意，他只有以死報之。

凡與戴氏相處較久的人，都知他對　蔣中正，真可說是至誠至懇，無時無刻存著一種真摯的敬事之心。他平時凡有稟報，必躬親審視，字斟句酌，然後交付繕寫，字體必求恭正，不許有一筆苟簡。或奉批示，他對　蔣中正所說的話，輒誦於口，不忘於心。

當公出時，必先報告將往何地，辦理何事。公畢銷假，亦必先報聞，如同子之事親，出面反告。凡　蔣中正交辦的事，必唯命是從，從不避繁趨易，見可知難。亦從未有一字外洩。

據常在　蔣中正左右的人士說：戴氏每次因公晉見時，總是婉約其詞，陳述已畢，則垂手肅立，視　蔣中正顏色為進止。偶或隨侍　蔣中正，必待垂詢，才據實以告，不欺不隱。不問不敢多言。雖然他是當時極少數可隨時晉見，不待通報的人，但非必要，絕不請謁。……

一個人對人誠偽，是要經過時間考驗，才可論定的。戴氏對他老師，出於至誠，而且十幾年如一日；故　蔣中正信任專篤，待以股肱心腹，亦十幾年如一日。

但是，他們師生間，如此相得之美，而且始終如一，不是一件容易事。　蔣中正不是一位尋常人，明足以察秋毫，作為他的部屬，不是一味厚貌虛情，唯唯諾諾，所能得其歡心的。

據說　蔣中正每次召見戴氏，必多所垂詢，自敵情、軍事、經濟、外交以及社會問題，無所不問，大抵皆當時決策所需參考者。不管所問為何事，作為一個情報首長的學生，面對一個嚴肅的老師，既不能避不作答，亦不容游詞搪塞。因此，戴氏雖在百忙中，亦必須事事留意，悉心研究。他有一好處，是從不強不知以為知。對於自己所不知道的事，必請教專家，例如日本問題，他就常與國際問題研究所之王芃生等交換意見。多數時候，他是不恥下問，和他幹部中之有研究者，交換意見。每於召見之前，他必考慮若干迫切問題，揣摩　蔣中正意向，預作準備。故每當詢問時，輒能歷陳原委，剖析利害，因而常能得到　蔣中正頷首。

在民國三十年前後，外間頗多謠言，或說戴氏已失寵，將由康澤繼其任；或說由於他行為失檢，已為　蔣中正所厭棄；並有人說他屢被　蔣中正斥責，乃至被罵得「狗血淋頭。」……依常情而論，蔣中正平素馭下較嚴，於門生故吏，很少假以辭色。戴氏亦不能全然沒有差誤。偶有斥責，當不可免。至於若干機密事，則顯然出於臆測。試想他們師生二人，帷幄籌策，從容論思之際，左右亦須迴避，外間又何從得知？

慷慨赴難

民國二十五年十二月十二日，所發生之「西安事變」，其影響是非常深遠的。稍知時務的人，都知道這不是偶發事件，更不是所謂「兵諫」，而是蘇俄預定陰謀，通過中共，並假手部份無知武人，而釀造的。其最大目的，是要誘迫中國提早抗日，以免日軍北進，威脅蘇俄。當事變發生後，舉國震驚，很多人關心這件大事，所以此事發生經過，人盡皆知。其間一部份人所不知情形，亦因張學良之自白，而大白於天下，故不待吾人縷述。此處只略述戴氏冒險赴西安經過，及其對善後事宜，所作的努力。

自古忠義之士，每當事之有關心節分義，而義無反顧者，輒以生死決之，或死節，或死義，而不肯苟且偷生。然而，「慷慨死節易，從容就義難！」

二十五年十二月二十二日，即　蔣中正蒙難後十天，戴氏由南京前往西安，可以說是從容赴義。雖然結果他並未死，而無疑地，他是抱必死決心而去的。以他當時所負責任，無論中共欲得而甘，即叛軍亦不會輕易放過他，理由非常明顯，不須加以解釋。故當他決心赴難時，他的朋友，都苦口相勸。臨行之時，他的幹部，都有易水送別之感，忍不住流下淚來。

戴氏好勝，他表面很鎮定，還強為言笑，告訴送行的人，說「哭是懦夫的事，男子漢當見義勇為。」一在表面上，他彷彿有「雖千萬人，吾往矣」的豪氣。而他的內心，則比別人加十倍沉重。

據說當其行前叩別藍太夫人時，他一走進後宅，便雙膝跪在地上，淚如湧泉，泣不成聲。藍太夫人先以慈祥之手，撫摩愛子的頭，如幼時光景，然後問他何故悲傷？他一面拭淚，一面若斷若續的說：「兒平時奔走國事，疏於侍養，未盡孝道，愧為人子！……今因要公，將有遠行。……尚不知何時才能回家。……惟望母親保重，勿以兒為念。……」

同時，他還命其子藏宜，自上海回南京，和他見過一面，有所叮囑。

這顯示他自己亦料著西去長安，難有生還之望。

如果他不是和張學良私交頗厚，他確是難望生還的。他們兩人訂交，不知始於何時？據說戴氏在南京徐府巷的辦公房屋，係張學良所贈與。由此推想，他們似在二十年，或者稍前，已經相識。戴氏往西安消息，張學良最先知道，故戴氏剛走出機艙，他即派自己衛士，搶先逮捕，並立刻送往他自己公館的地下室。名為扣押，實為保護，用意是不讓戴氏落於楊虎城之手。

戴氏被押到張公館後，多次要求晉見　蔣中正，這是他來西安最大的目的，但被拒絕。所以他在日記中寫著：「自昨下午到此，即被監禁，默察情形，離死不遠。來此殉難，固志所願也，惟未見領袖，死不甘心。」

大約是在二十三日夜間，張學良才到地下室和他見面，出示若干文件，都是叛軍中人，請「速殺戴笠，以絕後患」的。這時他才有機會和張學良密談。他對張學良很嚴肅地說：「　蔣委員長蒙難，我是他的學生，亦是部屬，豈忍偷生？我若怕死，就不會來。你們今天可以殺我，卻無法殺盡千千萬萬革命同志，他們仍將繼續奮鬥。你們愚蠢行為，亦將自食其果。請你想一想，一個人倒行逆施，與天下人為敵，豈能僥幸萬一？」他並告訴張學良，中央已決定討伐，只有儘速讓　蔣中正離開西安，才可免於大禍。

據說二十四日，張學良曾再度與他密談，內容不詳。但可推想仍是如何營救　蔣中正脫險問題。

事實上，張學良與楊虎城，雖同為事變禍首，而兩人情況，全然不同。前者是受部份東北將領之影響。後者則因其內部，有中共份子潛伏，且已被穿鼻。故張學良見過　蔣中正日記之後，就已有悔過之念。問題在於如何計出萬全，讓　蔣中正安全離開？這是必須謹慎從事的，因為當時在西安城郊，楊虎城勢力很大，又有中共幕後操縱。

十二月二十五日，事變急轉直下，張學良斷然決計，親身護送　蔣中正飛往洛陽，戴氏亦獲釋放。張學良要求和他同乘一機，顯然離開西安以後，客主勢已變，他需要戴氏來保護他。一場震撼山岳的大風波，至此告一段落。

但是，餘波仍在盪漾，並未完全平息。東北軍人，藉口張學良護駕有功，反被扣留，聲言要製造另一次事變。其中過激份子孫鳴九等，並因此而殺害第六十七軍軍長王以哲。楊虎城一幫，又不滿於張學良之無條件的釋放　蔣中正及中央軍政要員，因而仇視東北軍。

由於猝然發難所造成的許多後遺症，必須迅謀解決，戴氏和張學良都知道，他們很可能曾經商談過。所以一到洛陽，戴氏即催促張學良以親筆函分致東北各將領，曉以大義。並立派鮑文樾等趕往西安，分途聯絡。函中有「委座之愛東北軍，不亞於良，且更有過之。望兄等勿再瞻顧，速下最大決心，行有效之方法，方能達到救國還鄉之目的……」等語。

東北軍各將領接到張學良親筆函後，立即響應，遂有繆澂流、劉多荃、吳克仁等之通電，表示擁護中央，軍心因而大定。

與此同時，楊虎城之警衛第二旅旅長張鴻，與戴氏工作人員取得聯絡後，亦發表通電，歸命中央。楊虎城自知勢孤，乃不敢另生枝節。

由於這些善後措施，使得情勢迅即穩定，中央軍乃得爭取時間，移防西北。西安安定，對於以後抗戰，是有極大關係的。

生死榮辱之間

「西安事變」發生後，有人對戴氏攻擊，其最激烈者，並說：「應殺戴笠以謝天下。」理由是他有情報與保衛雙重責任，「龜玉毀於櫝中，典守者不得辭其責。」戴氏在事後亦說：「某同學曾當面質問：『你負特種工作責任，為何使校長受此危險？』亦有某某同學寫信給我，說：『校長如有不測，我們將找你算帳。』」

各方對戴氏有所指責，與黃埔學生之嚴厲責難，是人情所不免的。不過，很多人只在憑主觀的感覺，而論是非，並不瞭解客觀實際情況。

以張學良而言：他在民國十八年毅然易幟，歸服中央。繼而又在馮閻倡亂時，率兵入關，安定華北。這兩件大事，表現出他很識大體，且有魄力。因此 蔣中正才重用他，命他率軍剿匪。當西北剿匪停滯不進時，他承認軍隊情形複雜，惟有請 蔣中正親臨西安，召集幹部，面予訓勉，才能安定軍心，重振士氣，是很合於情理的。語云：「君子可欺以其方。」故 蔣中正徇其所請，不疑有他。

民國二十五年，正是 蔣中正聲威正隆時期，他亦似乎很有自信。在西安半月記中， 蔣中正說：「中正二次入陝之先，即察知東北軍剿匪部隊，思想龐雜，言動歧異，且有自由進退等複雜離奇之報告。甚至調將有非常之密謀與叛亂者。……東北軍痛心國難，處境特殊，悲憤所激，容不免有越軌之言論。如剴切告諭，亦必能統一軍心。」這說明 蔣中正很瞭解當時情況。既瞭解而仍西行，乃因其有自信。作為一個大軍統帥，是應當有自信的。

再說 蔣中正既已決定，即使戴氏當時在洛陽，而不是遠在廣州，料他亦不敢「尼或止之。」以蔣中正之威嚴，他已策定的事，亦不是他的學生，隨便進言，就可改變的。這是一面。

在另一面，戴氏負責情報工作，如他在當時沒有情報，或情報有錯誤，他是絕難辭責的。惟事實證明，在事變之先，特務處情報頗多。其中有三個以上工作單位，曾多次提出報告。一是派在西北負責的江雄風，一是剿匪總部第三科科長王新衡，另一是派在北平工作的廖華平。尤以後者報告為最具體。

廖華平原是早期的中共之「中委」，曾任黃埔軍校政治教官，清黨之時，逃至東北。以後為戴氏所羅致，以北平憲兵司令部軍法官為掩護，為特務處工作。當時的憲兵司令邵文凱，亦出身於東北軍，與在陝西的東北各將領，聯絡非常密切。廖華平運用這種關係，因而對於西安變亂之醞釀，有較深瞭解。

或許由於各方之責難，戴氏曾命主管人員郭履洲，檢查檔案。檢查結果，凡有關西安動亂情報，均列為最速件，一一轉報，並無遺漏。

這些情況，顯示特務處不僅曾蒐集很多情報，且均已轉報，不能說在職分上有疏忽，或未曾盡職。

不過，張學良與楊虎城暗中策劃，定於十二月十二日發難，戴氏工作人員，似乎並無所知，或知之而不詳，乃是事實。故如說他失職，亦振振有詞。惟平情而言，政治上有很多高度機密，並不容易查覺，情報工作人員，亦不是無所不能的。

另一問題，是戴氏明知其危險，何以要前往西安？這亦有幾種傳說：一說是他因各方嚴厲責難，情勢所迫，不得已才走此險著。一說他是本於「主辱臣死」之義，決心去效死，以酬知遇。這兩種傳說，不但缺乏積極意義，不稱其為人，且與實情不合。

事實上，當時在南京，大家所注意的焦點，是如何營救　蔣中正出險。即主張迅速進兵，包圍西安，亦是為便於營救。戴氏之赴西安，是經過力行社開會討論，才作決定的。目的一面是要他設法見到　蔣中正，面陳全面情勢，並有所請示。一面是希望他運用他和張學良的友誼，相機營救。同時要瞭解西安一帶的確實情況，這是當時大軍進迫西安之前，一個很重要的問題。

不管戴氏動機如何，他畢竟做出一樁人所不敢做的事，充分表現他不惜一死的決心。後人對於此事，將有何種看法？非吾人所可知者。惟「西安事變」之時，　蔣中正蒙難，他的學生戴笠，曾經慷慨赴義，此一事實，將無人可以改變。

就事言事，戴氏之赴難，亦是他一生生死榮辱之所繫。假設當時沒有一個張學良，立意護持，即

使　蔣中正能脫險，他亦未必能倖免於恐，因為張學良以外，有很多人是要殺害他的。更假設他不赴難，　蔣中正脫險後，必有很多人集矢於他，眾口鑠金，他亦未必能安於其職。

由於他的決心與勇氣，能為人之所難，使他在　蔣中正心中，立下牢不可拔好印象。他們師生之間的感情，在此以後，自必又更不同。據說戴氏偶爾患病，　蔣中正輒派員視疾，或親函慰問，對他得意門生，表示非常關切。當其因鼻病在寶隆醫院就診時，蔣夫人特親往探問，並囑院方：「戴處長是只知有國家，不知為自己的人，這次住院，必須要使他好好休息，非經我許可，不得擅准出院。」當時人皆以為殊榮。在他死後，　蔣中正誄詞，有「仗汝績，痛予心；惟君之死，不可補償」諸語。悼念之深，情見乎詞。

十二、特務處後期工作概述

如以民國二十四年底，作為特務處前後期之界，則後期工作成果，又比前期更為豐碩。惟工作任務，亦更為繁重。抗戰以前，重在防諜肅奸，禁暴止亂，其對日本，仍只是間接性的鬥爭。抗戰以後，特務處幾乎是擔任全面前哨戰，血肉相搏，情形又自不同。

全面掃除諜奸

抗戰之前，由日本所派遣之間諜，與所豢養之漢奸，可說遍地皆是。就二十五年一整年，經特務處所發現的間諜與漢奸組織，就有七十九個之多，而零星諜奸，尚不在內。這類已形成組織活動，人數較多的，有「華北國」、「華北自治會」、「興滿會」、「大東亞同盟會」、「普安會」、「福建自治會」、「亞細亞同盟」、「大光社」、「洪強社」、「幫會義氣同盟」、「中華國社民眾黨」，……牛鬼蛇神，名目繁多，皆由日諜幕後主使。其由日本各特務機關所派遣之個別間諜，潛伏於我政府機關與民間者，更無從知其確數。

偵查並破獲間諜與漢奸組織，是須經過長時間不斷努力，才能獲得線索，然後如同剝筍，一層層深入，求取證據，始可破案的。間諜與漢奸，既如此之多，戴氏在這一方面所費人力，亦可相見。

前已說過，戴氏所領導的特務處，與日本特務機關間之鬥爭，早於二十一年已開始。其在華東南與華中一帶，主要是防止日諜破壞而在華北，則可稱為反破壞，亦即是破壞敵人所企圖造成的「華北特殊化」。

自二十三年至二十六年間，戴氏為打破日本所策動的「華北特殊化」美夢，曾以其部份精銳幹部，用於華北地區。吾人相信在和日本特務機關的鬥爭過程中，必有甚多曲折而動人的故事。可惜在這一方面的資料，已無從蒐集！僅知在日本提出「華北經濟提攜」要旨時，別有種種陰謀，因戴氏工作人員之努力，而告破滅。其中以周仿吾等之潛伏日本使領館，歷經許多困苦，設法於日諜頭目桑原之手，取得「華北經濟提攜要旨」，與「華北經濟提攜實情」等秘密文件，使政府能窺破其陰謀，採取適當對策，為最有價值。

在這一段時間，日諜在我軍事機關佈置內線，收買情報的活動，亦有多處被破獲。其較重要者，有（一）福建綏靖公署喻謙案。（二）福建保安處何其偉案。（三）豫皖綏靖公署周東生案。（四）國軍第六師周希曾案。其所盜賣機要文件，包括有國防工程圖案在內。

反動組織查禁

在「九一八」事變後，政府對日本問題之處理，處境是既困難且尷尬的。於是中共乘機鼓動煽惑，失意軍人政客，乘機圖謀再起，皆假抗日之名，行反政府之實。以後又多數轉化為「人民陣線」，成為中共「統戰」工具，而且聲勢日大。

當時以抗日救國為名的反政府組織，在城市，是以青年盲從者為主要工具。其最活躍者，有「救國聯合會」、「抗日救國會」、「中國民族解放行動委員會」、「中蘇文化協會」、「學生救國聯合會」、「大學學生救國同盟」、「文化界抗日救國會」、「民族解放先鋒隊」及「東北流亡同學會」等，皆是公開活動的。

其在鄉村或城鄉之間，則多數為野心者所馭用之無業軍人、流氓，以運動軍隊招收土匪、組織武力為目的。

依於政府職掌，有很多機關，應當負起責任。而巧宦猾吏，則多數放棄責任。他們的哲學，是多一事，不如少一事。於是戴氏插手其間，和各種不同的反動份子，展開鬥爭。

在處理各種愛國其名，亂國其實的問題上，是非常棘手的，因為站在政府立場，不能禁止人民不愛國家。如果處理稍有疏失，又勢必旁生枝節，使問題更為複雜，更加擴大。為此，戴氏決定一個處理原則：對於所謂愛國運動，因勢利導，如不影響治安，則只加以制約。對於許多過激行動，與蓄謀擾亂治安者，則以斷然手段，及時加以撲滅。

這幾年中，特務處所屬工作單位，先後所破獲的反政府組織，計有：

「人民政府」武漢行動委員會。

第三黨民主革命大同盟。

中華民族共濟會暗殺團。

中華民族革命同盟。

民主救國同盟。

新國民黨革命軍團。

抗日鋤奸隊。

民眾抗日會。

抗日團。

抗日同盟軍。

革命同盟軍。

先後捕獲的首要份子，有黃天煜、蔡雄圖、劉仲武、王子精、張祖榮、（偽軍長）蕭廷幹、（偽師長）朱英、程道鎔、（偽旅長）段方溪、唐宗藩、（偽縱隊司令）張百雄等多人。其由特務處人員協助地方治安機關所捕獲暴亂份子，尚不在內。

協助空軍破敵

民國二十六年八月十三日，敵軍再度進犯上海，東戰場戰事，於此揭開序幕。翌日，即發生杭州大空戰，在我空軍史上，寫下輝煌之一頁。當日敵空軍精銳「木更津」轟炸機隊，由台灣基地起飛，經閩浙沿海，偷襲我筧橋空軍基地，企圖一舉而消滅我空軍主力，取得東南地區制空權，以配合地面部隊之進攻。我空軍奮力應戰，當擊落敵機六架，重創七架。

十五日，敵機復偷襲南京，再被我擊落六架，重創一架。

這兩次空戰，我空軍健兒，奮勇殺敵之功，國人知者甚眾。而由於戴氏事前之協助與佈置使空軍著佔機先，因而致勝，則知者殊少。

二十四年九月，戴氏應航空學校之請，代為籌設防空情報電台。雖然當時特務處的電台並不甚多，他以此事重要，仍立即慨允，派員赴杭，設立一防空情報訓練班，授以電訊人員之空情技能。是年十一月，防空情報總台成立，他再派電訊幹部王允吉負責，並增派報務人員王意艮等攜帶電機，於花島山、陳錢山、小洋山等地，設立防空電台，監視敵空軍活動。

二十五年，航情總台擴大，又增設黃星山、崇明、滁州、徐州、海州、溫州、大洋山等地偵查電台。這些地方，皆敵機入侵必經之地。

二十六年八月，敵人的兩次偷襲，最先為我溫州、大洋山兩防空台發現，飛電告警，我因有備，從容應戰，乃能制勝。

在此以後，防空情報電台，在戴氏竭力支援下，日漸加多。名義上，這些電台，屬於航空委員會。而實際則為戴氏所屬整個電訊部門之一支脈，人員器材，大部份皆由戴氏所供應。並因以後破譯密電技術之進步，使其功效大增。以後幾年，潛伏在敵後的航情台，對於後方防空，有其顯著貢獻，使後方損害，大為減少。

在防空情報方面，還留有一段佳話。當時在重慶的英國使節，見敵機每次來襲，我方都能預知其動向，而作適當準備，頗以為異。當其知道原因以後，即堅請戴氏協助香港英軍，建立防空電台。戴氏情不可卻，仍派陳一白率領第八工作隊赴港，予以協助。此一工作隊，留港時期，與國內航情台配合，隨時以華南及沿海一帶敵海空軍活動情形，告知英方。例如敵機轟炸香港英海軍船塢，與陸軍營房時，皆因事前獲得情報，而得以預防。陳一白工作隊，直到三十年十二月十八日，敵軍攻陷香港後，始化裝逃回國內。

上海武裝抗敵

盧溝橋事變既已擴大，上海被敵攻擊，自在意中。這一五方雜處，名氣最大都市，有其脆弱的一面，即社會複雜，一旦有事，秩序容易陷於混亂。秩序之混亂，又直接間接，影響我軍之作戰，尤其是在諜奸猖獗時候。因此，戴氏在戰事發生後，立即親往上海，主持工作。

戴氏之到上海，可說是特務處與敵人正面血戰之開始。因為他的目的，要搜捕敵諜漢奸，防止擾亂與破壞；搶運重要物資，以免資敵；並且要將愛國市民，組織起來，協同我軍作戰。這些工作，都必須在炮火中進行，乃至和敵人短兵相接，才能達成任務。

由特務處幹部與地方治安機關，及招商局航警，所混合組織之巡查隊，迅即編成，派喻耀離負責，專事搜捕漢奸與敵人便衣隊，保護電線、橋樑、渡船等之安全，以便利友軍作戰。同時，協助救護受傷軍民，並為友軍作嚮導，俾能順利進入陣地。這個巡查隊所屬之一百個小組，分佈於戰地後方與前線，對於所負任務，盡過最大努力。

比之巡查隊工作，更為艱險的，是搶運物資，尤其是要從敵人手上奪取過來。這項工作，由喻耀離與王兆槐負責，分為兩路進行。一路是要將政府存放於浦東一帶的武器、汽油及重要軍用物，搶運至滬西一帶，接濟前線國軍。一路是要將敵商三井、三菱、住友等洋行倉庫之內所儲藏的重要物資，盡可能搶運出來，來不及運走的，則予以破壞。

敵人飛機，在白晝不斷偵炸，工作必須在黑夜進行，因為工作地點，都在最前線。即使在黑夜，密佈於黃埔江面的敵人軍艦，輪番發炮，火光四射，幾與白晝無異。尤其在強佔敵人倉庫時，敵之機槍，隨探照燈而掃射不停，前進一步，亦不容易。但王喻等所率領的工作隊，經過苦鬥之後，仍能達成任務。在此以前，特務處另有一敢死隊，奮勇殺敵，犧牲極為悲壯。

組織民眾武力，當時有人以為困難太多，絕不可能在戰火之中，一蹴而就。惟戴氏對於上海情形，非常瞭解，他知道只要策動若干有影響力的士紳，出面號召，就不難實現。於是一面與地方人士洽談，一面建議中央，設立「蘇浙行動委員會」，延聘俞鴻鈞、吳鐵城、貝祖貽、杜月笙、錢新之、劉志陸、蔡勁軍、吉章簡等為委員，而由他本人以委員兼書記長，負實際責任。

這一組織組成之後，在上海社會，立刻發生極大影響力，成群學生、工人與幫會中愛國青年，踴躍投效，很快就集合一萬數千人。隨即編成一個總隊，名為「蘇浙行動委員會別動隊」，以劉志陸任總隊長，下轄五個支隊，分別由何行健、陸京士、朱學範、張業、陶一珊等任支隊長。略事整訓，即參加作戰。所用武器，有一部份，即是從敵人倉庫中取得。

這支武力，真可說是驅市人而使之戰。但由於青年熱愛國家，亦由於戴氏之認真與負責，竟然有極為出色表現。在國軍撤退前後，別動隊在滬西、浦東、蘇州河與沿京滬鐵路一帶，從事突襲、狙擊與爆破等工作，曾予以敵人很大打擊。其中之一支隊，在租界之外，奮力抵抗，掩護進入租界避難的民眾，達十餘萬人之多。而另一幾乎完全是由特務處幹部所組成之支隊，在掩護蘇州河友軍撤退時，力戰不退，奮勇肉搏，不幸全部為國犧牲。

當上海戰況最激烈時，戴氏亦親冒矢石，日夕在危險地帶指揮工作。因過於勞累，又感受風寒，漸不能支。他的幹部汪祖華去向他請示時，見他臥病在床，勸他到後方去養病。他未作答，只寫「不怕死」三字以示意，表示他不是怕死的人。

南京特務處的幕僚，知他因勞成疾，函電交馳，請他速離上海。他回信與徐亮，執意不肯離開。函中有一段很感人的話：「……別動隊多民間忠義之士，相從於危機之際，草創伊始，遽當大敵。彼輩既無薪俸之酬，亦無官職之榮，所憑以犧牲奮鬥者，乃忠義之氣使然。弟當以身率之，庶使眾心凝固，殺敵致果，豈可臨危苟免，棄眾而去？」

誠如所言，很多心存忠義之人，是為報國而來，亦是因慕戴氏之名而來。如他只顧自己安全，不管別人死活，就必定失信於眾人。他確實信守自己諾言，一直堅持到上海宣佈棄守，很多人撤離之後，他才設法繞道香港，經南昌返回南京。

十三、特務處時代的反共工作

在國民黨內，戴笠屬於後起，而在反共鬥爭方面，他則站在最尖端。故中共對於很多顯要，皆睨而視之，而獨視戴笠為一勁敵。特務處成立之初，力量有限，尚不足以對中共構成威脅。以後組織擴大，所控制治安機關日多，幾使中共無法在一般大城市立足。惟最值稱道的，不在於他反共堅決，而在於他對共產組織，有正確認識與極高警覺性。

反共情勢與問題

力行社所賦予戴氏第一重要任務，是保衛革命，亦即是保衛國民黨及國民政府。而在當時及以後，對於國民黨與政府，顛覆最力，危害最大的，就是中共。故特務處與後來的軍統局，不但反共，而且要主動的和中共展開鬥爭。這一政治性的劇烈鬥爭，是無地域或時間限制的。抗戰以後，在淪陷地區，亦有鬥爭，若干地區，且比後方更為激烈。

如以結果而論，在大陸上的反共，終歸是失敗的，否則大陸就不會變色。失敗有一顯見而重大原因，是經過八年抗戰之後，由於經濟涸竭，復員困難，人心浮動，所引發的許多社會問題，難以解決。但不僅是如此。

在國共兩黨，歷時頗久，曲折而複雜的鬥爭過程中，只須稍稍回顧，就不難發現有許多問題存在。其中有些問題，關係成敗，是很值得討論的。例如：

看不起共產組織，總以為它是草寇，是一群烏合之眾。而不知這種組織，在西方有很長歷史，已然累積有很多鬥爭經驗。他們所用以削弱別人，壯大自己的許多陰謀詭計，是若干反共「鬥士」所不知道的。

無視共產組織的政治性，總以為它是造反。造反是一個單純的軍事問題，只要解除它的武裝，便可輕易消滅。不知他們亦有政治思想。若干反共「鬥士」，可以說它是邪惡思想，卻無法否定這種邪惡思想，在某種社會情形下，有其煽惑作用。

惟其如此，所以早期在地方負責的軍政人士，如不是用辦土匪方法，殺人立威，便是照舊套來一個「首惡必懲，脅從罔究」了事。

不肯面對實際，深入瞭解，只是直覺地亂下判斷，說一廂情願的話。譬如所謂「內部鬥爭」，在共產組織是常有的事，依他們說法，是為加強其凝固性，而不是製造分裂。如若干反共「鬥士」，都以自己邏輯，一概說成是派系、權力以及私人恩怨的鬥爭。就不免有時判斷錯誤。此外尚有若干不究實際，信口胡謅的話，亦不必多說。

最大問題，是國共兩黨的鬥爭，絕對是一種組織對組織的鬥爭，誰的組織健全、堅強而有力量，誰獲勝機會就較多。以往重點都放在軍事一方面，而軍隊卻只是組織力量之一部份。社會、政府、民眾以及政治、經濟種種方面，沒有組織，專靠打仗，是無能為力的。

中共有過多次完全覆滅的危險，而能死灰復燃，就因沒有使用全面的組織力量，留下很多缺口。

戴氏堅決反共，並負有反共任務。但賦予任務的是力行社，而不是國民黨。國民黨內的高階層，別有很多當家主事的人，他並沒有資格與聞大計。他以一個情報機關的力量，能夠在廣大的政府統治區，有效的遏止中共的發展，可說已盡其力，其所以能如此，就因特務處是一較健全而堅決的組織。

當然，吾人亦必須承認一種對於政府，極為不利的客觀情勢。「九一八」事變，造成中共之復甦，使他們得由農村而進入城市，利用政府困境—不能言和，不便言戰；利用人民愛國心，以反日運動，掩護其組織發展，擴大政治影響力。「七七」事變，合作抗日，再使其由非法而變為合法，並因而得以在淪陷區，建立「解放區」，擴充實力。更加深戰後少數外國人之錯覺與牽制，與若干人士置處之失當，遂造成一大浩劫。

反共工作表現

民國二十三年至二十六年底，特務處在全國各地，破獲中共組織頗多，舉其要者，計有：

二十三年：河北偵破中共「河北省青年團」，及其在天津等地組織，捕獲其「省委兼書記」李學書、「特委書記」韓慶元等多人，使其組織完全瓦解。

同年：武漢偵破中共代表張仲遜，與叛軍孫殿英等勾結案。傳說他們陰謀佔據河西走廊，聯絡蘇俄，打通國際路線。因張仲遜等多人之被捕，未能得逞。

同年：南京偵破毛澤東代表姚廼勛，組織反間機構，遊說政府官員案，並搜出武器與文件。

同年：福建偵破中共在廈門地區組織，捕獲其「市委」孫吉平等多人。並因此連帶破獲中共在上海之「海運工作會、碼頭總支部」等組織。

同年：上海偵破中共的江蘇省與江灣地區組織，捕獲其「省委」王維、「區委」任廣魁等多人。

二十四年：特務處所破壞共產組織，以第三國際之「中國情報總支部」為最重要。這一組織，主要任務，是要充分利用當時人民熱烈反日情勢。配合中共，在中國製造變亂。首先被湖北單位所發現，捕獲其漢口地區負責人關兆南。經多方追查，再捕獲其上海負責人陸海防、鎮江負責人陳紹韓等。繼而又在上捕獲其總負責人約瑟夫•華爾頓，供認為第三國際所派遣不諱。

國際共產組織在華代表柯索夫，為圖營救，特從國外調派雷狄斯（猶太籍）、蒲林生（美籍）等重要幹部，攜鉅款來華，多方活動。最後亦均被捕獲。據瞭解國際共產組織的人說：如其陰謀得逞，將為中國增加很多變亂。

二十五年：陝西偵破中共組織，捕獲其負責人王德洪等。又因此線索，捕獲其「省委書記」姚權等多人。

同年：福建偵破中共「行動委員會」，捕獲其「省委」兼指揮楊向榮等多人。

二十六年：四川偵破中共「川南區」組織，捕獲其「區委」李哲生，「書記」周從民等多人。

以上幾例，在於說明自二十三年以後，戴氏所領導的特務處，已不再是消極的防衛，而是積極的鬥爭，並且是很廣泛的。實際上，特務處直接或間接摧毀的中共組織，各地皆有，就二十五年一年之間，所破獲中共反動案，竟有七十餘件之多。

或許有人以為僅管戴氏如此努力，並未能使其組織完全消滅，而抗戰以後，中共反而坐大，乃是就結果而言。如就責任而言，抗戰以後，在廣大的後方，沒有發生中共重大的破壞事件，亦沒有出現中共的暴力組織，使社會能保持一良好秩序，政府可以專心致力於抗戰，而無後顧之憂，戴氏之功，為不可沒。

戴笠觀點與警覺

戴氏和許多反共「鬥士」最大不同之點，在於觀念。雖然在這一方面，沒有系統的闡釋，足可說明他對於共產思想之認識。而他一貫的認定：「只有建立一個真正的三民主義社會，才是根絕共產思想的最佳途徑」，而不以為中共問題，只是一個簡單的軍事問題。他在對部屬講話，或與朋友通信，提到中共問題時，他亦一貫的認定國共兩黨鬥爭，絕無妥協餘地。並強調反共必須與民眾力量相結合，打成一片，將三民主義思想，灌輸到人民腦中，使人人都確信「唯有實行三民主義，才能救中國」。如此，才可排拒共產思想，而免於被煽惑。

就正因為戴氏認定反共是一個政治與思想問題，所以他雖對中共組織之打擊，絕不留情，卻極力反對報仇主義，因他不認為只是殺人，可以解決問題。譬如民國三十三年，軍統局所屬單位，共破獲共黨罪案九三九件，他曾經多次命令主管部門，慎重清查，不許誣枉一人。罪行輕微的，予以感化，或立即開釋。因而有三五九案，獲得平反。

在反共鬥爭方面，他除嚴密防範共黨組織活動之外，就是一面以串連方式，爭取中共動搖份子；一面訓練優秀青年，滲透中共內部，目的是用中共黨徒來分化其組織。同時，從真正瞭解中共內部情形，而採取相應對策。為此，他自二十八年起，即在漢中設立一特種偵查訓練班，先後共辦八期，主要是訓練能滲透中共組織的工作人員。稍後，並在中共各「解放區」鄰近地帶，設立工作站，專事偵查中共活動情形。在此以後，為對付中共所策動的城市暴亂，尤其是學生罷課、遊行示威等事件，他亦特別訓練有一批工作人員，在事件發生後，能作較為適當的處理，而不致盲人瞎馬，徒使事件擴大。……

總之，在民國二十一年至三十五年春，這一段時間，在反共方面，似乎別無他人，比戴氏所作的事更多。

吾人所知，在戴氏工作人員中，有很多是中共脫黨份子，或曾經是傾心於共產思想的知識青年，他們有較多的經驗，亦有較為深刻的認識。戴氏能容納這一群人，推誠相與，絕不歧視。兵法云：「識眾寡之用，以虞待不虞」，是他能以有限人力，與中共作廣泛的鬥爭，並佔上風的一個重要原因。

舉幾個例子：曾經是中共「中委」，被稱「江蘇派」首領的王克全，雖是知識水準不高，而在中共「非常委員會」時代，他曾得到很多「反幹部派」的支持，他幾乎取代陳紹禹，而成為中共大頭目。以後為戴氏所用，待之如故舊，他有感激之念，自然願盡其所知，為戴氏效力。化名陸海防，曾為國際共產組織工作之陸遂初（北師大畢業），與曾充陳獨秀機要人員之謝力公，在被捕或投順後，均為戴氏所用，以後並成為重要工作幹部。

多年鬥爭，使戴氏成為一個對中共問題瞭解最多的人。惟其瞭解，所以他的政治警覺性，亦比一切反共「鬥士」為高。早在三十一年，他就判斷：「一旦敵人撤退，奸匪（中共）勢必著著進逼。」他告誡部屬，不論是在敵前敵後，都要時刻提防中共叛亂。

三十三年，當敵人敗象已露，撤退只是時間問題時候，亦即是很多人夢想勝利美景時候，他獨憂心忡忡，不時以函電警告他的部屬，「準備繼續和中共鬥爭。」

三十四年，敵人投降後，他在某一手令中說：「戰事不久可告一結束，惟奸匪問題，非一時所能解決。如不能解決，則吾人之責任，將異常艱鉅。」

在勝利之後，正當舉國狂歡，以為天下從此太平之時，他函告全體幹部，有如下一段警話：「吾人如不能把握此緊張之局勢，加倍努力，勇往邁進，則此勝利之戰果，不久必歸於夢幻泡影，國家民族，亦將萬劫不復矣！」他所指的緊張局勢，就是指中共全面叛亂。

故如有人以為戴氏為一毫無頭腦之劊子手，只知以武健搏擊為能，未免對他估計過低。同樣，如說他是中國唯一瞭解中共問題的人，亦近於誤。他的長處，在於有責任心，且肯面對實際。

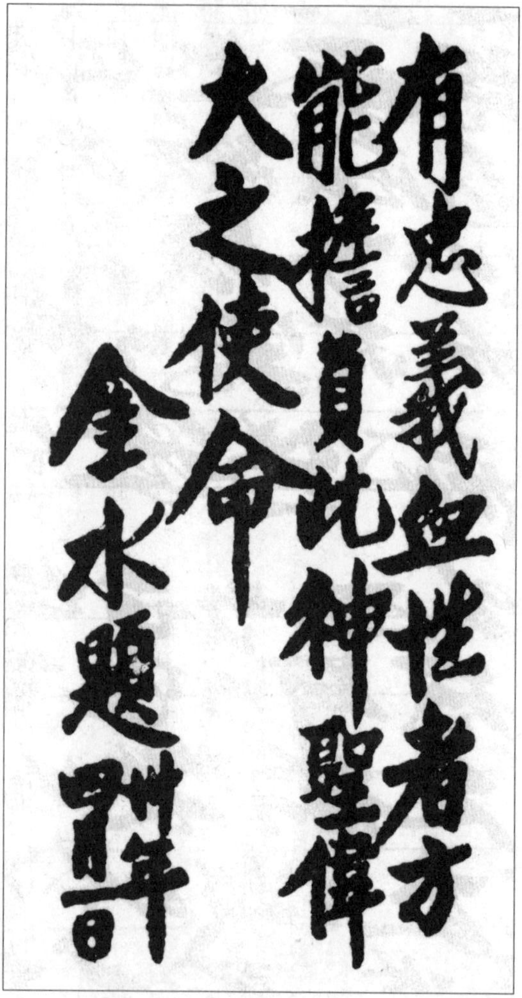

戴笠墨跡之二

十四、翦除韓復榘與楊虎城

抗戰前後，有兩個暴戾恣睢，違紀失律，並幾於釀成重大災禍的武人，一是韓復榘，一是楊虎城。中央曾下令拿辦，卻又難於措手。戴笠能不動聲色，將這兩個握有兵權的人，逮捕歸案，而未發生不良後果。這兩個人，能受到法律制裁，對於抗戰時期的軍心士氣，與西北大後方之安定，是有很大關係的。

智擒韓復榘

民國二十七年，政府槍斃韓復榘，是一樁使人側目的大事，原因是北伐以後，第一次將這樣人物，繩之以法。韓復榘當時是國軍第三集團軍總司令，兼任山東省政府主席，乃名副其實的封疆大員。「七七」事變以後，敵軍主力，開始是沿平漢鐵路南進，先後攻佔保定、石家莊以後，攻勢略受頓挫，乃改而分向晉北、綏遠與津浦三方面進攻。在津浦路方面守軍，以韓復榘所部實力為最大。中央特派馮玉祥為第六戰區司令長官，此乃因韓為其舊部，取便指揮。

馮玉祥到濟南時，敵軍已迫近魯境，他下令守軍堅強抵抗，寸土不可輕棄。不意韓部各軍，紛紛擅自撤退，命他們抵抗，皆以「未奉韓總司令命令」為辭。詢之韓復榘本人，他口頭敷衍，而暗中避戰，密令所部一律相機撤至安全地帶。於是敵軍長驅直入，輕易渡河，致使津浦路兩側，門戶洞開，濟南、泰安、濰縣等重要城鎮，很快就陷落敵手。

民國二十六年間，已有傳說日諜上肥原，與韓復榘秘密勾結，密謀建立一偽組織，名曰「魯中國」。中央因無確證，仍坦誠相待。在同時期，山東父老，對於韓復榘平時之擁兵自恣，虐使人民，貪瀆違法種種罪行，已恨之刺骨，迭有控訴。中央亦以用兵之際，特予寬假，而未深究。到敵攻山東，韓復榘公然違命；山東父老，又以鄉土淪陷，益加憤慨，控訴不已；中央不得不下決心，予以懲辦。

津浦路要地相繼失守後，中央以「不遵命令，放棄守土，勒銷煙土，強索民捐，侵吞公款，收繳民槍」等罪名，密令褫奪韓復榘本兼各職，「著拿交軍法執行總監部，依法懲辦。」

國家要講法紀，對於這種跋扈武人，是應當懲辦的，特別是在戰時。否則驕兵悍將，起而效尤，這種存亡攸關的大戰，就根本無法打下去，遑言勝利？

問題不在於應否懲辦，而在於如何「拿交」？因為韓復榘手握重兵，又處在敵我交錯地帶，不管他和敵人有無勾結，他不會束手待縛，是可以斷言的。如果處理不當，就會增加變亂，或使其鋌而走險。故如何拿獲韓復榘，而又沒有後患，成為一樁很棘手的事。

或許有人想到派勇士刺殺，比較省事。殊不知政府命令「拿交軍法」懲辦，就是要明正其罪，以告戒他人，不會允許以其他不正當手段，致之於死。又何況刺殺亦非容易，因為韓復榘平時警戒極嚴，只是個人衛隊，就有一旅之多。另外還有一貼身手槍連，日夕在其左右。

昔人有言：「非盤根錯節，無以別利器。」這樁眾認為棘手的事，最後仍落到戴氏肩頭上。他在奉命之後，詳細研究，設計一活捉韓復榘計劃，真有不可思議之妙。

他首先是不著痕跡的親往鄭州、開封一帶視察，破例接見較多地方治安機關首長，在談話中，透露一些消息。譬如他說政府可能要在中原召開重要會議，治安機關，要預為重要軍政首長，妥善佈置住所，尤其如韓主席等，還須準備衛隊居住地方。又如當鄭州警察局長楊蔚，對韓復榘有所批評時，他嚴斥其非，說：「韓主席國之干城，委員長倚畀正殷，豈可任意批評？……」

其時，韓復榘駐在豫魯邊境之曹縣、城武一帶，鄭州等地，都有他的耳目。戴氏如此做，就是故意使之聞之。聽到戴氏談話的人，咸以他為 蔣中正親信，所言必有所據，競相傳告，消息很快就傳到韓復榘耳裏。這類心理作戰的話，是可以使韓復榘寬慰自解，而鬆弛其戒心的。

與此同時，他一面調派幹員，化裝為鐵路員工，以便到時控制火車行動。一面與湯恩伯密洽，抽調其精銳之一部份，秘密埋伏於預定地點。佈置妥當，然後急返武漢，請示召開會議時間。

二十七年一月初，軍委會發出在開封開會通知。其致韓復榘電，特照戴氏之意，說沿途不靖，委員長很關心他的安全，囑他多帶衛隊，善加防護。韓復榘不但信以為真，而且面有得色。於是帶同衛隊一團，及貼身警衛數十人，至柳河東站，由隴海路局為掛專車，浩浩蕩蕩，直開往開封赴會。

一月十日，戴氏親率幹員王兆槐等先往開封。十三日，　蔣中正蒞臨開開。十六日，舉行會議。火車先算準時間，使韓復榘恰於開會前不久，到達開封。接待人員，請他將衛隊暫留車上，先帶貼身衛士赴會，因為會議即將開始，衛隊住所正在清除。或許由於他過於自恃，亦或許由於時間匆促，他未及考慮，即帶衛士數十人，匆匆趕往會場。

戴氏算準時間，趁韓復榘將到達開會地點，立命發出敵機空襲緊急警報，他所帶衛士，被拒於會場之外，他遂身不由己的隨同出席會議各將領，步入防空洞。同時，駐守車站人員，以躲避空襲為由，強行將載兵火車，開離車站，飛馳至預定地點，已進入湯恩伯部隊包圍圈內，未經抵抗，即順利解除武裝。

警報解除，韓復榘走出防空洞，正步向休息室時，即被王兆槐等挾持而去，由湯恩伯派兵一連，連夜押解至武漢，聽候審判。這一曾經噬殺多人的猛虎，就這樣被戴氏輕施巧計，而入牢籠。

至於韓復榘所率部隊，中央亦早已預作安排，暫派孫桐萱代領其眾，並予以宣導。因罪止一人，毫未株求；亦因其幹部，不乏明大體大義之人；故均相安無事。

韓復榘經過軍法審訊，罪證確鑿，於二十七年一月二十四日，執行槍決，民心士氣，為之一振。民間並因而謠傳：「槍斃韓復榘，嚇死了劉湘。」劉湘並非因此而死。惟若干作戰不力將領，心有餘悸，應是實情。

另一傳說，當時曾有人為之緩頰，只因李宗仁反對，故盡法以懲，因韓復榘曾改隸屬第五戰區，與李宗仁有隙。其實，力主嚴懲者，為馮玉祥。韓復榘原為舊西北軍中一上士文書，由他提掣，薦至方面大員，照理他是應當左袒的。他力主殺韓，乃因別有恩怨。當馮玉祥以反對派姿態，在五原組織「抗日救國同盟軍」時，韓復榘始而慫恿，終於背棄，致使他一敗塗地，他們之間，已有宿嫌。迨他出任第六戰區長官，韓又棄地失律，不聽指揮，更使他大失顏面，所以嫌之甚深。

韓復榘死後不久，另一出身於西北軍，和他同樣以士卒薦至方面大員，並且常為戴氏所稱道的，是在宜城壯烈殉國的總司令張自忠。戴氏在他講詞中，多次提到張將軍，不勝其欽敬之意。兩個出身與官職，幾乎完全相同的人，一則轟轟烈烈，為國捐軀，名垂青史，為後人所景仰。一則禍國殃民，終遭顯戮，為人所不齒。人之賢不肖，相去豈不甚遠?!

截留楊虎城

與韓復榘同時為方面大員，飛揚跋扈，而邪惡更甚的，莫過於楊虎城。如眾所知，楊虎城原本綠林出身，民國初年，還在到處打家劫舍。大約在民國五六年，他已糾聚部份人槍，自編成為隊伍，因而民國七年，陝西靖國軍在三原誓師時，他亦與之有聯絡。

北伐以後，投效中央，很快就升任第十七路軍總指揮。民國十九年，又兼任陝西省政府主席。尋又被任命為陝西綏靖公署主任，仍兼總指揮。草莽惡徒，一瞬即位至封圻，可謂僥天之幸。但他仍不知足，暗通中共，釀成「西安事變」幾使國本動搖。

楊虎城之桀驁不馴，意圖割據自雄，早已有跡象可尋。民國二十一年，國軍第一師胡宗南部，奉命追剿中共徐向前殘部，至豫鄂陝三省邊境之漫川關，這是一險要之所，只須有一兩個團兵力扼守，就可致徐向前之死命。其時楊虎城所部，足有兩個師兵力，分駐於商南、龍駒寨一帶，中央早有命令，要他協力防堵。不意他違抗命令，故意縱寇深入。及至第一師銜尾急追至漫川關一帶，「陝兵竟不至。」遂使殘寇逃逸，終於與陝南之中共土著劉子丹等會合，又復形成一大股，以後對於剿匪軍事，與中共之竄入陝北，俱有深遠影響。楊虎城之所以如此，是他不願國軍進入他的勢力範圍之內。

或許因為胡宗南之故，使戴氏對於楊虎城其人，早有警覺。當其幹部馬志超前往陝西，就任西安警察局長時，他特意叮囑：「楊虎城之蔽，在於其頭腦簡單，而野心甚大，不可不防。」正如所言，楊虎城確是缺乏知識，而又有一種莫名其妙之野心的人。這種人，恰正是中共理想中的運用工具。

中共何時與楊虎城勾結？似無人確知。不過，戴氏在陝工作人員，多數相信至少在民國二十一年以前，已有中共份子，潛伏該部。並有人早就懷疑綏靖公署秘書長南漢臣，即是中共幹部。因楊虎城勢大，又無確實證據，亦無如之何。（西安事變時，始證實南漢臣確為共黨。）

中共既已深入楊虎城內部，且有人任他秘書長，無形中可以左右楊虎城，盜取軍事機密，自然毫不費力。而負責指揮剿匪的張學良，卻被矇在鼓裏，所以陝甘一帶，大軍雲集，而中共不僅未被殲滅，反而能以寡敵眾，困擾國軍。有一段時間，因中了中共宣傳之毒——「槍口對外，一致抗日，打回東北老家去」——剿匪工作，實際上，已陷於停頓。到中共再派秦邦憲與六十七軍王以哲部聯絡成功，更有楊虎城被中共穿鼻，形合勢成，張學良即使獨行其是，亦未必能制止。

因此，有人說如果當時楊虎城的力量，大於張學良，他很可能不待張學良同意，而先期發難。反過來說，如不是楊虎城甘於為虎作倀，即使東北軍想發難，亦不能不有顧慮。這說明「西安事變」楊虎城為一關鍵人物。

事變平息後，政府因大敵當前，一概從寬，僅在名義上免除楊虎城職務，仍用他的心腹孫蔚如繼其任。並准他出國考察，希藉此以緩和各方憤懣之情，啟其向善之心，可說是處分其，用心亦甚苦。

可是，楊虎城是愚昧而又「野心甚大」的人，他在事變之後，照舊擁有槍桿，自然不甘寂寞。

二十六年秋，他考察歸來，逗留香港，有一段時間，對外聲言要回南京，共赴國難，而暗中卻準備直回西安，有所行動。他曾密電孫蔚如，說即將回陝，囑代約第十七路軍幹部，屆時和他見面。吾人雖不能確指他有何陰謀，但可推想他「明修棧道，暗渡陳倉」，必定未懷好意。依各種情況推斷，楊虎城如果回西安，他與中共合謀的成分最多，因為以後查明他的妻子謝葆真，亦是中共黨徒。

但他行跡雖詭密，卻仍難逃戴氏這一關。特務處派在香港等地工作人員，早已注意楊虎城行蹤。戴氏又從電計方面查出他和孫蔚如通訊內容。因而決定適時在空中攔截。計劃妥當之後，先派幹員控制客航飛機，在將飛近湖南境內時候，藉口加油，突然降落長沙。戴氏本人，亦親往長沙守候。八月二十日，楊虎城座機，降落長沙，即出其不意，將他截留。然後改用軍機，由戴氏親押至南昌，予以軟禁。

這時淞滬戰事已在激烈進行中，情勢極為險惡，實不容再有內部變亂發生。制於未發，站在國家立場，不得不爾。

楊虎城最後是死於中共進攻重慶時，莫明其妙的亂槍之下。其時戴氏早已謝世，捕他的是戴氏，而殺他的並非戴氏。

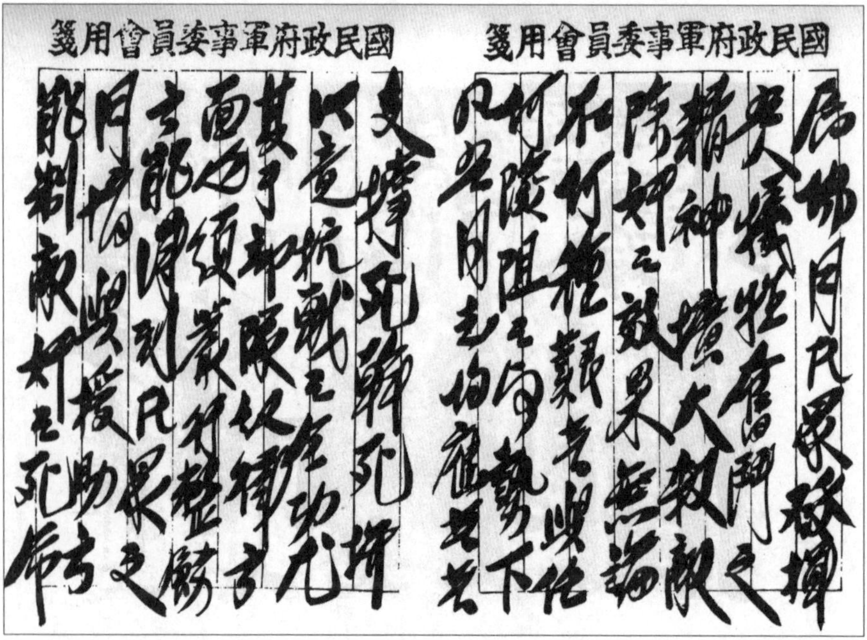

戴笠墨跡之三

十五、三次成功的策反

抗戰時期，策動偽軍反正，亦是對敵間接作戰。這一戰鬥任務，為戴笠所獨力承擔，且可說是全勝。惟具體功效，到抗戰末期及勝利時，始完全顯現出來。故須於後章舉要說明。此處只說抗戰開始時，三個策反例子，即成功之開始。由於這幾次的成功，故戴笠將策反列為一項重要工作，鍥而不捨，終於能掌握百分之七十以上的偽軍。

敵諜困擾華北

「九一八」事變以後，東北敵軍對我華北壓力，日益加重，其間諜在華北活動，亦日益猖獗，目的是要使「華北特殊化」。政府對於華北任何一塊土地，既不能輕言放棄，又不能明示抗拒，因為要爭取準備時間，所以處境非常困難，尤其在「塘沽協定」之後。如實地說：假設不是華北各將領，都深明大義，愛國心重，以敵軍敵諜之不擇手段，所謂「華北特殊化」，並非是絕對不可能的。

以土肥原賢二為首之日本特務，當時在華北之所作所為，可以窮兇極惡四字形容之。他們自收買張敬堯、吉鴻昌等敗類，在華北製造暴亂，促其分裂的陰謀，均被戴氏眼明手快，一一予以破滅之後，乃挾其武力，從正面下手。最先是威脅我第二十九軍軍長宋哲元，要他成立「華北五省自治政府」。敵軍亦配合日諜，以武力相脅迫。宋哲元在敵重重威脅之下，屹立不搖。敵諜再以相同手法，脅迫河北省政府主席商震。商震以病為名，住進保定醫院，避不見面。於是又轉移目標到馮玉祥、閻錫山等身上，以為他們曾經反對政府，必定可以利用。而活動結果，大失所望。其間曾經想利用山東韓復榘，因政府已有所戒備，亦沒有結果。

在四處碰壁之後，日諜黔驢技窮，乃命其駐南京大使有吉明，直接向我政府當局，提出要求。在文獻中，有吉明當時晉見　蔣中正，有如下一段對話：

「華北情勢，非常緊張，　貴方政府處理華北問題，若不順應地方現勢，而加以實力之壓迫，必為華北地方當局所反對。」有吉明說。

「華北人民，皆擁護中央，華北軍隊，亦皆聽命於我，華北並無問題，中央亦自無以實力壓迫之事。」　蔣中正很堅定的答覆有吉明。

「華北自治運動，乃是事實，若　貴方政府不順應情勢，則華北治安，將不能維持。」有吉明說明他的來意，就是要我政府同意華北自治。

蔣中正對此不作正面表示，只是很淡然地說：「所謂華北自治運動，乃日方所策動，中國方面並未策動。」

文獻顯示有吉明當時還說到華北與日「滿」關係密切，華北問題，關東軍非常關切。意思是如中國不同意華北自治，關東軍就會用武力來促成。

從上述情形，可知偽組織偽軍之所以形成的原因，亦可想見當時在華北鬥爭，必定非常激烈。

百靈廟事件

民國二十二年，內蒙各盟旗，在敵人唆慫壓迫之下，集會於百靈廟，提出自治要求。自治是變相的獨立，亦即是脫離中央統治。更因其是敵諜幕後操縱，再進一步，就將變成偽滿第二。政府燭察及此，先發制敵，及時頒訂一自治法，指派較為持重之烏蘭察布盟盟長雲王，為「自治政府委員會」委員長，另派大員輔導，以防其變質。這一權宜措施，使敵諜狡謀未能得逞。

日本特務機關預定陰謀，是要先設立由他們操縱的內蒙自治政府，實際脫離中央。再向四面擴張，控制整個內蒙地區。然後設立所謂「大元帝國」，成為偽滿第二。敵人理想中的傀儡人物，是年輕而好事的德王，亦即錫林部勒盟之副盟長德蒙楚克棟魯普。因其狡謀未逞，敵特務機關長田中隆吉，乃教唆德王退出「政務委員會」，另自成立偽「內蒙自治軍政府」，旋改為「內蒙自治聯盟政府」，由德王任主席。

敵人侵略內蒙，是緊接偽滿之後，便已著手的。二十一年八月，敵關東軍便令偽滿軍軍長李守信，由熱河入侵察省，在多倫製造一傀儡政權，名為「察東特別區」，由李守信兼行政長官。在這以後，又繼續入侵，佔據張北等五縣。德王在嘉卜寺的偽政府成立，遂以李守信為「蒙古軍總司令」。敵軍並大量資助李守信、王英兩股偽軍，積極擴充實力。

當敵諜開始在內蒙一帶活動時，戴氏已密切注意，即派高榮等前往，建立張家口站。繼派馬漢三代高榮，加強佈置。這一地區工作，所最需要的，是熟悉內蒙情形，能在各方面建立工作關係的人。這些問題，因張季春之協助，而獲得解決。

張季春是國民黨黨員，在民國十九年，即擔任察哈爾省立師範學校校長。他為加強對蒙旗青年教育，特於校內附設一蒙旗師範班，勸導各盟旗保送青年入學。因此能結識甚多蒙旗人士，並受其敬重。亦因此與德王及李守信等相識。他在認識戴氏幹部鄭介民等之後，受託以友誼關係，協助馬漢三等工作。張家口站，因得其助力，很順利的派員打入偽組織，並從事策反工作。他不久即被戴氏所羅致，成為在內蒙地區的一重要鬥士。

二十五年，敵曾三次唆使偽軍進犯。最後一次在十一月，分四路進攻，並派有敵軍官督戰。一時烽火蔓延，晉北大震。這時特務處所派之策反人員王植甫、苗秀圃、李賀民等，業與偽軍旅長安華庭、石玉山、團長王子修等聯絡，伺機反正。戴氏認為時機已至，命其配合國軍作戰。

由傅作義所率之第三十五軍，與由湯恩伯所率之第十三軍，分路迎擊，安華庭等乃於敵前反正，偽軍狼狽潰退，我乘勝猛追，遂一擊而收復內蒙重鎮百靈廟。亦即當時轟傳的百靈廟大捷。

百靈廟大捷，是戴氏與日本間諜在內蒙鬥爭的一大勝利，亦是一次成功的策反。但不僅止於此，此一地區鬥爭，在以後九年中，未曾間斷，且更激烈。察哈爾站站長楊金聲等多人，均血濺內蒙，為國捐軀。

「七七」事變後，察綏相繼淪陷，敵再利用德王，成立偽「蒙疆自治政府」，並將晉北十三個縣，併入其統治範圍。敵諜並為德王與偽滿之溥儀，建立關係，企圖時機成熟，將內蒙併入偽滿，或成偽滿之附庸。敵諜顯然不知戴氏工作人員，已打入德王與李守信內部。

在基本上，所有偽組織偽軍，和敵人之間，都是不免有矛盾存在的。時間愈久，敵人猙獰面目愈顯露，矛盾愈加擴大。德王在會見溥儀以後，即已看透敵人面目，故不願與中央絕緣。李守信亦深知敵人不可信，希望得間立功以贖罪。他們一直瞞著敵人，與戴氏工作人員，秘密聯繫。若干人員，並取得偽政權高級偽職如「建設部長」之類，以為掩護。因而在內蒙的工作，大都能達成任務。李守信在抗戰勝利後，抵抗中共，協同國軍作戰，所部傷亡至為慘重。

冀東事件

敵特務機關，在華北騷擾多年，沒有達到製造分裂目的，乃退而求其次，收買殷汝耕，於二十四年十一月二十五日，成立偽「冀東防共自治委員會」，自任長官，由敵軍負責保護。

這一設在通州的偽組織，名義上的轄區，雖只有二十二個縣，可謂彈丸之地。但當時的華北，是在政府統治下，北平尤為世界觀瞻之所繫，而近在咫尺的通州，出現偽組織，實為一大恥辱！因此，戴氏要多方設法，摧毀此一偽組織。方法之一，是策反偽保安隊。

屬於冀東偽組織的保安隊，共有兩個總隊，約一萬五千餘人，分別由張慶餘、張硯田兩人任總隊長。戴氏先派王撫洲進行策反，他通過張慶餘舊長官陳貫群關係，與之接觸，沒有成功。繼派尚振聲入冀東，通過偽督察長方誠澤關係，取得聯絡。旋因方誠澤言行失檢，被殷汝耕撤職，聯絡復告中斷。戴氏乃改而責成北平區負責幹部李果諶、吳安之等繼續進行。吳安之知其好友傅丹墀與張慶餘為同學，乃運用此關係，逐步深入，最後與張慶餘等直接接觸，勸其棄暗投明。張慶餘等被說服後，即化裝潛入北平，與李果諶密洽，表示願擁護政府。於是由特務處呈准給予名義，因張慶餘人槍多於張硯田，乃給張慶餘為暫編軍軍長兼第一師師長，張硯田為第二師師長。張慶餘等為反正事宜，再派其副總隊長沈恩波為代表，密往南京請示。當然他們亦有窺探政府誠意之意，因為恐懼沒有適當安置，就會陷於進退兩難困境。沈恩波到京，由鄭介民代見（戴氏公出），堅定表示只要依命令行事，政府必定負責。張慶餘等至此乃決心反正。

謀定以後，特務處即派員與駐保定國軍密洽，預作安排。同時張慶餘等亦將分駐於冀東各地偽保安隊調動，逐步向通縣、順義集中。後者是敵偽所注意的事，因為他們對於保安隊的信任，是有限度的。惟因調動方法很靈巧，並沒有被發現。一切進行都很順利，只待命令一下，便採取行動。這時北平一帶，情勢已日益險惡，張慶餘等希望能配合國軍作戰。

二十六年七月二十九日晨，國軍第二十九軍宋哲元部，突然放棄北平。偽冀東保安總隊，亦於是日全部反正。這一天，自凌晨開始行動，先將偽組織首惡殷汝耕捕獲，隨即將敵偽所有倉儲及軍事設施，盡行破壞。同時分兵搜索敵軍與敵謀，共擊斃二百餘人，然後撤離通州。這是中國人忍受敵人幾年欺侮，決心報仇雪恥時候，是誰亦無法制止的。

外傳通州起義，是先與二十九軍預有聯絡，為配合作戰，才反正的。其實，在時間上是偶合；在行動上，是孤立的。一個很大的疏忽，是在事前沒有佈置電台。故在二十九軍突然撤離北平，北平與通州通訊斷絕以後，特務處負責指揮的人，即與通州失去聯絡。

因此，反正以後的保安隊，不知二十九軍已撤離，仍奔向北平。到達近郊，始知城門緊閉，乃折返北苑。敵人聞變，立派其第四混成旅團分途截擊，並有敵機助戰。雖經張慶餘等奮勇力戰，終於突圍成功，而傷亡異常慘重，迨抵保安，所餘已不足八千人。

保定駐軍萬福麟部，遵照軍委會指示，予以改編，惟名義略有改變，張慶餘仍為師長，張硯田則改為督練處長。他們從此參加抗戰行列，用血與淚，洗清他們自己污點。

彰德事件

敵人侵佔北平後，立即建立偽組織與偽軍，用為鷹犬。最先出現的一股偽軍，名為「皇協軍」，即有協助「皇軍」之意。「皇協軍」之最受敵人重視，實力亦最大的，是偽第一軍李福和部。依敵人計劃，要在北平周圍，建立三個軍，以之分佈於各重要地方，保護交通，擔任警戒，俾能抽出兵力來應付我軍。

在八年抗戰中，有部份漢奸，是絕對不可寬恕的，李福和是其中之一。他很早就與敵通聲氣，並為日諜川島芳子所賞識。以後又由敵「華北派遣軍」送往日本活動。他因而死心塌地，為敵效命。故敵人認定他是最可靠的漢奸，不惜以武器與金錢，助其發展。偽一軍組成後，敵派他任軍長，氣焰甚盛，聲言要躍馬中原，為「皇軍」作前驅。當時在北平的敵人，稱之為「東方佛朗哥」，可見對他的重視。

特務處對於這種萬惡不赦的漢奸，是絕不放鬆的。安陽組組長謝梅村，與派在孫殿英部的高參嚴家誥，早已奉到戴氏命令，要設法除去此獠。經過數月偵查與佈置，先後派遣師振東等，打入偽軍，取得秘書、參謀等偽職，伺機進行策反。

潛伏偽軍內部的工作人員，最先與偽副軍長徐靖遠，取得聯絡。不久，又與偽第一師師長黃宇宙建立關係。黃宇宙又轉介偽第二師師長吳朝翰參與活動。在三個重要角色，互有默契之後，乃由師振東等進一步推動，要他們表示態度。徐靖遠等都表示擁護政府。但對殺敵反正，尚有猶疑。他們希望得到政府正式文書，以資保證，蓋恐事有反覆，難以取信，這是很合情理的。可是，政府在偽軍反正之前，是從不給予任何正式文書的。師振東特無法提出文證，乃出示戴氏親電。這一電文，可能除說明利害之外，對於反正後一切問題，有堅定而負責的表示。故徐靖遠等看過電文之後，即攘臂而起，說：「戴公信人，必不相負。」於是共同密議，決定在敵人檢閱時反正。

二十七年八月六日，李逆福和，偕同敵軍官十餘人，由北平至彰德西曲溝偽軍軍部。這時偽一軍已全部集中。檢閱場所，亦已佈置就緒，張燈結綵，準備翌日在敵人面前，著實誇耀一番。

八月七日上午十時，乘李福和偕敵人到達校場時，徐靖遠照預定計劃，適時發生信號，黃宇宙、吳朝翰立時響應，槍口對敵，一致行動，當場將李逆福和及同行敵軍官，悉數擊斃，萬眾同聲，高喊歸順政府，主功報國。敵人著意培養，並認為最可靠之「皇協」第一軍，一瞬之間，即成泡影。

偽軍反正後，遵命開往第一戰區防區，接受整編，核給名義，吳朝翰被派為河北游擊隊司令，黃宇宙被派為三十四集團軍太行山區游擊隊支隊長。其時軍統局正組織平漢鐵路北段爆破總隊，因人地相宜，乃派徐靖遠為總隊長。他們從此掉轉槍口，對敵作戰。

彰德成功的策反，對於敵人心理，是有很大影響的，敵人似已察覺中國人非至無賴，絕不會認賊作父，而偽軍是不可信賴的。在此之後，敵人所到之處，雖仍然卵翼偽軍，卻很少給予整批武器與大量金錢，如支持李福和一樣。對於偽軍之使用，多數亦只限於協助警備，守護道路橋樑而已。

十六、最忙碌而可貴的一年

自上海棄守，至武漢淪陷，歷時一年。這一年時間，是非常寶貴的。國家倉卒應戰，經過幾次大戰役後，重新整備，鞏固後方，充實戰力，皆幸賴有此寶貴時間。其對戴笠事業，亦同樣重要。他如沒有這一年時間，作通盤策劃，充實人員，加強佈置，由應戰而變為求戰，就不會有以後幾年輝煌成就。

爭取時間多方準備

民國二十六年十一月十二日，上海陷落敵手。十七日，國民政府決定遷都重慶，與敵作持久性戰爭。在軍事方面，採取節節抵抗，耗消敵人，並擇有利時機與地形，包圍殲滅敵人的戰略。十二月十三日，南京淪陷。十四日， 蔣中正抵武漢。至此，武漢三鎮，便成為抗戰初期的保壘。特務處指揮部，亦遷移至此。

不過，戴氏本人，並不是隨同特務處撤退的。他在上海，直到守軍完全撤退後，他才繞道返回南京。其時杭州告緊，乃急奔杭州，作應變佈置。在杭州工作，甫有頭緒，又奉命設法收容安頓沿京滬、滬杭各路潰退軍隊，以免流散，為害閭閻。迨再返南京，敵已薄城。他在危城中，指導工作人員，作潛伏佈置後，又復輕裝減從，急走安徽歷口，主持別動隊松江、青浦兩訓練班畢業典禮。隨即沿長江西上視察，於安慶淪陷前兩日，到達安慶。這時城內秩序已大亂，他化裝小販，擠在難民群中，與當地負責人蔡慎初等見面，指示工作，在敵人入城前數小時始離去。然後經馬當、九江等地轉往武漢。

在這最足珍惜的一年中，戴氏可說是政府要員中第一忙人，披星戴月，奔馳於前線與後方，西至關隴，北至汴洛，東南至閩粵，無不有他足跡。

這一年中，戴氏之所建樹，難以枚舉，只略舉幾樁對於他個人事業及抗戰有關者如次：

三月，戴氏提出戰地政府、民眾與武裝組織、配合行動，打擊敵人方案，經當局採納。以後發展成為游擊戰的主要根據。

同月，首創中央警官學校特種警察訓練班（以下簡稱特警班）於湖南臨澧，招考流亡知識青年，以充實基層幹部。幾個月後，再於蘭州設立相同訓練班，並著重招訓邊疆地區青年。軍統局大規模的訓練儲備工作人員，於此開始。

五月，奉准設立忠義救國軍總指揮部於漢口，由戴氏兼任總指揮，原屬於「蘇浙行動委員會」之別動隊，及教導團等，皆合併整編，成為軍統局最主要的游擊武力。

同時，並謀在華北建立相同游擊武力。

聯絡華北愛國知識青年：以後發展為「抗日鋤奸團」（簡稱抗團），成為軍統局外圍組織。在華北以至東南淪陷地區，曾予敵偽以重大打擊。

八月，軍統局奉命改組，以舊的軍統局之第二處（即特務處），擴編為新的軍統局，由戴氏負實際責任。

十月，與天主教名神父雷鳴遠合作，創立「華北戰地督導民眾服務團」（簡稱督導團）。並計劃在太行山區，建立抗日根據地。

設立華北辦事處，先後派梁幹喬、李葉等負責，在敵前建立工作組織。同時，普遍建立敵後行動爆破等工作單位，執行殺敵鋤奸任務。……

這真是百端並舉，分秒必爭的緊張時候，而戴氏尚猶好整以暇，派遣多人赴海外佈置工作，並派史春森潛赴上海，設法偷運食鹽救濟缺鹽地區民眾。由此可見他之充沛精力與組織天才。

戴氏在武漢，亦如在上海，是所有政府官員撤離以後，他才撤退的。這一次，不是為掩護國軍撤退，而是執行另一項重要任務——破壞重要設施，以免資敵。

吾人必須再一次指出：如果沒有這一年的準備時間，戴氏的事業，絕不會有如此之壯闊。

成立抗團

民國二十七年以後，抗團在華北名聲，是非常響亮的，它曾使青年嚮慕，敵奸畏懼，陷區父老稱讚不已。這是一純由知識青年所組成的愛國組織。溯其根源，與力行社有相當關係。

「九一八」事變後，中共在平津一帶的文化教育界，極為活躍。力行社成立，力謀對抗。當地勢力最大之學生聯合會，因而分裂為二。舊學聯仍為中共所把持，反日其名，反政府其實。新學聯則接受力行社領導，或為其外圍團體之成員，反日亦同時反共。「七七」事變後，因受敵人壓迫，而漸趨渙散。

力行社各地組織，均設有特務幹事，天津特務幹事為曾澈。「七七」事變後，當地負責人已離開，戴氏認為知識青年，應當組織，賦予抗敵任務，曾澈承戴氏意，乃與復興社同志聯絡。隨即組成一外圍團體，定名為「抗敵殺奸團」，在敵後擔任宣傳、情報與破壞工作。

抗團團員，既為知識青年，難免不有國破家毀之痛，故一經戴氏之領導激勵，皆奮勇向前。以後幾年，他們在平津一帶，燒倉庫、炸營房、殺敵鋤奸，其犧牲奮鬥精神，足可與軍統局工作人員媲美。

三十二年，軍統局特在重慶設立抗團總部，吸收更多知識青年，加以訓練之後，派往敵後，建立據點。

三十三年，更在廣德、西安、界首等地，設立聯絡站，於敵後各地，設立聯絡組，專事策進支援抗團工作。故抗團組織，在上海等地，亦甚活躍。

戴氏對於抗團的愛國青年，亦愛護備至，凡在敵後各地立足者，皆設法撤退至後方，或代覓職業，或輔導升學，不使一人流離失所。他曾對軍統局幹部說：「吾人對於青年，不可持利用態度，應負起責任，教以做人做事之理。」這種態度，殊值稱道。無怪有許多昔年抗團團員，至今猶對他懷念。

組織督導團

「七七事變」後，天主教名神父雷鳴遠（原籍比利時，後歸化中國。），以熱愛中國，號召教友，組織救護隊，為前線國軍傷患服務，成績卓著，馳譽遐邇。戴氏正謀開展華北工作，他認為將民運工作與軍統局工作，適當配合，借重雷鳴遠的號召力，結合民眾力量，為發展組織最佳途徑。因而建議設立一個機構，請雷鳴遠主持，而由軍統局協力進行。　蔣中正為此召見雷鳴遠，徵詢意見。他與戴氏洽談後，亦認為此乃極有意義之事，欣然同意。

這一機構，定名為「華北戰地督導民眾服務團」，隸屬於軍委會，以雷鳴遠為團長，由戴氏派其華北流動組組長李敦宗為副團長，團員暫定為五百人，於二十七年十月一日，在武昌成立。隨即出發，經川陝而進入河北境內。沿途又羅致流亡知識青年與天主教教友數百人，組織頗為龐大。其主要的任務，分為救護、醫療、宣傳、情報與組訓民眾等項。預定先以中條山為基地，逐步向河北等地推進。戴氏並希望能在太行山區，建立根據地，以便於策進華北工作。

由雷鳴遠所領導的督導團，工作進展，極為順利，至二十八年底，已進至河北邢台一帶。因為他的熱忱與愛心，亦因為工作人員的努力，所到地方，都能與民眾打成一片，受其歡迎。但正當他們要進入太行山區時，卻遭遇到中共的阻撓與打擊。

由劉伯承所率領的中共游擊隊，其時正在太行山區活動，準備建立「解放區」。他們知道雷鳴遠所領導的督導團，並非一般慈善團體，有其政治目的，亦可能知道有軍統局人員參加，故盡力施予打擊。督導團被迫退至河南境內，盡量避免衝突。而雷鳴遠本人，仍為劉伯承所誘捕。

雷鳴遠被捕後，各方立即爭相營救，中共概置不理。在獄三十餘天，經　蔣中正嚴令朱德於二十四小時內釋放，始恢復其自由。他入獄後，即感染疾病。在獄中備受中共之侮辱與折磨，使他萬分悲憤，病日益重。出獄之後，政府派專機接他至重慶就醫。終因治療過遲，不幸於民國二十九年六月逝世。國內外知其名者，對他之死，無不悼惜！

戴氏對於督導團仍寄以希望，於雷鳴遠死後，再請一天主教美籍主教米幹繼其任，進入中條山一帶工作。但仍因中共阻撓，而無法進展。繼米幹之後的，為一李姓工作員，是在一時難於物色妥人情況下，勉令代行其事的。他沒有達成任務，反因招搖，而被撤職。督導團亦因而無形解散，直到軍統局的晉東南站成立，才再度經營太行山區。但為時已晚。（一說米幹在李某之後任主任）

自督導團渡河以後，屢遭中共摧殘，工作人員被殺害者達數百人。其中有很多天主教修士修女，以救人為懷，絕無政治恩怨，亦慘遭活埋。故有很多軍民，曾受督導團之惠者，念及此事，不禁泣下！

武漢大爆破

自南京棄守，敵人即厚集兵力於長江兩岸，配合其海空軍，溯江進犯，以武漢三鎮為首要目標。二十七年九月，長江各要塞，已相繼陷落。北岸敵軍，沿大別山麓而攻佔信陽，再折向漢宜路，直趨漢口後門。南岸敵軍，齊頭並進，經鄂贛邊境，直指粵漢路北段，以拊武昌之背。這一鉗形攻勢，一旦完成，武漢三鎮，就很難固守。

當局似早已料到如不能破敵於外圍，武漢陷落，是無可避免的。因此，責成戴氏於必要時，將三鎮重要設施，如機場、車站、碼頭以及漢陽鐵廠、兵工廠等，盡可能的予以破壞，以免資敵。

戴氏奉命後，調集爆破專家，及臨澧特訓班學生，組成爆破隊，派湖北站長朱若愚率領，分別勘察佈置。當時決定爆破目標三十八處，焚毀目標六十七處，包括有日租界及日本正金銀行在內。

十月二十二日以前，各項準備已就緒，經戴氏親身查看，認為妥當，乃命爆破隊分別守候，等待最後命令。這項工作，依據軍委會指示，必須得到負責衛戍武漢之警備部撤守通知，方可執行，因為該部有決定撤守與否之權。

實際上，若干衛戍部隊，在二十二日之前，已經撤退。而爆破隊到二十四日之後，始接得通知，迨二十五日入夜以後，開始執行時，敵人前哨，已抵於漢，時間緊迫，奮力以赴，始達成任務。

若干記載，謂武漢大爆破時，「全城大火……。」顯與事實不符。事實上，因敵人進展甚速，三鎮市民，多不及逃避，戴氏恐縱火之後，勢成燎原，累及市民，因於事前呈准將原計劃之焚毀部份免除，故絕無「全城大火」情事。

在二十二日以前，即有人勸戴氏離開武漢，蓋恐敵搶先到達漢水，截斷交通，無路可以撤退，他堅持必須聞爆破之聲，才肯離開。因而到二十五日深夜，他才移往漢江小艇上，二十六日拂曉，始溯河而上，經沙市轉往長沙。這種地方，可以看出他作事負責態度。

十七、從平凡處看戴笠之爲人

世界偉大人物，都有其獨特而高不可及處。但，同時亦必有其平凡之一面。如不於其全面平凡而真實的生活境界與內容，去加以體察，只看其某一方面，則就只能見服色冠帶，不見其面貌精神，更無論其懷抱。戴笠為一奇人，亦是外間所難於瞭解的人。茲先略述其平凡之一面，至於志節，將於後章以事實證明之。

戴笠真面目

一般在社會上知名度較高的人，接觸面必較廣，其面目亦必為人所熟悉，一望而知其為張三或李四。惟獨戴氏，有異於此。

他在民國三十年代，可說名震一時，而見過廬山真面目的人殊少。他從未參加一般社群活動，出席公眾集會，接納新聞界，或以其肖像贈送賓朋。更少見到他高車怒馬，招搖過市。他的行蹤，彷彿飛鴻在天，翱翔不息，不曾在雪泥之上，留下半點爪痕。

可是，戴氏行蹤雖秘密，不輕以真面目示人，而他所做所為，卻不是不可以公開的，因其是為國家辦事，並非一人一家之私事。有時他所做的，且是掀天揭地，令人驚奇的大事。因此之故，他愈是獨來獨往，不蘄人知，他的大名，愈益不脛而走，世俗對他印象，亦愈加撲朔迷離，一切捕風捉影之說，隨之而來。於是他在世俗心目中，成為傳奇人物。

早在民國二十二年前後，在力行社內，就有人私相耳語，說　蔣中正身旁，有一異人名戴笠，足智多謀，其行事若飄風忽舉，鷙鳥急飛，無人能測其高深。以後，他的名氣更大，謠傳亦更多。有人說他「神機鬼藏」，膽略絕倫；有人說他體魄官能，都與常人不同；亦有人說他狀貌奇怪，儼如凶神惡煞，望之令人生畏。

其實，戴氏秉生受形，五塵七情，無一不與常人同。如撇開他的志業不論，他亦是平凡的人。

在故舊記憶中，戴氏狀貌是：中等身材，體格強健；頭部較發達，髮際亦較高，顯得「天庭」很飽滿；眉濃而秀，眼大有神，當其逼視時，頗有威稜；鼻平直而端正；口闊唇厚，言笑很少露齒。在狀貌上，他所予人印象，雖無俗氣，卻非偉岸。三十歲以前，他很瘦弱，以後才日漸健壯，顯得很厚重。如果偶爾相遇，不通姓名，將會誤認他是一位教書先生。

一個人成名後，便自然地有許多玄虛之說，如不是說相有異稟，便是說命有宿根，似非如此附麗，不足以顯其殊異。故有人依於西方相法，說戴氏頭大，顯示腦容量較大，富於思考力；眼神充足，眉宇開朗，顯示能謀善斷，且能容物；因而論定他是一個智商特高，聰明過人的人。

亦有相術家認定他形狀肖馬，許為罕有的貴相。與戴氏相識最早的胡靖安，頗信其說。他並指出：「其面型微長類馬，其聲音沉雄類馬，其性情好動類馬，其行走輕快，時或昂首闊步，左右顧盼亦類馬。」當然，他們所想像的不是駑駘，而是千里馬。

還有很多星術家，依命理以評戴氏一生休咎，指出他生年月日時辰，所偵幹枝八字，為丁酉、乙巳、丙辰、丁酉，係「雙鳳朝陽」格，必貴無疑。惟五行金火木土皆備，而獨缺水，有偏枯之象，是為美中不足。然亦無礙其貴顯。

生在八十年前農家社會的人，似乎無論智愚，都可能有幾分迷信。戴家的人，乃至戴氏本人，似亦未能免俗。據說當戴氏落魄的時候，鄉里淺視者，不免以窮通論人。惟藍太夫人堅信其子非久居人下者，因相信其命與相不凡。戴氏出長特務處後，他所用化名，常取屬水偏旁的字，如江、漢、清、澤、洪、淼之類，亦或許是因其相信五行缺水之故。

星相之說，相傳已久，其言禍福，偶或應驗，故人多信之。惟吾人寧願按戴氏之立身行事，說他可貴之處，不在於形相命運，而在於他一生赤膽忠心，奮鬥不懈。

生活情調

正因戴氏一切皆如常人，他所過的亦是常人生活，只不過生活習慣與情調，與人略有不同而已。

譬如衣著，他自小就很講究，但以整潔為度，絕不求華麗。他任政府公職以後，經常穿著的是藍色或灰色中山裝，間亦著學生裝，卻很少見他穿著西服。他是軍人，且為將官，亦絕少見他身著戎裝，佩帶五顏六色勛標。僅有幾次，他因陪隨　蔣中正，檢閱中美合作部隊與訓練班，美方人員皆盛裝參加，國際儀節所關，他才破例穿著軍服，佩帶領章。

據說第一次參加檢閱時，曾有一報事：當穿著軍服後，他對鏡自窺，回頭對他侍從賈金南說：「別人胸前都有一排一排紅紅綠綠的東西，我怎麼沒有？」賈金南知他所說的是勛標，便笑著說：「你要做無名英雄，政府頒發，你不肯要，哪有這些東西。」他亦只好付之一笑。

如果他走在一群人中間，是頗難識別的，因為他衣著平常，亦無何特徵。但不論在何處，只要是軍統局人員，仍能一望而知誰為他們的領導者，這是因為他有一些較為特別的習慣。他外出時，常戴禮帽或拿破侖式涼帽，間亦戴鴨舌便帽，必將帽簷壓得很低。冬天又常在頸上加一條圍巾。若是乘坐汽車，不論有無同行之人，常與司機並坐。他亦不喜有人夾擁而行，多數時候，他是不帶警衛人員的。

我國抗戰時期，有兩句含有諷刺意思流行語——「前方吃緊，後方儘吃。」吃在當時大後方，確實顯得很不正常。儘管烽火瀰天，而後方飲食業，則繁盛無比。若干貴而且富的人，依然是「食前方丈」，猶覺無下箸處。

位在重慶曾家岩的戴公館，雖不同於一般闊人，有特選名廚，餐廳亦不寬敞，但常宴客。不過，客人十有八九，是戴氏幹部，名義上是洗塵或餞行，其實是商談工作問題。他亦常邀約比較高級幹部便餐。但與其說是聚餐，毋寧說是開會。不管是何種餐會，除有特殊情形，如中美合作所餐會之外，席間無酒，六菜一湯而已。非屬至交，或有特別原因，他從不邀宴外人，當亦無人宴請他，他是從不參加外間宴會的。如沒有人共餐，飲食便更簡單。

戴氏不甚講究飲食，有人解釋是因其患有鼻蓄膿症，很多食物，必須禁忌。這似為臆測之言。他對飲食不甚講究，除他早年清苦，沒有食必肥甘劣習之外，很可能與當時的新生活運動有關。這一運動，原為力行社所發動，他是該社領導幹部，又是一單位負責人，他不能不以身率之。

好動可說是戴氏特性，日常除去睡眠，他幾乎沒有停止活動，至少他的頭腦，是沒有片刻停止活動的。即或抱病在床，他亦在心營口商，籌畫工作。

跟隨戴氏最久的副官郭斌，侍從賈金南常說：「戴先生是一最易侍候的人，他沒有官氣，能體恤部屬，不計較禮數，偶有差錯，亦不深責。但同時又是一最難侍候的人，他時刻都在動，沒有固定作息時間。有時已命備膳，他不待用膳，忽然匆匆外出，無人知他將往何處。有時已經就寢，他又忽然披衣坐起，振筆疾書，亦無人能知他所寫何事。」

有一事無疑問的，即他每日睡眠時間甚少。美國梅樂斯將軍，曾與戴氏相處數年，據他說戴氏每晨六時即起床，到深夜二時始睡眠，經常都是如此。他自己亦說：每晨七時以後，至夜時以前，緊要公文，須送他批閱。

從密查組時代起，他只要有空餘時間，必定外出。到軍統局時代，已經是一呼百諾，很多事不須他親身去做，他仍然是不停止的在外奔馳，間亦深入敵後，忽東忽西，不遑寧息，人以為苦，他卻悠悠自得，略無倦意。亦有幾次遭遇危險，甚至有人謀刺他，仍不能使他有所改變。即或不是遠出，他亦必常要到各附屬機構去查看，多數時候，他是不會事先通知的。

戴氏解釋他之所以時常在外奔走理由是：「我們鄉下有句俗話：『使手，不如腳走』，意思是耳聞不如目見。自己去看一次，總比坐在家裏只看報告，要好得多。」

作為政府官員，作事認真負責，是表示一個人有恥心和榮譽感，不願讓人指為行屍走肉。而戴氏對於他的工作，則彷彿有一種宗教家的虔誠，寢饋在念，不僅是盡責而已。所以賈金南又說：「戴先生哪有什麼休閒生活，工作就等於是他的生命。」

熟悉世故

往昔封建意識，深入人心，一個帶頭打天下的人，一旦得勢，便不免睥睨一切，自視為主子，而視部屬如奴隸，頤指氣使，視為當然。軍統局是戴氏所一手創造的，當時的工作人員，亦以他年齡為較大——他升任軍統局副局長時，已是強仕之年，但他從不挾貴挾長，盛氣凌人。對於少數資深而有貢獻的人，如鄭介民等，他常是隨眾稱某先生；對一般資深幹部，則稱某兄——有別字者，則稱其別號；對中級以下工作人員，乃至工友，亦稱某同志，很少直呼其姓名。

軍統局時代，凡是比較重要文書，特別是工作指示，大都由戴氏親手撰寫，他寫作特別敏捷，真是「手翰如流，未嘗壅滯」。對於所屬各單位，必稱「兄區、兄站」或「兄部」，而自稱弟，從不用該員之類字樣。

多數時候，對於一件事的決定，他雖已有定見，仍取一種諮商態度，如「弟見如此，不知兄意如何？」並不自以為是，而視幹部若無物。

在函電中，照例有幾句體諒或慰勉之言，使人在感受上覺得親切。有時分明是命令，亦以婉商口吻出之。例如有一次他出巡東南，準備在贛南小住，事先致電江西負責人詹藜青，他說：「……弟此次過贛州時，擬住贛州至南康之間，如無適當房屋，擬借兄之團部居住。如何？盼覆！」這在一般有自大狂的人看來，實屬多餘。殊不知在這種地方，不是過謙，而是表示對別人人格之尊重。

軍統局幹部，對於戴氏特有的耐性，都很佩服。他在會議中，可以耐心靜聽別人報告，歷數小時，甚至數日，全神貫注，而無倦容。在一般工作會議中，他常有的幾種表情：一是當別人陳述意見時，他覺得有理，會微露笑意，或以手支頤，側耳傾聽；若是淺薄不當意，他亦只是多看說者幾眼，或不住的以手撫摩自己後腦，又或用手帕揉擦鼻子；即或他感到不滿，最多亦只偶爾皺皺眉頭；他很少當眾指斥，予人以難堪。

當然多數時候，是他講話，他可以連續講很長時間，滔滔不絕。但亦並非不容部屬置喙。所以他的老友張炎元說：「有時候，戴先生話多，我們就一直聽下去。有時他問我們，我們講的話多，他亦能讓我們盡所欲言。」

在習慣上，他對於幹部所提供意見，是不在當時就置可否的。即使他內心完全同意，亦是如此。這是因他覺得較為重要問題，必須多加考慮。不置可否，絕不是表示他無視幹部意見。張炎元曾經注意看他事後措施，「往往能證明他已充分接受別人意見。」

通達人情

一個政治團體，法紀之外，還必須通過情感交流，才能發生凝固作用，特別是在中國。所以往昔善於用人的人，常解衣推食，以小惠結人心。被人用的人，亦知「衣人之衣，懷人之憂，食人之食，死人之事。」這其間並無深奧道理，只是要通達人情。在這一方面，似乎很少有人能突過戴氏的。如果專事蒐集這一方面資料，不難寫出一本充滿人情味，而又能令人感動的專書。不過，吾人於此亦只能略舉幾個例子，以概見一般。

抗戰以後，比較循謹的公務人員，生活都很清苦，軍統局亦是如此。所以每逢年時佳節，有一部份資深幹部，往往仰屋興嗟，無以為計。就在這種時候，他們會忽然接到戴氏一封親筆慰問信，內附一筆特別費。雖為數不會太多，卻充分表達長官關切之意，使人有禮輕情重之感。

其實，在軍統局內，資深與否，並不是最重要的，很多職級較低人員，若是工作勤奮，境況困苦，亦常得到戴氏獎助。金錢之外，一般以手錶、鋼筆、衣料與名貴藥品為最多。這在與者並不為重，而受者頗以為榮。

在這一方面，有很多小故事，曾經傳為美談。例如戴氏幹部劉戈青，第二次奉派到上海工作，被偽特工總部所捕獲。他曾經手刃過偽外交部長，自度無生還望，乃自獄中多方設法，找到一友人，千里迢迢，託其將戴氏所贈手錶，輾轉送達重慶，表示他不願見此珍貴禮物，落於漢奸之手，亦表示他的忠貞。

像軍統局那樣龐雜機構，要事事照顧周到，是很難的。不過，只要戴氏知道，他必負責照顧。當時在重慶近郊，有所謂「白公館」，是拘禁違紀人員地方。一日，戴氏前往視察，見一女看守員，面有病容，問何故不就醫？女看守員說：「所需藥品來自國外，索價甚昂，無力購買。」再問其姓名，答稱名謝夢華。戴氏習慣的扭頭仰面，略加思索，驀然記起他是一有功女子，曾經「大義滅親」，在淪陷區協助某單位，制裁其已叛變的丈夫。於是立命醫務人員，凡謝夢華所需藥品，可到他公館去取，多少不計。謝夢華病愈之後，常對人言：戴氏於他有再造之恩，「自愧為弱女子，不能以頸血相報。」可見其感激之情。

軍統局自設學校，便於員工子女就讀，以減輕其家長之負擔，自戴氏始。以他的力量，不難於辦一二所學校，而難於他對學校，與對工作一樣重視，每有餘暇，必往查看。有一次，當他發現學生名冊中，有兄弟姊妹數人，同時就讀者，他立刻下一手令：「查現有立人小學之學生，以郭子明、杜賢達、聞培生三同志之子女為多，足見郭同志等家庭負擔之重。特准發給其子女冬夏服裝費每家三千元，即由同志義捐項下撥發。」

類此之事，在官場亦屢見不鮮，報章上常可看到。但戴氏不同處，是他真心關切部屬，絕無沽名釣譽之念，因為凡屬軍統局內部的事，是從不對外公開的。

在重慶曾經有過煮辦公桌椅趣聞，亦發生在軍統局。在南京時，戴氏規定工作人員，都須夜間辦公，時間視工作情形而定。遷至重慶羅家灣以後，軍情緊急，工作人員每日至少要辦公十小時以上，最多達十六小時，十分辛勞。而入夜以後，不能成眠。甚至白晝辦公，亦難安心。原因是臭蝨特多。戴氏為此繞室徬徨，終於想出一有效殺蟲方法——特置巨型鐵鍋，將床具桌椅，一律用津水煮過。當他聽到蟲患已絕時，真如打過一次勝仗，他很得意的對總務人員說：「天下沒有困難，是絕對不可以克服的，只要肯用頭腦，必有辦法。」同時，他亦表露出他的心情，他說：「這些日子，大家難以安眠，我亦何曾安枕。試想我們同志如此辛苦，不得適當休息，體力如何支持？我又安得不著急？」

甚至對於違紀人員，他亦有關切之情，處處細心照顧。在軍統局內，違紀守法，戴氏名之為「休養」，避免用禁閉、坐牢字樣，且不許守法者告知其家屬。但他知道天下父母心是一樣的，倚閭之望，人情皆同，若長時間不相聞問，自必使人疑慮。他於是規定守法者視道里遠近，每隔若干時間，定要寄信回家，只說工作在流動中，尚無固定通信地址。至其應領薪津，則仍照發，由主管部門代寄其家，以免凍餒。

語云：「愛人者，人恒愛之。」雖然這些例子，都屬瑣屑小事，亦可略窺戴氏之所以得士心的原因。

亦有急躁時候

一個人心地光明，性情豪爽的人，不可能同時又是外寬內深，一味矯情的人。戴氏不但豪爽，責任心特重，所以他亦有時怒形於色，甚至盡情發洩，而不為人稍留餘步。但這必是他覺得忍無可忍，或者事關重大，才會如此。

民國二十七年十月，臨澧特警班第一期畢業，戴氏親往主持。該班副主任余樂醒，總隊長陶一珊，違反他的作風，張燈結綵，近於鋪張，除列隊歡迎之外，並邀請地方官紳參加。戴氏一見就十分憤怒。他很勉強地與來賓略事周旋，俟其離去，立即集合講話，痛斥其非，聲色俱厲。他開頭幾句話是：「我不是軍閥，我說過我要做無名英雄，我一定對我說的話，永遠負責。這種官式排場，正是我平生所最痛惡的。……」為此，余陶兩人，均被撤職。

三十年某日下午，　蔣中正召見戴氏，命他查明台灣海峽日軍軍艦活動情形，限兩日內查復。他毫不遲疑的應允如限呈復，因他知道軍統局在廈門的潛伏單位，必定可以辦到。及至親到電訊總台，始知鼓浪嶼電台已發生故障，數日不通。這本是難免不發生的事，因為廈門與重慶相距數千里，電機又只有兩瓦半，四面皆敵。

但是，戴氏認為這是一嚴重事，他當面應允的事，不能失信於長官。在一時情急憤怒之下，嚴厲責斥電台人員，並要立即恢復通報。電訊方面負責人魏大銘，不愧為電訊能手，他親自操作，設法運用廈門附近其他電台，就近呼叫，終於在黎明時分，恢復通報。　蔣中正交查事件，因能如限呈復。這一次報告，使我國軍方研判，認為敵將南進事，得到證實。事後，戴氏在一次集會中表示：「我答應委員長的事，是從不失信的。如果電台不能依限通報，我是決心要殺幾個人，以為疏忽職守者戒，然後請委員長殺我，以謝死者。」

話雖如此，他亦未必真的殺人，他知道潛伏工作，是非常艱苦的。所以又說：「我們電訊工作同志，已盡最大努力，我早料著他們必定能達成任務的。」

在軍統局大小集會中，工作人員被斥責，亦為常見之事。有時他在盛怒之中，亦指名罵人。他常罵人為「鼻涕」，極言其罷軟無用。最有趣的，是昨日被形容為「鼻涕」的人，今日或明日，又復被重用。這顯示他罵人並不是憎惡其人，亦顯示他胸無城府。

在軍統局內，有很多禁令，是一般機關所未有的，其中尤以禁止摸麻將牌，與擅自結婚兩事，懸為厲禁。戴氏不止一次地當眾宣佈：如敢故犯，必定殺人。他每次談到賭博和違令結婚，就怒不可遏，其嚴厲神色，使人慄懼。其實，他亦只著重於禁，而非著重在罰，更無意於為此去真殺人。故當督察室報告已無人摸麻將時，他亦不再深究。另一工作人員，由他資送德國留學，回國以後，違禁結婚，他知道後，亦曾破例，僅追繳所資助費用而已。他知道軍統局工作人員，已遵照他的命令，謝絕一切交際應酬，工作之外，別無娛樂。亦知道摸麻將與違令結婚，罪不至死。所以適可而止。

嚴正而不失其活潑與風趣

在東方國家，得勢當權的人，多被庸俗賦予人與神雙重人格，使其非裝腔作勢，故作莊嚴之態不可。故十九「居如大神」，威重有餘，而形同木偶，缺乏幽默感。戴氏是屬於豪放一型的人，雖然他和與他同時的人一樣，保有很多舊的觀念，而他仍喜愛過活潑而有生氣的生活。故他雖嚴肅，仍有其風趣之一面。

通常他與人接觸，總是保持一種愉快而自然神態，絕不裝腔作勢，以示與人不同。如果得閒，他可和任何部屬，不拘形跡，閒話家常。若和老幹部在一起，談到他半生奮鬥經過，他會興高采烈的講他小時頑皮受責，以及早年窮苦情形，毫不隱諱。偶亦說幾句笑話，對某些老朋友調侃一番。

他的興趣很廣泛，自音樂、歌唱、平劇，以至各種運動，他都愛好。只要有他在場，他必設法保持一種輕鬆而和諧氣氛，與人同樂，使人盡興。

基本工作人員，不准許請長假，為軍統局特有規定之一，理由是為保持工作秘密。有一幹部，亦是戴氏前期同學，忽然呈請長假。他的批示前段是：「兄來向我辭職，我又向何人辭職？」這近似諧語，在公文中是少見的。而後段幾句話，則非常鄭重，他說：「一個革命者，非辭職可卸卻一切責任也。准假三天，毋須辭職。」亦莊亦諧，別饒情趣。

有一樁有趣故事，發生在一次集會中，當戴氏步入會場時，舉目一望，部份軍職人員，都穿著整齊軍服，且有多人，佩帶中將領章。他們都經過任命，不算逾分。戴氏一直希望他的同志，作無名英雄，卻又不便指責。於是很幽默地說：「我們軍人，講階級服從，我是少將，應受中將指揮。只是中將這樣多，我不知該受誰指揮。」這是說笑話，亦是一種很婉轉的勸告。

作為軍統局幹部，只要不為污鄙，定會受到應有的尊重。戴氏和所有領導者一樣，他亦希望別人服從，希望保持他個人威望。卻不希望他的部屬，只知卑躬屈節，希意承旨，在表面下功夫。傳說他在某次參加中美合作會議時，有一幹部，陪同他去，爭著為他提皮包。這是通常官場所常見的事，而他獨堅持不允。他很風趣的說：「和外國人開會，必須親手提皮包，才合於禮節。」迨會議已畢，四顧無人，他才正色忠告某幹部，他說：「你要為我提皮包，非不領情。只是你身為高級幹部，要能被人看重，才好出力辦事。我希望我的幹部在社會上，都能受人敬重，而不是藐而視之！」對於小節毫不忽略，且能規過私室，可以看出他的領導方法，與人不同之處。

戴氏領導能力之強，是軍統局幹部所一致推崇，從無異言的。至於他的學識？則因各人分量不同，看法殊難一致。大致一般幹部，見他文思敏捷，下筆千言，認為他博學多才。而程度較高，學有根底者，則以為學問非他之所長。

不過，無論如何，他絕不是別人所說「不學無術」之人。他自幼就善讀書，過目便能成誦。在初小至高小時代，他已讀過很多線裝書，尤喜讀東萊博議及前人策論。進入高小及中學後，涉獵範圍更廣。雖然他有一段時間，極為失意，而求知慾極強，顛沛造次，亦不忘讀書。據說他最喜歡歷史，於明史尤為愛好。從他全部講詞看來，他對歷史掌故，非常熟悉，可見他曾下過一番功夫。惟關於許多現代知識，尤其是政治思想之鑽研，似在進黃埔軍校以後。他自出任特務處長，身處繁劇，無須臾之閒，當少有餘暇讀書。但他有很多朋友和幹部，是讀書有得的人，他很虛心，常與切磋，自可增長很多知識。故言專門學問，誠非他之所長。但言常識，當時的政府官員，未必有人比他更為豐富。

以上雖只是戴氏真實的生活情態之一部份，亦是人生平凡之一面，而情感、理智、人情與事理，均存乎其中。他能領導軍統局工作，無往而不如意，就在於他能通達人情事理，調和情感與理智，使其保持適度平衡，而無過與不及。很多道理，看似平凡，人人都知道，卻未必能做到。而他不但能做到，而且成為他生活的一種常態，這亦就是極不平凡之處。要瞭解戴氏之為人，就必須先瞭解他平凡之一面。

戴笠與中美所官員合照

十八、軍統局之名與實

軍統局為一情報機關，因戴笠而著名，是人所共知的。而軍統局沿革與組織，尤其是工作任務，則知者殊少。如以美國為例，軍統局實際上已包括中央情報局、戰略局、聯邦調查局、聯邦警察、防止滲透委員會，及財政偵緝處之全部或一部份業務，可謂包羅萬象。

舊的軍統局第二處（特務處），發展至民國二十六年底，直屬工作單位，已增至六個區，二十餘站，一百數十個組隊，編制工作人員，達三千六百餘人，並有電台約二百座，配置於全國各地。其所掌握運用之公開部門，僅是警察機關，亦多至四十個以上單位。而新增業務，紛至沓來，需要擴大與加強。這一客觀情勢，是促成改組的直接原因。

至於改組以後，很多應敵處變重要業務，尤其是於全面敵後工作，何以獨責成於軍統局？亦有顯而可見之原因。最主要的是其他機構，多半是公開依附於黨政機關的，機關不復存在，工作亦隨之消滅。戴氏所領導的特務處，自始就公開與秘密組織，嚴格劃分。他並認定：「平時工作曝露者，非常時期，必難立足。」所以他的工作組織，可以適應各種環境，特別是在需要潛伏工作地區。

二十七年八月，軍統局改組，原有第一、三兩處，改隸於黨，稱為中央黨部調查統計局。第二處擴編以後，仍稱調查統計局，直隸於軍委會。一般簡稱前者為中統局，後者為軍統局。

改制以後之軍統局，局長官階定為中將，副局長以次，內勤各處室主管，外勤區站長，視其資歷，可任少將或少將以上官階。如首任主任秘書鄭介民，即早已任官中將。

局長一職，照慣例當由戴氏升任，要控制全局，達成多方面任務，亦非他莫屬。但他一再陳情，願就副局長職務。因而局長一職，由軍委會辦公廳主任賀耀組、林蔚等兼任。直到三十二年以後，他辭不獲已，才就任代理局長，官階仍為少將。

戴氏寧願作一副貳，可以說是謙遜，亦可說是他高明處。他要　蔣中正知道他比別人恬澹，不計較名位。他不致太過突出，使人側目。同時，由辦公廳主任領此頭銜，在工作上可得很多便利。當然，他對於名利，亦確實是比較澹泊。

實際上，軍統局自內至外，人人心目中，只知有一戴先生，局長為誰，是無關緊要的。他多年以來，一直是憑他個人威望，領導工作，不須藉官位以自重。在他升任代理局長以後，他的部屬，亦從無人稱呼他為局長。

在很多人心目中，戴笠與軍統局，兩者若一利劍之鋒與刃，是難於分別的，無軍統局，戴笠事業就無從展佈；無戴笠，軍統局亦不會如此赫赫有名。惟有一事，必須再度說明，即軍統局之設立，始於民國二十一年，並非戴氏負責。雖是他所主持的第二處，名義上亦屬於軍統局。而實際是自成一工作系統。二十七年改組以後的軍統局，才完全由他負責。吾人為此說明，是因舊的軍統局，有將近六年歷史，自有其功過是非，戴氏只應對該局之第二處負責，他不能掠人之美，亦不當代人受過。

新的軍統局成立，編制擴大，內部設有四處四室，與十六個以上的科，另有一個設計委員會，兩個訓練班，與一個有系統的電訊機構。外面約設有三十餘區站，及約三百個工作組隊。還有忠義救國軍，及不知其數的直屬工作組。基本工作人員，共約七千人左右。同時，偏遠地區，如迪化、伊犁、拉薩等地，以及海外重要地方，亦有建立工作組織。

從其發展經過看，軍統局頗與新興大企業相類似，即由一種基本業務，逐步發展至直接相需業務，再進而發展到間接相關業務。譬之已有機械工廠，便謀製造鋼鐵，已能生產鋼鐵，又謀製造車輛船舶。……這一半是因應環境需要，一半亦是因戴氏企圖心異常旺盛。

在改組以後所陸續增加的組織機構，除基本的情報單位以外，約可分為左列兩部份：

甲、與情報工作直接相需部份：

（一）郵電檢查，成立一統一的新機構——特別檢查處，並於二十幾個省，設立分支機構，隸屬特檢處，而由戴氏指揮。這一機構，以後並負責中央機關的保防工作，與航空檢查工作。

（二）於國軍之師級以上單位，增派聯絡參謀，並於集團軍以上單位，設立調查室，於若干戰區，設立黨政工作總隊，組訓民眾，蒐集軍事情報，由戴氏指揮。

（三）在重要地區及敵後，設立航空偵察電台，配屬於航委會，而由戴氏間接指揮。

（四）同時期，增設甚多海外工作單位，並一度與英法等國的情報機關合作。

乙、與情報工作間接相關部份：

（一）於運輸統制局設立監察處，監察全面水陸交通運輸工作，並普遍設立分支機構，由戴氏負責。

（二）原有鐵道警備機構，合併整理，成立統一機關，由戴氏指揮。

（三）於兵工署之下，設立警衛稽查處，配置警衛部隊，保衛兵工生產，由戴氏指揮。

（四）與軍令部合作，訓練軍事情報幹部，配屬於國軍各級司令部，並在敵後設置潛伏工作單位，由戴氏間接指揮。

此外，軍統局所屬游擊武力，亦隨之擴充，忠義救國軍之外，增加混城隊、行動總隊與爆破總隊。軍統局所掌握運用之地方治安機關，如各地警備部、警察局，更與時俱增。這一類機關，或為配屬機構，或直接由軍統局人員負責。

在此稍後，財政部所設之緝私、貨運機關，亦由當局指派戴氏負責，分支機構，遍設全國，所有稅警部隊，亦悉數為戴氏所掌握。

三十一年以後，再增中美合作事業，組成別動軍，僅是訓練班，即有十餘班之多，可概見其規模之大。

以上所敘述的，仍只是一大概輪廓。然已可窺見軍統局業務之繁重，亦可見其與一般情報機關不同之處。在談及工作任務時，戴氏曾說：「……總之，打仗需要稅收充裕，充裕稅收，是我們負責；需要軍火製造迅速，警衛軍火安全，是我們負責；需要軍事調查，軍事調查，是我們負責；需要肅清貪污，而肅清貪污，是我們負責。……一句話，國家需要甚麼，甚麼便是我們負責，這就是我們目前的工作現況。」他說的話，並非誇張。實際上，若各從其類，加以區分，其重要業務，至少可分為數十種。（詳見附圖）以一個情報機關，負如此繁重責任，可以說是史無前例的。

組織精神與人員成分

從某一角度看，軍統局亦如其他政府機關，有其一定體制，一定管理方式，亦同樣是以大制小，分工合作。而在實際上，不同之處甚多。

在軍統局服務人員，甚少視之為機關，均認為是一大家庭，而視戴氏為一家之主。戴氏亦以家長自居，視工作人員如家人。他有兩句口號——「團體即家庭，同志如手足。」所以自上至下，皆稱軍統局為團體。

西方一般的情報機關，工作人員相互之間，不僅不許有橫的關係，且不可互通姓名，認為愈能隔絕，愈加安全。軍統局實質上為一情報機關，卻並無這種限制。在其內部，數十百人，集體辦公，和一般機關，固毫無分別。其在外工作，除極少數人，因任務特殊，在一定時間，個別隔離之外，可說毫無限制。由於工作機構，遍佈各地，一個工作人員，只要能證明他是同志，即使素不相識，亦可得到任何單位親切的照顧。這種方式，對情報人員而言，是否妥當，頗值商討，因為秘密是情報工作必要條件。

但是，戴氏有他自己觀點：他認為他所做的是革命工作，機密固然重要，而首先第一，不是機密，而是革命情感。同志相互之間，能建立革命情感，有一種休戚與共感覺，亦自能為他人保守機密。這亦可說是別創一格。

每一個機關，都必有官階職分之別，主管僚屬之分，軍統局亦是如此。其不同處，是很難肯定的說只有某一階層，或只有擔任某種工作的人，為最重要。在戴氏眼裏，機關就如同一具機器，馬達與螺絲釘，作用不可同語，而其重要則一。所以他常說：「伙伕、勤務兵，在我們這個革命團體內，都是好同志。」顯然他不以為只有某種人，是最重要的。

就正因為職級較低的人，甚至是一個伙伕，他們人格，能受到應受之尊重，而職級較高的人，亦並無特殊不同待遇，所以在軍統局內，官階和職位，並不如一般機關，被人重視。昨日主管，今日變為僚屬，甲地佐理人員，升乙地領導幹部，照常各守職分，服從命令，沒有人心存芥蒂，亦沒有不相安情形發生。大家都覺得這只是一時工作需要，與個人升沉榮辱，毫無關係。

一般機關人員，如有過失，受到懲罰，便會被終身訾之以為病，甚至埋葬其前途。軍統局人員，亦不能免於過失，更無法逃避懲罰。而多數已受懲罰之後，是照常服務，亦照例升賞，無人自慚形穢，亦無人敢於歧視。甚至因罪行重大，已處死刑，亦仍稱為「殉法」同志，贍恤其家屬，教養其子弟。戴氏覺得受懲罰並不等於「除籍」，依然是家庭一份子，應當受家庭照顧。

軍統局工作人員，亦講資格，卻不認為資格是唯一的條件。任何工作人員，有實功實績，和領導才能，同樣可以超擢，負較重大責任。一個留學生、大學生的上司，可能只是中學畢業，並沒有人覺得委屈。

經歷深淺，在軍統局內，雖不忽視，卻並不如一般機關之重視。以黃埔學生為例，很多前期畢業的，受後期畢業的人領導，乃常見的事。這種風氣，自特務處成立，便已養成。

此外，在組織精神與組織運用方面，還有若干作法，富有創意。這從各種實際工作上，可以看出。戴氏是否因其所領導的為一革命團體，而立意革新，不得而知。惟他因痛惡官僚與衙門作風，他立意不走過去失敗的老路，則可斷言。

就成員素質而言：軍統局人員，可說品類龐雜，自學者、專家、軍政幹部、知識青年、僧侶方技之徒，以至江湖豪士，無所不有。彷彿孟嘗門客，形形色色，令人有魚龍莫辨之感。但有一事，無可否認，即軍統局確有很多人才，否則就無法撐持如此龐大的事業。所以戴氏常說：「我們團體，堪稱人才濟濟，足可應付任何需要，而不致有才難之嘆。」

軍統局前身是特務處，為力行社之執行機構。力行社既以黃埔學生為其中堅幹部，故戴氏亦一直以黃埔學生作為他的工作組織之骨幹，他的工作幹部，多數為黃埔學生。

二十七年，力行社既已解散，抗戰又已發生，客觀情勢有重大改變，他需要適合於各種用途的人人，不能刻舟求劍，拘泥一途，不得不大量羅致工作人員，亦不得不將尺度放寬。

如將軍統局工作人員成分，略加區別，大致可以分為以下四類：

中堅幹部：即內外負領導工作之責者，十之六七，為黃埔學生，自第一期至第八期，而以第四五六等三期為最多。其餘則為大專畢業生與留學生。

基層幹部：二十七年以前，大部份為特務處訓練班學生、警校畢業生、社會知識青年，間亦有黃埔後期學生。以後，多數出自訓練班，而以特警班學生所佔比例為較大。

一般工作人員：除行動人員，來源比較複雜外，多數皆由各單位物色訓練，經試用以後，始成為基本人員。這一類人，雖大都為知識份子，而程度不齊。

雇用與運用人員：大體都是因某種工作需要，而臨時物色，可因工作需要而延續，亦可因任務終了而停止。不過，運用人員，在以後幾年，大致都因工作成績與工作歷史，成為基本工作人員。惟雇用人員，則甚少成為基本人員。譬如戰時曾經雇用很多外籍人士，包括有德、義等國僑民在內，他們不能成為基本人員的理由，是不須解釋的。

公開與秘密工作之配合

在戴氏所主持的各種事業中，概可分為秘密的、公開的與半公開的三類，人力配賦，在幹部方面，大體是各約佔三分之一。在抗戰進入中期以後，戴氏不僅已實際掌握各檢查、偵察機構，亦幾已完全掌握全面治安機關。另外還有若干業務，如中央警校之類，亦和戴笠名字，連在一起。

掌握運用許多公開與半公開機關，無疑地，使戴氏權力加大，威望加高。他可以運用這些機關人力財力，亦可運用其法定權力，而達成某種任務。不過，在他內心，始終是將工作重點，放在情報方面。申言之，他是為便於開展情報工作，達成他的基本任務，才去掌握運用公開機關。所以他要求公開與秘密工作，務須密切配合。

在軍統局極盛時期，戴氏所掌握的公開機關，可說龐雜無比。即如一個緝私署，其分支機構與稅警部隊，分佈各地，就甚難統馭。如再將有關機關，合併計之，真可說亂如棼絲，茫無端緒。而戴氏處之，卻顯得游刃有餘，毫無駁錯繁難之感。關鍵在於他能把握要領，以簡馭繁。他的方法，是以軍統局為樞軸，一切皆環繞一定軌道運行，即人員調配，皆由軍統局統一節制，於每一部門，配置一定數量的中堅幹部，由他選用，量才器使，而以一個嚴密的督察制度銜勒之。故雖千門萬戶，參伍錯雜，而能如網在綱，一絲不亂。

吾人所知戴氏領導的軍統局之全貌，略如下圖：（見下頁）

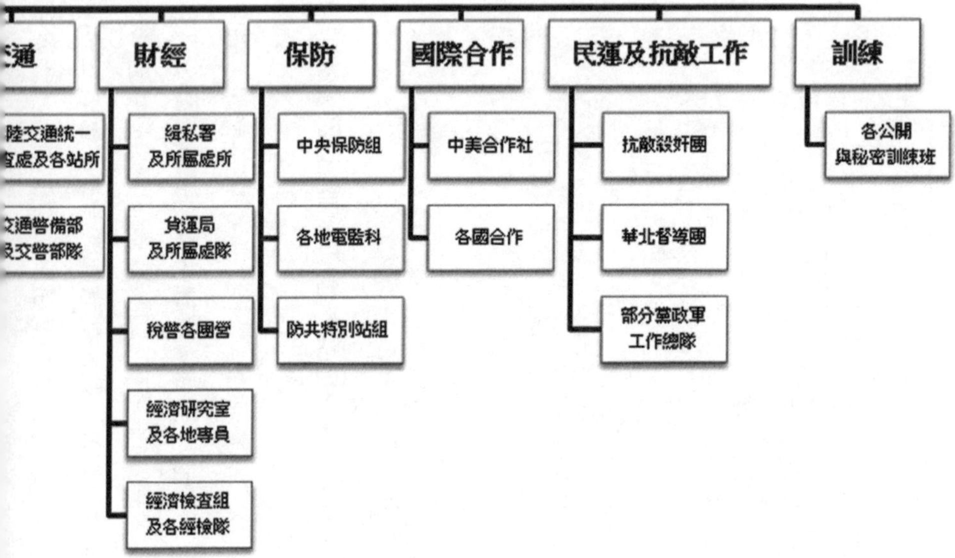
通
財經
保防
國際合作
民運及抗敵工作
訓練
陸交通統一
查處及各站所
交通警備部
及交警部隊
緝私署
及所屬處所
貨運局
及所屬處隊
稅警各團營
經濟研究室
及各地專員
經濟檢查組
及各經檢隊
中央保防組
各地電監科
防共特別站組
中美合作社
各國合作
抗敵殺奸團
華北督導團
部分黨政軍
工作總隊
各公開
與秘密訓練班

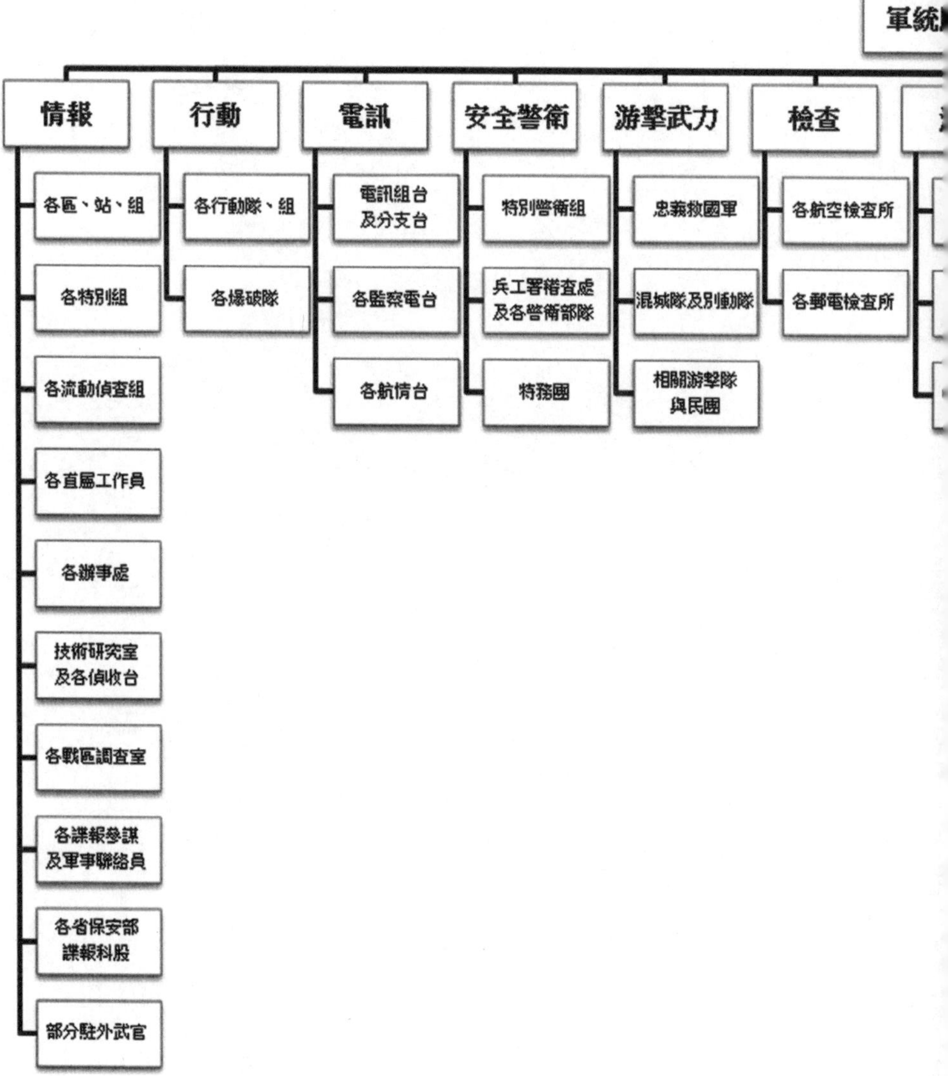
軍統
情報
各區、站、組
各特別組
各流動偵查組
各直屬工作員
各辦事處
技術研究室
及各偵收台
各戰區調查室
各諜報參謀
及軍事聯絡員
各省保安部
諜報科股
部分駐外武官
行動
各行動隊、組
各爆破隊
電訊
電訊組台
及分支台
各監察電台
各航情台
安全警衛
特別警衛組
兵工署稽查處
及各警衛部隊
特務團
游擊武力
忠義救國軍
混城隊及別動隊
相關游擊隊
與民團
檢查
各航空檢查所
各郵電檢查所

十九、戴笠超人幾等的用人本領

設有人問：「戴笠一生，以何事為最擅長？」吾人將毫不猶疑地答覆：他最大長處，是善於用人。這包括有選拔、繩教、任使、獎率、賞罰、撫循、培育與統馭等才能在內，亦與個人志量，極有關係。戴笠既洞曉人之情偽，肯在用人方面下功夫，又先自有一顆皎然不欺之心，所以他能有超人幾等的個人本領。

戴氏之善於用人，與人之樂於為用，是他朋友、同志和部屬，所一致承認的。他能在國家危急之時，負起艱難責任，而有驚人的成就，善於用人，為一重要原因。他在這一方面之所表現，亦多富有創意，並不刻意模仿別人。如果以一般常用的「開誠佈公，知人善任，信賞必罰」之類語句，來讚美他，是不能表達出他特有的氣派、風格與才情的。

當軍統局盛時，十餘萬文武青年，分別在海內外各種不同戰場上作戰，他們可以忘生死，而無一刻忘記他們的戴先生。甚至素未謀面，亦心嚮往之。在任何政治性的團體中，一個領導者，能夠像他這樣得士心，是前所未有的事。這其中必有很多道理，不僅僅是「開誠心，佈公道」所能做到的。

如說用人亦是一種藝術，則戴氏可說是最懂得這種藝術，且能使之昇華的人。吾人於此，不欲徒托空言，顯就許多資料與傳統中，舉出若干可信事實，以資證明。關於戴氏之用人藝術，可於以次事例中，玩索而得之。

且先從風紀說起：凡屬軍統局工作人員，不論地位高低，亦不問是在敵前敵後或海外，一旦有命令調遣，都必朝奉令而夕成行，無人敢於遲延。

若是在戰役中被衝散，或因組織被破壞，失去聯絡，不管距離遠近，都必設法歸隊，無人甘於落伍。

工作派定之後，即使明知危險，亦甚少有人藉故規避，願披膽怯畏死之惡名。

如觸犯「團體紀律」當受懲罰，一經通知，大都自行前往指定地點待罪，無人作逃避之想。

在工作變易頻繁，人員異動甚大情形下，高階低用，小才大受情事，在所難免。卻無人敢於抗命，或不聽指揮。

平時考核功過，調查行能，雖屬親故，無人敢以私意高下其手。任何單位，如有踰閑蕩檢之人，亦無人敢於徇隱。……

這一類事實，顯示軍統局很重視紀律。一個革命團體，是應該有嚴格紀律的，否則革命兩字，就會成為侈言。問題是軍統局為一特殊組織。在特務處時代，工作人員較少，素質亦較為整齊，維持一種良好風紀，尚非甚難。進入軍統局時代，已是戰時，每年增加人員以萬千計，大部份都在敵前、敵後與海外工作，要維持一種良好風紀，就很困難。

率直地說：改組以後的軍統局，因為擴展太過迅速，人員素質，並不都是合於理想的。尤其是在前線，有很多單位，直可說是倉卒成軍。軍統局幹部，亦不乏豪蕩不羈的人，並非都是溫馴工具。然而，不論是老幹部，抑或是新進人員，對於戴氏，無不俛首帖耳，唯命是從。

吾人承認一個權重勢大的人，是可以使人懾服的，因其握有賞罰二柄，可以作威作福。亦承認戴氏確有權勢，他可以使人榮，亦可以使人辱。但不相信權勢是唯一有效的馭眾工具。又何況一種政治性的組織，絕不是專靠權勢所能維繫的。

然則戴氏究以何術銜勒鈐制，長駕遠馭，使如此眾多部屬，樂於供其驅策，且大都能以繩墨自矯？這不是幾句話可以說明的，須綜合以次各種事情，推諒其心跡，才可找到答案。

昔人說：「人才由於用人者之分量而出。」意思是有權用人的人，先要有志量和一顆無私之心，才能獨秉虛公，思與天下才俊共天下事，而無所不容。

不論戴氏所用的人，是否皆才俊，他有容人雅量，是無可否認的。且以李果諶作一例證：他原名國琛，武昌人，先後畢業於莫斯科中山大學，與日本士官學校，民國二十四年，充任南昌調查課第三組組長，他有多方面學識，亦有才幹，可稱得是一個人才。但是，他亦有一段令人疑慮的歷史——曾參加中共所發動的廣州暴動，充任賀龍的參謀長，並協助夏曦，建立「湘鄂西政府」。這一段歷史，可使官場中人，聞之色變，又何論重用。但戴氏就大不相同，他在調查課歸併後，只和李果諶見過兩次面，就毅然保薦他為特務處首任書記長，而且用之不疑。

事實上，又何止是一個李果諶。在軍統局，有很多幹部，是早期有所謂「思想問題」的，亦有很多是因被他發現，而主動設法羅致的。雖毫無人事關係，而同樣受到信任。

為國家擔當大事，有容是一重要條件，必定是有容人之量，才能放手用人，只問有無才能，而不管是誰親故鄉黨。惟任使之時，必須有尺寸，知道幹部長短。戴氏甚少當眾議論幹部長短，而他心中卻自有分寸，而且把持甚緊。

吾人曾提過胡靖安其人，指出他對戴氏一生，有極大影響。他們亦可說是患難之交。戴氏是一個知恩必報的人，他飲水思源，對於胡靖安豈能忘情？在他顯赫時候，他是有力量提挈胡靖安的，可是，他深知胡靖安之為人，志大而才疏，且嫌浮躁，難以負重。寧願優禮厚遇，不輕假以事權。

胡靖安很自負，留學德國歸來，更加目無餘子。他長期投閒置散，自然深感不滿。戴氏處他這位學長，亦自然非常困難。在一次通信中，他說：「弟每誦兄來書，輒自反省——弟之對兄，有無可以致兄惱怒之處？但自信固十餘年如一日也。……即弟個人如有罪惡，弟亦極願受我同志之指責，亦時自行反省也。兄知弟甚深，愛弟甚切，諒必信弟言之非妄。兄之痛苦，弟實同情。而弟之痛苦，實不敢陳於校座與兄之前。國難至今，凡有血性者，誰無痛苦乎？而弟對兄之痛苦，實無時無刻不曾為兄著想。尚望兄明確指示，俾便效力。」從這一復函，可見他常受胡靖安之指責，亦可見他對胡靖安之優容。而他絕不自背所守，因私而害公。

在軍統局，中級以上幹部，沒有被處罰的人，似不甚多，沒有被斥責的，則少之又少。但不管是否罰當其過，從來無人退有後言，更沒有人會抱怨戴氏。這種稀有現象，依吾人觀察，主要是因戴氏對他部屬，如同家長之子於子弟，不藏怒，不宿怨，而能以一種無私之心，施一概之平。

當武漢危急時，有一在地方治安機關負責幹部趙某，力勸戴氏早日離開，並願以自己汽車供戴氏使用。他是戴氏前期同學，亦共事有年，故深知其人華而不實，因對他說：「你何嘗是為我安全著想，只是希望我早離開，你好脫身。國難至此，如人人都像你一樣自私、怕死，國家尚復何望？」

趙某計不獲施，立將汽車收回，戴氏隨員均惡其刻薄，而憤憤不平。戴氏卻毫不在意，他很泰然地說：「汽車本是他的，他有權收回，我們無車，可以走路。不可與之計較，示人以不寬。」眾料趙某將因而被冷落，而戴氏則早已忘卻，而任用如故。

趙某是受處分最多的人，先後坐過七次牢。當其任浙江緝私處長時，有人偷運偽鈔，經其轄區，無人檢查，而一入皖境，立被查獲。戴氏為此震怒，因為這是公事。他於處分之外，還寫過一長函給趙某，內有如下幾段話：「……兄乎！人生如逆水行舟，不進則退。吾人既以身許國，在職一日，必須盡責，認真工作，絲毫不可模糊。……弟與兄共事十餘年，各方對兄，均少好評，望兄切實反省！」

不徇私情，不隨喜怒，當罰則斷然罰之，罰過以後，待之如故，心中坦誠亦如故，這就是雖罰而無怨的原因。

作為一個領導者，如只愛惜自己羽毛，而不肯為幹部分擔責任，則不僅使人畏事，不願盡力，遇特殊事故，亦將使幹部無手足無措。戴氏作風，是工作大方針或原則，必由他決定。既定之後，便一切信任幹部，委任責成，絕不遙制中牽。只要是他知道的事，任何後果，他必勇於分擔責任。這亦有很多實例。例如：

三十二年，某一幹部，奉命率美員赴某地工作，適會長沙四次會戰，交通阻斷，美員堅持以所帶器材十餘萬磅，悉數用於協防長沙。這種大事，必須戴氏決定。而他在巡視途中，無法聯絡。在一種緊迫情況下，又須顧全盟邦友誼，乃徇其所請，參與協防。此一幹部，顯有專擅之嫌，故於協防事畢，自請處分。戴氏覆電說：「情形特殊，如此權宜處理，亦無不當，兄亦不必引咎。但望速赴前線，予敵以重大打擊！所需器材，准予補發。」這在一般機關，是不可想像的事。

尊重幹部意見，從善如流，而不深閉固拒，亦是戴氏能得人心的一個原因。三十三年，敵進犯桂林柳州，戴氏特派其幹部張炎元親往前線，調度運輸車輛，協力撤退事宜，臨行指定將儲存於金城江之白報紙三十噸運出，以應軍統局之需。張炎元覆命之時，戴氏因白報紙未能運出，以其抗命，頗為憤怒。經張炎元解釋：前線最須優先搶運者，為重要工作人員與兵工廠機器，他不能不權衡輕重，移緩就急，否則別人將批評軍統局不知輕重緩急。戴氏聽他解釋後，立刻轉怒為喜，並稱讚他處置得體，予以嘉勉。

語云：「君子愛人以德，惟小人以姑息。」軍統局為一小天地，賞罰二柄，操在戴氏一人之手。他始終本於愛人以德之心，總希望藉賞與罰，使人能勉於為善，而絕無為自己立威市恩之念，這是很難得的。據說有一工作人員，名許宗武，為一放浪形骸的人，常犯禁令，而被處罰，他因此被人輕蔑，有時被派到各單位，亦不受歡迎。在一次集會中，戴氏特地提到許宗武，他說：「許宗武是我的學長，相識於我困頓之時，寒素之交不可忘。他不求上進是事實。但亦只是酗酒好賭，已受到應有懲罰。我屢次關他，而不開除，是促使他改過遷善，留一條路給他走。如因他曾受處分，就蔑視他的人格，不讓他有作事機會，便無異於絕其向善之路。大家都是同志，應有革命情感，我不願見視同志如路人，更不許對自己同志，落井下石。」他認為對自己同志「無禮貌，無情理，是不可優容隱瞞的。」因為結果將「害整個組織」。

他這一段話，一面是表示他對部屬的一種愛心，表示他愛人以德，而不是姑息。一面亦有「求也退，故進之」之意。這一點，是統馭一個組織很重要的事。在軍統局，一般幹部，個別的學識才能，雖有差別，功與過亦不相同，卻從沒有人顯得特別突出。如果一個組織與團體，只有某幾個人，受到寵信，顯得特別重要，這一團體，就必定不免有人事上的問題，亦必定不會是健全的。軍統局在戴氏生前，沒有出現一般所謂派系，或被稱為戴笠面前「紅人」的人，與其統馭方法，極有關係。

一個人惟知不足，始能有餘，特別是在知識方面。即使是一個最稱英明的人，亦不可能智周萬事，無所不知。如果是一個團體，負有繁重的任務，是為國家辦事，其成與敗，就至少有一半，要決定於人才之多寡——人才愈多，成功勝算就愈大。

從有關資料看，戴氏是吾人所見知名人士中，經常存有一種自我警惕之心，而肯於反省的人。惟其反省，他才從不剛愎自用，而養成虛心從諫的好習慣。惟知不足，他才重視人才，並盡力培養人才。

吾人前已略述戴氏處他幹部態度，及其虛心地方，說他和幹部商談工作時，先聽取別人意見，且和顏悅色，耐心靜聽，使人能罄所欲言。此處要補充兩點：一是他能不恥下問。譬如有若干政治和軍事上問題，他自覺瞭解不夠，就常和較有研究的幹部商討，徵求意見。一是他能鼓勵幹部說直話。因而他的幹部對他講話，並不感覺到有何拘束或忌諱。有些性情比較直率的幹部，如梁幹喬、徐亮、喬家才、劉培初、柯建安等，有時當面批評，他亦不以為忤。

自知不足，才知人才之可貴。自特務處時代起，戴氏就很注意培育人才。軍統局改組後，他的責任日重，需要人才亦更多。他常為此憂心，曾經多次提到人才問題。他說：「我們團體同志，大學畢業的很少，留學生更少，許多大學生。不肯來參加我們的工作。」

為此，他規定凡工作兩年以上，資質較優，而有外文基礎者，可資送國外深造。資質較優，而不諳外文者，則保送中央軍校高教班，陸大將官班受訓。

正因他很寶愛人才，所以他常告誡部屬：「用人必求才而賢者用之，否則無論有何關係與歷史，均應摒絕而不予錄用。……目前吾人正羅致人才之際，不可聽一面之詞，而拒人於千里之外。」

關切工作人員生活，以真誠態度，正視別人疾苦，不使一人失所，亦是戴氏能得士心的一個重要原因。他常對部屬表示：「我們同志，待遇偏低，仰事俯蓄，確屬不易。但請你們放心，這是一個大家庭，等於是我的家，大家生活需要，我都清楚。我有責任，照顧大家，使每一個人都無後顧之憂。……我必盡我氣力，不使任何一個同志，挨飢受餓。……」

他對自己所說的話，確曾盡其應盡之責。其關切之誠摯周到，亦確如一家之長，一體照顧，無分厚薄。

在軍統局內，不僅是現職人員，衣食皆仰給於團體，待命人員，以及死難同志之遺族，亦在照顧之列。這是一很重負擔，特別是在抗戰以後幾年，人員遽增，而經費支絀的情況下。戴氏為其同志生活，亦頗費過苦心。他曾遠自江山雇用一批工人，到重慶種菜、養豬、磨豆腐，以謀改善膳食。調查各地物價，派員至產地購運廉價物品，以供應工作人員眷屬。並謀設立手工藝廠，以使眷屬有就業機會。設立醫院、學校，以減輕工作人員負擔。……雖然一般生活，未獲基本改善，而他所說：「不使任何一個同志挨飢受餓」，他確已做到。

就統馭方面而言：戴氏是很成功的，他不但可以籠罩全面，指揮千里之外，而且幾乎對於較為重要的工作單位之實際情況，都瞭若指掌。這除因他精力特強，每事留心以外，應當歸功於他有一個嚴密而確實的督察制度。

在軍統局，有一個有系統的督察組織，自內至外，甚為普遍。其中又可分為秘密與公開兩類。其任務是司風憲、查勤惰，並兼有監督責任，直接對戴氏負責。因此，每一幹部，雖遠在異地，舉莫能逃戴氏之監察。只要是稍露面目的幹部，其行能，與生活狀況，工作情形，他無不瞭解。甚至某人有某種特別習慣和嗜好，他亦很清楚。

吾人曾提到若干清苦幹部，在困難時，常不意而獲得一筆慰問金。亦有人確是因公虧累，而在其職務交卸時，會突然獲得一筆數目頗大特別費。但有若干人，是沒有機會得到的，因為戴氏對於幹部個別經濟狀況，都默識在心，他不會接濟一個不需要接濟的人。

督察制度，顯然是互有利弊的。如運用不當，只會使人互相猜疑，增加紛擾。在眾多督察人員中，亦難免不有人吹毛求疵，或有成見。因而軍統局一般人員，雖不敢反對，而在心理上，無不時刻提防。

戴氏似乎很懂得群眾心理，越是有人厭惡所謂「小報告」，他越加支持督察制度。不過，若不是重大違紀事件，他亦只是略微示意，或間接予以警告，而不深究。這是很得體的，亦是他厲害處，他引滿不發，只是表示「你們所言所行，我都知道」，就會使其幹部，常存一種戒懼之心，而不得不隨時檢束。

吾人前曾指出，人情世故，亦是學問。細看戴氏處理部屬態度，可說他對這種學問，是已揣摩透徹的。他所領導的是一很特殊團體，所用又是一群很複雜的人，更加他極欲圖功，有以自見。如果他不嚴加銜勒，他就不能統馭，使人為之效命。但他如察察為明，只顧自己聲威，不設身處地為別人設想，則必至人情乖離，各自為心，逐漸產生離心力。他深知其然，所以總是保持一種尺度——嚴肅而不流於殘刻。

如說軍統局為一大家庭，亦自不免有一般大家庭的缺點。何況此一大家庭的成員，程度不齊，並且越到後來，越發龐雜。戴氏雖是精力過人，他亦無法在管理上，做到事事合情合理。他自己曾說：「在民國二十五年以前，我對我們人事，始終沒有放鬆。後因事情一天一天多起來，除重要地方和上層人事，由我決定外，其他都授權某某等辦理。現在弊病發生了，因為辦理的人，不能處理得當，人事漸呈紊亂現象，最近決定把這權收回。」

為何弊病發生？就因組織已經急劇膨脹，一個人已無法有效控制，又別無一領導中心與幹部政策，而仍用家長式的領導方式，自不免顧此則失彼，而予少數弄權的人以可乘之隙。這是家長式領導的必然結果。

據說在軍統局內，一般機關所有毛病，大的雖然很少發生，小的亦照樣常有。這樣複雜的大家庭，如說全然沒有偏私，沒有隱情，事事皆至公至正，乃是欺人之談。即如人事方面，很顯然地，若干舊的社會關係，如同鄉、同學、親故等，在其內部，仍具有很大作用。與戴氏本人較為接近，或較為疏遙的人，仍然大不相同。戴氏自己亦有發現。當別動軍改組時，他看過司令部名冊後，曾相當不悅的當眾說：「你們看：周偉龍已經把這個司令部，搞成湖南同鄉會了。」他多年來，曾經大聲疾呼：「什麼親戚關係，故舊關係，都應當粉碎在這大時代前面。」而他所領導的工作單位，竟然出現這種現象，他當然深表不滿。

在官場中，一個機關過於龐大，主官地位過高，日夕所接觸的，限於少數幕僚，不啻留下空隙，使人有機會瞞上欺下，剝下諂上，要防止這種流弊，是不容易的。

不過，無論如何，在軍統局這一大家庭，戴氏不失為一賢明家長，他對眾多部屬，力求公正平允，而且如家長之於子弟，常有一種真摯的愛心，則屬實情。

昔人說：「惟廉而愛人者，乃能得士心。」戴氏對於他的同志，常存一種愛心，能推此心置於眾人之腹，所以軍統局人員，有種強大向心力，搖之不惑，撼之不動，在任何環境中，只要戴氏命令，都能同心協力，共赴事功。

總之，在用人方面，戴氏是很成功的。今　總統蔣經國在談及戴氏用人本領時，有如下一段話，他說：「戴故局長對於幹部管理，是非常嚴的，誰做錯了事，他就嚴格處罰，相信很多同志，是曾經受過戴故局長處分的。但是，我深深有一個感覺，就是受過他處分的同志，始終沒有怨言。這就是戴故局長成功的地方。他管教幹部，處分幹部，絕不是站在私的立場，完全是站在工作的立場，亦即是大公無私。這一點，更使我們對戴故局長念念不忘。」　蔣經國以擅長用人見稱，而對戴氏之稱讚如此，可見他在這一方面是很成功的。

正因戴氏用人很成功，故有人問他領導一個團體，當用何種方法？他簡單的答覆：「以情感相結納，以理智來運用，以紀律來維繫。」這幾句話，前人似未說過，與所謂「近觀、遠察、勤教、嚴繩……」等說法，亦不相同。惟他所指的是團體，在一個團體內，用人之道，亦不外於此。

二十、令人震驚的鋤奸誅叛工作

抗戰時期，軍統局人員，在敵後前仆後繼，轟轟烈烈的鋤奸誅叛工作，真足令群醜寒膽，亦足使陷區父老展眉。戴笠在當時，將這類行動，列為敵後工作重要任務，要求他的工作人員，不計艱危，悉力以赴。他認為：「國難嚴重如此，漢奸又復橫行，非流血無以表現我中華民族之精神。」

敵人所謂「以華制華」，簡單解釋，就是要分化並利用中國人，以達征服中國之目的。所以寇騎所到之處，必盡量卵翼扶植偽組織，唆使一些不知廉恥的民族敗類，為敵人利益服務。開始還只是一些無知遊民，與北洋軍閥餘孽，受敵利用。迨淪陷地區日廣，抗戰日益艱苦，逐漸有失意政客，落伍軍人，乃至變節的官吏，甘於認賊作父。他們不僅是直接幫助敵人，轄治淪陷區人民，還間接傳播失敗主義論調，反對抗戰，動搖人心。

誅除漢奸，消極目的：是要儆告漢奸，不要為敵人張目，使敵人勢力，殘害自己同胞。積極目的：是要使廣大陷區人民，知邪正，辨順逆，知道政府力量，仍可達到陷區，藉以增加其向心力。這對士氣民心，當有很大的鼓舞作用。所以戴氏認為是實逼處此，為伸張民族氣節，粉碎敵人陰謀，振奮人心，確保勝利，非用最激烈手段不可。

不過，就軍統局任務言，還別有一重要目的，就是掌握運用偽組織，以掩護各種對敵鬥爭工作。抗戰後期，戴氏獨能掌握八十萬偽軍，並有很多偽組織頭目，輸誠於戴氏，為他所運用，與大力鋤奸，是有聯帶關係的，因為他們知道戴氏有力量，能隨時置他們於死地。

據軍統局主管行動人士說：誅鋤漢奸，與阻殺敵人，雖同樣使用最激烈手段，而兩者之間，卻有分別。在對付敵人時，是不必選擇目標，亦不須限於某種手段的，遇有機會，即予狙殺，以多為勝。而於漢奸與叛逆，則旨在殺一以儆百。故須擇其罪大惡極，死心塌地，為虎作倀，或經政府通緝有案者。並且只誅戮其本人，而不及其妻孥。

自二十七年，至三十一年，軍統局所屬各單位，奉戴氏之命，於全國各地，除東北以外，一致行動，所誅鋤漢奸與叛徒比較重要，報告政府有案者：

一、華北地區

民國二十七年三月，軍統局北平單位工作人員王文等，狙擊偽「臨時政府」首惡王克敏於北平煤渣胡同，王逆身受重傷，與之同車的日本顧問山本，當場死亡。

同年十一月，天津單位，擊斃偽河北教育廳長陶尚銘於天津西湖飯店。陶逆原為灤榆區行政督察專員，變節投敵。

二十八年二月，天津單位孫大成等，擊斃天津商會會長王竹林於法租界兆豐花園。這一奸商，始而與敵合作，組織「中日經濟提攜協會」，以物資資敵，繼之又破壞政府幣信。以後並擔任「反蔣大會」會長，公開反對抗戰。

同年四月，天津單位祝宗樑等，於天津英租界大光明戲院，擊斃偽「準備銀行」總經理，兼偽天津關監督程錫庚。程逆為敵佔領天津時，教唆敵人，勒逼交通銀行，交出政府所存白銀之主謀者。

二十九年一月，北平單位馮運修等，擊斃偽「建設總署」局長俞大純於北平。俞逆為敵所豢養多年之情報員。

同年五月，北平單位，擊斃偽「華北政務委員會」教育總長方宗鰲於北平。方逆進行奴化教育，抑制青年反日。

二、東南地區

二十七年三月，上海單位，擊斃偽「維新政府」軍政部長周鳳岐於上海法租界。

同年七月，南京單位，擊傷偽「維新政府」海軍部長任援道於南京。

二十八年二月，上海單位劉戈青等，擊斃偽外交部長陳籙於上海愚園路。陳逆為當時群奸中之最活躍者。

二十九年八月，上海單位，擊斃幫會頭目張嘯林於上海。其時他正與敵合作，組織「和平促進會」，號召人民反對抗戰。

同年十一月，上海單位朱昇源等，劈斃偽上海市長傅筱菴於其寓所。

三十年某月，杭州單位，擊斃偽杭州市長譚書奎於西湖。

同年九月，蘇州單位，擊斃偽「清鄉委員會」署長謝叔銳於吳縣。謝逆在任偽「軍事招撫員」時，殺害抗日志士甚多。

三十一年某月，浙西單位，擊斃偽「軍事委員會」委員、兼「潮汕軍」總司令黃大偉於杭州。

三、華中地區

二十八年一月，武漢單位李玉清等，殺偽漢口維持會會長計國楨於漢口鼎新里。他與日諜早有勾結，惜僅斷其一臂。

二十九年五月，武漢單位朱建和等，擊斃偽湖北省政府秘書長兼財政廳長張若柏於漢口一德里。

同年同月，武漢單位王志強，擊斃偽高等法院院長黃炳炎於漢口後花樓。他主張對抗日份子施以重刑，以取媚敵人。

同年十月，武漢單位陳金山等，擊斃偽「中江銀行」總裁戴秉清於漢口特三區。他主張禁止法幣流通。並已經偽政權內定為偽江西省長。

同年十二月，武漢單位郭緒虎等，擊斃偽社會局長兼膏鹽公會理事長楊輝庭於漢口江漢路。他主張管制食鹽，以利敵之統制。

三十年十月，武漢單位閻英才等，重創偽「共和黨」組織部長謝道之於漢口法租界偉英里。

四、華南地區

二十八年八月，香港單位，擊斃偽政權代表沈崧於香港安潤街。他是汪兆銘之甥，受汪之命，在港澳一帶策動抗敵軍隊去順投逆。

三十一年某月，廣州單位，擊斃偽廣東省長陳耀祖於廣州市。

同年某月，廣州單位，擊斃偽海軍要塞司令何瀚瀾於虎門。

五、中原地區

三十年六月，河南單位，擊斃偽「和平建國軍」第三路總指揮孫鈞於尉氏。

與此同時，軍統局所制裁之叛逆份子，其較著者，計有：

二十八年十二月，上海單位馬河圖等，擊斃偽「和平建國軍」第十三師師長何天風（原名何行健）於上海兆豐夜總會。同時被殺者，尚有叛徒陳第蓉。何逆原為忠義救國軍第一縱隊司令，叛變投敵。

二十九年六月，澳門單位，擊斃偽空軍特派員譚世昌於澳門卑利喇街。譚逆原為政府空軍軍官，於被殺前一個月，駕機投敵。

三十年九月，澳門單位，擊斃偽廣州警務處長李式曾於澳門新馬路。李逆原為軍統局工作人員，於廣州淪陷時，虧款潛逃。

三十三年一月，上海單位，擊斃偽特工總部電訊室主任李玠（李開峰）於上海蒲石路。他亦為軍統局人員，叛變以後，為偽組織佈建電台。

在軍統局正盡力鋤奸時，另有上海聞人唐紹儀，在其寓所被殺。他的死因，傳說不一。吾人所知，他多年來，屬於反政府派，曾參加汪兆銘之北平「擴大會議」，與李宗仁之廣州「國民政府」，均任要職。敵發動戰爭以後，他與吳佩孚，被敵列為重要爭取目標，擬利用為南北兩個偽組織之首領，以資號召，因有「北吳南唐」之說，據說當時唐紹儀公館，常有敵人出入，且常有敵兵守衛。他之被殺，可能與此有關。一說殺他的人，並非奉命行事，只是因其個人魯莽圖功。兵亂之際，亦是可能的。

民國三十一年以後，鋤奸工作，已大為減少。原因是戴氏認定已收到殺一儆百之效，並且很多偽組織頭目，已暗通款曲，情況已有所改變。

二十一、戴笠與汪兆銘

民國二十七年底，國民黨副總裁汪兆銘出走，投靠敵人，組織偽政權，幾於使抗戰陣營分裂，對政府構成重大威脅。而他之生命與所領導之偽政權，亦無時不在被威脅之中。唯一足以使他惴懼不安的，就是戴笠。在幾年尖銳鬥爭中，軍統局人員犧牲頗大。雖然汪兆銘幸保首領以歿，而偽政權至少有一半，可說是被戴笠所摧毀的。

汪兆銘出走經過

二十七年一月，日本軍閥發表聲明：「不以　蔣中正所領導之政府為談判對象。」從某一角度看，這可說是一種宣傳姿態。因為中國決定全面抗戰時，就已決定抗戰到底，「寧為玉碎，不為瓦全。」除非敵人全部撤退，絕不與之言和。故當時一般人，對此聲明，莫不嗤之以鼻。

但從另一角度看，此一聲明，又可說是一種惡毒的政治攻勢，企圖用以誘惑若干軟弱份子，動搖抗戰陣營，以削弱抗戰力量。

我國長期抗戰，自決策之後，朝野都有持悲觀態度的人，認為敵人強大，抗戰終必失敗，而以素有恐日病者，為尤甚。汪兆銘是其中之一。這一點，可於他所發表的言論中，得到證明。他起初對抗戰持悲觀態度，覺得不幸戰敗，後果將比「甲午戰役」，更為嚴重，這亦可說是為國家前途計，無可厚非。本來日本國力，確比我國為強。

但是，他出走動機，則其心可誅。很顯然地，日本軍閥之聲明，使他在心理上浮現一種幻覺——覺得敵人如此聲明，是表示有意求和；和談既不以　蔣中正為對手，而在國內具代表性人物，自然非他莫屬；如他能通過和談，結束這場戰爭，他就必然可以成為國家領導者，而主宰一切。他很可能就是因有這種幻覺，而踏上自絕於國人之路，終於使他在國民黨內一段光榮歷史，一併毀滅！

日本惡毒的政治攻勢，在若干恐日病者心中，發生作用，經過一群敗類，暗中奔走聯絡之後，汪兆銘終於決計離開重慶。

汪兆銘（精衛）其人，知名度極高，國人都知道，不須介紹。他在出走時，是國民黨副總裁，國防最高會議副主席，兼國民參政會議長，在政府中地位，僅次於　蔣中正。正因為地位極為重要，所以他脫離抗戰陣營，曾使舉國駭異。

二十七年十二月十八日，汪兆銘經暗中準備之後，通過交通部長彭學沛，取得飛機票，帶同其妻陳璧君，親信曾仲鳴（國防會議主任秘書），悄然離開重慶，飛往昆明，稍作停留，即離開國境，到達越南河內。

這件大事發生，重慶頗多議論。甚至有人指責戴氏防範不周。其實，說者並不瞭解實情。首先汪兆銘是以共赴國難為名，而參加政府，政府決定全面抗戰，他亦曾與聞大計；並且他是國民黨的元老，不是尋常人物；當時要說他與敵勾結，是不可思議的。其次，出走之前，毫無跡象，連他老友彭學沛，亦被瞞過，其秘密可知。再次，當時並沒有民航檢查機構，部份航空檢查業務，是航委會主辦，並非由戴氏負責。最後要指出的是汪兆銘當時是說要往成都，參加軍校畢業典禮，根本沒有人懷疑他。甚至可說即使他說要往昆明，以他在政府中地位，亦未必有人敢於阻攔。

汪兆銘飛往昆明，事先曾與盤踞雲南多年，頗有勢力的龍雲密洽妥當，是毫無疑問的。所以龍雲不僅殷勤招待，並派兵護送他離開國境。並且以後繼汪出走的人，如周佛海、陳公博等，亦都是經過昆明，由龍雲護送出境的。

汪日勾結脈絡

汪兆銘與日本勾結，為一樁大事，而穿針引線的，即是兩個小人物。一是曾任外交部亞洲司長的高宗武，一是亞洲司的科長董道寧。他們都因認識若干日本人，而被稱為「日本通」。據日本方面資料顯示：

在我國拒絕德國大使陶德曼所轉達的日本媾和條件後，高宗武等，即與日本「南滿鐵路」駐京代表西義顯，參謀本部代表影佐禎昭等秘密接觸，主要是在探討和談可能性。西義顯並為此奔走於南京與東京之間。這一個時期，他們已確信　蔣中正絕不會改變自己立場，因而說：「要接近和平，不煩汪兆銘登場，是不可能的。」

首先將日本意向，轉告汪兆銘的，是董道寧。據說「他從日本返回漢口，要求晉見　蔣委員長，未被接見。後來見到汪兆銘，汪與之長談，至感興趣。」

在董道寧見汪之後，高宗武即秘密赴日。這時日本已認定汪兆銘是代表「中國內部和平勢力」的。所以高宗武說：「日本既決定援助汪兆銘，只要予以保障，　蔣中正可能下野。」他並要求日本首相，正式致函汪兆銘表示援助態度。他由日本帶回一封信，是「板垣陸相所代寫」。

根據另一資料，當時之「藝文研究會」，亦與汪之出走有關。此一小組織，原為中央宣傳部之運用機構，由周佛海等主持，與汪兆銘較為接近。其設在香港之分會，早已與敵特務機關暗中聯絡。武漢撤守以後，陳璧君即指使該分會，「試以汪先生名義，與日方談判和平」。日本即乘機要求汪兆銘離開重慶，另組政府，並提出四個條件。於是敵在上海的影佐機關，便與汪兆銘代表頻頻接觸，最後議定「日支關係調整要綱」（一稱「中日關係調整方針」）。代表汪兆銘的，已不是高宗武，而是林柏生、梅思平等。

以上資料，皆顯示汪日勾結，暗中活動已久，而且汪兆銘一直取於主動地位，至少不是被迫離開重慶的。所以他到河內第三天，日本首相近衛即發表「更生中國」聲明，表示日本「將徹底擊滅抗日的國民政府，與新生之政權相提攜。」顯然是要與汪兆銘所發表之「艷電」相呼應。這些事實，足可證明汪兆銘與日本勾結，早有預謀，不是一件偶然的事。

在汪兆銘之後，陸續出走的，有周佛海、陳公博、褚民誼、梅思平、林柏生（原在港）、丁默村、羅君強、陶希聖、李聖五等多人。他們當時都是政府或黨的高級官員。這又顯示他們雖不是一個政治組織，而在暗中早有聯絡。這一群人，除陶希聖、高宗武既去復返之外，其餘都曾於汪偽政權在南京粉墨登場之後，擔任重要偽職。

河內被刺前後

二十八年一月一日，國民黨中央常會決議：「永遠開除汪兆銘黨籍。」惟仍念其過去對黨貢獻，冀其毋被敵人利用，因而派谷正鼎前往河內，傳達中央旨意。汪兆銘表示絕不再回重慶。於是有人勸其出國考察，並派谷正鼎再度赴河內，為他送去出國護照及旅費，促其成行。汪日已有聯絡，勸促當無結果。

如果汪兆銘只是為與敵人聯絡，而逗留河內，政府還勉可優容。而他要在後方製造變亂，情形就大不相同。我國全面抗戰，在地勢上，是以四川為堂奧。而雲南地方，不僅是此一堂奧之重要門戶，且為僅有的國際通道。如果雲南發生問題，變在肘腋之內，則孫吳復生，亦難以言戰。雲南在變相軍閥龍雲盤踞下，中央曲意安撫，僅得無事。而汪兆銘則百計煽惑，使其動搖。他與龍雲勾結，圖謀不軌，到二十八年元月，已昭然若揭。再到三月初，已獲得充分證據。其中有戴氏工作人員所截獲之密函，亦即汪兆銘親筆所畫之供狀。

在致龍雲某密函中，他說：「艷電主張，日本必可接受。……弟久居河內，欲有所裨益於雲南，待先生之佈置。今已三月有餘，未知先生佈置如何？……弟若回內地，則聲勢迥不相同，各方趨附，有其目標，國際視聽，亦有所集，事半而功倍。……」這是明明白白，要龍雲在雲南發難，然後他再返回雲南，樹起反政府旗幟，這樣附和的人就必更多，政府就更難應付，至少他的想法是如此。在這種緊迫情勢下，就不得不採取行動。於是有高朗街血案之發生。

高宗武在香港行蹤詭密，並時與林柏生等往來，戴氏早已注意。故當在汪兆銘出走後，他一面親往河內，觀察其動靜；一面派員赴香港，聯絡林柏生，他知道林柏生和汪兆銘關係很深，希望能勸阻汪兆銘，不為已甚。這其間經過許多周折，並無轉機。

到三月初，中央對汪兆銘已絕望，他與龍雲勾結，又已無可疑，乃決定採取行動。戴氏先派岑家焯等赴河內，繼派陳恭澍等行動人員前往，幾次計劃狙擊，均未成功。最後只有於其寓所，強行突擊。

汪兆銘由昆明到河內，住於高朗街二十七號，這是一幢二樓兩開間洋房，內有庭院，外有圍牆，原為朱培德公館。因為房屋不大，樓上小房，為汪兆銘夫婦寢室，大房作為曾仲鳴夫婦寢室，兼作會客之用，其餘的人，則住樓下。

三月二十一日午夜，以王魯翹為首之行動人員五人，翻牆入內，先擊倒其警衛，然後登樓，對準汪兆銘臥處發彈多枚，以為必死，未及查看，即行撤退。

二十二日，當地報紙披露：「高朗街二十七號謀殺案，死者一人，為曾仲鳴；傷者三人，為方仲璧（曾妻）、陳國琦（陳璧君內侄）、及一名警衛。」並稱「行刺者」有余鑑聲等三人被捕。這時始知誤中「副車」，其致誤原因，是偵查不實，但見汪兆銘白晝常在大房行走，而誤以為大房為他寢室。戴氏事後曾說：「不在達莫橋上打，而在晚間行動，已經失策。」

這一件事，稱為謀殺案，已不甚妥，應當說是堂堂正正的鋤奸工作。汪兆銘勾結敵人，出賣國家的經過與證據，已略如上述，即使他尚未建立偽政權，說他是漢奸，應無可議。而反對戴氏，尤其是敵我不分的人，尚猶有人忝不知恥的為汪兆銘辯護。或說中央當時並未下令通緝令，通緝是在六月八日，不應未明正其罪，即予刺殺。或說汪兆銘本有意出國，只因「高朗街血案」發生，他才憤而變計，與日本合作。彷彿是說「若非戴笠之一擊，便不會出現汪兆銘政權。」這不但倒因為果，而且是顛倒是非。最低限度，應當承認一個事實，即當時仍是以黨領政時代，黨決定永遠開除黨籍，就證明汪兆銘已有重大罪行。

河內鋤奸不成，促使汪兆銘提早離開越南，他與龍雲兩人之密謀，因而幻滅，則是事實。這亦可說「失之東隅，收之桑槐」。其時汪兆銘已成為驚弓之鳥，渴望得到敵方保護。行前，他曾與日本代表犬養健在河內密晤。資料顯示，犬養之介入「和平運動」，係出於汪兆銘的請求，因其為犬養穆堂之子，早與他相識。

四月一日，汪兆銘在犬養健與影佐禎昭安排下，離開河內，先往東京灣。再由日諜以小汽船「北光號」，秘密送往上海。

二十八年六月，汪兆銘赴東京，與日首相平沼會晤。九月，在上海召開偽「國民黨六全大會」。二十九年一月，在日諜影佐導演下，與偽「臨時」、「維新」兩組織的首腦王克敏、王揖唐、梁鴻志、溫宗堯等，集會於青島。三月三十日，偽政權在南京出現，仍盜用國民政府之名，由汪兆銘自充代理主席兼行政院院長。

挫而彌奮的殺賊行動

有汪兆銘在，戴氏不會一刻忘懷；有戴氏在，汪兆銘亦不會一刻安枕。汪兆銘到上海後，軍統局的勇士，便絡繹而至，前面的人失敗，後面又踏著血路而進。軍統局和汪兆銘一幫，鬥智鬥力，持續有幾年之久，犧牲很多優秀幹部。但亦得到很大勝利。

二十八年夏，戴氏查悉汪兆銘行蹤後，即派王魯翹等赴上海，進行第二次行動。已然決定制裁辦法，因他案牽連，王魯翹被捕，未能實現。

同年十一月，再派其衡陽辦事處主任吳賡恕少將，偕一文職人員戴靜園前往南京。戴靜園已取得偽社會部職務為掩護，正佈置中，不意戴妻無意洩密，兩人俱被捕，於翌年三月在南京遇害。

二十九年夏，再派陳三才赴南京，作較深入佈置。陳三才畢業於清華大學，曾留美習電機工程，回國以後，在上海自設北極電氣公司。他因熱愛國家，而參加戴氏工作。奉命之後，他設法在汪兆銘公館，建立工作關係，頗有希望。不幸被一白俄所出賣，因而被捕。汪兆銘曾親自審訊，威脅利誘，他不為所屈，於十月二日遇害。重慶清華校友，為他舉行追悼會，蔣中正曾頒「常山並烈」輓額，以旌其忠。

在陳三才之先，戴氏另派有邵明賢打入偽組織，亦以殺汪為目標。邵明賢畢業於杭州警官學校，在任江寧警察局長時，與梅思平相識。梅附逆後，任偽工商部長，他因而取得偽南京警察廳督察處處長偽職，以為掩護。他是有機會達成任務的。惜因操之過激，而被發現。他受刑不屈，於十一月十七日被殺殉職。

另有一志士黃逸光，是極可能手刃巨奸的，而結果失敗，徒徒血濺雨花台。黃逸光原為墨西哥華僑，習航空，在巴黎認識汪兆銘，常有往來。抗戰發生，他回國投效，在漢口與汪重逢，曾得其嘉許，為之函介航校工作，並贈與旅費。以後參加戴氏工作，被派往南京，因汪之關係，迅速獲得偽教育部職務。他又不但與汪相識，更因其為廣東人，與褚民誼、陳耀祖、林柏生等奸徒，亦時有往來。如依軍統局指示，他比別人成功機會為多。但他求之太急，不時往汪兆銘公館求見，又作窺探狀，為其警衛所懷疑，佈下陷井，終於敗露，以身殉國。

繼黃逸光之後，又有尚振聲因謀鋤奸而死。尚振聲在任軍統局南京區副區長時，曾被敵捕獲，經營救脫險。為謀誅鋤汪兆銘，他奉命再入虎穴，多方活動，取得偽軍第七獨立旅參謀長職務。他的計劃，是運用偽軍，再配合自己同志，伺機包圍汪兆銘公館，將汪及出入該處之群奸，不舉而盡殲之。不幸事洩而被殺害，他死得非常壯烈。

此外，戴氏又派有數起人，繼尚振聲而進行制裁工作，且有兩起人，已經深入汪兆銘公館。另有胡木蘭等，預謀乘汪兆銘到偽軍校講話時，予以炸斃。結果仍未成功。

自河內事件發生後，戴氏謀之甚急，汪兆銘防之亦甚嚴，他平時除貼身保鑣之外，另有偽特工與憲警多人，密佈在其周圍，敵方亦派有專人保護，制裁確非易事。如其失敗，則必遭殺害，尤其是軍統局人員，因汪兆銘夫婦，對於戴氏，恨之刺骨。

汪兆銘是於三十三年，因病外出就醫，死在日本。戴氏在他死後第三天，即在紀念週會上宣佈：「汪逆精衛，已經於十一月十日下午四時二十分，在日本名古屋死了。」他沒有明言死因，只說：「這與我們當有關係。」

因此，有人傳說：汪兆銘是由戴氏所派之某醫生，於藥劑中置毒致死。並說某醫生達成任務後，返回重慶時，曾有軍統局人員在機場迎接。戴氏有很多機密事，常是獨自默默進行，設謀之奇，運用之妙，往往能使人驚異。汪兆銘確是因針劑有毒，死於醫院的。惟是否如傳說，則難斷言。

不論汪兆銘死因如何，以政府與偽政權之鬥爭而言，戴氏為勝利者，無可置疑。汪兆銘冒天下之大不韙，背叛黨國，靦顏事敵，湊成一傀儡政權，妄圖與政府相抗。而其結果。他的第一謀主，則盡其所能，為戴氏效力；他的謀長，須將重要軍情，隨時報告戴氏；並且幾十萬偽軍，皆在戴氏掌握之中；孰為勝敗？不言可知。

二十二、戴笠心中與手上的游擊武力

抗戰以後，若干有成見的西方人，說中國游擊隊，曾使日本軍隊，受到很大困擾與損失，但，「都是由中共所領導的。」這是昧心之論。事實上，各戰區都有游擊隊。由戴笠所領導的忠義軍、別動隊、混城隊與他幹部所領導的游擊隊，不但分佈很廣，且很堅強。他們曾予敵人以重大打擊，並且一直奮戰到敵人投降為止。

戴笠理想中的游擊隊

國人對於游擊武力，至少有兩種不同觀點：其一，認定游擊隊來自民間，未經訓練，作戰不足，擾民有餘，不值重視。其二，認定游擊戰為總體戰之一環，足可困擾、牽制、打擊敵人。且正因其來自民間，不脫離生產，可以減輕國家負擔。戴氏似屬於後者。

民國二十七年，他因有率領蘇浙行動委員會之別動隊，在上海作戰經驗，亦因其幹部中有若干研究游擊戰的人，他綜合理論與實際，向當局提出有關游擊戰的十項建議。其中要點是：

「各地專員縣長，應普遍組織地方武力，切實訓練掌握。如縣城淪陷，應本守土之責，留在縣境之內，領導地方武力與民眾，與敵周旋，或作地下活動，不得擅離職守。

各區各縣，應選擇境內險要或偏避地區，預建根據地，構築工事，儲備物資，於淪陷後，即轉入根據地，領導民眾，對抗敵偽。

各地警察，於淪陷後，一律改編為戰時體制，負責情報、偵查、保防、警衛等抗敵工作。

所有游擊隊，應盡力破壞與軍事有關之道路、橋樑、車站、碼頭、倉庫、電線等，阻礙敵人行動。除突擊、破壞、牽制敵人之外，應視情況，襲擊敵偽首領，破壞偽組織行政。並應爭取組訓青年，加強其抗敵意識，以粉碎敵人『以華制華』之陰謀。……」

他並主張「人員較多，確有戰功者，酌量納入建制，給予番號。」他未明言何以要「納入建制」理由。很可能他認為這是擴充兵源，鼓勵游擊隊之方法。

這一建議，除有關游擊隊武器與生產問題外，大致都已扼要說明。所以當局當予嘉納，發交軍委會主管部門，作為研擬游擊戰之主要依據。

毫無疑問，當敵人深入我腹地，佔領地區日漸廣闊，備多力分的時候，如果真有這樣游擊武力，普遍展開對敵作戰，必可使敵陷於泥淖，困苦不堪。

非常令人扼腕的，是一種很好政策或戰略，頒行以後，往往變質，乃至面貌全非！

「九一八」事變以後，東北義勇軍，是朝向游擊戰方向發展的。但他們環境異常險惡，又得不到必要支援，所以苦戰多年，終被消滅。「七七」事變以後，河北一帶，始有游擊武力，而多數由舊軍人領導，所用的是「拖桿子」辦法，而和人民幾乎完全脫節。故在敵人與中共夾擊之下，很快就被擊敗。武漢淪陷以後，各地游擊隊，如同雨後春筍，發展既多而且快。但無一處不是由豪紳、團閥與失業軍人所領導，亦無一處是有計劃的。更壞的是一經組成，便完全脫離生產，便不得不收捐派糧，魚肉人民。以後更有野心軍人，認為打游擊是求出路，人人希望收集相當人槍，活動改編為正規軍。於是強併弱，眾暴寡，覆去翻來，自相混鬥，使人民深惡痛絕。更加各地區有權力的人，各自為政，乃至視游擊隊如贅疣，寧願聽其自生自滅。

因此，到抗戰後期，很多游擊隊，如不是投入偽軍，便是被中共所吞噬，黃河南北，廣大淪陷區，已很少見到有組織、有領導的游擊武力。

由於戴氏之理想如此，所以不計任何困難，要使軍統局保有自己的游擊武力，以與其敵後工作相配合。亦由於事實如此——很多地方，事實上已無游擊武力——所以當若干人士，攻訐乃至想裁抑軍統局游擊武力時，他堅持不稍退卻。在抗戰後期，很多地方，碩果僅存的，只有軍統局的游擊武力。在黃河以南，能夠以各種手段，予敵人以打擊的，亦是軍統局的游擊武力。

東北與華北游擊戰之失敗原因

民國二十六年，平津陷落後，戴氏即打算在華北建立游擊武力，命王天木等聯絡地方忠義之士，組織游擊隊，允在物資經費方面，予以支援。並希望在平津近郊，設立幹部訓練班，訓練游擊幹部人才。王天木等聯絡陳維藩、史嶽山等兩部，約二千餘人，開始頗為積極，曾經拆毀豐台附近鐵軌，使敵兵車翻覆，交通受阻。因此核給「灤榆游擊指揮部」名義，派王林木、陳恭澍為正副司令，王撫洲為政治部主任。

同時期，王撫洲在南宮一帶，聯絡人槍千餘，建立忠義救國軍北方支隊。

可是，游擊武力要能發展和持久，有若干條件是必須做到的。譬如領導人必須將自己當作是游擊隊員，游擊隊必須將民眾當作是自己家人。王天木坐在天津租界指揮游擊隊。王撫洲為一書生，素不知兵。所以這幾支游擊武力，不久之後，就有一部份被中共所吞噬，另一部份，亦無形瓦解。

戴氏知道王天木等受騙，亦未深責。他知道這種情形，勢所難免。在覆電中，他說：「……吾人在華北素無地方勢力，要創造一個局面，一種武力，當非容易。」他只深悔在偽冀東保安總隊反正時沒有作長期計劃，以之用於游擊方面。

二十六年秋，戴氏有一更遠大計劃，要在東北地區，建立一支有領導的游擊武功，用以擾亂、威脅敵之根據地，牽制關外敵軍。他選擇兩個最適當的人——李杜、吳幼權，請他們負責。李杜為抗日名將，部屬流散在東北者頗多。吳幼權為東北名人吳俊陞之子，社會關係，甚為良好。在徵得同意之後，他請准設立「東北抗日救國軍」，以李吳兩人，分任正副司令。並派高級幹部李果諶、吳安之等前往協助。

李杜等的計劃，是先在黑龍江、興安分建根據地，收容舊部，組訓青年，再分向中東、南滿沿線發展。這需要蘇俄之幫助。他們判斷，在東北抗日，蘇俄將樂於幫助，至少不致阻撓，只要蘇俄不加阻撓，他們就必可在東北立足。

出人意料的是李杜等到達莫斯科後，蘇俄似已知道他們與中共無關，堅決不許假道西伯利亞，進入東北。中國駐俄大使館與之交涉，亦無結果，遂被迫折回。

以後幾年，戴氏對於東北，仍未忘懷，曾試圖派員由察綏滲入東北，發展游擊武力。終因距離後方過遠，鞭長莫及，沒有成功。

二十六—二十七年間，晉察綏區區長李果諶，得國軍第十三軍湯恩伯之助，擬在太行、中條山區，建立游擊武力，以便策應陷區工作。他立即得到戴氏同意。進展亦極迅速。這是很有眼光的計劃，因為這兩個山區，易守難攻，一旦建立據點，不僅可以策應整個華北地區工作，且可免於為中共所佔利用。

不寧唯是，對於敵人，亦可因有利地形，而構成威脅，假如能和民眾打成一片的話。以後軍統局的晉東南站，在喬家才主持下，組訓民眾，結合地方武力，很快就控制修武等八縣。並曾發動民眾，於一夜之間，將長治、高平、晉城三縣敵軍所架電線，割取無餘，使敵不敢下鄉騷擾。民眾力量之大，於此可見。惟這只不過是太行山區之一角。如果能控制整個山區，其大有裨於抗戰，毫無疑問。這就是戴氏要支持李果諶的原因。

當晉察綏區游擊武力正在發展，並有一部份滲入河北時候，又出人意外的是第二戰區長官閻錫山，居然出面阻撓。他不反對游擊隊，只是反對戴氏部屬領導游擊武功。原因是閻錫山正與中共修好，中共駐第二戰區代表薄一波，知道李果諶計劃如實現，他們在太行、中條山區，將難以生存發展，所以慫恿閻錫山出面干涉。

當時雖然是由中央統一領導抗戰，而各地區情形，仍然很複雜。戴氏為以大局為重，只好命令李果諶將游擊部隊解散。

戴氏連續遭遇挫折與失敗，但並不灰心。他仍鼓勵他的幹部和朋友，致力游擊工作；對於很多較有成績的游擊部隊，熱情幫助；並整頓加強他所領導的各種游擊武力。

很多事實證明，他無意於挾武力以自重，或使他成為一個擁有軍隊的實力人物。然則他又為何如此熱衷於游擊武力？這可從他言論中，找到具體答案：

軍統局在敵後基本任務，是情報與行動工作，游擊武力，有助於這兩項工作之發展。健全的游擊武力，能充分發揮其功用，可使敵人蒙受重大損失。

關於前項，他在指示中說：「……抗戰局面，必將入於更困苦艱難之境地，今後特工如不能掌握民間武力與游擊隊，無論情報與行動工作，均難達成任務，而經濟亦將無法維持矣。今日有錢，已難匯入淪陷地區，異日無錢，則淪陷地區工作，將何以維持？」因此，他要求工作人員，盡可能的參加各地之游擊工作，「即當一小隊長、一分隊長，亦須令其去幹，以徐圖掌握領導權，既可為本局擔任情報行動工作，復可與敵偽異黨爭取群眾。」

關於後項，他最簡要的指示是：「重點攻擊，到處擾亂。」即以較大力量，選擇適當機會，集中運用，打擊並牽制敵人，使其無法遂行作戰任務。同時以較小單位，普遍展開對敵狙擊、爆破、焚毀與一切擾亂性活動，以困擾敵人，「使其不得安枕。」他並深信能不惜犧牲，必可使敵人受到重大損失。

軍統局領導的游擊武力

由於戴氏有此信念，所以當各地游擊隊逐漸沒落後，軍統局仍保有游擊武力，並因中美合作，使力量加強，活動地域加廣。自珠江、閩江、長江，至黃河流域，遠及內蒙，皆有組織。幾個重要組織是：

忠義救國軍：創始於民國二十六年八月，上海作戰之時，原名別動總隊，屬於「蘇浙行動委員會」。係一種民間義勇性質，由戴氏所倉促組成，可以說是「驅市人而使之戰」，當時並無把握。不意在上海戰役中，表現異常英勇，傷亡亦異常慘重。這使戴氏甚為感動，亦因而樹立信心。

上海戰役結束後，別動總隊剩餘約兩千人，撤至安徽祁門之歷口，以松江、青浦兩訓練班學生為基幹，重新整訓編組，並更名為別動隊教導總團，由戴氏自兼團長。

二十七年五月，教導總團奉命改為忠義救國軍，派戴氏兼任總指揮，以前廣西省政府主席俞作柏為副總指揮，設指揮部於漢口，而以安徽屯溪為前進據點，逐步向京滬附近淪陷地區挺進。初期僅有兩個支隊。迨各地所收容的國軍流散部隊，逐漸整訓完成，始擴編為十個支隊，及一個行動總隊。

其時，若干戰區，已有游擊隊名目，獨戴氏所領導之游擊武力，稱為忠義救國軍。據他解釋：一是因原有別動隊，為民間忠義之士所組成。一是中共亦有游擊隊，慮其魚目混珠。

忠義救國軍建立後，戴氏即將甚多優秀幹部，如楊蔚、徐志道、湯毅生、郭履洲、周偉龍、阮清源、尚望、王春暉、管德容、文強、鮑步超、劉方雄等，派往該軍工作，他們大都為黃埔前期學生，富有戰鬥經驗者。戴氏本人，督導之勤，屬望之殷，可說無一日不神馳於忠義軍。據曾任該軍總指揮之馬志超說：幾年之中，戴氏對他指授與督導之親筆函電，即有數百通之多。

忠義救國軍主要活動地區，在蘇、浙、皖三省，沿京滬、滬杭兩路，與長江下游一帶。濱海地區，亦有部份海上游擊隊與爆破隊，受該軍之節制。這一有思想與領導的游擊武功，曾被敵視為心腹大患，屢派大軍圍攻，希圖徹底消滅。因而忠義軍亦有多次被敵包圍，經過激戰，損失甚重。而每次突圍之後，很快又散而復聚，主動進擊，奮戰不息，充分顯示出是一有組織的游擊武力。

因此，忠義軍戰至最後，仍保有三個縱隊，及若干直屬部隊，相當於十個團以上兵力。另在京、滬、杭三城附近，及浙東、浦東、海上，保有相當於團的行動隊。其活動範圍，皆屬於敵後衝要地區，七年之間，與敵接觸，不下數百次之多。故論軍統局游擊武力，以忠義救國軍歷史為最久，戰績亦最著。

前已提及，戴氏之熱衷於游擊武力，主要仍是為謀開展情報與行動工作。忠義救國軍在這一方面，特別是對於京滬一帶敵後工作之策應，亦頗有貢獻。

混城隊：二十九年三月，全國參謀首長會議，在重慶舉行， 蔣中正首次提到混城隊名目，並有如下指示：

「……這也是便衣隊的一種。只要我們能設法接近敵人，攻其無備，那麼，一個人就可發生一連，甚至一營人的效力。……在各軍選定攻擊目標，發動攻勢幾個月之前，混入敵軍城市之內，事先不必通知他們何時要來攻城，只令他們屆時專任造謠、放火及各種擾亂等任務，等我軍進攻時，發動內應。」

據說在二十八年，就已命令戰區實行。為便實行，還指示：「各參謀處特別增設一科或一股」，專司其事。

照此看來，此一任務，原是要責成各戰區主辦的。其性質，和敵人「敵前便衣隊」略同。以後不知何故，又責令軍統局主辦。戴氏一向是只要是 蔣中正命令，不論事之難易，從不推諉的，於是責任又落在他肩頭上。

為期迅速普遍，同年四月，即呈准於洛陽、上饒、韶關、長沙、襄陽、遷江、宜川、柳州、五原及蘇魯邊區，設立十個編練處，期於在十個戰區內，同時發動。當即調派擅長於軍事與訓練幹部徐志道、楊繼榮、賀元、郭履洲、高榮、羅國熙、趙理君、湯毅生、徐光英、朱金驊等為編練專員。

照預定計劃，第一批、要在各戰區部隊中，挑選有作戰經驗之軍士六千人，經過訓練後，分別編為不同工作單位——十人為一班，五至十班為一隊，兩隊以上，為一總隊。凡人口五萬以下城市，派遣一班；五萬以上者，派遣一隊；十萬以上者，派遣一總隊。編組之後，各編練處即改為督導組，督導執行任務。

在選訓階段，各戰區情況不一，多者訓練有一千人以上，少者不足三百人。亦有因開辦較遲，或其他問題，全未選訓者。派遣以後，或因轄區遼闊，或因經驗不足，且為時甚短，一般成效並不顯著。

這一構想，宗旨是完全正確的，可惜負責計劃的人，並不全然瞭解實際情況，不免閉門造車，遂致費力多，而成果少。例如隊員由軍中挑選，就必須選其在工作地區，有社會關係，或熟悉情形，便於建立關係者；如其毫無關係，派往陌生地方，就必定難於立足。事實證明，有若干混城隊，根本無法獲得民眾幫助。而相反地，亦有若干混城隊，表現頗為出色。如第三督導區所屬混城隊，在京滬及閩浙沿海一帶，發動敵後暴動，擾亂敵軍，策應我軍作戰，多次均能達成任務。原因是這一支混城隊，大部係於忠義救國軍中挑選而來，他們在敵後活動多年，人地咸宜。

別動軍：民國三十一年一月，軍統局奉准與英國合作，預定在東南亞展開游擊工作，另行建立別動軍，混城隊遂被編併。

三十一年所設立之別動軍，除以混城隊作為基礎外，另於湯恩伯、李仙洲等集團軍，挑選部份兵士，與軍統局人員，合併編組為七個縱隊，先後以周偉龍、徐志道為司令，由戴氏指揮。其任縱隊指揮官者，如盛瑜、岳燭遠、楊遇春、何際元、郭履洲等，皆以善戰著稱。

原計劃是要將此兵力，用於緬甸等地，故其第三縱隊徐光英部，最先集結於桂南。嗣因英方爽約，合作停止，乃改用於國內各戰區。

三十二年，中美合作計劃實現，循美方要求，將別動軍作為合作主力，重新訓練，更新裝備。以後並另成立若干教導營，分擔合作任務。

別動軍分佈地區，較忠義軍為廣，南至粵杜，北至晉綏，皆有此面目一新之游擊武力。惟自第四次長沙會戰後，這一部份力量，大都集中使用，與國軍併肩作戰，其在湘、桂、黔省戰役中，或在敵前，或繞敵後，戰鬥經年，戰果頗有可觀。

行動隊：包括有各地行動總隊、爆破總隊，及規模較小之工作隊。這一組織，在特務處時代，已經建立，原有任務，是側重在肅諜、除暴方面。抗戰以後，除潛伏各大城市之行動組織外，其在城郊或各鐵道沿線活動者，人數多的，達數千人，實質上，已然是游擊武力。其工作任務，已不限於破壞與擾亂，有時亦和忠義軍、別動軍一樣，對敵施以截擊或突襲。

行動隊之規模較大者，有平漢路爆破總隊，湘鄂贛區行動總隊，京滬行動總隊，海上行動總隊，津浦路爆破大隊，珠江爆破隊，粵漢路南段工作隊，及越南工作隊等。這些單位，在抗戰時期，都曾予敵人以嚴重打擊。

以上四類，是由戴氏直接指揮的游擊武力，全部兵員，約在六萬人以上。

此外，由戴氏所支持，並與軍統局協力作戰隊，為數亦不在少。例如山東之秦啟榮，河南之秦潤普等所領導之民眾武力，最多曾發展至十萬人以上。

二十三、使敵破膽的抗暴工作

前已略述軍統局人員努力鋤奸經過。茲再略述其萬死不顧一生，奮勇抗暴，以鐵與血，與敵周旋情形。敵人之殘暴，可謂曠古罕有，聽過南京大屠殺慘況，而不髮指，則其人必無心肝。故戴笠說：「非大流血不可。」這不僅是報仇，「同時在國際間表現我中華民族，斷非弱者，絕不屈服也。」

狙殺敵酋

在八年抗戰中，軍統局敵後工作人員，努力鋤奸，凡罪惡昭著者，必殺之而後已。惟漢奸為內賊，猶之家中不肖子弟，殺之不勝殺，故只誅首惡，去其太甚。至於敵人，既為外寇，又復殘暴絕倫，猶之毒蛇猛獸，殺之惟恐不多，而且非用最激烈手段不可。

民國二十八年，在北平被殺的，有偽「華北政務委員會」顧問山本榮。在南京被殺的，有敵使館武官三浦大佐。在武漢被殺的，有敵大本營視察官野田太郎少將。在上海被殺的，有敵及川貞作大佐，敵參謀本部調查部副部長高木少將。

二十九年，在華中被殺的，有敵「圓」部隊貞森一郎大佐，警備官平野。在河南被殺的，有敵特務機關——「西山會館」——負責人山本午，憲兵隊長上村，偽綏靖公署顧問皆川雅雄大佐。在綏遠被殺的，有敵少將司令兼偽包頭市副市長沙島。在北平被殺的，有敵「興亞院」高級視察高月中佐與乘兼中佐。在上海被殺的，有敵少將司令久保田。

三十年，在上海被殺的，有敵第四預備旅團旅團長福本少將，海軍武官籐田大佐，領館書記官川崎，敵海軍學校校長任一中將，海軍司令部清水少將，北川中佐。（另一海軍少將武田，重創未死。）敵陸軍軍官竹下千代郎中佐。憲兵隊長樺島。在華南被殺有敵駐澳門總領事福井保光。在武漢被殺的，有敵特務分室主任植村岩藏，陸軍中佐太田一郎。（另有三高級軍官，被炸斃於敵之慰安所，名不詳。）

三十一年，在上海被殺的，有敵海軍司令部主任木野大佐。在武漢被殺的，有敵炮艦艦長谷口。在華中被殺的，有敵憲兵司令美座少將，青木大佐、田野中佐。在福州被殺的，有敵特務機關長澤重信。

以上為軍統局已查證確知其姓名者。其不知姓名，或階級較低者，又數倍於此。在三十一年以後，這種狙殺工作，仍在各地進行。惜資料不全，無法記述。

城市突襲

在敵人嚴密警戒下，實行突襲，使敵血肉橫飛，陷區人民鼓掌稱快，更可表現威力。然而犧牲亦最大，因為在城市突襲，亦有時失敗。

二十七年——「七七」紀念日：軍統局南京單位，開始第一次突襲，同時以五處為目標，投彈多枚。惟因經驗不足，力量分，成果並不甚大。但已使南京群奸，為之膽破。

同年八月——「八一三」紀念日：上海單位，亦分五路—滬西、虹口、虹橋、跑馬場與南洋橋突襲。但以曹立俊、于松柏兩部份專事主攻，而以陸俊卿等三部份全力掩護。故終能擊破敵兵營兩處，斃敵數十人，並焚毀敵倉庫數所。同時，散發傳單至十萬份之多。

二十八年四月：福建單位突襲金門敵軍，在城市突襲中創出奇蹟。人皆知道金門島四面環海，沒有海軍支援，是無法成功的。但由陳大元、王開來所率領行動人員，卻極成功。他們於黑夜分乘大木船四艘，出敵不意，登陸青島灣，直撲敵營，投彈多枚，炸斃敵佐世保陸戰隊官兵近百人，擄獲步機槍數十挺，並將設在城角仔砲台，予以摧毀，始返回防地。

二十九年一月：武漢單位張方廣等，襲擊敵蔡甸警備隊，內外夾攻，使敵無法還手，共斃傷敵數十人。

同年二月：河南單位張志賢等，襲擊敵官場鎮警備隊，使敵田野部傷亡慘重。

三十年三月：武漢單位李振中等，在漢口中山大道，對整隊過路敵軍，投彈多枚，一次斃敵數十人。

同年五月：武漢張慶振等，在漢口三民路口，對敵巡查大隊，投彈多枚，使敵官兵多人，橫屍通衢。

同年六月：武漢單位容耀東等，夜襲武昌八舖街敵憲兵隊，斃傷敵二十餘人。

同年八月：武漢單位趙雲卿等，襲突漢口漢正街敵憲兵隊，及東和劇院，斃傷敵多人。

同年九月：廣州單位江志強等，分途襲擊敵警備部隊，斃傷敵數十人。

同年十月：武漢單位閻英才等，襲擊漢口五族街敵海軍食堂，炸斃敵軍官多人。

三十一年一月：上海單位羅長光等，襲擊敵人專用之東光、融和戲院，兩處炸斃傷敵人以百計。

爆破與縱火

軍統局的敵後行動工作，依戴氏指示，除「隨時刺殺敵軍官，制裁重要漢奸」之外，必須「破壞公路與鐵路之橋樑，炸毀敵佔領之礦場與工廠，襲擊敵偽機關，及破壞敵之倉庫、機場、車站與碼頭。」此外還有若干屬於擾亂性活動。其事至繁，其工作單位亦至多，千頭萬緒，難以縷敘。除前已敘述者外，此處只略述爆破與縱火工作，因其對敵人影響較大。

民國二十八年四月：天津單位，於特一區敵軍用倉庫，萬國橋敵三井洋行倉庫，及偽市政府之「軍品堆棧」，同時縱火，將其儲存物資，盡數付之一炬。其中僅棉花一項，即達十萬餘包之多。

同年六月：上海單位，以五個小隊，潛入楊行鎮，同時縱火，焚毀敵軍營房二百餘間。並乘黑夜，敵倉皇逃竄之際，予以襲擊，殺敵多人。其馬匹車輛，毀損亦多。

二十九年八月：上海單位于崇敏等，利用敵僑萬田大郎關係，爆炸敵大場機場飛機倉庫，炸毀敵輕轟炸機三架。稍後，魯仲實等，又用類似路線，炸毀敵機數架。

同年十月：蘇州單位，於京滬路李王廟附近，爆破鐵道，炸毀敵專車「天馬號」。車中有敵內閣派往南京，參加汪偽政權成立典禮之「特使」二人，及大佐以上軍官數人，悉被炸斃。

同年十一月：武漢單位彭澤生等，爆破粵漢路賀勝橋橋樑，及附近敵軍倉庫。橋樑被毀三分之一，使敵交通中斷甚久。倉庫亦有兩處被毀。

三十年一月：武漢單位李青明等，乘夜黑風高，於漢口大智門敵軍用倉庫內（原英商怡和洋行堆棧）縱火，焚毀敵軍品甚多。敵偽透露，僅是「國際運輸公司」所存汽油，即達十五萬桶之多。

同年三月：蘇州單位，爆破江南造船廠，焚燒達五小時，燒毀其全部機器、器材。同時將其木才廠焚毀，估計價值在十萬日幣以上。

同年四月：武漢單位王經國等，於漢口王家墩機場施行爆破，同時乘敵混亂時縱火，毀敵重轟炸機兩架，傷數架，並焚其汽油庫一座。當時火光在數十里外，亦可望見。

同年十一月：湖北單位徐榮庭等，乘敵運輸頻繁之際，於岳陽附近，成功的埋設大量炸藥，使敵軍用火車一列十三節全毀。所載軍品，有汽艇、皮筏及武器彈藥，俱被燒毀。同時炸斃押車敵官兵近兩百人。

三十一年一月：河南單位，爆破新鄉敵軍用機場，炸毀敵機數架，及汽油七千餘桶。

同年四月：武漢單位張春紀等，爆破漢口寶善堂敵機械修理廠，及軍用米廠，後者毀其大半，前者全毀。

同年十二月：安徽單位焦金堂等，爆破淮南煤礦，炸毀主礦區礦坑三處，大鍋爐十一具，發電機三部，使敵生產陷於停頓。

三十二年一月：華南單位，以燃燒彈密置於廣州南石頭敵軍食庫，焚毀敵汽油庫一座，估計被燒汽油在八千桶以上。

同年三月：平漢路單位，配合別動軍之一部，在武陟保安隊協助下，強行爆破焦作煤礦，將主礦區及相關設備全毀。同時，與敵血戰，斃傷敵官兵二百數十人。

同年五月：浙江單位，配合忠義救國軍之一部，強行爆破浙贛路錢塘江大橋，將其中之六孔炸毀。其爆炸聲，當時在杭州市內，亦清晰可聞。

同年六月：平漢路單位，再度強行爆破黃河鐵橋，將其用枕木堆積之橋礎十餘孔，完全破壞，使敵交通停頓甚久。

同年同月：安徽單位，於安慶市內（原省政府舊址），縱火焚毀敵軍用大倉庫，全部四十餘庫房，無一幸存。

同年七月：上海單位，爆破丁家橋機場，焚毀敵小型飛機數架，及軍車多輛。

以上所舉，資料顯示：係軍統局對敵破壞工作之部份紀錄，十有八九，為敵後潛伏工作單位所執行。至於規模較大之破壞，如忠義救國軍、別動軍、湘鄂贛行動總隊，以及中美所各教導營，在當時所作之強力破壞，與重點攻擊，其成果更大於此。例如三十二年，忠義軍之張為邦部，爆破上海大場機場，就曾一次炸毀敵轟炸機九架，經查實以後，軍委會曾頒發獎金十萬元。又三十三年，該軍爆破在黃埔江游弋之巡邏艦一艘，所炸斃敵官兵，即達五十餘人之多。

軍統局各種敵後行動單位，在戴氏督率下，與敵周旋於廣闊陷區，不斷破壞，此起彼落，防不勝防，如同利刃一般，插在敵人要害，曾使之痛苦不堪，不止是驚心動魄而已。無怪戴笠兩字，一直在敵人心中，佔據重要位置。乃至戰敗回國以後，猶有人一提及戴氏大名，不禁肅然生敬，目之為大英雄，稱讚不已。

但是，這是一群愛國志士，用頸血所換來的！

二十四、戴笠在海外佈置與工作

戴笠所領導的特種工作，起初無在海外工作的任務。但抗戰以後，軍統局的海外工作，尤其是在東南亞一帶，曾呈現異彩，使美英各國為之驚異！不過，軍統局雖在海外，有甚多工作佈置，大抵皆是應抗戰需要而設，既非一般所謂情報網，更與國際間諜組織，全然不同。

民國二十四年以前，戴氏所領導的特務處，除香港一地以外，並無海外工作單位。即使是香港的工作，亦是為便於偵防國內叛亂事件而設。當時的情報機構，僅是南昌行營調查課，與部份駐外使領館作有限度的聯繫。調查課為謀加強此種聯繫，曾與參謀本部合作，招訓少數適宜於國外工作人員，擬派往國外，擔任使館武官之類職務。首次參加受訓的，有胡偉克、左曙萍、嚴澤元、郭壽華等人。

調查課歸併之後，特務處始設國際股，嗣改為國際科，處理國際有關情報。以後，雖有個別海外通訊員之派遣，目的亦只在於瞭解一般國際情況，猶不能稱為工作組織。海外建立工作組織，是在抗戰以後。

當時在東南亞一帶工作佈置，最大困難，是精通各種語文的工作人員，有些地方，還須兼通方言。次之，是要在蠻荒地帶生活，能與惡疾瘴氣搏鬥。而戴氏竟然能物色到很多合於條件工作人員，並能在敵人佔領區長期潛伏，所以他能成功的開闢海外戰場，與敵爭鋒，屢建奇功。

越南

民國二十八年春，戴氏料敵必侵東南亞，並可能首先進攻越南，即著手在河內建立工作組織。由河內逐步發展至西貢、海防、芒街、東興、順化等地。並於諒山設聯絡站，以便策應。

同時期，並與黨方協力建立「各機關駐越工作團」，透過該團，以爭取華僑之支持。

稍後，「戰鬥法國」在越南負責人齊葉洪，因敵人已侵入越南，難於立足，請求戴氏支援。戴氏亦希望通過齊葉洪關係，取得「越南總督府」諒解，以減少阻力。於是與齊葉洪作有限度之合作。

由於有齊葉洪之建議，「戰鬥法國」領袖吉羅德，乃派梅里亞（R. MAYMIER）中校，率一代表團來華，願與戴氏作進一步合作，以規復越南為工作目標。當時擬定計劃之要點，有：

設法將越南重要物資，搶運至中國境內。

策動在越之法國海陸軍，待機反正。

組織越南地方武力，配合盟軍作戰。

這顯示中法合作之範圍，已經擴大。戴氏乃於南寧設立情報總站，統一指揮在越七個分站工作。並調別動軍第三縱隊進駐龍州，準備進入越境，協同越南民眾，對敵展開游擊戰。

與此同時，梅里亞所領導之「越法工作團」，亦與軍統局在越工作站，及越南抗日組織，取得充分合作。這三種力量之結合，極有可能使越南形成一統一而龐大的抗日主流。如善為維護，還可能成為以後安定越南的主力。

正當越南工作迅速發展之際，美國戰略業務局（以下簡稱戰略局），突然出爾反爾，宣佈一項阻塞性禁令——梅里亞工作團，不得與中美合作所發生關係。這是嫉妒，因為軍統局在越南已產生很大影響力。亦可能是中越南共黨詭計，而入其圈套。這一決定，迫使越南民間武力，與抗日組織，則無他路可走，只好依存於越共。

由於戰略局之橫加干涉，軍統局在越南工作人員，除蒐集情報之外，其他工作，因而放棄。

緬甸

若將軍統局在海外各地工作，試作一比較，其在緬甸成績，可謂首屈一指。

緬甸對於我國，在抗戰時期，有其特殊重要性。故遠在西南運輸公司，尚未在緬甸設立分公司之前，戴氏即已著手佈置，首先設立仰光、臘戍兩組，從事調查與準備工作。

當敵人進攻緬甸時，軍統局立即採取行動，一面派遣一秘密行動隊，在泰、緬反日志士掩護下，深入緬北山區，建立根據地。一面在東于、卑繆、曼德勒、八莫、拜子、眉曲、班弄、干崖、密支那及畹町等處，分別建立游動偵查組，監視敵人活動，並策動緬甸民眾抗日。由設在芒街之聯絡處策應。

因投入緬甸之人力物力較多，工作成果，亦較顯著。舉例言之：

當仰光被敵急攻，迅即陷落時，在緬境英國軍隊，因消息隔絕，惶惶然，不知所措。有一段時間，端賴軍統局潛伏電台，為之聯絡，供給情報，才免於被敵殲滅。故英軍總司令蒙巴頓將軍，稱為奇蹟，對戴氏之援助，讚佩不已。

三十二年十月，我遠征軍新一師，被困於胡康河谷，與後方聯絡中斷，情勢岌岌可危。戴氏得悉，即命所屬緬北游擊隊，盡力破壞交通，阻滯敵人行動。更命各游偵組提供情報與守軍，並引導援軍鑽隙前進。幾面協力，始得突破敵軍包圍。

類似情形，再發生於三十二年底。其時敵暗中調集重兵，預伏於孟光至滑老蘇之間，企圖引誘中美聯軍深入，出其不意，加以圍攻。軍統局王起龍組，偵悉敵人詭謀，即深入敵陣，查明其埋伏位置、兵力與掩護。戴氏據報，立即通知聯軍戒備，並命該組以電訊指示目標，引導第十四航空隊，大肆轟炸。結果，聯軍得免中伏，且使敵受重創。只在滑老蘇一處，即炸毀敵坦克部隊兩個營，死八百餘人。

三十三年春，我遠征軍在緬奏捷，軍統局工作人員，亦與有功。當我軍第三十八師，進抵伊洛宛底江北岸時，水流湍急，苦不能渡。軍統局游偵組，與地方土人合作，偵悉河中某處有一淺灘，為唯一可徒涉處，乃迅與獨一團密洽，一面協助該團於上游佯攻，吸引敵軍；一面引導三十八師偷渡，繞出敵後，前後夾攻。同時，戴氏命另一游偵組，以煙火指示目標，使盟邦空軍能炸中敵陣。

像這一類事，軍委會皆有案，而戰史卻未記載。軍統局在緬甸工作成果，可記述之處尚多。然亦非常艱苦，不是僥倖獲得。且以「桂河大橋」被炸一事為例：

民國三十三年初，軍統局在緬甸工作人員，發覺一怪異之事，即敵軍以修築莫爾各南部道路為名，大量徵集勞工前往工作。被徵者，亦有華僑在內。惟一去之後，便渺無音耗。同時，在泰國工作人員，亦發覺有相同情事。戴氏接獲報告，立命深入偵查。緬甸站乃派曹葉志等偽裝緬奸，進入敵軍防區，不久，即染疫癘而死。該站又多方設法，物色精壯青年十餘人，施以訓練之後，應敵之征，分批滲入敵所戒備嚴密之工地。又因瘧疾流行，曼谷工作站，特為購買奎寧丸，碾為藥粉，浸漬於工作人員衣帶之上，以防敵搜查。病發，即口噙衣帶，以吸取藥劑。如此千辛萬苦，始達目的地。然亦僅有兩人生還。

經過深入偵查，乃知敵方正驅使所徵集工人，及被俘英軍，趕修「桂河大橋」，因其虐待，死傷不少。曼谷站立將詳情電告軍統局。再經專家研判，與往覆查證，始繪成地形位置圖，由戴氏通知盟邦空軍，派遣大隊飛機轟炸，將其徹底摧毀。

此一故事，自美國編製成為影片之後，已為世人所周知，惟甚少有人知道發現與偵查經過，及所以在叢山峻嶺的掩護下，能予以摧毀的原因。

此外，雷多公路之打通，軍統局工作人員，出力亦甚多。

菲律賓

在馬尼拉之軍統局工作組織，建立於民國二十九年前，皆為複式佈置，期能長期潛伏。其建立方式，是事先物色優秀華僑青年，回國受訓後，再潛返僑居地工作。其中亦有少數，是在軍統局有工作歷史之幹部。

敵軍攻佔菲律賓以後，由「血幹團」所領導之抗日工作，尤其是破壞工作，十之七八，皆為軍統局所策動。他們能有驚人表現，原因在能與菲國愛國人士，同心協力，合作無間。

不過，菲律賓工作單位之最大貢獻，仍為情報。自美國撤離巴丹半島後，菲國事實上，已與世隔絕。這一時期，敵軍在菲一切活動情形，能提供正確情報者，就只有軍統局的潛伏電台，美國方面，亦賴有此，才能研判敵情。

在盟軍反攻時期，唯一在菲島保有電台，不斷對外通訊，提供情報的，依然是軍統局工作單位。而張、王兩小組，對於敵海空軍之活動，所提正確情報，曾使盟軍屢獲勝利，而得到盟軍總部之稱讚。

泰國

民國二十八年秋，軍統局在泰國第一個工作單位成立。隨著局勢演變，又成立「泰國挺進隊」，由卓獻書率領入泰，展開以泰國為基地之抗日工作。

敵人侵入泰國不久，戴氏便設法與泰國皇族中之反日人士，取得聯絡，協助他們，組成兩個抗日團體——「自由泰國運動」，與「泰國抗日游擊隊」。

稍後，泰國抗日運動首領塞古安來華，請求多予支援。戴氏再增派幹部，組成五個工作單位，均配屬電台，隨其赴泰，進行更廣泛的活動。

三十二年夏，泰國駐華武官卡宮春等，謀另組一反日組織，摧毀泰國傀儡政權。經美國戰略局之同意，並得到「中印緬戰區」司令史迪威的許可，堅請戴氏參加。共同商議結果，推戴氏負責策劃。

當時決定幾項原則是：

中美兩國，對塞古安與卡宮春兩方面，均予支援，但以卡宮春為主體。其所選派的泰國留美學生，由軍統局代為訓練後，再派回本國工作。

卡宮春任務，為在泰建立組織，製造變亂，以困擾敵軍，由軍統局派員協助工作。並在普洱設立訓練班，為泰國訓練游擊幹部。

塞古安任務，以寮國為基地，進行各種反日活動。並負責準備盟軍登陸泰境有關事宜。為達成後一任務，軍統局須派高級幹部前往協助。

在重慶之自由泰國代表阿倫親王，負責協調其內部，並與英國聯絡。

這些計劃，如同越南情形一樣，在軍統局熱烈支持下，進行都很順利。亦如越南一樣，工作計劃，是經美國官方同意的。甚至在華美國人，亦不相信會有變化。不意正在進展之中，又突被美國戰略局所推翻。於是卡宮春部，改由戰略局直接指揮。預定擴大之組織，一概硬性緊縮。中美合作所人員，亦禁止參與泰國抗日工作。至此，原定計劃，已面目全非。

戴氏每遇這種拂逆之事，最能表現他特具的韌性，隱忍於懷，不與人較一時短長。他仍照常協助卡宮春、塞古安，使他們能在泰境建立組織，盡道義上責任。而將軍統局工作，轉變為秘密活動，以避免戰略局之干涉。

軍統局在泰國工作，仍以情報為最出色，盟軍有很多泰國情報，就是由軍統局所提供的。

印度

在滇緬公路尚猶開放時，戴氏即已警覺到好景不常，這條國際通道，將有被遮斷之日。故當第一個工程隊被派往印度，勘查中印公路路線時，即藉為掩護，派幹員隨往，佈置工作。他當時曾有如下指示：「在印度境內，自孟加拉至巴基斯坦，沿海戰略地帶，現在似無關重要，而未來局勢發展，則所關至大。本局應立即設法，在印度境內，廣事建立工作據點。……」

繼工程隊之後，隨派陳質平等分往印度，首先建立加爾各答工作站。接著於各地建立工作組。很多偏僻地方，如阿薩姆一帶，亦有軍統局潛伏工作人員。遠者至錫蘭、馬達加斯加，分佈甚廣。

在印度建立工作組織，是較為困難的，因在英國統治下，對於中國人入境，限制特多。惟軍統局仍能突破困難，達到佈建目的。所用方法，多數是就地物色愛國華僑，施以訓練，各因其身分與社會關係而就業，以旅棧、酒店、教職等所常見職業為掩護。故始終未為英方所發覺。

在印度的軍統局工作單位，仍以情報為主，但不限於此。例如他們曾經在孟買、加爾各答兩地，物色到一批愛國海員，與潛水人員，以極秘密方法施以訓練，準備必要時，組成船隊，冒險通過敵人海上封鎖線，搶運物資入境。這樁大膽嘗試，因敵人投降，而未實施。

任何工作，不在於如何組織，而在組織之後，能實行計劃，能在任何環境中，保持高度工作效率。在這一方面，軍統局可說已盡其能事，茲舉一故事為證：

民國三十二年八月，中美所副主任梅樂斯前往印度，洽取物資，是月二十八日晚間，他在阿拉哈巴（ALLAHABAD）車站下車時，突遇刺客，身中兩刀，兇手乘人潮洶湧時逃逸無蹤。其時往來印度的美國軍人頗多，而獨謀刺梅樂斯，且知他將於何時在何處下車，可以推斷其與日本間諜有關，而且消息極為準確。

但是，如要追查究竟，則極困難。因為彼時印度正因甘地之被捕，進行激烈的反英運動。梅樂斯亦僅知兇手為東方人，別無可供探索路線。惟戴氏得息之後，立命印度工作單位追究，竟然在短短兩週之內，查清兇手確為日本間諜，有一半韓國血統，在青島接受日本間諜訓練之後，被派到印度潛伏已久，目標是專刺殺美國重要軍官，梅樂斯是對象之一。

事後，梅樂斯在追憶這一遇刺事件時，有如下一段記述：「我起初認為戴將軍大概對於我在印度遭遇，不會十分關心。想不到他關心之至，而且，他的手臂竟能伸得如此之長。」

星馬

軍統局在星馬工作佈置，約與緬甸同時，其功績不若緬甸之顯著，而艱苦與慘烈，則有過之。其中甚多事蹟，不但富有戲劇性，且最能表現軍統局工作人員百折不撓之奮鬥精神。

由於地理形勢，使新加坡成為東方的直布羅陀，並因英國人之銳意經營，使之成為世界著名軍港。太平洋戰爭發生，英國不遑東顧，新加坡及馬來西亞，迅即陷落。英國先後所佈置的十一個情報單位，包括由潛艇與空降進入星馬人員，亦迅被消滅殆盡。唯一能在該地區生存，提供情報，並與敵人搏鬥到底的，就是軍統局潛伏工作人員。

當敵人發覺他們軍隊調動，常有被盟軍查覺情形，認定星馬仍有電台對外通訊，不斷大舉搜查，但無所獲。於是由其國內抽調電訊技術人員加藤純一等，在憲兵掩護下，實行電波偵查。

軍統局在星馬地區工作，係以新加坡、檳城、吉隆坡為據點，分別由岑家焯、劉戈青、陳英鳴等負責。同時在次要地區，設有小組與情報員，受岑家焯等之指揮。敵人亦集中目標於前列各地，經過三個月電波調查，逐漸縮小範圍，新加坡第一台，遂在不覺中被包圍，於正通報時被掩襲，猝不及避。三十一年六月二十六日，電台督察汪孝明等被捕。星站書記岑克周、站長岑家焯，旋亦先後落於敵手。

敵人取得我方電台訊號及密碼本後，企圖加以利用，與重慶繼續通報，一面是要藉此窺探我方軍情，一面是實行反間，以假情報誘使我方上當。因此，敵特務機關長鄉間正本，多方誘使岑家焯與之合作，允為轉介汪偽政權任以高官，並特設一招待所於東陵，以上校禮節相待。稍後，復施美人計，為岑家焯娶一少女為妻。敵酋山下奉文亦派員協助。惟暗中監視極嚴。

因為被捕人員甚多，亦因為各工作單位，平時互有聯繫，輾轉牽連，吉隆坡組長陳英鳴，不久亦被捕。到檳城組長劉戈青被敵包圍，陷身囹圄時，這一地區工作組織，可說完全解體。

但是，軍統局所派遣之敵後工作幹部，大都是經過選擇，比較精幹，並對戴氏信仰甚堅的，他們不會輕易被敵人愚弄，亦不會放過任何可以利用機會。雖然在起初一段時間，屢經敵人刑訊，飽受痛苦，卻無人存妥協之念。

首先是岑家焯，在敵威脅利誘之下，能夠堅定不移，從容應變。他為避免無謂犧牲，並爭取重建工作機會，佯允與敵合作，設法使被捕人員多數移至東陵招待所，並掩護熊子坦安全脫險，俾能與尚未被捕人員聯繫。同時，責成岑克周、劉戈青等，力圖恢復組織，繼續工作。在約一年時間內，他瞞過敵人，暗中活動，履險如夷。可惜百密一疏，最後當他設法盜取敵參謀本部一項機密文件，交與廖子欽轉交熊子坦時，不幸被敵憲兵查獲，他與廖熊等人具被捕。當敵嚴刑逼供時，他自承是他一人所為，同志賴以保全。三十二年八月，與陳英鳴等慷慨殉職，他是被敵人砍頭而死的！

在此案發生後，多數已開釋工作人員，又復被敵逮捕，其中有岑克周，他為嚴守第二次工作佈置機密，在監獄中自縊身死。

其次，臨危不苟，並能以機智與勇氣，與敵周旋到底，是劉戈青。他被捕不久，即設法與失聯人員取得聯絡，並派白希逸等，分途取道曼谷、安南回國，報告當地實況。又設法幫助熊子坦，重新建立電台，照舊蒐集情報，轉報重慶。他所私有的掩護商店—寶興百貨公司與青鳥食堂，因應付適宜，經營得法均獲厚利。自三十一年星馬組織被破壞，經費來源，即告中斷，以後三年又數月，當地工作經費，全賴此兩商店維持，為數甚鉅。勝利以後，他循英軍方請求，協助清理戰犯，是非分明，頗為英軍方所稱道。

再次熊子坦、廖子欽之奮勇與忠心，亦是軍統局所引以為榮的。當盜取敵機密文件事洩，他們兩人，再度被捕，於敵大西監獄，冒死越獄脫走。其時星馬大城市，皆為敵所盤踞，而鄉村又有馬共活動，工作環境，極為惡劣。於是逃往柔佛地區，籌組游擊隊，由檳城組派書記凌鴻徵協助，並由寶興公司供給經費，以配合開展情報工作。他們在小笨珍地方建立根據地，發展很快，頗有成績。三十三年五月，敵偵悉此一游擊隊，與軍統局有關，乃派大隊圍堵。他們奮勇抵抗，與敵激戰兩晝夜，殺敵多人，在彈盡援絕情況下，自熊子坦等幹部以下二百餘人，全部壯烈戰死，無一人投降。

至於敵方原想利用之電台，雖與重慶通訊，達兩年之久，成為情報戰中一奇蹟，但對敵方而言，則可說是完全失敗。原因是軍統局很快就已通知敵方企圖，採取適當對策，一面偽裝因應，使敵不疑，一面乘機以假情報誘敵，使其受騙。如報稱盟軍預定轟炸某處，將在某地登陸，……指示星馬工作人員，作應變準備。直到三十七年七月，敵自覺與重慶通訊，有損無益，乃自動切斷聯絡。

與英國合作

吾人曾於前章，略述香港英國軍方，請求戴氏協助建立防空情報之經過。三十年十二月八日，敵人偷襲珍珠港，軍統局於前數日已於破譯敵方密電中，發現許多怪異跡象，例如敵外務省突然緊急通知其駐香港、馬尼拉、夏威夷、新加坡等地使領館，毀銷文卷及密碼機。這種不尋常舉動，戴氏曾否通知英國駐華使館？不得而知。惟在十二月十日及以後數日，軍統局所偵悉重要敵情，如敵在西貢空軍基地，與其偵查機聯絡通訊──「……某地海面，發現英國主力艦一艘，巡洋與驅逐艦四艘。……」及敵重轟炸機，分三批由西貢起飛等情況，事前皆曾通知英方。可惜英方將信將疑（英駐重慶大使柯爾，且全然不信。），未作適當戒備，致有大批軍艦被敵炸沉，包括威爾斯親王號主力艦在內。

由於軍統局情報之迅速而確實，英方於三十一年初，乃正式請求戴氏供給情報。繼因緬甸英軍，由軍統局協助脫險，乃派代表易和路上校來華，希望與軍統局合作，組織中英游擊隊，用於東南亞戰場。這亦是戴氏之所盼望的，他想由此而增進友誼，亦想藉此取得外援，所以欣然同意。當將英方要求，與他自己計劃，報告軍委會，奉准與英國合作，並建立別動軍，準備分批開往緬甸等地作戰。因為英方認可供應武器，及應需器材，特在廣西與印度，同時設立訓練班，以便於使用新武器。沒有料到英方突然爽約，合作遂成空談。

儘管如此，當盟軍準備反攻時，東南亞總部，仍極重視戴氏領導能力，及其在東南亞潛在力量，請其協助。軍統局曾代為遴選精通英、印、緬語人員，施以情報、通訊、突襲與跳傘等訓練之後，派李漢光率領，分批空降敵後，蒐集情報，並為盟軍作嚮導。他們在緬甸一帶工作，曾屢受蒙巴頓將軍之讚賞。

戴氏在英方爽約，徒勞無功情形下，仍舊協助英軍，可說是助人自助。站在國家立場，需要更多盟邦，面對於英國，更需要得其助力，建築雷多公路，便於戰略物資之輸人。

其他

據說在抗戰初期，軍統局與蘇俄，亦曾有局部性的情報合作。惟因蘇俄只取不與，故為時甚暫。

當時的海外工作，尤其在情報方面，日本本土、朝鮮及台灣，為瞭解敵情最重要地區，自當格外重視。惟所有資料中，並無這些地區工作紀錄。傳說美國戰略局長鄧諾文，極欲瞭解軍統局在上述地區的工作情形，曾經直接向戴氏詢問有無方法，在日本、朝鮮、台灣佈置工作人員？戴氏僅微笑著說：「非無可能。」因此，在中美合作時，戰略局要求戴氏加強朝鮮與日本本土之情報佈置。

依據其他資料推斷，譬如有很多韓國志士，參加軍統局工作；台灣人民反日組織，均與軍統局有密切聯繫；顯示軍統局在以上地區，必有工作佈置。只是因其屬於絕對機密之事，戴氏本人以外，知道詳情的人甚少。

此外，軍統局在印尼，亦早有佈置，先後有組長數人殉職，惜工作實況不明。

二十五、戴笠與朋友交

戴笠以擔任特種工作而成名，亦因特種工作，而甚少與外間接觸。於是有人說他密邇樞要，諸多禁忌，不得不與人疏遠。亦有人說不是他疏遠別人，而是他專務詗察，令人憎惡，故人敬而遠之。兩者都認定他在社會上，只有敵人，而無朋友。其實，他善與人交，很重信義，且有寧人負我，我不負人的情操。所以他在各方面，都有很多知己的朋友。

雨農一諾千金

戴氏是屬於坦率而兼有「英雄氣概」的人，他從小就喜交遊，熱愛朋友。他亦頗有吸引力，千里論交，萍水相逢，他所表現的豪氣與風華，能予人以好感。他又肯於為別人設想，凡有求於他的人，只要不是干名犯分，他必盡力幫助。由於他很有才氣，如他作主人，不論客人多少，亦不論或老或少，賓主酬酢，總能使人人盡歡。吾人相信他如不是擔任特種工作，他將是座客常滿，樽酒不空，而為一交遊最廣的人。

往時常處樞要的人，是有禁忌，交際之間，絲毫不敢大意。戴氏為國家執法，破除情面，守正不阿，亦自不免有人憎惡，不願與他交往。不過，蔣中正平日，亦只嚴禁左右近習，交結奔競，虛聲賈譽，並不禁止正常交遊。憎惡戴氏的人，除政治上恩恩怨怨之外，亦只是少數蠹國病民，違紀亂法之人。

說戴氏只有敵人，而無朋友者，可能都不認識戴氏，亦不必定有何嫌怨。他們只是慣於以耳代目，再憑直接推理，產生某些概念——一個特務工作者，必是一種狙獷、而不守信義的人。這種人，亦必然不會有朋友。

誠然，他因工作特殊，甚少與外間接觸。但這並不影響他結交朋友，只不過不宜作公開的社交活動，行動較為秘密，交遊之間，亦較為謹慎而已。實際上，他在社會各方面，不僅有朋友，而且很多。他曾幫助過很多朋友，亦曾得到很多朋來的幫助。

戴氏生前，常對他部屬講交友之道，其中有一段話是：「……『得人者多助，失人者寡助。』吾人此時最重要者，應以熱烈之情緒，誠懇之態度，與朋友同志相見。應知至誠可以格天。故朋友與同志中有急難者，吾人應縮衣節食以相助。而與朋友同志相處，要言出必行，以信義為重。」一個人能與人相見以誠，且重信義，就必會有很多朋友，而絕不會是孤立無助的。

凡是戴氏老友，都認定他對人具有很大吸引力。姑先就此舉一實例如次：

前述軍統局在內蒙工作的若干成就時，曾提到張季春。他一直從事教育工作，和戴氏索無淵源。戴氏知他在內蒙很有名望，且愛國家，特遠自張家口邀請他到南京見面。據張季春記述當時他對戴氏所留下的印象是：「……威嚴而誠懇，剛毅而親切，對人有感染力和吸引性，每一句話，都能扣人心弦，使人不期而然的對他發生一種真誠、正確、忠義的感覺。……他言極中肯，而義氣豪發，使我對他有熱忱充沛，而永不疲困之感。」

就正因此，張季春便心悅而誠服的成為戴氏同志。以後在平津察綏一帶極為險惡的環境中，為戴氏所付任務而奮鬥。他曾兩次被捕，飽受折磨，有過四年長的時間，沒有一天解下腿上鐵鐐。他始終不肯屈服，是因其既恐負國家，亦恐負知己。

他在三十六年，曾受政府特頒褒揚令，以旌表他的忠貞。

戴氏好友李壽雍（前考選部長），曾經語人：「雨農一諾千金，能急人之急，他所應允之事，從不食言。」他如此推崇，是因他在前線工作時，曾遭遇兩次危難，事前戴氏與之相約，如發生某種情況，必盡力援助。兩次皆於危難之際，實踐諾言，助其脫離險境。

另一友人董顯光，奉派赴上海，聯絡新聞界人士，其時上海淪陷已久，他在　蔣中正幕府任宣傳工作，是敵人所注意人物，他要出入敵區，就非求助於戴氏不可。有人以為敵區情況變化不可測，不能只憑戴某一句話，而冒不測之際。董顯光說：「雨農素重信義，他如無把握，是不會輕易承諾的。」結果，在戴氏安排下，他安全來去，達成任務，皆如所期。

亦有若干同僚或朋友，陷於困境，只要力所能及，他是不待請託，而自動伸出援手的。例如當英國封閉滇緬路時，後方勤務部長俞飛鵬，正在緬境督導搶運物資，他特囑其幹部張炎元保護其安全。俞飛鵬突遇暴亂，在萬分危險中，幸賴軍統局人員拼死護衛，始得脫險。而營救方先覺，更是不計危險，充分表現其對朋友之義氣。

三十三年八月，衡陽於苦戰之後失守，國軍第十軍軍長方先覺被俘，戴氏得息之後，即命湖南部盡其力之所及，務須查明方先覺下落，設法營救。該站派幹員黃榮杰率勇士潛往敵區，百計搜查，終於查悉方先覺仍在衡陽，被敵拘於黃茶嶺腳天主堂，敵人所設之「戰俘收容所」，乃進而設法與之取得聯絡。經過佈置之後，於九月五日大風雨之夜，乘敵不備，救出方先覺，並護送至重慶。

戴笠與胡宗南

在戴氏同學中，和他肝膽相照，且對他事業頗有幫助的，當首推胡宗南上將。傳說戴胡兩人相識，係胡靖安之介紹。一說係戴氏十七年在津浦路前線工作時，胡宗南旅正在前線作戰，戴氏提供情報，判斷正確，胡宗南知其為一幹子，因與訂交。其實兩說皆出於臆測。實際情形是當戴氏在上海流浪時，胡宗南亦在上海，兩人早已訂交。

民國十八年「討唐」（唐生智）之役，戴氏與胡宗南再度合作，其所策動反正之第五路軍部隊，亦交由胡宗南、徐庭瑤等處理。事平之後，胡宗南並因功升任國軍第一師師長。

前已說過，戴氏任密查組長時，他在南京雞鵝巷辦公房屋，原係第一師駐京辦事處所有，胡宗南因知其經費困難，乃借與他使用。胡每次晉京，亦住於該處。兩人既相交有年，又志同道合，故每次相聚，必聯床夜話，披肝瀝膽，彼此工作，亦不隱諱。

戴氏每次公出，常繞道探訪胡宗南，小作盤桓。又常至其故里孝豐，謁候胡宗南父親，相親如子弟然。可見他們兩人交誼之深。

以後幾年，戴胡兩人，都飛黃騰達，一寄命專閫，握重兵在外，一常處近要，參戎幕在內，同心協力，翊贊　蔣中正大業，並合作到底。

戴氏得交胡宗南，無疑地，對他事業，有很多助益。在黃埔學生中，胡宗南是最先為　蔣中正所拔識，亦最為同學所敬重的人。戴氏受知於　蔣中正，胡宗南曾否為之吹噓延譽？不得而知。而戴氏得志以後，得胡宗南之支持地方，當不在少。

自特務處成立時起，黃埔學生中，即有人看不起戴氏，如非　蔣中正堅持，他就甚難安於其職，甚至根本不會是由他當處長。在此以後，他度越儕輩，獨得寵信，不免有人心存妒意。所以在黃埔學生之間，常有許多不利於戴氏之流言。

有一小故事，發生在三十一——二間。戴氏在軍統局，他的部屬，私下或稱為老闆（戴氏對此稱呼，甚為厭惡），而公開場合，則一致稱為戴先生，從不稱其官銜。日久外間亦有人如此稱呼。這本是極普通事，並無特別意義。不意竟有黃埔學生，表示不滿。有人憤然地：「先生為一種尊稱，故總理生前，皆稱為先生。總理逝世後，我們只稱校長為先生。現在又突然鑽出一個戴笠，亦要稱先生，我們絕不接受。……」這類小事，顯示若干黃埔學生對戴氏之不滿。他們之間，發生誤會，排難解紛，調和感情，胡宗南自是一適當人選。

當然戴氏與胡宗南，亦有相需相倚之處。

抗戰八年，國家經營西北，鞏固堂奧，是一樁很重要的事。在這一方面，戴胡兩人之同心協力，合作無間，又為安定西北之一重要因素。很明顯地，西北問題，是很複雜的，內而土著強橫，中共騷擾；外而蘇俄虎視眈眈；更加少數民族之多反覆；可謂伏莽潛滋，稍有疏虞，隨時隨地，皆可發生問題。而中共之企圖打通國際通道，與蘇俄之積極滲透新疆，更必須加以遏阻。這不是單靠軍事力量，所能達到遏阻目的的。戴氏為此，除聯絡土著頭目，吸收訓練邊地青年外，並派幹員胡國振等多人入疆，加強戒備，只在伊犁一帶，就佈置有七個工作單位，部份人員，且深入中亞。然亦得胡宗南以軍事力量，配合支持，表裏為用，他才能從容展佈。西北大後方，在八年之中，得慶安堵，是由很多人慘澹經營而來，這與戴胡兩人之合作，極有關係。

戴氏與胡宗南之友誼，以後更因葉霞翟之介入，而更深厚。葉女士畢業於杭州警校，為戴氏門生，並由他資助赴美深造。學成歸國，亦由他撮合，與胡宗南結為秦晉之好。所以戴胡兩人，始終互信互助，莫逆於心，直到戴氏之死，未聞有間言。

戴笠與杜月笙

三十年前，在所謂上海聞人中，杜月笙（杜鏞）可稱巨擘，不僅僅是「大名鼎鼎」而已。一般皆知杜月笙的出身，他見重於社會，只是因其為幫會大首領。他在某一群人眼中，是一大流氓，更為「斯文」中人所不屑道。而在另一群人眼中，則是了不起的大人物，有人佩服至於五體投地。他當時聲勢，儼如司馬遷筆下的大遊俠，「天下無賢不肖，皆慕其聲，言俠者，皆引以為名。」

其實，朱家郭解之流，又何足以望其項背？他們聲勢，當時最多只做到「布衣權至使將軍為言。」亦即是只有少數武人，與之交結。而杜月笙盛時，名公鉅卿，誰不欲與之把臂論交，驩洽平生，又何止是將軍？

杜月笙在社會接觸面至為廣泛，上自權貴名流，下至販夫走卒，都與他有往來。他為人如何？吾人所知無多，亦不須知道。惟就他與戴氏交往情形，及抗戰時期各種表現看來，可說他頗有古俠士之風，其愛國精神，且為很多「清流」所不及。

上海在北伐以後，成為政治中心，亦成為全國最多事之地，間諜、漢奸、中共、幫派與一切反政府份子，皆以之為根據地，從事各種破壞性活動，因亦成為特種工作之一主要戰場。據說當時上海各種風潮之平息，暗殺惡風之遏止，中共暴亂之抑制，杜月笙都直接間接，有所幫助。

「八一三」事變發生，戴氏復在上海設立巡查隊，搜捕奸諜；糾集工人，搶運物資；並邀請地方名流，組織「蘇浙行動委員會」及別動隊，協同國軍作戰；杜月笙亦是贊助最力的人。

上海淪陷後，戴氏為維繫民心，號召民眾團體反抗偽政權，策動上海紳商，組織「上海職工委員會」，派其幹部劉紹奎等掌握運用，自亦與杜月笙有關。而三十三年在淪陷區搶購搶運物資，更明顯，是因有杜月笙之幕後推動，才能圓滿達成任務。

軍統局在上海潛伏工作人員，亦有部份，得到幫會之掩護與協助，並有若干人在被捕之後，由杜月笙門徒徐彩丞與徐朗西（洪幫）等設法營救脫險。這顯示軍統局有部份工作秘密，對杜月笙並不隱瞞。同時，杜月笙之基本組織——「恒社」，間亦有軍統局人員參加，他亦不為防閑。戴氏平時常稱杜為月笙哥，杜月笙亦直稱其別號——雨農，其親厚類如此。

在表面上，戴氏在社會上朋友雖多，似無比與杜月笙關係，更為密切的。因此，有許多猜測：或說戴氏早在流浪時期，便投在杜月笙門下，有其歷史關係。或說他們代表兩種特殊勢力，彼此攜手合作，無往不利，實際是「同惡共濟」。當搶購陷區物資時，並謠傳有「販賣煙土」，與「行使偽鈔」情事。

許多猜測，似很合於邏輯的假設，亦有可信的理由。但考其實際，卻有出入，或全然相反。

首先是戴氏在流浪時期，和杜月笙並無關係。他們兩人論交，始於何時，無人確知。惟可斷言是在十七年以後，而非以前。當幫會在社會佔有相當勢力時，戴氏身任特種工作，他無可避免的要與之接觸，運用其關係，以利工作之推行。故當時著名幫會首領，如張鏡湖、張樹聲、楊虎、徐朗西等人，都和他有交，並都曾為他出過力，杜月笙只不過出力更多而已。

其次，一切人際關係，極而言之，都可說是相互利用，戴氏與杜月笙亦無例外。戴氏要利用杜月笙在社會上影響力及其群眾，以打擊各種敵人。杜月笙亦要利用戴氏在政府關係，以保持他的勢力與個人名望。他們兩人，如果互相衝突，彼此都有防礙，以戴氏與杜月笙兩人之聰明絕頂，他們自然看得很清楚。不過，他們合作，仍是有限度的，因為戴氏所代表的，是一個革命團體，而不僅僅是官方。

再次，若干謠言，乃是由於說者只想當然，而不瞭解實際情形。譬如鴉片煙土，在後方正是厲行禁煙時候，並無煙土可以販賣。當時的淪陷區，亦只有古北口一帶，生產鴉片，皆由敵人特務機關所包辦。從敵人手中取得煙土，再冒險運至後方出售，亡命之徒，尚憚而不為，何論杜月笙？至於「行使偽鈔」，亦即是說以偽方紙幣購買陷區物資，有無其事？如何行使？吾人毫無所知，不擬強為之解。不過，如實有其事，亦是經濟作戰之一種手段，站在國家利益立場，亦未可厚非。

另據熟悉內幕人士說：戴氏和杜月笙，表面水乳交融，合作無間，而實際上並不盡然。其間有幾件事，並曾引起誤會，互不相諒。其一、是當組織蘇浙別動總隊時，原是雙方合作，故四個支隊長中各佔兩席，代表戴氏的是張業與陶一珊，代表杜月笙的是陸京士與朱學範。迨至以後編整，杜用笙的門下，多被排斥，他對此頗為不滿。其二、是當偽政權醞釀時期，杜月笙最先獲得一極有價值情報，涉及甚多機密。他先以部份情節，透露與軍統局在香港工作人員，戴氏甚為重視，特請他由香港到重慶，殷勤款接，希能見全貌。不意杜月笙到重慶後，忽將此情報，通過張群，逕報　蔣中正。戴氏以杜月笙玩弄兩面手法，而感不快。

在三十年以前，戴氏與杜月笙之間，可能還有很多小的隔膜。立場不同，個別心理不同，隔膜是勢所難免的。就杜月笙而言，他在當時，所要周旋攀附的，不只是一個軍統局。而且事實上，很多權要，已然和他深相結納，他不須依存於任何一個人。就戴氏而言，他需要運用幫會關係，達成相關任務。但他基本任務，是要「為革命作靈魂，」又必須與幫會保持距離。這就是他們交往雖密，而各異其趣的原因。

可是，在三十年以後，杜月笙對於戴氏態度，不僅有所改變，且以誠意支持戴氏，一種俠情義氣，曾使戴氏感激至於泣下。他的動機，據他自已說，是因在重慶日久，接觸各方人士甚多，認定戴氏不但忠勇過人，才略志節，亦為很多人所不及。他曾對戴氏幹部王新衡說：「寄語雨農，我杜某願交他這個朋友。」

三十一年，政府為策劃上海未來規復事宜，正式設立「上海統一委員會」由行政院聘任杜月笙、蔣伯誠、戴笠、吳開先、俞鴻鈞等為委員，以杜月笙為主任委員，吳開先兼任秘書長。嗣因吳開先被捕，秘書長一職，各方爭先推薦替人，而某單位並志在必得，因視上海規復，為一大事。結果，杜月笙決定請戴氏派員繼其任，表示他有合作誠意。

三十二—三年間，若干方面，對戴氏攻訐，一時滿城風雨，謠傳甚熾。戴氏自己亦有所聞。在集會中，他對其部屬說：「現在部份同志，憂慮吾人之政治環境惡劣，社會對吾人亦多誤會。其實，只要吾人自身健全，無懈可擊，只要領袖信任，環境不好，不足為慮。」話雖如此，其「憂心忡忡，慍於群小，」已是意在言外。

謠言並非完全是空穴來風，亦間有一二漏洞，其中以虧空緝私署大量公款，最為官場所注目。這項鉅款，是被用在中美合作方面，事前未經主管機關同意的。戴氏好體面，他曾說過：「越是無錢，越發要慷慨，切不可吝嗇，使別人輕蔑。」與外國合作，國家體面攸關，當更不可吝嗇。於是在重慶近郊，大興土木。同時在各地大辦訓練。預算遲遲未奉核定，而美國人已陸續到華，款無所出，只好在緝私署積存公款項下挪用。

以緝私款項，用在中美合作方面，可以說是以公濟公，亦可說是公開違法，兩者都可解釋。雖然戴氏本人，一清如水，沒有沾潤分文，他有充分自信。而欲加之罪，尚猶不患無詞，又何況確有擅行挪用公款情事。他不能忘中央信託局賄賂案之揭發，曾經使很多官親切齒。亦知道此一公案，有極微妙的裙帶關係。虧空公款，留下把柄，正是別人報仇機會。當他聯想到政治上許多恩恩怨怨時，他亦不能不感到焦慮。他曾托病，住在磁器口鄉間，考慮對策，想填補虧款，而倉卒無以為計。

杜月笙之神通廣大，真足令人驚奇。戴氏並未和他談虧款事，而此中竅要，他早已完全明瞭。他自動求見某權要，問「新任緝私署長宣鐵吾，比戴某如何？」某權要避不作答。於是他對某權要說：「戴雨農為一稀有奇才，而且羽毛已經豐滿，你是知道的。現在別人正欲借重他，他如為別人所用，對你為利為害，你應該先加考慮。」只是這樣幾句話，竟然能打動某權要，使其回心轉意，答應虧款可從緩追究。杜月笙又說：「戴雨農對緝私工作，貢獻很大，他現在病中，而你漠不關心，非用人之道。」某權要乃立刻手令財政部：「即發戴前署長醫藥費五萬元，並派員代表前往慰問。」

杜月笙見過某權要，使情勢緩和之後，即往見戴氏，他說：「你虧空公款近三億元，確非細數。我在客中，籌措亦不及以前容易。惟我已決心在你這個朋友身上投下一注，估計我的通商銀行，罄其所有，尚可抵補此數，必要時，我可變賣，全部給你彌補虧空，你大可於心。」雖然這筆虧款，因中美所經費確定，得以陸續歸墊，並未由私人賠償；而杜月笙在朋友危難之中，自動為人解圍，並且表現非常豪爽慷慨，古道熱腸，求之今世，實屬罕見！

如果杜月笙不仗義援手，如果某政要堅執不變，據熟悉當時人事上複雜情形的人士推測，戴氏是難免不受打擊的。據說某政要被杜月笙說服之後，其家人對於戴氏仍不能諒解，杜月笙又從中調和，力勸戴氏曲意周旋，乃逐漸相安。

在此以後，戴氏建議搶購搶運陷區物資，當局認定有助於安定後方經濟，核准設立貨運局，派戴氏負責，而財政部始而百般阻撓，終於勉強同意，亦顯然因有杜月笙參與其事之故。

吾人於戴氏與杜月笙之交往，不厭求詳，意在瞭解真實情形，說明戴氏與幫會關係，只是因其工作需要，而絕無所謂「同惡相濟」情事。

戴笠與黃杰

「雨農極重承諾，他答應辦的事，不待催促，到時必定辦到。」這是戴氏另一好友黃杰上將的評語。

在眾多朋友中，黃杰是戴氏所常稱讚，交情亦較為深厚的。他和胡宗南一樣，在黃埔學生中，露頭角最早，以勇毅善戰著稱，被視為是優秀的軍事人才。黃杰與胡宗南同時任第一師旅長時，由胡之介紹，與戴氏訂交。

以後幾年，黃杰對於戴氏工作，以友誼立場，予以支持。當其駐防北平時，北平工作單位，就常得到黃杰照拂。其派在東交民巷工作之李愛蓮等所蒐集情報，亦常先送到黃杰處，由他轉交憲兵電台拍發。

「九一八」事變後，敵人傾力策動所謂「華北特殊化」，日諜到處鼓煽，不擇手段。山東韓復榘，態度曖昧，並傳有與日諜簽訂密約情事。他並一再拒絕中央軍開入魯境。沿海衝要地區，亦概未設防。當時的青島市長沈鴻烈，是堅決反日的，他希望國軍移防青島，及早準備。而因韓復榘之作梗，無以為謀，乃謀之於戴氏。

當時所謂「華北特殊化」問題，政府早已密切注意，戴氏當知道一旦有變，後果必甚嚴重。他可能曾與瞭解華北情勢人士交換意見，包括黃杰在內。故當沈鴻烈向他問計時，他立即回答：「可請黃達雲兄想辦法。」其時黃杰已調任財政部稅警總團團長，正駐防海州，整訓部隊。戴氏與黃杰聯絡後，請他與韓復榘作試探性接觸，逐步設法將稅警部隊移駐青島。並說韓復榘本人，某日將乘津浦路火車，前來南京，可在浦口見面，不必前往濟南。

或許因為韓復榘為人狡詐，反覆無常，戴氏對他，早已注意，在山東亦早有工作佈置。據說曾任山東保安處長之韓多峰（韓復榘侄子），即為戴氏工作人員。因之對於韓復榘行動，能早知道。

黃杰如期往浦口，雖和韓復榘見面，但因其態度傲慢，無從交談。他本不願與這類落伍軍人交接，只因為是國家事，才低首下心，投刺求見，韓復榘不以禮遇，他自然感到不快。戴氏勸他忍耐，並說已為他另作安排，請他往上海去見張錦湖，必有結果。

張錦湖為幫會大首領之一，在「青幫」中，「輩分」極高，韓復榘亦為其弟子，對他甚為恭敬。張錦湖因受戴氏之託，答允黃杰：「如韓向方到上海，我會囑咐他對你好為關照。」於是戴氏與黃杰約，先返海州，俟沈鴻烈佈置後，再與韓復榘在青島見面。

第二次見面之後，韓復榘前後判若兩人，對黃杰力表好感，同意稅警總團部隊，移防青島，並通知沿途駐軍予以方便。問題至此迎刃而解。雖然稅警部隊進駐青島的只有兩個團的兵力，但因裝備精良，其戰鬥力，相當於兩個師。故黃杰能照中央意旨，在其防區之內，暗中從事防衛措施，以備不虞。

韓復榘態度之改變，除張錦湖盡力疏通外，戴氏派員在其左右散佈消息，亦極有關係。韓復榘所聽到的是稅警團武器，皆係財政部新自國外購來，極為精良；且非中央嫡系部隊，善為籠絡，不難收為己有。故對黃杰表示親切。

亦正因其意圖吞併，所以當敵人得知黃杰所部，進駐青島之後，即派北平市長沈克為代表，前往濟南，向韓復榘提出嚴厲質問：「為何容許中央軍開到山東境內？」他極力否認，說他的轄區，並無中央軍，駐在青島的，是少數稅警，並非正規軍隊。敵人似滿意於他的答覆，亦未再追究。

由於戴氏與黃杰之同心謀國，曲意安排，稅警總團始得進駐青島，一面監視韓復榘與敵人在山東之活動，一面從事防禦準備。其最顯著效用，是盧溝橋事變後，敵雖進犯山東，並於二十七年一月攻陷濟寧，仍不敢掩襲青島，為夾擊之計。青島因得保持半年安定時間，並得以從容撤退。撤退之前，沈鴻烈市長，能將軍民物資，盡量輸送後方，減少損害；同時將敵人所有的八家紗廠，予以徹底破壞，不使資敵；皆因有稅警部隊之保護與支持，才能達成任務。

黃杰將軍，自視很高，於人物不輕為評騭，而獨許戴氏為革命英雄。他並常對人言：「作為一個朋友，雨農的忠實和義氣，是可以信賴的。」他們相交多年，曾共艱虞，他說的話，應是可信的。

朋友部屬之間

戴氏朋友，以黃埔軍校學生為較多，其中有很多人，以後並成為同事，相與努力於革命事業。在形式上，他是長官，是領導人，且得到大家尊敬。而在私人情分上，他仍以朋友相待，遇有困難，必自動相助，唯力是視。這是很多黃埔前期學生，樂於為他所用的一重要原因。

吾人對於戴氏善與人交，並因而得到朋友幫助的故事，無法一一詳述其經過，因其朋友太多。其介於朋友與部屬之間的，亦僅能以邱開基作個例子：

民國二十一年，特務處成立，邱開基奉派為執行科長，兼負有保衛　蔣中正安全責任。到職不久，邱母在雲南景東原籍病故。戴氏得息，立即匯款貳千元至雲南，助其治喪。貳千元在當時為一可觀數目，而他認為朋友有急難，就應盡力相助。但是，不准請假。邱開基總以未能及時奔喪，親視含殮為憾，這是人之恒情。

戴氏是事事留心的人，他察言觀色，知邱開基很不自安，便向他解釋：「你現負重責，關係領袖安全，不能須臾離開。雖丁憂可以請假，而南京至景東，往返須很長時間，萬一有疏失，公私均有不便。我知道你素無積蓄，我是你的朋友，有義務為你解決困難，所以伯母治喪費，應由我負責。」他於安慰之外，並加以勸導，說：「昔人墨經從軍，並不被視為不孝，蓋以忠與孝難以兩全。又何況我輩入黃埔之日，即已以身許國家？」邱開基感其意誠，至今猶懷念不已。

二十五年，兩廣事變發生，雲南龍雲，亦躍躍欲試。他是早已與兩廣暗通聲氣的。明目張膽，封存中央銀行在昆明之鈔票，不許流通的亦是他。這時政府正準備抗戰，對兩廣尚不肯輕於用兵，對於雲南，當只有懷綏安撫之一途。戴氏以雲南地方實太重要，乃派邱開基回昆明，賦予他的任務是：注意龍雲動向；聯絡愛國人士；並於必要時，策動雲南出兵抗日。

邱開基當初頗為躊躇。他是黃埔學生，一度留日，在雲南已可說是知名之士。他又是力行社幹部，並且為戴氏工作，雲南人知道，龍雲亦知道。戴氏知他躊躇原因，便對他說：「我不會不經考慮，隨便讓我的同志，去冒不測之險。你回雲南，見到龍雲，只說和我戴某不和，在南京無法立足，龍雲必不懷疑。」

原來邱開基初見戴氏之日，有一衛士不慎，擦槍走火，子彈在邱開基頸邊擦過，外間曾謠傳「戴笠要殺邱開基。」之後，邱因工作過失，又曾被戴氏禁閉。且有一段時間，未派工作。龍雲在南京亦有耳目，戴笠邱開基不睦之說，早已傳至昆明。

經過戴氏說明之後，邱開基決計回雲南工作。臨行之時，戴氏指示：「對日戰爭，如果爆發，務必設法促成雲南出兵，即使是一師一團亦可。」他的用意是雲南出兵參加抗戰，不僅表示抗戰是舉國一致，且可杜絕日本籠絡龍雲之念，可謂一石兩鳥之策。

邱開基回昆明，見到龍雲，便說：「戴笠要殺我，我無路可走，只好回來為主席效勞。」龍雲因早有所聞，果然信而不疑。

抗戰發生，邱開基充分利用龍雲與盧漢之間的矛盾，力勸盧漢領兵出滇，藉抗日樹立自己聲威，博取雲南人民同情，盧漢為之所動。他再策動愛國人士，從旁游說，最後決定出兵。

戴氏接獲報告，立即建議　蔣中正，准予更新部份武器，以示鼓勵。滇軍第六十軍甫到湘境，即獲得武器補充，戰鬥力加強，對中央觀感，因而為之一變。以後在台兒莊戰役中，奮勇作戰，傷亡雖重，而力戰不退。終於協同友軍，將敵久留米師團之一個旅團，完全殲滅，為雲南父老增色不少。

二十六、運輸管制與交通檢查

全面監察管制交通運輸，決其壅塞，疏其窒礙，以暢其流，對於抗戰，具有極大影響，是毫無疑問的。這本是眾多政府機關的責任，亦是最難解決的問題。這種工作，原與軍統局業務無關。不意一切責任，俱落到戴笠肩頭上。他在這一方面，達成任務，足以表現他過人之長。亦因此而招謗叢怨。

當「七七」事變之時，敵人對我方準備，雖不盡知虛實，而對我戰略物資來源，及其輸入路線，則知之甚稔。所以開戰後不久，即以其優勢海軍，迅速攻佔我沿海港口，封鎖海上交通，幾使我對外運輸，瀕於斷絕。

長期作戰，運輸補給，在軍事上與經濟上，均具有決定性之影響，政府早慮及此。故在抗戰以前，即設立「西南進出物資運輸總經理處」，以商營姿態，在越南、緬甸，設立分公司，為未雨綢繆之計。

西南運輸處，本隸屬於軍委會，其以民營姿態出現，是為避免敵人注意。開辦之初，若干地方機關，商業團體，不明究竟，皆誤以為私人營利事業，不應受政府優惠。當時所謂「民主人士」，並指斥是官僚資本，而肆意攻擊。因此，遭遇到很多意外困擾。該公司負責人宋子良，窮於應付，乃求助於戴氏。他是瞭解此一公司之重要性的，立即應允，派其幹部張炎元、汪祖華、潘其武等，分任該公司警衛稽查組長、政訓組長及分處長，協助加強其組織，解決若干困難問題。並代為訓練汽車司機數千人。於是軍統局人員，不期而介入運輸工作。

廣州棄守以後，我對外運輸，皆取道於河內、仰光兩港口，再由雲南入境，滇緬公路，遂成為最重要交通命脈。其時河內與仰光，地位約略相等，並無輕重之分。而戴氏獨以為歐洲戰事發生，將誘導敵人侵略東南亞，且必先從越南下手。因而密令在西南運輸處工作人員，及早作應變準備，包括運輸問題在內。這個時期，全國交通運輸事宜，名義上，是由交通部管理，實際則是各自為政。

二十八年冬，敵進犯廣西，戴氏為瞭解前線軍事運輸情況，特派張炎元赴桂南戰場，實地考察。張炎元回重慶，提出一觀察深入的報告，指出：「……桂南作戰，派作運兵之用汽車，各部未指派專人妥為指揮，亦未指定上下車地點，秩序欠佳。部隊下車，未經整理，又復開拔，致師與師、團與團間，陣地錯雜，影響作戰指揮。……補給亦未能適時輸送，故霜雪載道，士兵猶有身著單衣者。」這說明當時運輸情形，是一片混亂。混亂是必定對於作戰有不利影響的。軍事運輸如此，民間運輸，可想而知。

這一報告，轉呈之後， 蔣中正十分重視。同時期，其他方面，亦可能有人提出運輸問題。於是二十九年，乃決定設立運輸統制局，直隸軍委會，特派參謀總長何應欽將軍兼任局長，以示鄭重。以下設監察處，負監督與防護之責。

首任監察處長，由 蔣中正遴派曾養甫充任。這是一項非常困難工作，除英、法屬地種種問題以外，只在國內，數不清的軍政人員、商人、工人、司機，以及游勇、流氓，皆視川滇、滇緬公路，為發財捷徑，擾擾攘攘，如蟻附羶，私利所在，一切不顧。曾養甫面對這種環境，當甚感困難。適逢政府派他出任中緬鐵路督辦，遂辭去監察處長職務。

要貫徹監察工作任務，使運輸納入軌道，井然有序，需要一既有魄力，又有方法，而且不怕開罪各方的人，才能勝任。當局考慮復考慮，認為沒有人比戴氏更為適當。於是這一重任，又落在他的肩頭。

吾人要略敘這些經過，旨在說明軍統局之所以介入許多屬於職掌以外的工作，大部份是因客觀環境之需要，由當局所決定，而非由於戴氏攬權，他不是一個愛好攬權的人。

戴氏接掌監察處以後，他知道最迫切需要，是迅速建立一支足可維護交通安全與秩序的武力，重新樹立威信，有威信，才能執行法令。他早已留心原先用於保護鐵路的路警，散在各地，無所事事，即建議設立一交通警備司令部，保薦其幹部陳紹平任司令，負責集中訓練。陳紹平富有經驗，在半年之內，即集訓編成相當於九個團的兵力，分佈於重要幹線，專事維持交通秩序。同時，於各水陸要道，車船必經之地，分設檢查站所，多達六十餘處。所有工作人員，俱由軍統局調用。這批人員，都是青年，亦都是戴氏子弟兵，他們有共同信念——不要錢，不徇私，不畏強禦。

監察處既有自己武力，有眾多分支機構，散佈各地；又能與各地治安、情報機關，充分合作；再加上戴笠之名；一切作奸犯科之徒，不能不有所忌憚，而稍斂跡。全面交通運輸，乃漸走上軌道。

每一種事業，當其已有績效之後，在他人看來，都以為是容易事。而當事者之艱難締造，則不知費過多少心機，多少精力！戴氏之於監察處，亦是如此。雖然軍統局業務，已是千緒萬端，處處皆在作戰，而他對監察處，亦視同戰場，絲毫不肯模糊。每次出巡，必親自查詢，對於工作得失，人員勤惰，各方反應，以及服務態度，都必細心訪覈，有所指示。在這一方面，可以他致監察處副處長張炎元甚多親函中之一長函，作個例子：

在這一長函中，他說：「查各站檢查員，用在內勤者，達三人以上，致車輛經過各站，僅令憲兵打紅旗，由司機自行登記，蓋章了事，各檢查員不分班檢查，所謂交通檢查站，竟成為登記站矣。……松坎檢查站長，言多而不實，能力又差，應立予撤換。各檢查站辦公處所，必須與檢查站毗連，亦必須添置柵門，以便夜間封鎖。……據報各地有任意扣留貨物情事，為防作弊，請即派督察分往各路，明訪暗查。並嚴令各分處長認真考察。……」只看這一長函，可見他事事留心，鉅細不遺的任事態度。

戰時水陸交通檢查

監察處自成立至三十一年，因執法嚴正，在社會上已獲得好評，對於抗戰有益，自不用說。然亦並非容易。因為這一面要對作奸犯科之徒作戰，一面又須對一切特權階級作戰，尤以後者為最難。且以雲南所發生事件為例：

在三十一年以前，雲南一省，是公開阻撓交通管制與檢查的，兼任運輸統制局長的何將軍，為顧全大局，乃至下令：「對於雲南境內檢查，須俟俞參謀長與龍主席商洽後，再行核辦。」龍雲之威風，於此可見。而實際上，擁有軍隊，將私人利益置於國家利益之上者，又何止是一龍雲！

可是，戴氏有他自己態度：他不希望發生任何事故，為中央增加麻煩；但在職一日，他亦不願放棄職責；終於發生武裝搶奪案。三十一年五月，昆明檢查所接獲情報，知有人大量販運鴉片煙土，乃予密切注意。是月十一日清晨，有卡車三輛自緬甸邊境畹立埧，駛至昆明郊外黑林埔，車中滿載煙土，每車且有武裝士兵各十人，由龍雲之子，以昆明綏靖公署名義，親自押運。當檢查人員命其停車受檢時，押運之人，不但抗拒，且鳴槍示威。檢查站長婁劍如私冒險予以包圍，終於人贓俱獲。最後乃發生武裝衝突，當時有人戲稱為「鴉片戰爭。」

先是在二十八年，西南運輸處為確保運輸與物資安全，請求政府派兵進入滇境，以便保護。政府命戴氏酌情辦理，他設法疏通之後，請調憲兵兩營，軍委會警衛部隊一營，責成警衛稽查組長張炎元率領入滇，分駐於昆明及滇緬邊境。這是民國以來，中央軍隊首次進入滇境。西南運輸處裁撤，部份業務，由中美運輸局接辦，這三個營仍留在昆明一帶，執行保護任務，由監察處指揮。

檢查煙土案發生後，昆明綏靖公署所屬之新兵訓練處處長廖行儉，與龍雲之子合謀，實行武裝劫奪。他們得知煙土已運至監察處昆明辦事處，即率新兵五百餘人，包圍該辦事處，首先開槍擊斃衛兵，然後蜂湧入室，企圖劫走煙土。幸駐衛兵員奮勇抵抗，終被擊退。此一突發事件，雙方互有死傷，惟廖行儉部死傷較多。

事後，龍雲諉過於人，矇報中央，要求懲兇。軍委會嚴令查究。雲南軍方人士，並揚言要將中央檢查人員，一律驅逐出境。當時情勢頗為緊張。

戴氏處理這樁早在意中的事，是很冷靜亦很得體的。他先自主動處分部份工作人員；嚴厲約束部屬，不許有任何報復行為，靜待軍委會查明真相；並同意將本案移送昆明綏署自行處理，以顧全龍雲顏面。但堅決聲明他將繼續執行檢查任務，「非奉　蔣委員長命令，絕不停止。」雲南交通檢查工作，就是因此決心而建立起來的。

在交通檢查方面，尤其是車輛檢查，所引起之糾紛，可說層見疊出。這與當時許多特權階級之觀念不正，甚有關係；他們都以為檢查他們有關係者之車輛，有失體面，檢查他們自己車輛，則是大不敬，是有意侮辱。卻沒有想到國家處在極艱苦階段，汽油比血還珍貴，不能不防止流弊。更沒有想到現代法律之前，人人平等，是不應分階級的。因此，遇有糾紛發生，總不免有人指責乃至怨恨戴氏。

在這一方面，吾人亦必須承認少數工作人員之服務態度不善，方法欠佳，亦有關係。戴氏曾要求他的部屬：「智深沉勇，外圓內方，不論何人作奸犯科，被我們查覺，我們執行法令，絕不妥協，但仍要面目和善，語言誠摯。……我們分析許多謠言的由來，自己有不好地方，引起人家反感，亦是一原因，我們應該反省。」從這一段話，可以判斷他的部屬，亦必有欠檢點與盛氣凌人的事。

三十一年，運輸統制局監察處，經過兩年努力，在交通運輸管制檢查方面，已建立威信，在這一方面常見的流弊，已逐漸減少。不意又發生「犯諱」鬧劇。國民政府監察院院長于右任，認為監察處與之同名，於該院不便，堅請更換名稱。並未說明理由，彷彿如昔時「父名為進，子不得舉進士」一樣，是依於一種習尚。而骨子裏，只是藉此以表露對戴氏之不滿而已。何應欽將軍雅不欲因小故而啟嫌隙，乃呈請將監察處改稱為水陸交通統一檢查處，工作任務仍舊。

當監察處以「犯諱」易名時，運輸統制局兼秘書長錢大鈞將軍曾經說過幾句持平的話，亦是有感於不平而發。他說：「運輸統制局監察處，雖為人所不滿，但如無監察處，則為非作歹者，更不知要增加多少人！」

不久，運輸統制局裁撤，水陸交通統一檢查處，改為直隸軍委會，仍由戴氏負責。他實無意戀棧，亦實太過於忙，他曾經考慮保薦替人。但得不到　蔣中正同意，他是無法卸責的。

水陸交通統一檢查處改隸之後，即作全面性調整，全國區分為川桂、川陝、西蘭、川滇、滇越、滇黔、滇緬、河岳、湘黔、粵漢、浙贛、湘鄂、隴海等幹線，餘分為若干支線。幹線責成交通警備司令部，支線則責成轄區治安機關與地方政府，負維護安全之責。而以疏導交通，剔弊除害，責之於檢查站所。仍與各地情報機構配合工作。

在此以後，因為檢查已經系統化，管理亦有改善，所有船舶車輛，甚難逃避檢查，軍政人員，亦無法利用國家交通工具，而營私舞弊。

由戴氏所領導的交通運輸之管制檢查工作，其成果是很難估量的。譬之社會保健工作，有許多衛生人員，在默默地為大眾服務，這個社會如沿有重大疫癘發生，就甚難舉出工作者之具體成績。惟此項業務，對於抗戰有其貢獻，毫無可疑。

如眾所知：在抗戰時期，戰火蔓延二十餘省，戰區在十個以上，後方丁壯、糧秣、械彈等，須及時運往前線；前方傷患、難民，又不斷湧至後方；再加上交通工具的缺乏；強梗不法者之肆行無忌；如果沒有一強有力的管制檢查機構，而任由各地軍民各行其是，此爭彼奪，則將不知成何光景。

水陸交通統一檢查處，至三十四年四月，奉命與交通警備司令部，及部份緝私稅警合併，改稱為交通巡察處，仍隸屬軍委會，亦仍以維護全面交通秩序，以利運輸為主要任務。由戴氏保薦幹部吉章簡任處長。實際仍為軍統局之一部份，直至抗戰勝利為止。

運輸史中一奇蹟

二十八年冬，越南河內，已被封鎖，我進出口物資，皆集中於仰光一地。其時英國尚無過分不友好表示，眾信滇緬運輸線，將可保持。正常運輸繁忙之際，戴氏到達仰光，他看過港口設備、貨品堆積情形以後，當即命在緬甸單位，於臘戍一帶選擇有掩蔽地方，設立大規模倉庫，儘速雇用商車，將進口待運貨品，迅速轉運臘戍，並限時完成。

不久局勢轉變，敵機轟炸仰光，貨品因疏散及時，所受損害，甚為輕微。各方嘖嘖稱奇，認為他料事如神。其實，這是每一個瞭解時局情勢，而又肯於負責的人，都應可做到的事，不足為奇。可稱為奇妙者，是他預先請領牌照事。

他到緬甸視察時，他的部屬，都知道他第一件事，是視察工作佈置。其次，是視察交通運輸情況。沒有料到他突然之間，指示負責單位，運用緬商「孔雀公司」總經理張嘉順關係，向緬甸交通部門，請領商用車輛牌照一千份，並指明不惜重資，定要如數辦到。

事實上，當時並無商車，需要牌照。且內運貨品，已有軍車可用，緬甸方面，並未禁止我軍車通行。所以他的部屬，都大惑不解。但，這是命令，亦無人敢詢問，只好照辦。

二十九年七月，英國在敵人壓力下屈服，與敵簽訂所謂「封鎖滇緬公路協定」。我在緬甸貨品、車輛，已無法運出。英方並為此增調軍隊，設置甚多關卡，雷厲風行，不稍通融。戴氏錦囊妙計，至此才顯其功用。

在緬甸工作人員，遵照他的指示，將張嘉順所領到商用牌照一千份取出，將所有使用我國牌照之軍公車，一律改換為緬甸商業牌照，裝載貨品之後，由「孔雀公司」出面，以普通貨品報關。又另派員分途與各關卡聯絡，略施小惠，得其默許。然後編隊啟運，直達雲南畹町，毫無阻滯。第一梯次運到，並即將牌照送回，再行調車裝運。如此週而復始，終於使積存物資，與所有軍車，得以悉數運回。

二十七、後方除惡、懲貪與肅諜

全面抗戰，愈久而愈益艱苦，在最後幾年，國家真可說是處在危急存亡之秋。而喪心病狂之徒，依然病國禍國，或擾亂經濟，或公行賄賂，或為敵人作間諜。為保衛後方安全，戴笠不得不以最大決心，誅除強梗，痛懲貪墨，掃蕩奸諜。其所破獲依法懲治者，有幾樁較大案件，曾轟動一時，為輿論所讚揚。

囤積操縱糧食案

民國二十九年，後方農業，號稱豐收，糧食並不感到缺乏，而產糧最多的四川，糧價突飛猛漲，米價竟比二十六年高出六十倍之多。糧食是軍民不可一日或缺的生活必需品，糧價奇昂，就會立刻影響到軍糈民食，乃至影響人心。戴氏是一很敏感的人，他猜想其中必有原因，立即派人多方查究。由於工作人員之努力，終於查出有一惡勢力集團，正大量囤積糧食，操縱糧價，要乘機發國難財。首惡是大川銀行董事長楊全宇，與之同謀的，尚有歐書元、李佐臣等多人。

這幫惡徒，亦官亦商，平時縱貪橫於鄉里，擅眾人之所利。例如楊全宇，就曾任成都市長，和軍政界人士有瓜葛，在地方勢力頗大。他們敢於為惡，亦恃在此。

這樁擾亂經濟案，如深一層徹究，必多攀染。更加他們都是四川人，不能全無顧慮。因此，案發之後，有很多人勸戴氏，「為政不得罪於巨室」。亦有人說四川父老，對於抗戰貢獻至大，應當原情予以寬容。

戴氏答覆是很堅決而嚴正的說，他說：「少數人囤積居奇，多數人身受其害，四川父老亦在其內，這不是一個四川人與非四川人的問題。何況擾亂經濟，嚴重影響抗戰？我戴某寧願得罪巨室，而不能放棄職責。」

於是繼續追查，於獲得充分證據之後，立即將大量米麥查封，而將人犯移送軍法執法總監部訊辦。又慮人情包圍，中途生變，派員守候總監部，促請漏夜審訊。因證據確鑿，無可抵賴，當夜即判處楊全宇死刑，旋即執行槍決，從犯亦各處徒刑。

這一案，以快刀斬亂麻手段，迅速處理，公之於社會以後，糧價驟跌，供需亦迅速恢復正常。以後幾年，在後方各大城市，糧價一直都很平隱，沒有再發生糧價暴漲，或糧食恐慌情事，不但對抗戰有益，升斗小民，亦均獲其利。

這件案子處理之後，戴氏講過他的態度，他說：「四川糧食，如果是因為『無』的關係，貴到一萬倍，也無話講。分析起來，米價騰貴原因有二：一是由於政府對糧食統制處理，有未盡善之處；二是有人囤積居奇，操縱市價。」他認為在國難時期，蓄謀操縱物價，破壞金融，就是漢奸行為，「非剷除不可。」他並表示他和任何人都無仇怨。其所以力主徹究，是因為軍統局「負有經濟作戰責任。」

官商勾結走私案

抗戰時期，政府進口物資，常是委託中央信託局（以下簡稱中信局）承辦。這一機構，本和政府一般機關相同。而由於許多人為因素，造成許多差異，使得若干人自視為特權階級。

三十一年三月，有商人名章德武者，以「大成公司」名義，在仰光購買價值三千萬元貨物，這本屬私人營利事業，而進口時，忽然變為中信局公物。中信局三字，在財經稅務界，是很響亮的，因其在傳統上，沒有特殊人事背景，是無法進入這種特殊機關的。因之沿途稅關，順利放行，無敢盤詰。但仍逃不過運輸統制局監察處這一關。監察處從仰光開始，即已注意。逐層偵查，得悉章德武為圖走私進口，曾以一百五十萬元，賄通中信局運輸處長林世良，假中信局之名，代運進口。於是當這批私貨運抵昆明時，即予扣留。

林世良敢於明目張膽，收受重賄，包庇走私，就因其有強力之靠山。傳說他與某政要之女相戀，已到論及婚嫁階段。一說已經訂婚。或許因他太過自信，在私貨被扣押之後，他仍毫不在意，一面用中信局公函，要求放行，一面與該局購料處長許性初串通，補辦押匯手續，諉稱貨物雖屬「大成公司」所有，但事先曾向中信局辦理押匯一千萬元，故中信局依於契約為之代運。因有押匯手續，於法並無不合，所以堅持要無條件的放行。

此一偷天換日手法，相當高明，無人能推翻押匯事實，即無法加以違法罪名。在他們想來，先站穩腳步，再由強有力者施以壓力，監察處雖是由強人戴笠主持，他手上並無足夠證據，終必向壓力低頭。

事實上，監察處確無足夠證據。雖已查明運貨之三十五輛汽車，非林世良所說之公車，而全數為商車，仍不能證明是官商勾結走私。

在中信局催促放行時，監察處亦曾感到困難，因為無法否定押匯事實。但戴氏不願虎頭蛇尾，不了了之，他命工作人員，繼續細心偵查，有人說情，概置不理。他相信任何貪污舞弊案，都不會是絕無漏洞的。

或許由於天奪其魄，林世良等雖自覺做得天衣無縫，卻大意的留下一大漏洞，即照規定，凡押匯在一百萬元以上者，皆須董事長批准存案。押匯之事，既屬捏造，自亦無案可稽。這一漏洞，被監察處設法查到，遂成致命之傷。

可是，特權階級魔力之大，是相當驚人的，他們竟然能使孔祥熙出面，電飭「先行放行，俟運輸到渝，再由財政部查辦。」孔祥熙是當時代理行政院長兼財政部長，亦是中信局董事長，聲勢顯赫，誰敢抗手？諺云：「鼠近於器，尚憚不投。」又何況是這樣大人物？同時，緩頰說情的人，越來越多，壓力亦自然越來越大。有人勸戴氏「不要做傻事，革命不是靠一個人，所能革命成功的。」

朋友勸告，是有理由的，他如不讓步，勢必開罪權要，而且不止一人。與眾多權要為敵，要在官場立足，亦必甚為困難。惟他的同志，不畏強禦，辛辛苦苦，查獲證據，他如此比附相倚，賣法養交，將何以取信於部屬？他不是常說：「官可以不做，人不能不做？」最後，他作出別人認為是最壞的抉擇，迅速檢具罪證，呈請　蔣中正，發交軍法執行總監部訊辦。因為證據確鑿，一鞫即服，林世良被判處死刑，立即執行。扶同作弊的許性初等，亦被判處徒刑。

這一件貪污案，經報紙披露，並喻之為「打老虎」之後，真不知有多少人拊掌稱快，亦不知有多少貪污份子為之股慄。然亦有人暗中切齒。

幾樁較大間諜案

抗戰八年，敵諜漢奸，可說無孔不入。這有很明顯原因：一是敵人蓄謀已久，在抗戰之前，已經豢養奸諜，著手佈置。一是廣闊後方，難民甚多，奸徒易於混跡，而難於清查。另一是民眾徒無組織，地方官吏，又缺乏能力。

軍統局在防諜肅奸方面，確已盡其力之所及。但乃不能使奸諜絕跡。甚至到三十三年，敵機轟炸成都時，仍有奸諜潛伏機場附近，以焰火指示目標。不過，這是事實上所不能盡免的。反過來看，在淪陷區，尤其是大都市，敵人戒備森嚴，並動輒實行「瓜蔓抄」，殺人如麻，卻無法使軍統局人員，不在市區殺敵鋤奸。

三十年，昆明單位，破獲一間諜組織，負責人名林斯，為一少女，當他在上海聖瑪利亞中學讀書時，即被敵人蓄養，加以訓練後，派至我後方工作。他先在粵漢路一帶活動，曲江警備部發覺他形跡可疑，曾予拘訊，但他善能應付，卒被釋放。軍統局從曲江方面，獲得有關資料，判斷他是間諜，乃通知各地查究其行蹤。其時往來難民甚多，林斯又不時化裝，更改姓名，要找到他，真無異於大海撈針。

但軍統局人員，依於戴氏指示：凡是盟邦空軍駐地，要特別注意女性間諜活動。基於這一指示，終於在昆明發現其行蹤。

林斯在昆明任務，是要發展一潛伏組織，滲透盟邦空軍內部，並且已派人冒充苦力，混入空軍司令部。昆明單位，乃設計一破案方法，並與美方合作，佈下陷阱，使其步步深入，然後先捕獲其同黨祿永忠，搜出證據之後，再將林斯及餘黨捕獲，使此一間諜組織，完全消滅。

三十一年，日本女間諜小島喜代治，由東京敵大本營直接派遣來華活動。他在敵方名義是「皇軍慰問使」，因而他所到之處，都可得到敵軍之協助。這一年四月，小島經天津至南京，到達以後，頻頻出入褚民誼等公館，軍統局在南京潛伏工作人員，已予注意。不久，他由南京直飛漢口，旋即失其蹤跡。

其時，長江自宜昌以下，已被封鎖，出入陷區行人，往來均經過盤查。不料小島仍能順利通過很多盤查，經由宜昌直達重慶。原因是他精通華語，且擅多處方言，生活形態，與中國人毫無差異。更因他受過嚴格的間諜訓練，他甚至比一般中國人，更熟悉情況，善於應付。惟他仍不能逃過被捕的命運，他不知道軍統局早已對他注意。

小島似在他工作尚未進行之間，即已被捕。至於他的任務，傳說是要深入我高階層，策進「和平運動」，這是敵偽預定陰謀之一。有人說因戴氏心存忠厚，他恐累及若干軍政人士，在報告　蔣中正之後，即將小島供詞，全予銷毀，其說似屬可信。

三十三年八月，四川單位，破獲一規模頗大的間諜組織，其中負責人，都是早經敵入培養，分別由北平與上海兩地，混在難民群中，潛入後方的。他們以「一貫道」為掩護，在各地設立佛堂，招收徒弟，並標榜反日，以資掩飾。各地治安機關，雖注意其活動，而苦無證據。直到這一年八月，軍統局將成都、瀘州等地工作人員報告，綜合研究以後，始確信其為敵人間諜組織，立即在各地同時採取行動。先後捕獲其首領高秋生、李木鐸等多人，而將其一網打盡，皆供認為敵作間諜不諱。

二十八、持續不斷的反共鬥爭

戴笠所領導的反共鬥爭，自特務處成立時起，持續不斷，越到後來，越加激烈。抗戰以後，自後方以至前線，幾無一處沒有鬥爭。在前線和敵後，雙方互有勝負，若干地區，中共且佔優勢。而在後方，則優勢始終為戴笠所掌握。抗戰前期與後期，雙方鬥爭情形，可略舉幾個突出例子，以概見一般。

國共合作，「在　蔣委員長領導下，一致抗日。」這一美麗謊言，似乎不到半年，就被戳穿。中共利用抗戰機會，擴充實力策略，隨之顯露。迨張國燾脫離共黨，發表聲明，指斥中共「別立門戶，不以國家民族為重」而得到證明。再到「新四軍」葉挺所部，在江南公然叛變，則已表面化。

戴氏有長期鬥爭經驗，更負有全國防衛責任，他的警覺性，自比別人為高。他在抗戰開始以後，所持原則是：在後方，盡其所能，遏止中共組織發展，確保社會安定；在前線，盡可能的防止中共滲透軍事機構，分化軍隊，並盡力扶植反共的地方武力；在敵後，則只監視中共活動，以避免同時兩面作戰；在中共根據地，則派員相機滲透，以求得更多瞭解。這是因為軍統局大部份力量，用在對敵作戰，人力有限，他於緩急輕重之間，不能不有所別擇。

民國二十七年，國際共產組織，派一名米羅斯基的要員來華，自稱為南斯拉夫人，主要任務，是謀掌握運用各種左翼團體，加強聯合陣線，以配合當時形勢，協助中共發展。他以「中華抗日救亡團」為據點，表面表現他是來幫助中國抗日的。但軍統局發覺他為第三國際所派遣，即予以逮捕，使一個高級的「統戰」陰謀，完全破滅。

二十八年，中共企圖破壞政府兵工生產，亦因軍統局之防範嚴密，而遭到失敗。在外援難於爭取時期，數百萬大軍，在前線作戰，武器彈藥之補充，重要無比，設在川、黔、滇一帶各兵工廠，不啻是國軍血庫。為安全計，戴氏於二十九年，呈准設立兵工署警衛稽查處，及警衛總隊，派其幹部張師、楊蔚兩人負責，從事全面安全調查與防護工作。主要是要防範日諜與中共。

因為兵工廠之重要，亦因其組成份子，多數是工人與技術人員，頭腦簡單，所以中共眼光，早已投射在這一方面，特地設立一獨立性組織，專事於兵工廠的活動。正當他們滲入兵工廠，並已聯絡少數工人，發展組織時，他們被軍統局人員因反滲透而獲得證據，迅速捕獲中共「地委書記」王振華，而使其全部瓦解。

二十九年，中共在後方活動，以成都搶米案，為最具破壞性。目的是要鼓動風潮，擾亂人心，以破壞政府威信。而以焚毀米糧為手段，則甚為人所憎惡。

依中共計劃，要同時在四川十幾個大城市行動，造成大暴亂，藉以煽動四川人排外，使政府難於收拾。並定是年三月十四日發難。在成都，是要先將存糧最多之金城銀行倉庫，加以破壞，並縱火焚毀各米店。在其他各處，是要焚毀糧棧、米店及大小飯舖。如此，往來行旅，無飯可吃，升斗小民，無糧可買，在這種情形下，只要一聲呼嘯，便不難造成暴亂。

軍統局工作人員，事先已獲得線索，照戴氏指示，分途嚴密監視，於十四日前，一致行動，先捕獲中共負責人車耀先，搜出證據，然後分別搜捕餘黨，將其陰謀粉碎。

自戰爭爆發，中共即盡力宣傳他們抗日決心，藉以籠絡各地流亡知識青年，尤以「抗日軍政大學」，為最具吸引力，因為很多青年，誤以為是大學，並且是標榜抗日的。戴氏為謀滲透中共組織，曾派工作人員，以流亡學生身份，前往投考。這種工作，成果如何？並無可信資料，或許是因其特別機密之故。吾人所知，前往投考者，有一部份，曾被錄取，其中以沈之岳等幾人，在中共內部潛伏較久。

在同時期，中共亦極謀滲透軍統局，中共重慶「地委」，曾先後派遣張蔚林、黃鳳山等多人，投考軍統局電訊人員訓練班，或發展組織，或竊取文件。以偽裝技術言，如在一般機關，他們必可達成任務。但在軍統局，便無異於班門弄斧，所以很快便被完全破獲。

在後方其他地區鬥爭，當以軍統局幹部梁幹喬在陝西所領導的民眾動員指揮部工作，為最出色。梁幹喬在莫斯科留學時，即因與共黨鬥爭，而被放逐到赤塔。他能在「格別烏」監視下，收買卡兵，逃脫魔掌。回到上海以後，又和中共「紅色局」交手，屢以機智取勝。這可看出他非等閒之輩。

二十九年，梁幹喬奉派出任軍委會民眾動員指揮部陝西邠洛指揮官。以資歷言，可謂委屈。但所負任務，則極重要。他轄區各縣，正與中共陝北根據地——延安相毗連，他要防止中共滲入，並截斷其通往川陝一帶交通線，幾無一日不與中共短兵相接。由於他能徹底動員，組訓民眾，使男女老幼，都能盡到防衛責任，沒有假借軍隊力量，而成功的建立一道嚴密封鎖線，使中共無法越雷池一步。可惜他因奮鬥不息，積勞成疾而死！

由戴氏幹部所組織，領導的民眾武力，在抗戰期內，肩負抗敵與反共雙重任務者，並不限於陝西邠、洛一帶地方，幾乎所有犬牙交錯地區，遠至綏遠，皆曾與中共發生劇烈鬥爭。而山東、河南等省，不但規模甚大，而且均持續數年之久。故這一帶義民死亡，亦最為慘烈。其在江南地區，則自上海淪陷開始，直到抗戰勝利，以忠義救國軍為主力的反共鬥爭，其激烈程度，初不下於對敵作戰。而接觸頻繁，且有過之。

當上海撤守，戴氏奉命安撫收容沿京滬滬杭各線之潰散國軍時，中共即蓄謀滲透，先後派其幹部朱壽華、楊行方等，在常州、江陰一帶，偽裝為流散國軍，請求收編。其時軍情緊急，不暇根查，竟被滲入，改編為別動隊第五、第六支隊。雖終於敗露，而中共之處心積慮，與戴氏為敵，可以概見。

忠義救國軍經過整訓之後，戴氏即請辭總指揮兼職，保薦俞作柏繼其任。隨由副總指揮兼淞滬指揮官楊蔚，參謀長徐志道率領，向京滬地區挺進。並分為四路——蘇嘉滬區、澄錫虞區、錫武宜區、京丹浦區，分由阮清源、郭墨濤、文德、管德容等指揮，對敵展開游擊戰。中共亦於此時，抽調其主力之一部份，由陳毅、饒漱石、譚震林、粟裕、葉深、何克希、梅光迪等率領，滲入以上地區。他們目的，是要在太湖與皖南，建立所謂「江南抗日義勇軍」根據地，實即中共所謂「解放區」。

忠義軍受戴氏領導，負有抗敵而兼反共任務，是中共所知道的。這兩種敵對力量，處在同一地區，中共要建立根據地，忠義軍要達成牽制敵人任務，都非先對付當面敵對勢力不可。於是在忠義軍所到之處，不時發生鬥爭，中共有時且乘忠義軍與敵人苦戰時，暗中偷襲或夾擊。忠義軍官兵，死於此類偷襲或夾擊者，頗不在少。但中共並未達到消滅忠義軍，在京滬附近建立根據地的目的。

有幾次重大戰役，中共雖以強大兵力，圍攻忠義軍，而結果仍遭到失敗。如梅光迪之偷襲忠義軍第六與第十支隊，在猝不及防情況下，雖遭暗算。而結果仍被阮清源所部擊潰，遁入太湖，不敢復出。又饒漱石蠱惑忠義軍第十支隊尤國禎部叛變，並圖偷襲；終因忠義軍先發制人，而受重創。再如陳毅親率大股兵力，圍攻忠義軍；而由於該軍副總指揮王春暉之勇敢善戰，以少敵眾，將其擊破。……中共就因遭遇到忠義軍之堅強防制，不能在京滬附近立足，乃轉而在蘇北建立根據地。

抗戰後期

自民國以來，各省均有團練自衛，而河南省之民團，尤以堅強著稱。戴氏眼光，是很敏銳的，他知道這種民眾武力，不容忽視，所以在二十六年，派其幹部楊蔚出任鄭州警察局長時，即授予一項任務——設法掌握民團，以免為中共與漢奸所利用。

抗戰以後，河南民團之實力較大，戰鬥力較強者，有內鄉、宜陽、澠池、新安、魯山、淅川、鎮平、鄧縣、南陽、商城之別明甫、顧瑩等部，人數在十萬以上。其持有武器，不能脫離生產，僅能守寨保鄉者，又數倍於此。這種民間武力，不僅偽組織欲圖掌握，敵人亦想控制；而中共欲圖利用之心尤切，因為他們正謀在中原建立根據地。

可是，戴氏已占先著，對於比較堅強民團，經楊蔚等聯絡於前，劉藝舟、史紫忱等多人策動於後，無不信仰政府，抗戰而且反共。在抗日戰爭中，靈寶之役，民團曾一次死傷數千人，敵人傷亡，又多於此，可見作戰之奮勇。

中共主力之一部，由劉伯承、陳賡、李先念、皮定軍、魏鳳樓等率領，滲入中原以後，四處流竄，最先要爭取的，就是民團人槍。亦只有控制民團，始能在農村發展。而民團之中，十有七八，因軍統局之策動，村自為戰，誓死抵抗。故中共雖一度建立所謂「豫西軍區」，而甚難向民間發展。豫西民團，在大陸變色之前，在軍統局人員策動下，仍與中共奮戰不息，最後僅餘八千餘人，轉戰至陝西境內，彈盡援絕，誓死不肯投共，其悲慘結果，令人不忍復述！

與此同時，在新安與澠池之間的硤石鎮，亦有一股民眾武力，經軍統局策動，與敵偽及中共相抗。此一武力，原以硤石煤礦之礦警隊為基礎，逐漸擴大，與民眾武力相結合，由秦潤普率領，屢與中共鬥爭，使其「豫西軍區」，無法在硤石一帶立足。於是中共頭目陳賡，乃以大股共軍進逼。

其時，日本特務機關，派一間諜名小坪一郎者，前來河南，在陝縣設立機關，名為「亞洲公館」。並傳將在河南境內組織所謂「黃洲國」，且與中共有所勾結。為滲透敵偽組織，破壞中共與敵方關係，秦潤普得到允許，偽裝投敵，被敵派為偽「剿匪滅共軍」司令。（後改為「黃洲建國軍」。）軍統局工作人員，因而打入小坪機關，監視敵人活動。

三十四年夏，敵在中原再一次發動攻擊，除集結豫境敵軍七萬餘人外，另由山西抽調三萬餘人助攻，一路攻略南陽，一路直指潼關，以西安為目標。同時，中共陳賡部亦集中主力，在旁窺伺，有鑽隙竄擾陝西企圖。軍統局潛伏人員，最先獲悉敵人與中共動向，我第一、第五兩戰區，因能針對敵情，嚴加戒備，使敵進至內鄉、靈寶一帶，即知難而退。在敵軍撤退時，秦潤普部，在軍統局人員指揮下，乘中共不備，分道突擊，曾予陳賡部以重創。

在山東境內，由軍統局幹部秦啟榮所領導之民眾武力，更是聲勢浩大，曾予敵人與中共重大打擊。自二十七年起，秦啟榮即承戴氏之命，在山東境內，發展游擊武力。旋即出任山東第十二區行政專員，兼游擊第三縱隊司令，並兼任軍統局津浦路爆破大隊隊長。其轄區十一縣，及鄰近地方，經他組訓的民眾武力，一度眾至三十萬人。因其甚得民心，又處於衝要地帶，戴氏對他期望甚殷。他亦忠於職守，與敵接戰，迭有斬獲。三十二年，蘇魯戰區司令部，及山東省政府，均撤退至安徽阜陽後，整個山東境內，惟獨秦啟榮所部，仍在敵與中共夾擊之下，繼續奮戰。

早在二十七年，秦啟榮任冀魯邊區游擊司令時，即開始與中共鬥爭，曾將其重要幹部洪濤擊斃，故中共銜之甚深。以後中共「一二九」師主力，由徐向前、陳錫聯率領，竄入魯境，企圖在沂蒙山區建立根據地。而秦啟榮轄區，正當其衝，於是不斷發生衝突，雙方死傷均重。秦啟榮在當時，被中共視為是一大絆腳石。

經過幾年鬥爭，到三十二年八月，秦啟榮在敵人與中共夾擊之下，孤軍奮鬥，實力漸減。中共知他外援已絕，不斷圍攻，又復多次偷襲。最後因為移防，立腳未穩，在任邱縣境，被中共所包圍，他僅剩餘少數衛士，知無法突圍，乃慨然舉槍自戕！

戴氏對秦啟榮，曾盡力扶植，此不僅因其是得力幹部，亦因沂蒙山區，地勢實太重要，一旦為中共所佔據，影響甚大。故秦啟榮殉職，使他倍加悲悼。為防中共擴張，他在秦啟榮死後，立命組織山東行動委員會，派遣幹部，聯絡秦之舊部，力圖恢復。敵人投降前後，中共雖已佔據沂蒙山區，而自棗莊至臨沂一帶，仍有軍統局幹部王洪九等，率領民眾武力，與中共繼續搏鬥，直到大陸變色為止。

最後，亦是最重要鬥爭，發生在長江中游的江南形勝地帶。二十八年，在長江中游，尚未發現中共武裝組織。這一年年底，中共始在襄河東邊之汈汊湖建立「江漢支隊」，人槍俱不甚多。三十年春，中共「新四軍」被繳械時，脫走一股約千餘人，由李先念率領，竄至鄂東，沿大別山區發展，逐漸至桐柏、大洪山區。當時地方官吏與團隊，多玩愒無能，遂使其坐大。然仍無法在大江以南立足。因其時第九戰區，有四個以上集團軍，駐守在湘、鄂、贛三省邊區，更有無數團隊與游擊隊，密密麻麻，已無中共插足餘地。

三十三年夏，敵四次進犯長沙，繼陷衡陽，長驅而入桂黔。原駐三省邊區國軍，悉數調往湘桂黔路。游擊隊已不存在。尚有殘餘團隊，而數量亦已大減。湘、鄂、贛三省邊區，這一緊靠長江，左掖洞庭，右傍彭蠡，而且群山環繞的戰略要地，已成真空地帶。

中共是不會忘卻這一重要地區的，他們曾經在此地區，盤踞多年，並建立「湘鄂贛蘇區」為「六大蘇區」之一，僅次於「豫鄂皖蘇區」。曾有整師國軍，在此區內，被他們完全消滅。因此，當敵進攻長衡時，中共「江漢支部」，即極謀向江南滲透。

另有一人，對於湘、鄂、贛三省邊區這一形勝地帶，早已留意的，就是戴氏。在三十一年，江南尚未發現中共組織時，他對武漢區指示，就有「不要恃中共未來，要恃在我們有備」這樣兩句名言。在中共尚未渡江前，他在私函中，亦曾提到「中共是不會忘情於湘、鄂、贛三省邊區的，這塊地方，實在重要。」

戴氏顧慮，並非多餘。三十三年十月間，中共最稱精銳之「一二〇」師賀龍部王震旅，自山西境內南竄，踏冰渡河，於十一月底，竄至湖北黃陂縣之大悟山。他的任務，就是在江南重建根據地。

王震率部五千餘人，到大悟山以後，一面休息，一面糾集在大別山與鄂東鄂北一帶之李先念、張體學、陳少敏、王首道、王宏坤各股，號稱數萬（實有一萬八千人左右），於十二月間，分股偷渡長江，然後分三路：一出贛北，一出湘北，而由王震率主力經鄂南，而向長衡方面竄擾。所遇偽軍、團隊及少數游擊隊，儼如狂風之掃秋葉，銳不可當。很多地方官員，為其所俘。他們對於這一地區，非常熟悉（王震本人就是平江人），行動亦非常迅捷。更加這一地區，多年飽受兵匪之災，人民心懷憤恨，並不反對他們，亦無力量反對。

中共南竄，是一很大問題，而軍事機關，正忙於應付敵人，結果成為軍統局與中共另一次直接鬥爭。其時，軍統局所屬湘鄂贛邊區與中美所「長江單位」，成立不久，正以修水為據點，訓練青年，配合美員工作。所屬行動總隊，亦剛編成一個支隊，與美員在長江附近，執行佈雷與爆破工作。中共是不會放過軍統局工作人員的，他們首先以多於行動總隊第一支隊數倍兵力，圍攻該支隊，在冰天雪地中，追逐達月餘之久。繼之是到處搜捕與軍統局有關人員。最後是包圍修水。

當湘鄂贛區得悉王震部到達大悟山，企圖南渡情況後，即分令所屬站組，注意中共動向，如有可能，並設法打入。鄂南站工作人員陳正廣、劉伯平等物色到一中共脫黨份子賈永康（曾任中共省委），及與中共有歷史關係者數人，準備見機行事。

中共各股，在大源集結以後，曾停留多日，原因是為組織「解放委員會」。賈永康因其為鄂南人，又任教職多年，小有名望，取得「解放委員會」副主任職務。組成之後，王震即率其主力，經平瀏等地，溯湘江而上，直逼汝城，某司令部因之遷桂東，以避其鋒。餘剩一股，則圍攻修水。

湘鄂贛區當時僅訓練班有兩期學生，約六百餘人。另連合縣自衛隊，與國軍留守部隊，共計不過一千五百人，實無力與中共對抗。但是，他們有近百萬磅物資器材，無法移動，又不願拋棄，美員亦不贊成拋棄，他們都覺來之不易，遂決定死守。一面電請戴氏向當局建議，速令王陵基集團軍回師，並設一剿辦機構，以專責成，因其所部在萍醴一帶，是可以迅速返防部隊。

中共竄擾修水，歷時十餘日，有過十餘次接觸，傷亡均不甚重，均被阻於工事之外。他們並未以主力猛攻。據說是因守軍武器犀利，一說是知道有美國人在內。

在修水被圍第五天，戴氏覆電說：「已奉委座核准，設立湘鄂贛邊區剿匪總司令部，派王陵基兼任總司令，即率第七十二軍專責剿辦，並另調第九十九軍協剿。」顯然當局知道這塊地方非常重要，已經採納湘鄂贛區的建議。

中共竄擾修水之第十五日，王陵基回師，王震亦回竄湘北，七十二軍與九十九軍分途追擊，行動總隊亦全部配合行動。經過三次大戰，無數次伏擊，王震自知不敵，乃率部回竄江北。其在邊區所建組織，包括設在大磨山之「解放委員會」，因有賈永康等內線偵查，潛伏份子，俱被破獲。事後，陳正廣等，並因而得到勛獎。

戴氏對於這次鬥爭，甚為滿意。因他知道如果這塊地方，被中共建立根據地，無論江南地方，勢必糜爛，而長江約有千里水域，亦將為中共所控制，勝利復員，都有問題。

二十九、軍統局經濟狀況之表裏兩面

抗戰以後，軍統局業務與機構，不斷增加，工作人員，由數千人增至十萬以上。戴笠用錢，又似特別豪爽。因而有人對於軍統局經費來源，有所猜測。其實，亦只是因為不瞭解這一機構的實際情況。軍統局和許多大家庭一樣，亦有表裏兩面，在某些方面，顯得比人闊綽，而實際上，卻是外強中乾。

不同時期的經濟狀況

國家全面抗戰，以言財力，可說「悉索敝賦」。幾百萬軍隊，拒敵於十大戰區，千里餽糧，雖尚無士有飢色情形，其籌措輸將，已經是非常艱困。故政府力求節縮，省不急之費，以厚養士卒。

當時機關經費，一般都受到相當限制，惟獨軍統局，似若不受限制，予取予求。這就不免有人猜疑——當局是否有所偏私？軍統局是否別有生財之道？……如其非是，戴笠又何能支持如此龐大之組織？這些疑問，皆在人情之中，並不都含有惡意。

此外，亦有若干人覺得戴氏用錢氣魄很大，顯得比人闊綽，因而聯想到軍統局經費，必定非常寬裕，工作人員待遇，必定非常優厚，戴氏用錢，亦必定無人問其出入。

軍統局為一特別機關，負有特別任務，而且在不斷發展之中，只看外貌，是根本無法瞭解的。即如經費，常與工作秘密，有不可分的關係，要保守工作秘密，就必須聯帶的保守經費秘密。因此，在戴氏生前，軍統局經費出入，是嚴禁對外公開的，儘管有人猜疑，他並不在意，他認為只要　蔣中正明瞭，只要自己清白，外人如何議論，大可置之不理。

民國二十一年以前，亦即密查組時代，因其非建制單位，沒有固定預算，戴氏和少數人員薪津與工作費，係由總司令部特勤處以特別費名目支給，為數不多，大約每月在三千元左右。

二十一年四月，成立特務處，依然非建制單位，經費由力行社負擔，亦對力行社負責，按規定支銷。據說力行社每月發給經費，亦不過五千元，不足之數，則由特勤處補助。除因訓練工作人員需要，曾由特勤處一次補助五萬元之外，平均每月補助，亦不過數千元。

調查統計局成立，特務處在名義上隸屬該局，改稱第二處，始成為建制單位，有固定編制預算，亦自此受編制預算之約束。以後南昌調查課歸併，連同經費預算劃歸特務處，皆由國家軍費項下開支。軍統局時代，亦復如是。

正因其經費出於國庫，所以支用報銷，亦須照法定程序辦理。軍委會所給予便利，大概是事業費不受一般限制；部份編制，有較大伸縮性；若干費用，可免檢具原始憑證；這是不同之處。

這些情況，顯示軍統局經費，皆出之於國庫，而且有一定處理程序，不同於西方情報機關的包辦制。

戴氏受知於　蔣中正，頗見信任，在工作上時予支持，應是實情。一個廁身近要的人，辦事較外官便利，亦人情之常。但戴氏不會恃在信任，而任意虛耗公帑。　蔣中正亦不會格外優容，而任其浮濫。據說軍統局經費支出，除對軍委會主管部門負責外，還須以簡明表式，定期向　蔣中正提出報告，可見公私是很分明的。

特務處成立時，力行社正力求革新，特遴選一從事軍需工作的社員徐人驥，報請　蔣中正派為特務處會計主任，司經費筦鑰，稽核出入。徐人驥自特務處、第二處以至軍統局，任經理部門主管，達十五年之久。

吾人於前列第十八章，曾概括舉出戴氏所領導業務，多至數十種，工作人員，曾達十萬以上。而軍統局改組時，編制員額，則不及二十分之一。即到三十四年，可列入編制者，亦不過七分之一左右。既照編制支領經費，則顯然有七分之六經費，款無所出。語云：「巧婦難為無米炊。」戴氏究竟是如何維持？這是秘密。然亦只是一種運用手法，並無秘密之可言。

軍統局業務，有公開與秘密兩種體系。秘密部份，由軍統局經費開支，亦即在本局預算之內動用。至於公開部份，如監察處、忠義救國軍、別動軍等，則另有核定預算，只不過是由軍統局統籌支配。其他配屬機構，則概由所配屬機關負擔經費。其與軍事機關無關者，如緝私署、貨運局之類，皆各自有其經費來源，勿須軍統局負擔。易言之，戴氏所領導的機構雖多，並不都是在軍統局經費項下開支的。

一個似富實貧的大家庭

軍統局自稱是一大家庭，戴氏亦自認是一家之長。只看這一家庭外貌，和家長所表現的豪氣，將無人懷疑他們富有。在抗戰時期，尤其在中美合作時期，軍統局的氣派，確曾令人羨慕。其實，若言財力，這個家庭，可說外強中乾，並非殷實之家，更說不上富有。

進入抗戰時期以後，在軍統局內，青黃不接，乃至牽籐補屋，為常有的事。其原因：

一、是軍統局為一綜合性的戰鬥機構，需要在多方面求戰或應戰。客觀情勢，時有變化，而且變化非常急，故應變措施，亦甚為緊迫。譬如黔桂兩省，原屬後方，本勿須作特別佈置。一旦長衡失守，寇騎深入，就必須因應變化，而作各種應變措施。又如緬甸地區，已有情報組織，足可適應需要。一旦國軍遠征，又必須加強佈置，以配合作戰。這種時候，是但求如何適應工作需要，而不暇考慮經費問題的。

二、是戴氏個人企圖心特別強烈，他似乎有無窮願望，要將特種工作，發揮到極點。他時刻都在找事做，而不是等待有事才做。比方說：當華中軍情緊急，重慶有人正想逃避，因有遷都之說時，他卻好整以暇，指示蘭州設訓練班，大量招收新疆、西藏等邊地青年，為收拾邊陲之計。勝利之後，舉國忙於復員，準備享受勝利果實，而他要在北平大辦訓練，為光復東北地區作準備。

從國家利益著想，可以說他是識深慮遠，應當有所準備。但政府並未決定計劃，因亦未列入預算。每遇這種情形，發生經費問題時，他的指示，總是「准由本局先行借支費用。」

軍統局經費，是有限的，為數甚多的臨時費、墊付款，常從經常費內挪用，勢必影響正常收支。

雖是很多支出，是事後可以報銷的，亦必須待上級核准，才可歸墊。他多年以來，保持一個原則，「不可隨便向領袖要錢。」所以很多費用，又必俟　蔣中正心情較好，或是自動垂詢時，才敢啟齒。這就是軍統局經費，經常左支右絀的原因。所以徐人驥常說：「戴先生每天只管下條子要發錢，而我們經理室，卻常是庫空如洗。」

如果有人持戴氏手令，而領不到款，他會斥責經理人員不善經理。或說：「我這樣多的錢，都用到何處去了？」而他內心非常清楚，經理人員是不應任咎的。他如是說，只是不願別人說他窮，尤其不許當外人之面，說軍統局無錢。他亦要使他部屬相信，他有能力克服任何困難。事實亦是如此，多數時候，週轉不靈，總是由他去向友好通挪，才渡過困難日子的。

從軍統局經費支配權看，他卻和舊時大家庭家長一樣，有支配整個家庭一切財產之權力。但他亦曾盡其為家長的責任。

軍統局的經理制度

由於經費要受編制預算約束，而非包辦制，所以軍統局亦有其特殊的經理制度：

所屬外勤單位，自特別組以上，無論前方或敵後，會計人員，皆由局本部派遣，不隨主管進退。

各單位經費，皆照編制預算支銷。即在敵後單位，亦必須按時報銷，最多只可免附單據。

所有人員薪津，及員額增減，皆須經局本部核定。甚至是一名工役，亦須報准，始可更動。

由局本部所派會計人員，有其一定權力，不受主管干涉，未經會計同意，是無法動支經費的。

單位主管，被授予經費支配之權限甚小，在限額以外開支，必須事先報准。……

客觀地講：這對一個情報機關，是不合適的。譬如潛伏在敵區單位，必須照規定報銷，一旦洩漏，就可使一個組織全被毀滅。據說軍統局敵後單位，確曾發生過因報銷底稿遺失，幾乎被毀滅的事實。戴氏亦深知其然。但他認為這種經理制度，確有防止流弊功用，且為力行社時代所創立，所以堅持不變。

據說在特務處時代，關於經費限制，有些地方，更為嚴格。譬如一個區站負責人員，所能自由支配之臨時費限額，不過數十元，過此必須報准。有某站長曾因多用公款十元，認為他近於浮濫，而受到禁閉處分。軍統局時代，已較為放寬尺度，特別是對敵後工作單位。

軍統局人員待遇

吾人曾經指出，戴氏一生，受力行社影響甚大。二十七年力行社解散以後，尚能或多或少，保持力行社初期之革命精神的，只有軍統局，尤其是在待遇方面。力行社對於社員的生活，要求樸實，摒棄奢靡，規定每人生活費用，最高每月不得超過法幣二百元。如有超額薪津，必須報繳。目的是要防止社員生活腐化，並與新生活運動相配合。

軍統局人員待遇，是按其編制，比照軍事機關標準而定給與的。而實際薪給，則較一般標準為低。以民國二十七年為例：一個同少將官階人員，實際薪津，均不過二百元左右。中級人員，自八十至一百六十元不等。一個尉級行動人員，出生入死，平均每月薪津，不過四十元左右。訓班畢業學生，一般月俸，僅有三十六元。這比任何軍事機關為低。所以戴氏常說：「論待遇，我們很多工作同志，還比不上一個縣政府的科員。」

這種待遇，到三十一年，未作調整。以後法幣貶值，曾略予調整，而實質增加，極為有限。雖然戴氏多次強調：「吾人係為革命救國而來，非為吃飯而來。」但革命亦須填飽肚皮。故他對於他的工作人員之生活困難，頗為焦慮，亦頗費心思。他亦曾盡他所能，力謀改善。而限於法令，所能改善的，亦不甚多。

在抗戰後期，　蔣中正亦知道軍統局人員生活困苦，曾經面諭戴氏，說：「你們紀律很嚴，但同志生活太苦，待遇非增加不可。」這是難得機會，他正可提出請求。出人意外的是他竟然婉言辭謝。他對　蔣中正說：「領袖這種德意，足使我們同志感激涕零。但是國家財政這樣困難，我們每一個工作同志一個月如增加一百元，就是一筆很大負擔。而且領袖所領導的部門如此之多，如果我們增加待遇，其他機關又將如何？」他並說他的人員生活雖苦，「沒有半句怨言。」

因為辭謝增加待遇，有人說他矯情。甚至有人說：「戴雨農用人，如蓄鷹犬，使其常處半飢不飽狀態，厲其爪牙，令其自願奮力，獵取狐兔。」

戴氏不以為然。據他解釋：「我認為同志待遇，不應使其不足，亦不應使其有餘。不足，則易啟苟得之念，乃至因而犯罪。有餘，又難免不導致生活糜爛，消滅革命銳氣。」

其實，他所說的，亦未必皆由衷之言。實際上，軍統局人員，在當時所謂「有餘」者，是很少見的。據說若干高級人員之眷屬，能蓄養一條豬，貼補家用，已為人所羨慕。中級人員眷屬，能添製一件陰丹斯令布長衫，亦被稱羨不置。……這種困苦情形，戴氏亦未嘗不知道。他不願請求調整待遇，而寧願裒多益少，挹彼注此，勉強維持現狀，主要原因，似乎是因他深深瞭解自己的處境，他不願開先例，而貽怨者以口實。

所謂「清白家風」

當軍統局盛時，戴氏真可說是炙手可熱人物，他所握有權力，自情報、治安、監察、管制、檢查、以及緝私、貨運，非常廣泛。其中有很多業務，與經濟有關。這些業務，一向被官場中人，視為利藪。事實上，亦確曾有人緣以為奸，因而致富。勝利以還，他復受命肅奸，又是子女玉帛，唯其所欲的好機會。這就無怪社會上有人以為軍統局人員，必定都很富裕，至少生活是絕無問題的。

吾人於此，不欲代為答辯。戴氏部屬，多至十餘萬人，無人能保證絕無貪墨之徒。不特眾多工作人員，亦未嘗不可能有極少數眷屬，仗其丈夫之勢，貪圖財賄。「物之不齊，物之情也。」惟可以肯定：以戴氏為中心的這一大家庭，大體是很清白的。吾人如此肯定，一半是依據事實，一半是採信可以置信的評判，而不是憑空結撰，妄下斷語。

不過，必須聲明一點：這一大家庭，是由戴氏所一手創立，亦因他之死，而有很大變遷。雖然仍有很多人，被稱為軍統局人員，仍有很多事，被說成是軍統局人員所為，卻與戴氏毫無關係。站在一個傳記作者立場，不得不加以分別。

戴氏生前所引以自豪的，除他能作別人所不能作與不敢作的事以外，就是他的工作人員，絕對多數能守紀律，潔身自愛，使他所興之家，能樹立一好的門風。他自己稱之為「清白家風」。他認為一個團體或個人，都必須先求自身清白，才能奮發向上，己立立人，創造光榮事蹟。故他常說：「我不患同志能力之不足，祇患同志之招搖撞騙，作奸犯科，或濫用職權，作威作福。」

因為戴氏立意要保持清白，所以他對工作人員其他過失，尚可原情從輕處分。如果有人犯貪污罪，則其後果必甚嚴重。在軍統局內，幾乎每年都有工作人員被制裁，罪名都必是嚴重的違反紀律。相信其中必有因貪污瀆職而死者。

犯貪污罪處以極刑，殺一儆百，當可立威。但只殺人立威，可以使賢者爭自淬厲，卻未必能使不肖者免於為惡。戴氏似乎亦有此感覺，所以他說：「少數同志因違紀被處以極刑，這種制裁，實在是消極的，不得已的。」因為這是一個政治性組織，不但良莠不齊，而且各人情況亦不相同。還須別有方法，以濟立威之窮。戴氏對於人情，無比透徹，他所用方法，是不管任何工作人員，如有特殊困難，都可告訴他，他必定負責為之解決困難。甚至還未告訴，他已知道某人有困難，他亦會自動為之解決。這一方法好處，是使部屬不致因窮而無告，而啟貪財苟得之念。套句成語，就是「恩威並用」。這很可能是他能大體保持「清白家風」的一個原故。

為求更多瞭解，吾人曾歷訪戴氏舊友，聽取他們評論。據一位素與戴氏交厚，而不喜阿諛的人士說：「當年軍統局人員，連公眾宴會，一切交際禮數，都不許參加，約束之嚴，生活之苦，皆是實情。我和雨農見面時亦常提及。他有他的苦衷，他所領導的工作，極為複雜，稍稍放鬆，就難保不流弊百出。我不能說他已做到風清弊絕地步，而他約束惟恐不嚴，防弊惟恐不周，則是朋友所一致承認的。不要只看現在有極少數雨農舊部，席豐履厚，生活顯得異常優裕，就我所知，這都是雨農死後，才會有的。」

另據幾位曾與戴氏共事的資深人士說：「當年很多優秀的知識青年、留學生、黃埔學生，投効特務處，都是抱著革命願望而來。他們佩服戴先生，亦因相信他是革命的。所以多數人含辛茹苦，毫無怨尤。勝利以後，軍統局人員，或被裁併，或被遣散，有很多人失業，乃至流落異地，形同沒有父母的孤兒。大陸變色，軍統局人員駢首受戮，多數就因缺乏資斧，無計遠離。過去一切，皆是十目所視的事實。軍統局人員，實無負於國家。」

還有一位人士慨然地說：「軍統局有萬千同志，倘使其中有一二害群之馬，這是個別私人行為，該由他自己負責，不能一概而論。我要特別強調：戴先生和整個軍統局，是清白的。」當他說出清白兩字時，已不禁潸然淚下！

三十、戴笠用錢觀點與手法

「世界上擅長聚財的人甚多，而善於用錢的人殊少。能聚而又能散，可在社會上做一番事業，否則聚積縱多，不過一守財奴耳。」這是戴笠對他好友湯恩伯將軍所說幾句名言。他確可稱為一善於用錢的人。但絕不是如謠傳的「揮金如土」。在用錢方面，他有自己的觀點和手法。

戴氏之善於用錢，並世顯要，似無人能出其右。他在這一方面之所表現，常使人有一種既豪爽，又精明的感覺。偶爾亦顯得很突然，而近似賭博，然亦不輕於下注。舉例來說，當兩廣事變發生前夕，他認定要敉平變亂，上策是釜底抽薪，策動粵軍人員歸順中央。這需要一筆可觀的活動費，他自己無錢，又不便請款，乃親往上海去張羅。行前，他告訴他的幹部胡子萍，說明他到上海去的目的。他第一次借到港幣八萬元，便立刻盡數投入，居然一呼得盧，獲得全勝。所以他對人說：「當我看準應該如此做的時候，花錢再多，我亦不會吝惜。」

事實確是如此，他認為當花錢時，是絕不吝惜的。在抗戰中期，他有一天，忽然手諭經理處：「即發孫鑑同志國幣一百萬元，劃存西安通商銀行，俟孫同志過西安時支取。其中渝赴陝之旅費，可在此發給。」其時法幣雖漸貶值，而一百萬元，仍是一個大數目。經理處不知為何要發款。少數幕僚亦僅知孫鑑為留德學生，不久之前，由中央宣傳部副部長董顯光介紹，與戴氏僅見數面。雖然大家對於他所決定的事，不敢違抗，而事出突然，不能無疑，因為孫鑑並非軍統局基本人員。

在孫鑑以特派員名義，被派往華北工作之後，他特以手令告訴僚屬，他說：「據本人觀察，孫鑑之為人頗忠實，富有血性，此種人才，頗不易得，應予信任。」他似已察覺有人對孫鑑之事，覺得太過突然。

就工作需要言，華北是極須加強的一環，尤其需要能在上層活動的工作人員。孫鑑條件，是很合理想的，他在華北有良好社會關係，在東京和柏林，亦有工作路線，更難得的，是他愛國。若他能如戴氏之所期，達成工作任務，即費千萬亦不為多，何論區區百萬。不過，要如戴這樣敢於放手用人的，亦實不多。

在中美合作時代，戴氏用錢之豪爽，曾使人側目，乃至議論紛紛。位於重慶郊外的鍾家山一帶，原是一片荒山，亂石嵯峨，遍地叢莽，連可走之路徑亦不多。戴氏決意將合作本部設於此地，乃不惜以大量金錢，披荊斬棘，開山闢路，大事建設。只在短短幾個月時間，鍾家山一帶，已變為一新營區，一系列的禮堂、課堂、辦公廳、餐室、寢室，無不美侖美奐，整齊而劃一。四周道路，亦寬闊平坦，可行駛各種車輛。這不但令重慶各機關稱羨，亦使美員和若干外國記者驚奇！他們沒有料到中國抗戰六年之後，還能有這樣理想的工作環境。

用錢亦如用人，須用得其地，用得其時。戴氏特點，是他很懂得各別不同的人之心理狀態，亦很講究用錢效果。可再舉一小故事：某年，他出巡東南，到達桂林，湘桂路局，因有美員同行，特備專車一列，供其使用，車抵衡陽之前，他命經理處人員葉世掞，準備給予車上員工賞金。同時，他笑問隨行人員，該給予多少？或說當給三千元，或說給二千元亦不為少。

當時法幣二千元，相當於兩個將官一月薪俸，確不為少。不意戴氏命給予三萬元。給賞之後，他微笑著對隨行人員說：「我看你們都太小器，不懂用錢道理。應知用錢不在於數量之多寡，而在於效用之大小。試想我們在車上，已有兩日一夜之久，曾在何處停車，接觸過何人，是無法完全掩飾車上員工之耳目的。他們日夜熱忱服務，當希望得厚賞，給與太少，就不免失望。現在厚給賞金，他們將會有感激之意，不待囑咐，便會自動地為我們保守秘密。」

只看上舉數例，可說戴氏用錢，異常慷慨。因此，有人說他是花錢能手，甚至說他「揮金如土」。在若干人想像中，戴氏有權而又得寵，他必然有用不盡的金錢，而且是不受約束的。從來得寵而有權的人，大都如此。

吾人覺得每一個人，都與生俱有一種兩面性，而非絕對如何如何。即如用錢，一個顯得很慷慨的人，有時會使人有吝嗇之感。反之，一個被稱為吝嗇的人，亦有時顯得十分慷慨。戴氏亦無例外。

早年在軍統局內，曾經有過為加薪十元，而斤斤計較小故事。一位黃埔四期學生高榮，調任內勤工作，他的薪俸，經戴氏核定，由原支一百五十元，減為八十元，理由是外勤重於內勤。另一幹部白世維，以為核減過多，為之請求，希能超過百元。說之至再，允增為九十元。又不知費過多少唇舌，始核定為一百元。只看這一孤立例子，又可說他用錢異常吝嗇。

其實，說戴氏吝嗇，和說他慷慨的人，同樣是見樹而未見林。戴氏用錢，有他自己觀點和手法，而且一直是偏重於節儉方面。即使有時出手很大，亦不是如豪門闊少一樣，憑著興會，隨手浪擲，而是事先經過盤算的。就有關資料看來，說他是一個精於盤算的人，亦不為過。

有一位曾經為戴氏主管運輸業務人士，在回憶往事時，對於戴氏之精於盤算，嘆為平生所罕見。據說其時正搶購陷區物資，要將積存於浙江淳安的物質，轉運於重慶，路程甚遠，沿途有山嶺、平地，有難有易，故車輛所需燃料品質，亦不相同。當他們正在計劃時候，戴氏已有手令指示：「……自重慶至金城江一段之油量，准用三分之一汽油，三分之二遵義煉油廠所產之油。自衡陽至建陽一段之油量，應如何準備？希即妥為籌劃！至於建陽至淳安來回之汽油，可用在閩搶購之汽油若干，以應需要。……究經何條路線，為最妥便？須事先查明。吾人做事，即是小處，亦絕不可以馬虎。」

他對小事，亦確在處處盤算，絕不模糊。例如士兵草鞋費，是一般高官所不屑問的事，而他卻在盤算之中。在致其秘書室手諭中，他說：「特務團每月由公家發給草鞋費，僅二元四角，以現在重慶之物價，草鞋一雙，最差者亦須一元數角，方能買到。公家所發之款，每人每月無法買到兩雙草鞋，遂致士兵赤腳行走，殊非愛護士兵之道。弟迭次囑咐士兵應自製草鞋，而迄未照辦。」他對於若干負責人員，似乎非常不滿，因而又說：「似此麻木不仁，何以革命？限三日內，擬具可行計劃呈核。」

正因他很注重節儉，又精於盤算，所以他對許多與用錢有關的事務，每一小事，都要過問。遷都重慶以後，國家財政，日益短絀，他對軍統局及有關機關，提示「節省浪費，廢物利用，補舊為新」三項原則。連公用文具紙張，都要加以限制。很多公用物品，如能到產地購買，雖節省無多，亦限令要到產地採購。……最特別地方，是他不止於是提示原則而已，必定口到、眼到，隨時查考。

在另一手令中，可以看出他之踏實處。他說：「幾年來對於城鄉房屋與道路之整修，木器傢具之檢點，物資之管理，器材之儲藏，電燈電話之管制，燃料油水之使用與檢查，文具紙張之節省等，均隨時有詳盡之指示，與嚴格之督飭。……」其所以如此，無非是求節儉。

大體說來，他用錢原則，就是不吝惜金錢，而妨礙工作；亦不藉口工作，虛耗金錢。

自特務處成立，以迄抗戰勝利，十五年間，經戴氏之手所用經費，雖無人能知其詳，亦可想見為數至鉅。吾人不能說絕無虛耗之處。不過，以戴氏之性格言，他不會隨便浪費公帑，尤其不是「揮金如土」，則可斷言。

三十一、軍統局紀念大會壯闊場面

戰時重慶，政府機關之集會，似乎沒有比軍統局之紀念大會，更為整齊而壯闊的。這是為策進工作，亦是一種力的表現。就情報機關而言，工作人員，越是隔絕，越能保守秘密，不當有這種大規模集會。而戴笠則認為他所領導的，是一個革命團體，而不是一般的情報機關。

民國二十一年初，戴氏任密查組長時，內部工作人員，共不過十人。到軍統局改組時，編制員額，已達六千人。再到三十年，已超過兩萬人。軍統局以外，所掌握運用的各種機構人員，又數倍於此。發展之快速，聲勢之浩大，皆前所未有。一個毫無憑藉的人，只靠自己奮鬥，而有如此成就，即使戴氏敝屣功名，亦當躊躇滿志。

自抗戰以後，軍統局人員，特別是在敵後工作者，犧牲甚大。武裝組織，頻年作戰，亦死亡相繼。故戴氏規定每年清明節，舉行祭典，追薦死難人員。二十八年，軍統局建在重慶郊外繅絲廠的公墓落成，特擴大舉行祭典。

這一年，戴氏希望有較多的人參加，特地指示：「招待所待命同志，應全體參加。立人小學學生，能走路者皆應參加。抗團同志，與各地來渝學生未離去者，亦應參加。重慶外勤各單位，均應派遣人員參加。在渝之榮譽眷屬，亦須酌量參加。」所以這一年清明公祭，參加的人極多。

二十八年，始召集全面性的工作會議，與特務處成立紀念日，及清明祭典，合併舉行，稱為「四一」紀念大會。以後每年皆舉行，至戴氏殉國為止。

三十年的「四一」大會，更擴大舉行，各外勤單位，包括敵後、海外及公開機構，皆派代表參加，與會人員，約萬人左右。

據曾參與會議人士說：三十年四月一日這一天，自清晨六時起，出席大會的人，即從各路奔赴重慶棗子嵐埡羅家灣的軍統局局本部，一塊佔地約數萬方尺的廣場，很快就被人群所掩蓋，而後來的人，仍絡繹於途。

大會會場，早已搭蓋講台，張挂匾額對聯，皆用紅布綴以金字。橫額是：「我們的工作九週年紀念大會。」兩側榜聯是：「秉承領袖意旨，體念領袖苦心；創造光榮歷史，發揚清白家風。」此外，還有甚多標語，如「任勞任怨，苦幹苦守」。「寧靜忍耐，偉大堅強」。「同志如手足，團體即家庭」。……皆從戴氏平時講詞中彙集而來。

大約在午前八時左右，會場開始排隊，依服裝顏色而分區排列，必是服裝整潔，始准入場。這整理隊形工作，約費時兩小時，必求整齊，合於戴氏之意而後已。據說上一年大會舉行前夕，戴氏認為講台不合適，定要重建，工作人員，徹夜趕建，大會才得如期舉行。因戴氏有遇事求好之心，所以會場之內，標語張貼高低，花盆陳設疏密，講台容量大小，他都必親自檢點，一點都不容模糊。

隊形整理，經戴氏預閱，認為滿意後，大家才摒息以待　蔣委員長蒞臨主持開會。

蔣委員長領導行禮，並訓話以後，例由戴氏陪同巡視「烈士紀念館」，慰問在場遺族。然後奏樂，恭送如儀。隨著由兼局長賀耀組講話，講畢即宣佈散會。

當天午后，是慶祝會，大會餐，並有娛樂節目。戴氏是只許「有團體宴會，無私人酬酢」的。所以多數與會的人，都參加大會餐，席開數百桌，極一時之盛。雖是菜餚無多，都有一種飲和飽德的感覺，因為他們知道有若干食品，如豆乾燒肉，炒辣椒醬、麵食，都是戴氏因南北人員，各有所嗜，事先指示承辦人員備辦的。

晚間娛樂，主要是平劇。戴氏在南京時，即設有平劇社，特聘名家講授，衣箱道具，皆係自備，演員亦俱為工作人員。間亦招待軍政各界首長觀賞，頗有好評。惟「七七」事變以後，非遇慶典，不復演出。

第二天上午，工作會議開幕，由戴氏主持。出席者約三百人左右，皆為內外單位主管或代表。其中穿著軍服，佩帶將官領章者，在百以上。

這一次大會，另增一贈劍儀式，由與會人員代表全體工作人員，向戴氏呈獻一柄「七星古劍」，以象徵全體人員在他領導下，以鋒利無比之寶劍，為國殺賊，為民除害之意。

閉會前日，全體出席會議人員，奉　蔣委員長之命，參加中央擴大紀念週。來自陷區，著有功績代表，並蒙召見，加以慰勉。

最後，由戴氏分別約見，交換工作意見，逐一餞行，然後各自返回工作崗位，繼續奮鬥。大會於此結束。幸運的人，始有機會再回後方，重睹盛況。非幸運的人，從此如江水東流，一去不返，血濺荒遐，身化蟲沙！

政府機關，能在戰時召集全國工作幹部，舉行會議的，已不多見。能一次有萬餘人集會的更少。更難得的，是此萬餘人，皆為知識青年與少壯軍人，同屬一團體，而人無二心，以一人之心，貫乎萬眾之心。這只有由戴氏領導的軍統局，才能做到。謂為壯闊，應非侈言。

在常識上，一個情報機關，是不適宜於舉行這種大規模集會的。雖然戴氏強調他所領導的是一個革命團體，而不是普通的情報機關。而軍統局實質上為情報機關，無可否認。他要召開這種大會目的，誠如他所言，是要增進同志情感，溝通內外隔膜，以利工作之推進。至少他認為有其必要。

不過，這只是一面。其另一面，亦有藉以展示力量的動機。他要　蔣中正看到這一團體的陣容，和他的領導才能。亦要眾多幹部，看到　蔣中正對這一團體的重視，與對他信任。

三十二、戴笠所主持的全面緝私工作

政府為充裕稅收，設立緝私署，派戴笠為署長，當時有若干人士，頗感意外。其實，應在意料之中，因這亦是作戰，必須有基本部隊，作戰能力，尤其要有勇氣，才能勝任。幾年緝私，未必能使走私漏稅之風盡絕。惟因萬千工作人員之不要錢，不妥協，曾使國家稅收，顯著增加，則為不爭之事實。

抗戰進入第四年以後，國家支應日加浩繁，約計一般支出，年需七十億億元，而中央收入，不過十億元左右，財政困難，概可想見。稅收短絀原因，除沿海通商口岸，俱被敵佔踞以外，主要是因走私逃稅之風甚熾。

民國二十九年春，物價高漲，法幣貶值，戴氏目睹財政危機日深，特建議　蔣中正加強防止走私。同年六月，他復將他所見到西北一帶走私情形，面報　蔣中正，他有甚多情報機構，散佈各地，自比別人更為瞭解實況。因而　蔣中正要他「草擬具體計劃呈核」。

他當時構想是：成立一全面性緝私機關，隸屬於軍委會，並將中央與地方緝私部隊，統一整編，統籌部署。這構想正與　蔣中正意旨相合，他早經指示要將各地緝私部隊，徹底整理。惟在政府體制上，緝私屬於財政機關主管。故最後決定，在財政部下設立緝私署。

這種機構，在往時被視為肥缺，自然有很多人覬覦。迨是年十一月人事命令公佈，緝私署長一職，竟然是與財稅機關毫無關係的戴笠，當有人感到意外。

據說戴氏曾經力辭，理由是他事繁責重，難於兼顧。他當亦知道這又是最易叢謗招怨的事。經過財政部長孔祥熙敦促，復經　蔣中正面諭，辭不獲已，他只好勉為其難。

緝私業務，一向是政出多門，中央與地方各行其是的。現在要建立一統一的緝私工作，不僅事屬創舉，窒礙甚多，而且勢必與各種惡勢力展開鬥爭，對戴氏而言，不啻開闢一新戰場。他最先急務，是要建立全面分支機關，並配賦緝私兵員，這需要甚多得力幹部，和數以千計的工作人員，而且必然要面臨許多錯綜複雜問題。

不過，戴氏是一擅長肆應繁劇的人，他主持軍統局，如同一個老謀深算的企業家，常能以一套資本，經營多種事業，左右逢源，而運用自如。

緝私業務，和戴氏亦早有淵源。早期配屬於禁煙機關之緝私單位，自二十四年起，就是由他領導。這一單位，遍佈於長江各口岸，遠至西南，在緝私方面，頗有成效。二十五年，財政部始設兩廣緝私處，（後改為查緝處）並成立稅警團，兩任處長，均由他介派幹部張君嵩、謝鎮南充任，亦有很好表現。所以走私逃稅情弊，他都很清楚。

戴氏在受命之後，似已胸有成竹。他第一步是在重慶、西安與湖南衡山，設立規模頗大之查緝幹部訓練班（以下簡稱查幹班），命令軍統局各單位，迅將無工作作用與應行撤退人員，經過甄別後，一律保送查幹部受訓。並在時間上，力求與各省緝私處佈建計劃相配合。各省分支機構所需工作人員，由三個訓練班源源供給，人員問題，因而順利解決。

繼訓練工作之後，是整訓並佈建武裝稅警。其時，財政部所屬稅警，號稱數團，散處各地，素質頗差。要一一徹底訓練，則緩不濟急。他想出一個兼顧辦法，先就風紀較好稅警，編組為兩個教導團，與一個補充團，再於特警班與查幹班挑選若干學員，派往各團充任基層幹部，一面服務，一面訓練。其餘則集中整訓。沒有稅警地方，則協調交通警備部與地方治安機關，予以援助。

由於佈建較有步驟，行動亦很迅速，所以只有半年以上時間，已能全面展開工作。一年以後，訓練人員日多，稅警亦逐漸擴編至七個團，及四個獨立營，佈建乃更加周密。

當時由戴氏所佈建的緝私網，橫的方面，是沿軍事封鎖線；縱的方面，是依水陸交通路線；設置查緝機構，多少視地形而定。大抵凡商旅必經之地，均有查緝所之設置。

儘管如此，仍不能說因有緝私署，便不再有人走私逃稅。俗語說：「道高一尺，魔高一丈。」很多習於作奸犯科之徒，是仍有方法蹈瑕抵隙，逃避緝私機關耳目的，亦是仍有方法，可以打通稅務機關關節的。這一面是因政府機關，並不都是健全的，奸商惡徒，與稅務人員，上下其手，使人防不勝防。一面是少數不肖軍人，挾持武力，為圖非分之財，不惜包庇走私。故緝私署成立之初，私梟依然很活躍，私貨亦依然充斥市場。

當時走私問題之嚴重，連外籍人士都能察覺到，代表美國羅斯福總統來華考察之經濟專家居里，就曾認為「中國戰時經濟，走私是一個嚴重問題。如果這個問題能夠解決，中國在經濟方面，並不需要多少幫助。」所以戴氏說：「單就緝私一事來說，我們任務，就關係抗戰建國前途。」

在財稅方面積弊，多半皆由政府機關之不健全而起，真可說非一朝一夕之故，由來久矣。因此，在眾多惡徒估計中，不管是誰主持緝私工作，金錢或武力，必可使之軟化，以往都是如此。

但他們估計是錯誤的。當局派戴氏主持其事，當是因他具備有多種條件，譬如他有一個情報組織，並且掌握各地治安機關。而更重要的，是深信他不妥協，更不要錢。

據可信資料：緝私署成立後，戴氏曾經槍斃他自己的一馬姓司機，與一王姓衛士，罪名是違抗檢查，騙取金錢。他自己並說這兩人都和他有十年歷史，是最親近的。惟其親近，走私者才設法引誘利用。他既律已甚嚴，且先將他身邊的人繩之以法，他的部屬，自無人敢於妥協或要錢。

此外，緝私署有些切實措施，亦頗能掃除陋規，一新耳目。例如當時規定，凡屬貨品運輸，經過查緝所，不問貨值多寡，貨主為誰，必須當眾檢查。如甲地疏漏，而被乙地查獲，則為失職，立予懲罰。所緝獲私貨，限時送稅務機關處理，取據為憑。軍人攜帶私貨，一律強制扣留。……如此，查緝人員，既不敢徇隱，稅務機關，亦難以賣放。各地走私之風，為之稍戢。

如說緝私亦是作戰，這條戰線，是非常廣闊的，亦是非常複雜的。形形色色的惡勢力，都各有其法門，此以矛攻，彼以盾拒，故各地皆曾發生緊張而曲折故事。

在湖北，某戰區若干部隊，常武裝走私，其長官意存庇護，反指緝私機關毀壞名譽，其部屬且揚言報復。緝私人員，任其詬辱威脅，而照常查緝，絕不妥協。所緝獲私貨，均拍製照片，開具詳冊，然後逕送該部處理。如此自再至三，該部礙於顏面，無可抵賴，乃自動下令嚴禁。

在陝西，鹽務局長于鼎吉，竟敢於賣放私鹽，曾有一次，使政府損失稅款達四百萬元之鉅。由於他是舞弊能手，雖是惡名昭彰，卻無賣放證據。緝私人員，想盡方法，派員打入私梟內部，抽絲剝繭，終於獲得證據，使他不得不俯首認罪。

在河南，緝私人員所破獲之官商勾結走私案，更為聳聽。主犯是河南省銀行總經理李漢珍，所用以販運私貨之資金，則為中央所發之賑災專款。

在其他各地，幾無一處沒有鬥爭，情節各異，茲不備舉。

在戴氏主持全面緝私工作時期，究竟曾為國家增加多少稅收？主管財務機關，未必能知其詳。戴氏本人，亦未留下完整紀綠。惟吾人有理由相信，所增應非少數。以個別地區為例：如陝西省，在緝私處成立後一年，稅收已較前一年度，增加九倍。餘如湖北、廣東兩省，在同時期，亦各增加六倍以上。以此類推，可知為數當不在少。

三十二年，戴氏請辭緝私署長兼職，他自己解釋是「縮短戰線，不宜再兼許多公職。」而外間則謠傳甚多，並有人確信是因某政要作梗，而被迫辭職的。姑不管他是主動或被動辭職，他在緝私工作方面，打過幾年硬仗，對國家稅收，有其貢獻，無可否認。

更難得的，是他辭職以後，不僅不許幹部隨他進退，反要求凡屬軍統局人員，都要「安心服務，協助新署長推進工作。」經他辛勤整訓的稅警部隊，沒有一人一槍，留為自用。反之，由軍統局提供的一切設備，如電台之類，皆交與後任接管。這種地方，充分表現出他的一個基本觀念—一切皆為國家。

三十三、全面監察與檢查工作

軍統局在戴笠領導下，負有防諜、防奸、防內賊的責任，目的在於保衛國家安全。這是一條最廣闊的戰線，自政府至民間，自後方至前線，自地面至空中，又自有形敵人至無形敵人，處處皆要防範，時時皆須作戰，而且不容有一缺口。其中以監察與檢查工作最為繁重，亦最為人所不諒。

電訊監察

中國之廣土眾民，使中國人引以為榮。而一旦國家有事，組甲厲兵，防諜保密，亦使政府極感困難。以戰時電訊而言，眾多公私電台、傳播機構、電器商行，如有部份，被敵諜利用，對於抗戰，就必定會發生不良影響。政府有很多機關應當負責，亦儘可推諉，因為並無明確規定。於是在防禦線上，形成一大缺口。

當戴氏發覺此一缺口後，他認為非堵塞不可，立即責令重慶衛戌總部稽查處，研擬對策。二十八年初，呈准軍委會，實施電訊監察，以重慶區為試辦範圍。

同年九月，始由軍令部擬定「全國電訊監察實施綱要」。經有關機關反覆磋商，涉及權力部份，又復爭論不已，延至翌年三月，這個綱要，才審查成立。而不同意見仍多，又拖延數月，始報准定案，指定特別檢查處（以下簡稱特檢處）負責執行。其實，仍不出戴氏原定辦法之範疇，只不過增加若干官樣條文而已。

電訊監察，必須有實際行動，尤須有監察技術與設備，並且須與治安機關合作。只有軍統局具備有應需條件。故實際上仍是由軍統局負責。

三十年，始在重慶衛戍總部設立電訊監察科，由軍統局派員主持。以後陸續設立的，有桂林、昆明、西安、洛陽、蘭州、韶關、貴陽、建甌、衡陽、恩施、上饒、資陽、柳州、南鄭、芷江及老河口等處，均援重慶之例，配屬於當地高級軍事機關。人員與電台，則出於軍統局，由特檢處承戴氏之命，統一指揮。至此，在後方電訊方面，始建立起一道防線。

各地電訊監察科，均保有各種測向機、收報機及應需儀器，多者達十台以上。其分佈是依地理形勢，從各種角度，構成一空中偵察網，要使大後方所有軍用、民用、公用以及船艦、航空電訊，舉莫能逃出監察之外。當然主要是為偵查敵諜，並防止敵人利用我公私電台通訊。為期監察之精密，戴氏特運用中美合作關係，吸收美國最新技術。三十四年初，美方循戴氏之約，特派專家魏斯敦率技術人員多人來華，與軍統局合作。於是再利用美方器材，迅即建立監察總台。每總台配置監聽機九部，流動測向機六部，長距離測向，發報機各一部。並備有無線電話，週率校正儀器，及流動偵巡車輛。不僅在國內為唯一設備完善的電訊偵查機構，且可與美國媲美。

可是，戴氏意猶未足，又復商之中美合作所，於重慶增設一新式偵查總台。並於西安、貴陽、百色、上饒等地，各增設一流動電台，交叉互測，以加強對日本電台之偵查。

與通訊監察相關業務，為電器商店器材調查管制，收音機之登記管理，與不法通訊之取締。此在政府機關規定中，原本屬於行政機關責任。但在法令與實際脫節之後，已成為具文。譬如有關敵人飛機活動電訊之偵查，原應責成防空部門辦理。而事實上，幾乎所有防空機構，皆無必需設備，與技術人才。遂使此一堤防，處處皆有罅隙。

戴氏發現這一罅隙，即責令各地電監科負偵防之責，而不居其名，有功仍歸之原應負責機關。「人棄我取，人取我與」，只要對國家有利。這是他之愚不可及處，亦正是他高不可及處。

電訊偵防工作，是屬於防範性的，旨在禁於未萌，故甚難舉出其具體成果。惟有兩事，必須表而出之：一是擔任監察工作之軍統局人員，皆曾盡過力。即如「監聽」業務，據說整個大後方，只是需要經常偵查之可疑電台，就多達一百七十餘座。其違規通訊，需要糾察者，又所在皆有。工作人員，日以繼夜，不能有片刻鬆懈，其辛勞可知。一是因有嚴密監察，在後方沒有發現敵人電台，亦沒有公私電台與商行為敵所利用。譬之一個地區，沒有發現惡性傳染病，則其衛生工作，就可算已盡其責。須知敵人是渴望在我後方，設立電台，或滲透我方電訊機構的。

與電訊偵防工作一樣，同屬防範性質，亦同樣有很多人，終年矻矻，含辛茹苦，為國家盡力，而不為人所知的，是郵電檢查工作。

郵電檢查

這一項業務，在我國始於何時，無從查考，但可確定非戴氏所首創。北伐以前，各地軍閥，亦常有突擊性檢查，惟無常設機構。當時國人對此，即深為不滿，因為檢查私人函件電報，干涉通訊自由，是違背基本人權的。不過，一般國家，都認定這是發生戰爭時候的一種必要措施。故在江西剿匪時期，若干地區，已實施郵電檢查。民國二十一年，軍委會軍統局成立，檢查範圍擴大，其業務由該局第三處主管負責。雖是戴氏在稍後出任該局第二處處長，而檢查非其職掌，在各立門戶情況下，他是無從插手的。

不過，他知道郵電檢查和情報大有關係，他很希望他有工作人員，參與此項工作。因而在第三處以招考「特種電訊人員」為名，招收郵電檢查工作人員時，他通過力行社，物色到知識青年劉兆祥等，前往應考。當時報名者八百人，錄取者約十分之一，其中有五十人以上，為戴氏所物色。幾年之後，終於「拔趙幟，而易漢赤幟」。社會亦皆知這項工作，是屬於戴氏領導的。

從二十四年起，郵電檢查工作，在軍統局內，改由第一處與戴氏之第二處共同負責，人員與經費，由雙方負擔。較大城市，均設有郵電檢查所。惟第二處人員仍佔少數，實權仍操於他人之手。

二十七年，軍統局改組。郵電檢查，既係應軍事需要而實施，自應由軍事機關主管負責。惟人事關係，非常複雜，仍不免有許多牽制。雖然在軍委會辦公廳下，設有特檢處，而郵檢業務，仍分由軍統局與中統局各負部份地區責任，蓋有調停人情之意。

二十八年，軍統局主管地區，為重慶等二十餘所，及浙江沿海十個縣，餘皆由中統局主管。

二十九年，為加強偵防工作，特檢處奉命擴充，由戴氏幹部劉璠（黃埔軍校一期畢業）任處長，並指定受軍統局指揮。據說這是出於當局之意。至此，戴氏乃得依全面實況，為有系統之調整。

在這一年底，屬於特檢處之郵電檢查所，共有三十九所。另有郵檢辦事處四十六所。若干地區，並派有郵檢專員。

三十年，再度調整加強，郵電檢查所減為三十八所；郵檢辦事處，增至六十五所；另設臨時性郵檢分所六百六十餘處。三十二年，再增設郵電檢查所兩所，辦事處二十六所。其時除山東、山西、河北、江蘇、西藏等地外，整個後方，及淪陷區之仍有政府組織者，皆有郵檢機構。前線戰地，亦在檢查範圍之內。當然都是受戴氏指揮。

從發展速度看，這項業務，似甚順利。而實際上，則經過很多波折、阻礙與困難。十有八九，皆由於錯綜複雜人事關係所造成。

吾人前已指出，改組以前的軍統局，在領導上，是二元化的。畛域之見，不能盡免，雀角鼠牙，自在意中。例如民國二十四年，武漢郵檢所長喻耀離到職，副所長高某，即公開反對。原因是喻屬第二處，而高則屬於第一處。這一小事，可說明其間所存在的一種先天性矛盾。

郵電檢查，由政府所決定，而早期暗中反對的，亦多半為政府中人。例如二十四年冬，江西省保安處違反禁令，將實行徵兵消息，告知新聞界披露，當地郵檢所依於規定，處罰某報停刊三日。不意竟有黨政人士通電反對，鼓動風潮。經過綏靖公署主任顧祝同將軍排解，並說明政府正受日本壓力，徵兵不宜公開理由，始告平息。

在推行郵電檢查制度過程中，各地強有力者之公然阻撓，更為常有之事。而發生在綏遠陝壩事件，可視為一典型實例：

當陝壩郵檢所成立時，第八戰區副司令長官傅作義，已先自設檢查機構，派員強行檢查，因而與中央郵檢所發生衝突。該部為迫使郵檢所知難而退，誣賴傅作義私函被撕毀，聚眾行兇。郵檢所長孫傳琨（黃埔軍校五期畢業），請求傅作義保護，交涉多次，毫無結果。他是戴氏幹部，沒有命令，他是不會擅自離開的。他迫不得已，乃率領工作人員至副長官部門前，靜坐地下，以絕食相抗。傅作義自知理虧，始允將武裝官兵，撤離郵局。

其在雲南，郵電檢查所雖早設立，而因龍雲之阻撓，至民國三十年，仍無法完全執行任務。故戴氏在手令中說：「昆明郵電檢查，未能切實實行，致外國記者之電報，無人檢查。……必要時，應呈請委座電飭龍主席辦理。」這一例子，正可反映當時複雜情形。

航空檢查

民國二十八年以前，所謂航空檢查，僅限於軍用飛機，由航空委員會自行負責。迨汪兆銘出走，政府始覺民航亦有管制之必要，乃決定實行民航檢查，責成特檢處負責辦理，實際仍是由戴氏負責。開始實施於重慶，逐漸增加成都、蘭州、西安、桂林、昆明、韶關等檢查機構。三十一年後，並於武威、張掖、酒泉、安西等地，設立檢查分所，目標是防止蘇俄與中共在西北之活動。

在抗戰時期，後方機場無多，大都於軍用之外，兼供民航使用，而由軍航機關管理。

既然實施民航檢查，而其動機又是因汪兆銘之出走，自不免要對若干人士之行動，有所限制，使人感覺不便。但在政府立場，實有不得不爾之苦衷。汪兆銘在國民黨內，有很長歷史，在政治圈內，有甚為廣泛的人事關係。他背叛國民黨，並與敵人合作後，據戴氏對某高級幹部表示：「有幾百個人動向，要加以注意。」依吾人推想，這幾百個人之中，必然朝野人士都有，亦必定不全是無名之輩。政府處境，已經很艱苦，實不能再容裂縫擴大，故不得不有所限制。很多人對於這種措施，誤以為是戴笠的主張，自然對他感到憤恨。

不寧唯是，還有有關機關，因軍統局之介入交通與機場業務，而感到不滿。在官場中，多年來的陋習，是「寧可拋荒，不可失業」。亦即是自己不做，卻不願別人代庖。國家的事，就往往誤在此類官僚手上。

戴氏在應付這種場面，應付若干官僚時，常是抱定一種「知雄守雌」態度，委婉情商，徐徐圖之，絕不意氣用事，這亦是他厲害之處。譬如當時要在河西走廊各機場，設立檢查分所，是奉行軍委會命令，他大可「挾天子以令諸侯」，照命令行事。而他計不出此，寧願以私人情分婉商。在致航委會周至柔函中，他說：「……茲查甘肅境內，共黨異常活動，與蘇俄連繫，亦甚密切。為阻止中共之活動，與俄員軌外行動起見，晚擬請於蘭州、安西、甘州、酒泉、武威等處飛機場，准予組織偵查組人員由晚處派遣，工作由貴會指揮，經費由貴會負擔，或由晚處共同負擔，以利工作。是否可行？伏希鑒核示知！」像這種態度，是會使很多人，難以拒絕的。

可是，亦有困難，不是喻之以理，結之以情，所可解決的。尤其是對部份空軍飛行員之檢查，最為棘手。

自敵人發動太平洋戰爭，對美英宣戰以後，英國態度有所轉變，我在國際航線方面，得以打開一條通路，一切進口物資，皆經印度轉運昆明，而散之各地。由印度夾帶任何物品入境，均可獲得暴利。於是有少數不肖飛行人員，乘機走私，而且日益猖獗。

三十二年夏，　蔣中正知道空運走私情形後，立即命令戴氏實行軍航檢查。這是應作文章，亦是一大難題。因為少數走私者，隸屬於航委會。當時國人習航空者較少，少數不肖之徒，自視為「天之驕子」，有時且不可理喻。故軍航檢查一開始，就遇到強烈反抗，飛機駕駛與空勤人員，以手槍威脅檢查人員，大有為走私而不惜殺人之勢。其他有關人員，雖不走私，而在其潛意識中，對於檢查有反感，因亦隨聲附和，其勢甚張。戴氏亦覺在空軍緊要時期，不可操切從事，影響運輸。乃呈請對於軍航檢查，暫緩實施。

這宗抗拒檢查案，終於被　蔣中正知道。他畢生治軍，對於軍人抗命，是深惡痛絕的，所以異常震怒，以手令督飭嚴厲執行，務須根絕空軍走私之惡風。

處理最急迫而多變化問題，最需要冷靜、從容而細心。戴氏是知道這一要訣的，他奉命之後，先託軍委會機要室主任毛慶祥，將　蔣中正手令交有關單位閱看，以示勢在必行。經過一段時間，再命檢查人員嚴格執行，如遇空軍人員以手槍威脅，亦可攜帶手槍強行登機檢查，即犧牲性命，亦所不計。結果，戴氏得到勝利，各地機場，無敢阻撓，走私之風，亦被遏止。

在執行軍航檢查時，另一困難，是對在華服務盟邦人員之檢查，因為他們之中亦有人走私。戴氏決定一體檢查。他於事先運用他和陳納德將軍、梅樂斯將軍等之友誼，取得聯邦主管部門之諒解後，即命所屬，嚴格執行。昆明檢查所，查獲一美軍人員，接受商人賄賂美金三千元，為之運送私貨，被遣回美國，科以十年有期徒刑。在這以後，美方人員，亦不敢再公然走私圖利。檢查機構威信，乃得以樹立。

經濟檢查

民國二十九年以前，軍統局除經濟情報之外，是不過問任何經濟業務的，若干所謂財經鉅子，勢力甚大，亦不會容許情報機關過問。

進入三十年後，國家國力，已面臨考驗時候，戰爭能否持續？最先是表現在經濟方面。我國經濟最大弱點，是先天不足症，如後天不能善為維護，要抗戰到底，是很難的。這是常識，一般人都知道，而一般人都袖手作壁上觀，包括財經鉅子在內。因為聰明的人，都懂得「多一事，不如少一事」的處世「哲理」。

戴氏恰與相反，他認為只要有利於國家的事，都當盡心力之所能及，不必太過於計較個人利害。因此，他要求軍統局主管情報部門，深入研究經濟問題。隨後並將原設經濟科，改為經濟研究室，側重於問題之研究，包括敵人與偽組織經濟情況及措施在內，以便於採取對策。同時，加強對經濟情報之蒐集。所以他能適時提出很多有系統的研究報告。有很多建議，除「加強緝私」、「輸出入貨物管制」、「搶購搶運陷區物資」之外，尚有「解決後方棉荒」、「調節物資」、「安定後方經濟」等方案，亦是由他提出的。

三十二年，軍統局為加強經濟調查工作，特於重慶、昆明、西安等地，及陷區大城市，設立經濟組；於一般地區，派遣經濟督導員；並要求所屬公開與秘密單位，一律兼辦調查業務。這使軍統局成為一最瞭解全面經濟情況的機關，為一般主管經濟機關所不及。

同年，國家國防最高會議，決定設立經濟組，以謀安定後方經濟。組長一職，由戴氏介派幹部嚴靈峰允任。經濟組之下，於各大城市，分設經濟檢查隊，對於各銀行、大商行之倉庫堆棧，實行檢查，防止奸商囤積居奇，以貫徹政府限價政策。

以後幾年，物資匱乏，法幣貶值，而後方經濟，仍能保持平定，沒有因而發生任何重大事故，當是由於很多經濟措施，合於時宜。

以上四類，連同查緝走私與交通運輸之監察與檢查，為戴氏招怨叢謗之重要原因。很明顯地，電訊監察，監視公私郵訊，取締違規通訊，與不法商行，從事這一類職業的人，自然不滿。檢查郵電，在理論上，是洞查私人隱私，妨害通信自由，有侵犯人權之嫌，更使「民主、進步」人士，振振有辭。檢查民航軍航，使很多特權階級，極為不便。而經濟管制與檢查，又必為奸商所憎惡。其餘緝私、交通檢查，心存憎恨的人更多。這就無怪社會上有人對於戴氏，攻訐毀謗，無所不至。

但是，在國家處於生死存亡關頭，吾人仍深信這些措施，對於國家必有裨益。

應該批評或指責的，不是政策，而是執行者有無偏差。以如此繁重業務，集於一人之身，而假手於眾人去執行，如說絕無偏差，是不可能的。在戴氏遺著中，他亦嘗提到他的部屬，在執行職務上的偏差問題。顯示軍統局工作人員，除紀律較嚴之外，亦和任何機關人員一樣，在執行尺寸與態度方面，不能沒有偏差。部屬有錯誤，作長官者，是有法律和道義上責任，不容完全推卸的。不過，亦不能一概而論。

且以民航檢查為例：當時即曾經發生過一可稱錯誤，亦可說並非錯誤的小故事。其時管制條例規定：凡甲地飛往乙地飛機，在卸載之後，必須按一定時限，飛返甲地。有兩架運輸機，飛到西安（？）之後，因貨物不足，擬將兩機貨物改裝一機，先行按時起飛，另一機則留以有待。而檢查機構，則堅持不許，定要兩機按時飛返重慶。這是照規定辦事，不為錯誤。戴氏知道以後，立將檢查所長撤職，並說：「非嚴加究辦不可。」他認為這一所長不通權變，「硬板板的濫用職權，浪費國家物力」。如此之類的偏差，持平而論，就很難說要長官負責。

三十四、戴笠所主持的陷區搶購物資工作

戴笠一生事蹟，有一部份，近似傳奇，貨運工作，為其中之一。因為所搶購貨物，皆在敵人控制之下，亦為敵人所最需要者，須從敵人手上取得，更須通過敵人防區，始能運出。這在任何政府官員看來，是不可思議的事。而他在奉命兼任貨運管理局長時，竟然能達成任務。此乃經濟作戰史上之一奇蹟。

一般國家，在戰時之經濟作戰，不外優先搶購，控制國際市場，強力破壞，或以海軍封鎖，以削弱敵方物力。這都必須具備一定條件，才能做到。我國開戰不久，沿海工業城市，俱被敵人佔踞，較為富庶地區，亦相繼陷落敵手，海上交通，完全斷絕，所以後方物資缺乏，愈久而愈益嚴重。故戴氏建議，設立專管物資調節機構，並設法爭取陷區物資，以利抗戰，時在民國三十年八月以前。

這是政府在戰時所當做的事，亦是一大難事。因為機關甚多，有權的人，不願任責，又不肯授權與人。當局將戴氏建議，交主管機關——財政部研辦，財政部認為管制桐油、鎢砂、茶葉等特產的，有貿易委員會；管理向外採購的，有中央信託局；主管民生必需品的，有花紗布管制局；此外還有甚多機構，各有專責，不必另設機構。所以往復研商，而無結果。只是勉強同意試辦從陷區搶購物資一事，可由戴氏負責策劃。

但這是空言，因為一切皆須財政部決定辦理，財政部既意存觀望，便一切無從著手。戴氏在致杜月笙電中說：「……如何搶購物資事，弟受責任心與良心之驅使，非盡各種可能去推動不可。但上級之辦法，迄未決定，殊有礙於業務之進行。」

在拖延不決時期，戴氏再建議實行物資「輸出入聯鎖原則」，即輸出管制物資時，必須輸入等值所需物資，以獎勵輸入。三十一年十月，　蔣中正批示：「以設局為宜，並須從速辦理。」十一月，財政部始決定設立貨運管理局（以下簡稱貨運局）。並定其任務以搶運陷區物資為主，又經過相關機關，互相磋商，始決定於三十二年五月成立，拖延已兩年矣。

這一困難業務，如緝私工作一樣，為戴氏所策動，最後責任亦落在他身上。他是否曾經辭謝局長兼職？不得而知。惟可想見即使他辭謝，亦未必能如願。因為這種困難事，聰明的人，不會插手。又何況有人惡他多事，樂於見他作繭自縛。

戴氏就任貨運局長後，當即策定以次工作方針：

（一）管制對淪陷區輸出入——限制輸出，獎勵輸入。

（二）獎勵商民搶購搶運陷區物資。

（三）協調各物資管理及運輸機構，協助商民，予以便利。

（四）辦理商民無力搶購搶運工作。

（五）破壞敵人金融及經濟。

依於此一方針，預定資金為三億五千萬元。經過約半年時間，財政部才陸續撥款一千萬元，表面敷衍，而暗中掣肘之事，不一而足。堅強如戴氏，亦覺綆短汲深，無從為力，不得不一再辭職。與此同時，他將所發現的許多弊病，直言無隱地報告政府，他指出：「當前經濟措施上，所存在問題，足以阻礙物資內流，妨害經濟發展。諸如：搶購花紗布，所定官價，即低於市價，不切實際。桐油等貨品輸出，結匯手續繁難，往往幾個月不能辦妥，予商民以不便。修改戰時管理進出口物資條例，簡化手續，經過半年，仍無結果。……」他希望在他去職之後，能極謀改善。但無一言責難財政部。

一個肯忠於國家，實事求是的人，是終必有人同情的。又何況在淪陷區搶購物資，除他以外，實無人可以辦到。故又不得不挽留他。一個月後，商定若干改善辦法：凡貨運處登記輸入物資，可憑證通行，並憑證收購。凡由貨運局搶購物資，照成本加管理費用。同時增撥資金八千萬元。至此，戴氏乃展開工作，針對交通實況，於界首、龍泉、南平、韶關、柳州、三斗坪等地設立貨運管理處，派王兆槐、趙世瑞、江秀清、李崇詩、楊繼榮、朱若愚等人負責。除協助商民之外，並配屬交通工具，組織運輸隊，隨購隨運。

當時後方所最感缺乏的物資，為紗布、五金、橡膠、油脂、汽油、藥品及機械零件等。各貨運處依於計劃，分途向陷區較大城市秘密進行搜購。惟主要市場仍在上海，所購得物資，以上海為多，亦以上海為最富戲劇性。

貨運局成立後，曾組織一公司，名「通濟隆」，以民營姿態，經營進出貿易，名義上由杜月笙負責。同時，在上海亦設一公司，名「民華公司」，由徐采丞負責。以為交易對手，能從上海搜購物資，瞞過敵人，並得偽方默許，陸續運出敵區，主要是戴氏掌握有三個關鍵人物，配合運用，恰到好處。沒有這三個人協力贊助，是甚難圓滿達成任務的。

第一個關鍵人物是徐采丞。他是杜月笙得意門徒，上海淪陷後，他被指定為杜月笙代表，留在上海，負責維繫幫會中人，免為敵所利用。他善與敵人周旋，結識敵駐上海「登部隊」之陸軍部長川本，交稱莫逆。川本聘他為顧問，異常信任。於是他左右逢源，一面與杜月笙保持聯絡，信使不絕。一面又被敵視為「親善」人士，給予甚多便利。軍統局工作人員在上海被捕，只要徐采丞出面，多數可以保釋。「民華公司」搜購物資，名義上是轉銷於陷區各城市，又得川本支持，敵遂相信不疑。

第二個關鍵人物，是偽財政部部長兼上海市長周佛海。當貨運局搶購物資時，上海偽政權，亦設有一物資管理機構，名為「商務統制會」，並以敵由東京運來大量黃金作為資金，因而「商務統制會」，能控制市場，囤積物資。徐采丞在上海活動，能瞞過敵人，卻無法瞞過周佛海。但這時候的周佛海，已在戴氏掌握中，他亦有立功贖罪之意。所以「民華公司」物資，能得到「商務統制會」的默契，順利運出上海。

第三個關鍵人物，是偽蘇北綏靖公署主任郝鵬舉。當時由上海一帶所搶購物資，有兩條運輸路線——經由水路，以木船運至浙江淳安；經由陸路，以火車運至隴海路，再轉運安徽界首。郝鵬舉部隊，就正駐防在隴海路一帶。當貨物由上海起運，經京滬、津浦兩路時，可以運輸陷區為名，無人注意。但在隴海路卸貨，再轉他處時，情形就不相同。而且貨物並非少數，例如棉紗，就曾一次購買六千綑，重達二百數十萬噸，其中少數運淳安，多數運界首，要瞞過偽軍，是不可能的。但這對戴氏，並非難題，因為郝鵬舉亦是在他掌握運用之中。

這種搶購搶運工作，可說是在半公開情形下進行，只有敵人被蒙在鼓裏。但亦只有戴氏，才能運用這種複雜而微妙的人事關係，而達成任務。

貨運局所屬各處，在戴氏督率下，工作進行，非常積極。各地商人，因貨運局之鼓勵與協助，亦努力搜購。於是很多接近陷區，設有轉運站地方，一時商賈輻輳，貨積如山，搬運的人，不絕於途。這無疑的，對於經濟，有很大裨益，尤其是在後方物資非常缺乏時候。

於此，吾人必須指出：這種工作，表面似屬容易，而實際上，則無一不是由許多人血汗換來。即如由火車運出物資，在郝鵬舉掩護下，於隴海路十字河等小站卸貨之後，再轉運界首，然後經洛陽運至西安。從十字河至界首，雖僅有一百六十里路，而荒僻小徑，崎嶇不平，往返一次，即須數日。且通過所謂「陰陽界」，還須躲避敵偽耳目。其中一批棉紗，曾使用獨輪木車五百輛，歷時二十餘日，始能運至界首，其艱苦可想而知。

貨運局工作成果，未據財政部公布。惟在一次集會中，戴氏曾略為說明，他說：「吾人緝私與年來搶購物資，已交與『花紗布管制局』者，只是陰丹士林布，就有六萬疋，價值達六億元。白布價值，亦在五億元以上。現在大批運貨在途的，更多於此數。」他當時意不在於表功，只是要表明他的部屬之清白，所以又說：「我們自己的工作同志，並未佔任何便利，或做一件衣服。」

當重慶若干人對貨運工作，隨意造謠時，戴氏幹部，極為憤慨，主張請財政部公布實況，以正視聽。他獨不以為然。他說：「我們是奉領袖命令辦事，功過是非，領袖都知道，又何須公佈？」吾人所知，策動民間搶運陷區物資，事實上，軍統局工作人員，早在默默進行，只不過沒有作一種組織性活動。例如軍統局工作人員周昭瓊，在韶關以惠韶行為掩護，暗中搶購廣州一帶食鹽，以接濟粵、湘、桂、贛邊境駐軍與人民，為數以百萬噸計。又如長江一帶，搶運棉花、布疋，通過敵人封鎖線，亦多由軍統局人員，運用偽軍掩護進行。而史春森之搶運江浙食鹽，尤有血有淚，最為感人。

民國二十七年，東南產鹽地區，先後被敵佔據，很多地方，人民食鹽，陷於斷絕。戴氏乃派史春森潛往上海，設法偷運食鹽，接濟缺鹽人民。

史春森曾任蘇屬五縣稅警局長，對於食鹽產銷情形，最為熟悉。他到上海後，即暗中聯絡鹽商，組織「通源」公司，秘密搜購餘姚、岱山兩地食鹽，先運上海，再分裝小船，偷運至浙江嘉善，與安徽郎溪一帶，以平價售與人民，受惠者甚多。

南京偽政權成立，敵偽互爭食鹽控制權，偽方由偽財政部主持，敵方則由「裕華」、「華中鹽業」兩公司包辦，兩方爭之甚烈。史春森工作日益困難。戴氏再設法為他找到偽稅警團職務，藉其掩護，繼續工作。

三十三年底，由於船伕於鹽包中夾帶煤油，被敵查獲，追及主使者，史春森奮鬥六年，終於被捕。他在敵人嚴刑之下，堅不吐露實情。敵人逼之甚急，他乃決心以身殉職。在某日傍晚，敵兵巡查監獄時，他乘其不備，奪取敵兵刺刀自刎，頸裂而氣管不斷，血流滿地，死而復甦。敵感其忠義，為之治療，直到抗戰勝利，始得出獄。而頸上疤痕宛在，外間固不得而知，但他的同志，都知疤痕之所由來，無不為之嘆息！

三十五、戴笠重要武器之一——電訊

戴笠能擔負繁重無比任務，突飛猛進，所向有功，使許多同時與之競爭者，皆望塵莫及，有很多顯而易見原因。其中之一，是他能注重通訊設備與技術，精益求精。電訊可說是他最重要的武器，他能控馭一個龐大組織，瞭解海內外情況，並偵悉敵人最高機密，就端賴有此武器，然而白手與家，亦經歷過很多困苦。

普遍而龐大的通訊網

民國三十三年前後，軍統局分佈於海內外，專供通訊之用的電台，已多達七百座。在淪陷地區，包括東南亞，皆有潛伏電台。在非淪陷區，遠至新疆伊犁、西藏拉薩，亦皆設有電台。而若干專業電台，如監察與偵收敵人電訊之電台，尚不在內。當各地因交通不便，器材缺乏，感覺通訊困難時，獨有軍統局器材與技術人員，應付自己各種需要而有餘。並且在技術方面，曾使美英人士，大感驚奇！

由於戴氏手上，握有此一犀利武器，一面使他能控馭一個龐雜組織，指揮千里之外，無不踴躍將命。一面使他能隨時瞭解各地各種情況，成為政府高階層最為博聞廣見，熟悉世局的人。同時，亦有若干機關，要求助於軍統局，始能達成任務。故言當時通訊設備與技術，軍統局誠足以自豪。

不過，從完全沒有電台，而成為全國通訊設備最完備的機關，是記取很多痛苦經驗，以最大決心與毅力，不斷創造，才獲得成功的。

密查組時代不論。二十一年特務處成立時，亦無電台，重要情報，除准使用軍用電紙，由有線電報局拍發之外，就是借用中央黨部調查科電台拍發。所以戴氏當時要求他的工作人員，非有特別重要事情，不可使用電報。在這種情況下，困難勢所難免。

使用軍用電紙，可以免費，但依規定要檢附原稿。以此則已無機密之可言。雖然戴氏曾獲特許免附密電原稿，但以他一人為限。

在很久以後，他的工作幹部，才設法取得有關軍事機關發電紙，准由有線電局，免費拍發電報，並准免附原稿。而當時電局並不普遍，往往須長途跋涉，始能發出。而到達南京，已是明日黃花。

當時的交通界情形，亦甚複雜，工作人員身份，有因拍發電報而暴露的顧慮。據說其時在南京，就有共黨份子，藉口戴氏往來電報頻繁，行跡可疑，要求交通部門徹究，目的就是要對戴氏工作，加以破壞。

借用中央黨部電台，較能保密，而緩急操之在人，並且電台亦不多，不能配合工作需要。

……種種困難與不便，曾使戴氏及其同志，飽受痛苦，所以他決心自建電台，並悉力以赴。

二十一年底，戴氏開始創辦設立自己的電台，儲訓技術人員。翌年春，已有五部電台，分設於京滬重要地區。三年以後，已能自造電機。到二十七年軍統局改組時，各地所設電台，已增至一百七十餘所。再到三十年前後，凡屬軍統局所屬工作單位之較大者，無分國內外，無不配屬電台。區站以上，且建有支台，下轄若干分台。發展如此迅速，可以歸納為以下幾種因素。

首先當是戴氏對於電訊，特別重視。他將工作和電訊，視為是相需相倚，不可分離，而同等重要。他時刻都在謀求工作之發展，因亦時刻都注意到電訊之發展與健全。在他遺著中，吾人發現他對電訊工作之指示特多，甚至在病中，亦不忘加強電訊。他認為：「情報與行動之佈置，皆必須有電台之配合，而後工作方才能推動，否則徒耗人力與物力，於事無補。」

在求電訊之健全方面，戴氏亦頗費苦心。當其力謀自建機廠生產電機時，經費全無著落，又不便請款，乃充分利用舊品或廉價材料，研究由舊變新方法。經過很多人不斷努力，終於成功研究出一種小型而靈巧電機，稱之為「特工機」。乃藉此為由，晉見　蔣中正，面陳研製成功經過。其時　蔣中正駐節廬山牯嶺，一般無線電機，常因山高霧濃，無法暢通，而「特工機」雖小，試驗結果，效果奇佳。　蔣中正平時很注意通訊工作，早於十七年，即延聘專家，在上海設廠製造電機，而成績平平，無所發明。及至見到戴氏能以簡陋設備，與克難精神，製造用途甚廣的小型電機，極為嘉許。於是指示戴氏編造預算，繼續研製，並立即獲得批准。

其次，是在電訊方面，得到一群有能力幹部，同心協力，奮鬥不休。其中可以魏大銘作為代表。他原在上海國際輪船公司服務，以技術優異著稱。亦曾供職於國軍第一師，由胡宗南之推薦，於二十二年初，參加戴氏工作。在以後十幾年中，一直為戴氏主持電訊業務，一切大的原則，由戴氏決定，而由他研究策劃，促其實現，每每能推陳出新。所有電訊工作人員之訓練，他亦出力頗多。魏大銘之外，優秀的電訊行政與技術人員，如董益三、康寶煌、蘇民、于熾生等多人，埋頭苦幹，十幾年如一日，皆曾貢獻出他們的才智與精力，有助於電訊之發展。

再次，是注意培養技術人員。雖然在二十二年初，只有幾部電台，而戴氏已注意到培養技術人員，先於一切，重於一切。所以在電台剛建立不久，即從杭州警校及其他方面，物色青年，開始訓練。繼而又於上海設立「三極無線電傳習所」，訓練一批技術人員，擇其優秀者參加工作。在此以後，即正式設立電訊訓練班，至二十七年，已訓練十二期。二十八年以後，軍統局各訓練班，皆附設電訊系。先後所訓練電訊工作人員，到抗戰勝利前夕，已達數千人之多。

由於軍統局儲訓有大量電訊人員和電機，所以戴氏有餘力協助軍令部、航委會及防空部門，建立多處電台。

抗戰勝利後，一切政府機關，為應抗戰需要而舉辦的各種訓練，大都已停止辦理，惟獨軍統局，仍在繼續進行。關於電訊方面，並與美國單獨合作，繼續訓練。有人向戴氏問故，他的答覆是：「國土雖已大部恢復，而東北問題，絕不會輕易解決。故對日作戰已結束，而對中共作戰，現在才開始，吾人還有一段更艱苦的鬥爭日子，焉能不作準備？」這種操危慮深之心，殊值讚佩。

電機製造與改良

二十二年，特務處第一期電訊人員訓練甫畢，戴氏即於杭州設立一小型電機製造所，一面整修舊有電機，一面研製新型電機。二十四年，此一製造所，已能自製二百瓦主振式發報機，十五瓦交直流兩用發報機，二瓦直流發報機，及各式三管收報機。同年底，又創製二瓦收發報機，及各式整流器。二十五年，再創製數種超短波收發話機。到二十六年，杭州製造所，各式電報機年產量，已達兩百台以上。這都是在極為有限之人力與物力條件下，未假外力，所克難而成。

抗戰之後，製造所遷至貴州，不斷改進。戴氏又著佔機先，趁海外交通尚未完全被遮斷時，盡其力之所及，購買必需器材。故規模益大，產品更多。這時貴州製造所，所造小型盒式三管收報機，可以藏於衣袋之內。原由康寶煌所創造之「特工機」，經改進以後，成為三燈二瓦短波收發報機，不但體積甚小，構造精良，便於收藏，且可使用乾電，雖遠在數千里外，亦能圓滿通報，甚少差誤。軍統局能在敵後佈置甚多潛伏電台，就賴有此優良通訊工具，其性能之優，若干外籍人士，亦稱讚不已。

同時，製造所所造之千瓦大型電機等，供支台之用者，足可與任何舶來品媲美。

軍統局能儲訓人員，自製電機，所以通訊工作，能依於工作需要，為有計劃之佈置，並使其系統化。三十年前後，除在重慶、蘭州、西安、桂林等地，保有一個或數個總台，使遠在伊犁、拉薩及東南亞一帶之電台，暢通無阻外；同時，能以大量人員與電台，廣事偵收敵方電訊，達到密碼破譯目的。

三十五年初，軍統局因與中美合作所，仍保持電訊之合作，接受美方贈與各種電機，並採購許多更新電訊器材。同時奉准接收敵人設於天津之「東芝電工廠」，與設於北平之「燕聲無線電研究所」。其製造能量，又更進一步，且有大量儲備。

成效驚人的破密工作

所謂電訊密碼破譯，即是偵收敵方電訊之後，破解其密碼組成與變換方式，從而獲知其通訊內容，一般稱之為技術情報，其價值之大，難以估計，尤其是戰時。

由於能確知敵情，可以針對敵方企圖，早定對策；可以窺破敵方虛實，避實而就虛；可以發現敵方弱點，而予以打擊；還可從事反間，或以假情報，愚弄敵人。例如三十三年，軍統局於敵人電訊中，獲悉敵有進犯雲南企圖，而彼時國軍多在湘桂作戰，邊防空虛，一旦有警，又不及馳援，於是編造一假電訊說杜聿明軍已抵百色、田陽，後續部隊，正源源南調。又故意使用簡單密碼，使敵容易偵破。敵果因而疑懼，已經出動，又忽而停止前進。

密碼破譯之成果，是績效卓著的。而從事此項工作的人員亦非常辛勞，其功不在許多冒險犯難者之下。他們經年累月，絞盡腦汁，鍥而不捨，有時雖費盡心血，並不必定成功。因為敵人亦深知電訊密碼之重要性，不時改進變換，更因密碼機之發明，而日益深奧。

戴氏之注意並致力於密碼破譯工作，有其卓越成就，與溫毓慶、雅萊德兩人，極有關係。溫毓慶博士，為留美無線電專家，於民國十七年，由宋子文邀請回國，供職總司令部，首創電訊密碼破譯工作，多次偵破反動黨派與抗命軍隊之密電，使中央獲致勝利。尋任南昌行營密電檢查所主任，首創電檢工作。戴氏與之相識，似在二十二年，或者更早，他們兩人因互相愛慕，不久便成為好友，且他知道溫毓慶具有電訊特長，故戴氏接掌行營調查課後，即選派竺烈民等至行營電訊股，學習破譯技術。稍後，他建議設立一技術研究所，請溫毓慶為主任，而以毛慶祥、魏大銘為副主任，加強對破譯技術之研究。迨溫毓慶調職，魏大銘已熟悉業務，遂由魏繼其任，研究所亦入戴氏之掌握。

二十五年，溫毓慶調任交通部電政司長，繼續從事研究，他獲得一項突破性之成就，即日本外交密電碼，被他破譯成功。戴氏是頭腦很敏銳之的人，他以溫毓慶之成就，從而推定日本其他密電，必有破譯方法。更聯想到一旦對日作戰，能破譯敵方軍電，必定大有助於作戰。故當他知道溫毓慶之所以有此成就，是由於美國專家雅萊德所著黑室一書之啟示後，立即多方設法延聘雅萊德來華。

雅萊德（H.O.Yardley）不僅在美國是著名電訊專家，在國際間亦很有名，日本知道他的人頗多。所以二十七年他應聘來華時，特地請他改變姓名，化裝商人，經河內而達重慶，以避免日本之注意。雅萊德在我國任顧問，服務時間，雖不到三年，由於他有研究精神，傳授甚多新的技術與觀點，對於軍統局之密碼破譯工作，有極大幫助。

二十八年，軍統局於被俘之日本空軍大石信三等口供中，獲得一項重要線索－日本軍中一般通訊所用日文五十字母組成方法之概況。根據此一線索，與雅萊德之新觀點，繼續深入研鑽，終能先於美國，而識破敵人密碼秘密，作出驚人貢獻。

破譯有如此成就，使戴氏寄望更殷，於三十一年，請准設立「特種技術室」，並增設特種技術訓練班，以擴大偵譯效果。其時用於特種技術研究之電台，亦增至三十餘座。其擔任偵收工作電台，又倍於此。

當時軍統局的破譯工作，係以日本、蘇俄、中共及偽政權，為主要偵察對象。其偵察能力，則擴及（一）日本與其他國家通訊；（二）偽政府與海內外通訊；（三）蘇俄使領館通訊；（四）ADA AMA等潛艇通訊；共有十餘系，不僅是敵海陸空軍通訊而已。

因為設備充實，偵察範圍廣闊，所以收集各種通訊密電亦多。只以民國三十二年為例：這一年中，共偵收日本外交密電二九、一五五份；空軍密電五〇、七八九份；海軍密電九四、八四〇份；陸軍密電四一、一二二份；敵方氣象密電一四、〇七八份；合其他各系，共達三十一萬三千九百三十七份，可稱巨觀。

偵收敵方密電，如能破譯，則成為高級技術情報，因敵必係因機密或急要之事，始發出密電。譬如軍統局能預知敵將攻略香港，及將大舉轟炸英國「遠東艦隊」等事，皆從破譯密電而來。反之，如偵得電碼，而不能破譯，則徒勞無功。

在戴氏鼓勵下的破譯工作，雖不能有收必破，而在比較下，破譯率並不算低。仍以三十二年為例：三十一萬份密電中，已破譯者，多達四萬五千七百餘件。且四分之三，為敵軍方通訊。這在世界各國，並不多見。因此，在軍委會會報中，多次檢討，公認軍統局之技術情報，為最有價值。

電訊對於情報工作，實太重要，如沒有這項武器，幾可說絕對無法應付當時局面，更無論績效。軍統局在電訊方面，能肆應無礙，獨步一時，一半由於戴氏之經心擘劃，盡力支持，一半由於一群工作人員堅持信念，苦幹不休。故其成就，戴氏與一群從事電訊工作人員，應兩分其功。

三十六、軍統局與偽特工總部鬥爭

南京汪偽政權成立，隨之出現偽特工總部，其任務，就是要破壞抗戰，最先是破壞淪陷區的抗日組織。在淪陷區的抗日組織，無論是情報、行動、爆破、游擊或其他工作，無疑地，都以戴笠所領導的各種機構，為最堅強，而具有威力。故形成軍統局與偽特工總部之劇烈鬥爭。

偽特工建立與發展

上海愚園路（舊極司斐爾路）七十六號，曾被人稱為「魔窟」，是因偽特工總部，曾設於此處。在汪兆銘脫走之前，中統局有兩個幹部脫逃，先是李士群，後是丁默村。以汪兆銘為首的偽政權，尚未與敵方治妥以前，已成立偽國民黨「中央委員會」。這是一有名無實，用作幌子的組織，並不為人所重視。惟其中有一機構，頗為上海人民所注目，那就是「特務委員會」，因其操生殺之權。

偽「特務委員會」的主任委員是周佛海，亦是偽組織靈魂人物。汪兆銘要周佛海擔任此項工作，是信其可靠，可以保衛他的安全。周佛海既兼領所有重要偽職，又忙於徵歌選色，應接不暇。於是實權落於丁默村、李士群之手。

丁默村，浙江人，曾參加鄧演達的「第三黨」。又曾與「改組派」發生關係，奔走於汪兆銘之車前馬後。以後不知如何投入舊的軍統局，與戴氏同時任處長職務。軍統局改組以後，他仍充任中統局處長。可以說是一資深的情報工作人員。

李士群，亦是浙江人，曾留學莫斯科，並曾接受蘇俄的「桀卡」訓練，自始即為共產黨員。他在為中共作「赤卡」工作時，曾多次被捕，因他狡詐，而被釋放。他投入舊的軍統局後，一直在丁默村之下，擔任科長之類職務。二十七年，他因違紀犯法，畏罪潛逃。據說丁默村就是因奉中統局之命，為追蹤李士群，而赴香港，挽救不成，又受汪派慫恿，而參加偽組織的。

李士群逃往香港之後，很快就與日諜土肥原機關取得聯絡，被派往上海工作。汪幫尚未扮演醜劇之前，他已在滬西諸安濱十號，設立間諜機關，以破壞抗日組織為目標。他因與上海黑社會頭目季雲卿有舊，互相勾結，時有迫害人民情事。曾在上海殺人無算之惡徒吳四寶，即與他為師兄弟，同出季之門下。

汪兆銘初到上海，驚魂尚猶未定，急切需要一種力量，保衛安全，儘先成立偽特工總部。丁李兩人，均為箇中熟手，故派丁默村負責，而以李士群副之，受周佛海之指揮。傳說敵人對於丁、李兩人，初頗懷疑，因知其在中統局工作有年。為此特派一間諜名晴气者充偽特工部顧問，監視其活動。

偽政權因敵方發還所凍結之我方關稅餘款，而獲得開場資本，在交涉之時，敵指定要以一部份用於消滅抗日組織方面，偽特工部因而獲得較為充裕經費。更加京滬一帶，無業游民甚多，隨時可以嘯聚。故發展甚速，規模亦頗大。在其內部，僅是「行動大隊」，即有五六個之多。其在各地組織，亦設有區、站與直屬組，並附設特務隊。至二十九年秋，除華北地區外，陷區各大城市，已有其分支機構。

戴氏對於這一偽組織爪牙，當很注意。他在三十年春，對軍統局指示，內有如下一段話：「據日來偽特工部份之往來電報觀察起來，偽方之特工，近在積極擴展，津浦路已展至蚌埠，長江已展至宜昌，華南已展至中山港澳。因汪逆固為特工老手，而其目的，則以擴展特工，伸張聲勢，以圖抑制吾人之工作，取得敵方之信任。……」

偽特工部之積極發展，誠如戴氏所言，確有抑制敵後抗日活動之意圖。不過，在丁默村負責時，對於軍統局與其他少數從事敵後工作的人，似尚不敢過分摧殘。

但到李士群負責時，則已肆無忌憚，故為害甚烈。他能作為偽特工首領，一是因他與敵人有直接關係；一是因他已參加周佛海的小組織──「十人團」，故他能排擠丁默村，取而代之。

對軍統局工作之破壞

李士群既出身於中共「赤卡」，又在中統局服務多年，他熟悉各方面情況，懂得如何利用矛盾，並且十分殘忍。他和蘇俄「桀卡」一樣，是只問目的，不問手段的。

在上海，有很多重大暴行，皆由他所指使。有一段時間，文化、金融界人士，對偽組織稍有不滿表示，輒被殺害。新聞記者蔡釣徒被殺之後，還被切下頭，貼著「抗日份子的結果」字條，懸掛在杜美路電線桿上。至於對一般人民，則任意誅求，毫無忌憚。

在黑社會頭目季雲卿被制裁後，李士群更採取報復行為，濫殺無辜以示威。其中以江蘇農民銀行與中國銀行，留在上海之人員被集體綁架與屠殺，最為駭人聽聞。

李士群對於政府的敵後工作組織，一面是直接以金錢與職位，誘惑少數生活不謹的人變節；一面是利用少數人與組織與個人之間矛盾，使其分裂，無路可走，而只好附逆；然後迫使交出組織，予以破壞。

抗戰時期，軍統局敵後工作組織，最大缺點，是橫的關係過多，往往可以牽一髮而動全身。偽特工部就針對這一缺點，對於軍統局人員，不論是變節或被捕，都以交出工作關係，為釋放條件，視所交出關係之多少，而予以報償。有時亦以酷刑逼供。如此一人失事，可以涉及多人，一處被破壞，可以涉及他處。

據說當時軍統局所屬上海區區長王天木變節，曾將全區工作關係交出，僅在兩個租界之內，即有十三個工作據點，被敵偽查抄。並由於王天木是老幹部，所知甚多，而波及安徽站。青島站長傅勝藍變節，曾將山東工作佈置，盡情告知敵偽。南京區長錢新民被捕，不能抗拒敵偽威脅利誘，而使南京組織，幾於完全瓦解。上海另一單位負責人陳恭澍，被捕之後，曾被迫寫「藍衣社之內幕」一書，將他所知，有所暴露。……

又不僅是京滬地區如此，其他地區，如平津、綏晉等地，亦有類似情形發生。這除去工作組織尚有缺點之外，時間過久，潛伏不易，亦為重要原因。吾人必須指出：八年敵後工作，不是一個短時間！

在變節份子中，電訊工作人員李玠（李開峰）之投靠偽方，不僅交出工作關係，並對軍統局之通訊，構成威脅。他一面將軍統局通訊業務情況，告知偽方；一面為偽方建立通訊網；並試圖為偽方破譯軍統局電訊密碼。故戴氏嚴令上海單位：「李逆開峰，必須多方設法迅予制裁。」（他不久即被制裁）

於此，必須說明：軍統局畢竟為一有歷史的革命團體，多數中堅幹部，如非留學生，便是大學生，或黃埔學生，他們都有中心思想與報國志願，因而有堅強的意志，與寧死不屈的決心。在敵偽盡其所能，破壞軍統局敵後組織時，有很多負責幹部被捕之後，仍是堅定不移的。例如：武漢區長李果諶、天津站長曾徹、安徽站長蔡慎初、北平區長薄有錂、察哈爾站長楊金聲及張桐崗、綏遠站長張季春，以及山東、大同等多處負責幹部王志超、張存仁等，皆曾屢受酷刑，有人死在敵人刀下，卻未交出工作組織關係。

在李士群主持偽特工部時期，對於軍統局工作之破壞，可說無所不用其極。譬如他故意派軍統局變節份子萬里浪等為行動隊長，鼓勵他們去搜捕自己同志。又盡量利用工作人員之親戚朋友，如利用楊虎之妻田維君為餌，以誘致軍統局人員上鉤。……

可是，戴氏畢竟棋高一籌，雖遇小挫，終獲大勝。他命令被捕人員（除變節份子外），乘機打入偽組織，借偽職掩護，進行工作。對於驚狠方命，無可救藥之徒，則斷然予以制裁。偽特工企圖破壞軍統局敵後通訊，切斷陷區與後方聯絡線，而陷區通訊聯絡如故。反之，由於密電破譯，偽方活動，皆在他掌握之中。最後，軍統局電台，竟然設在周佛海公館內，並使偽特工受他擺佈，可謂「神乎其技」。

惡徒李士群之死

李士群為虎作倀，仗敵之勢，與軍統局為敵，戴氏當然欲得而甘。他曾多次命京滬單位，進行制裁，為國除害。制裁是不須更索罪名的，然亦並非易事。李士群受過蘇俄訓練，並為中共工作很久，他知道如何保護自己。他有各種警衛方法，除敵人外，極少與外界接觸。

因此，上海單位，乃派韓籍工作人員崔博學負責進行。崔博學當時服務於敵海軍武官處，敵偽對他均不懷疑。三十年五月十六日，他乘李士群與敵武官籐田會晤，由他擔任翻譯機會，拼死奮擊，連發六彈，惜皆未命中，僅籐田負傷，他反被敵警衛當場擊斃。

另一韓籍工作人員黃永哲繼之，乘李士群到虹口福民醫院探視其家屬時，得內線幫助，實施突擊，亦未成功。黃永哲在醫院門前，被其衛士所殺害。

李士群經此兩次狙擊，戒備益嚴，出入均有衛士數十人簇擁，多時且逾百人，非關係至深者，無法與之接近。但他惡貫滿盈，豈能保首領以歿？三十二年夏，正是此豸極盛之時，他當時是偽政治保衛部部長、警政部長、江蘇省長，兼清鄉委員會秘書長，權力更大，作惡機會亦更多。他又無比毒辣，連和他結拜兄弟，曾為他賣命的惡徒吳四寶，在沒有利用價值時，亦予以毒斃，何論他人。亦就在他氣燄薰天時，被軍統局所制裁。

據說制裁李士群，曾經戴氏親自指授，經過頗為曲折。負責執行的是熊劍東。他原承戴氏之命，在上海近郊從事游擊工作，被俘之後，奉准打入偽組織，並曾與另一受命深入反間的李果諶，共組偽「黃衛軍」，自任總司令。後充偽上海保安司令部參謀長，與敵駐上海憲兵隊長岡村大佐結識，過從甚密。他發覺岡村與李士群兩人時有摩擦，嫌怨很深。於是戴氏命他利用此一矛盾，以毒攻毒。

熊劍東伺機說服岡村，合謀對付李士群，幾次設計狙擊，均未成功。最後，始決定由岡村出面邀宴李士群，乘機下毒。傳說下毒技術是很巧妙的，因為李士群隨時都在提防遭人暗算，宴會之中，美酒佳餚，不待主人先嘗，他是不會下箸的。但在巧妙佈局中，他仍然吞下一枚牛肉餡餅，而身中劇毒。第二天，毒性始發，出現急劇脫水現象，群醫束手。據偽方人員記述，李士群在非常痛苦情形下，拔槍自殺未死，直到全身肌肉大半消失，才告斃命。

李士群被制裁後，偽特工部，由周佛海負實際責任。他在其時，可以說已然是戴氏一得力助手，或至少是一得力運用人員，奉命唯謹。另一偽特工首領丁默村，其時任偽浙江省長，亦經戴氏策動，聯絡且比周佛海略早。故軍統局與偽特工部之鬥爭，可說已因李士群之死，而告結束。雖然他們為掩飾敵人耳目，仍在搜捕所謂抗日份子。而被捕的人，多數是勸其擔任偽職，而對敵則稱已交出工作關係。如被敵捕獲，又係軍統局重要幹部，必盡力要求敵方引渡。偽政府代理主席陳公博，就曾親自出面，向敵方要求引渡軍統局工作人員。

戴笠對變節份子態度

在軍統局與偽特工部幾年鬥爭中，偽方甚少直接殺害軍統局工作人員。而傾力破壞敵後工作，誘惑少數人變節，甚為戴氏所痛恨。因為每一地區工作佈置，都有他心血在內，亦都非容易。一旦有人變節，乃至助桀為虐，他內心感受，不言可知。

戴氏對於變節份子態度，有時顯得非常寬容，亦有時非常嚴厲。例如當傅勝藍叛變後，他在致武漢單位電令中說：「……叛徒出於本局，弟實不勝羞憤！傅逆到漢，希兄迅予制裁，勞費不計，犧牲不辭。」從電文中，猶彷彿可聞其切齒之聲。

傅勝藍為留俄學生，曾充軍統局督察室主任，所知工作關係甚多。叛變以後，又充任偽武漢區區長，企圖破壞，是應及早除之的。

但對王天木又正相反。王天木叛變後，戴氏屢以私函勸導，冀其悔悟。在第一次函中，他說：「余遇君素厚，因念多年患難相從，凡事皆曲予優容。人或為之不平，余則未嘗改易顏色，有負於君。乃竟背余事逆，天理何在？良心何存？……」

不僅以私函規勸，還派員往上海傳達誠意。甚至已知王天木無意悔改時，仍殷殷相勸，不忍加誅。在最後一函中說：「汝一人投敵，或為一時失足，容有可諒之處。今復函誘（劉）戈青附逆，是汝甘心作賊，自絕於國人矣。……戴罪圖功，此其時也，望勿負余意！」

由於同是變節份子，而所表示態度不同，遂有人覺得難以捉摸。亦有人認為王天木和他關係最深，王女且有與戴子議婚嫁之說，故遇之獨厚。其實，乃出於猜測。他的態度，並亦非不可捉摸。他對一切變節份子，均極痛惡，對他部屬之叛變，銜之尤深。他不會輕易放過任何一個背叛他的人。其所以有時表現寬容，亦是為工作著想。資料顯示，他曾希望王天木去制裁汪兆銘，不得不表示寬容。

這一點，在勝利之後，已得到證明。軍統局敵後工作人員，八年之中，被捕者無慮數千人，而真正變節者，則最多不過數十人。其既變之後，甘心認賊作父者，又較此為少。除在勝利之前，已被制裁者外，其餘在勝利後，皆立即逮捕，送交法院從重科刑。而勝利之後，偽組織中，第一個被處極刑的，就是軍統局叛徒萬里浪。

三十七、戴笠煩苦與憂慮

戴笠生逢亂世，負特殊任務，而處在艱難環境，立於微妙地位。他外表灑落豁達，作事不拘牽常算，而心細如毫芒。他知道身為怨府，禍機陰深不可測；知道政治是最現實的，他雖屢建奇功，卻不容有半點差錯；亦知道進退由人，不能自主；所以他無時不憂讒畏譏，無事不兢兢業業。這種情形，是別人所難以體會到的，所謂「含堇茹荼」，苦自知之。

為領袖作耳目

「為領袖作耳目」，是戴氏信條之一，他常用以勉勵部屬，要善盡其作耳目之責。同時，這句話亦最易引人誤解，以為作耳目，就是詗察隱私，監視謗議，「密網」以羅人微罪。

其實，「為領袖作耳目」這句話，乃力行社所創言。當時的力行社，認為要復興革命，必須將革命政策，灌輸到社會，見之行事，不宜空喊口號。相應的，亦必須將社會意向，反映到神經中樞，以供決策參考。故戴氏屢說：「我們一切，都是為領袖執行決策運用，為實現三民主義，完成國民革命而貢獻。」

由此看來，所謂「為領袖作耳目」，可以解釋是積極的，而不是消極的，因其目標不僅是對人，還有對事之一面。

客觀實際上，即或是對人，甚至是詗察隱私，若是為公，亦並非沒有必要。長期以來，我國社會，病之至深者，莫過於官場。自中央以至地方，機關多如牛毛，武人跋扈，胡作非為之外，巧宦猾吏，貪叨罔利，瞞上欺下，朋比為惡，可說「無一事之無弊，無一弊之不極」。

故「九一八」事變以後，國人稍有心者，無不渴望政府立下決心，痛懲貪墨，裁抑浮濫，藉以收拾民心，共謀抗敵雪恥。　蔣中正當國，俯順輿情，亦思起而振之。他要整飭政風，澄清吏治，首先要知道政治情弊，官吏行能，他不得不寄耳目於左右。戴氏職司情報，自是當然耳目。

據說當時有很多個人或機關，負有調查檢舉責任，包括黨政軍各部門在內。而黨與政府之監察人員，舉奸剔弊，糾彈貪殘，更為主要職責。易言之，　蔣中正左右，並不止是一個戴笠，作為耳目的，亦不止是一個特務處或軍統局。

雖然有很多個人或機關，為當局作耳目，而惟獨戴氏最為社會所注目。這是因為自民國二十一年至三十五年之間，國內所有比較重大的貪污瀆職，違紀亂法案，大都為戴氏工作人員所揭發；比較重大的叛亂案，亦十有八九，為戴氏工作人員所破獲或敉平；其在敵後之鋤奸懲叛工作，更無人可與之相比。戴氏死後，胡宗南將軍輓詞：「滔滔天下，只君足懼亂臣心」信非諛詞。

正因戴氏在擿奸發伏方面，有極為突出表現，故民間常有許多捕風捉影之說，以為他是當局唯一耳目，而且神奇莫測。其實，他在這一方面，能夠卓爾不群，除他本人勇於任責之外，有幾個原因，是顯而易見的：

首先是他所領導的，為一比較嚴密的組織，工作人員，散佈在社會各階層，大都是冥搜暗索，秘密活動，甚少倚仗機關聲勢，採用官式方法，反而易於深入，窺破隱事。

次之，是軍統局原由一革命團體孳乳而來，工作人員都是青年，都自以為是在為革命而奉獻，因而較有朝氣，肯求表現，絕不妥協。

再次，應當歸功於他們自上至下，很重視工作效率，辦事認真，絕不敷衍塞責。

且舉一個實例：民國二十三、四年間，漢陽火藥廠廠長譚季陶，在其任內，多次舞弊，亦經多次檢舉，而其主管機關，竟然置若罔聞，原因是他有有力的人事背景。他亦因是更加放誕，竟敢將庫存大量機件盜出，配製成為機器，再偽造發票，謊報為新購成品，一次冒領公帑數十萬元之鉅。更大膽的，是強迫該廠職員鄒世強揑造報銷，鄒員不從，竟被革職。他因此再被檢舉，其主管機關，亦再以「查無實據」，矇哄了事。

此一貪污案，經各方調查，毫無結果，最後交由特務處所屬湖北站辦理，他們運用各種社會關係，迅即偵悉庫存公物底賬，開具假發票商店，及裝配機器工人，並取具海關證明，而獲得全部人證、物證。更令人駭異的，是此一主管機關，在案發之時，竟遠自南京派高級職員前往武漢，向湖北站疏通，為之脫罪。卻不知道戴氏部屬，是無法妥協的。結果，案移三省剿匪總部審訊，因罪證明確，處以重刑。當時有人議論，認為像這種上下交關行事的貪污案，如不是特務處，是很難迅速破獲的。

不過，軍統局雖致力於調查檢舉工作，從不妥協，而戴氏本人，卻不是一種毛舉鷹擊，以武健為能的人，他的工作態度是很慎重的。大抵情節重大者，都須附證據，經過複查或審議，認為可以成立，始轉報軍委會。其較次者，多數是通過配屬單位，移請當地主管機關自行處理。並非道聽塗說，有聞必報。有一段時間，戴氏認為轉報不宜太多，他對承辦人員，作過如下指示：「對時局有關之情報，應隨時摘報，無分晝夜，藉供參考。至於貪污瀆職案件，應令原報人多蒐集證據，目前可以緩呈。在時局嚴重情形下，委座無暇閱此，率爾呈報，反覺吾人不知輕重緩急。……」

不寧唯是，對於反動與暴亂份子，他亦自有尺度，不為己甚。他認為「對於反動的人，並不一定要開刀，應該注重用感化力量，促其覺悟，使其共赴革命」。他並多次告誡部屬：「革命是不妥協的。然而隱忍並不是妥協，我們要體念領袖苦心，有時不得不隱忍。……要知道領袖是苦心孤詣，要從委曲求全中，去求革命的成功。」因此，他不許他的部屬，隨意攻訐，還要能「包容萬物，含蘊一切。」

在另一方面，　蔣中正亦不是以耳代目，可以任人矇蔽的，他絕不會因戴氏一言之會，就遽然施行黜陟懲獎，如戴氏意。實際上，每一檢舉案，不論是叛亂或貪污違法，發展至最後階段，都必經過法院或軍法審判，方能定讞，不是某一個人所能一手遮天。

因此，如說戴氏為一忠實而能幹耳目，心目中只有一　蔣中正，應屬實情。他曾對其好友胡宗南等說：「雖然我們是好朋友，你們好處，我當報告領袖。但如有壞處，我亦必據實報告，我不能欺騙領袖。」故可推想，有很多違紀亂法案，是由他舉發，亦包括他的朋友在內。但如說他專務傾陷，媒孽別人短處，藉以邀功倖賞，則為厚誣。在他主持軍統局工作十幾年中，並未聞他有利用作耳目機會，無端誣陷一個公認為是絕無罪過的人。

可是，當社會一般人，都知道他是　蔣中正忠實耳目之後，就必定不免存有一種成見，正如列子所說：「人有亡鐵者，意其鄰之子，視其行步竊鐵也，顏色竊鐵也，言語竊鐵也。……」申言之，不管是密告出於何人，皆猜想必是戴某所為。他處在一種特殊環境與微妙地位，使他無從解釋，亦不容他作何解釋。他本極重情感，以義氣自豪，當其知道社會上有很多誤會和曲解，他被視為佞幸時，除隱忍外，別無他法。長期隱忍，鬱結於懷，無以自明，其內心苦痛，是可想而知的。

十幾年來，原無好環境

戴氏自擔任特種工作後，可說一直處在兩面作戰境地，一面與有形敵人，周旋於各種戰場，一面與無形敵人，周旋於不同的政治場合。後者對戴氏而言，是比之流汗流血，更為痛苦的。

率直地說：所謂革命的特種工作，自始就有一種矛盾存在，至少在若干人士觀念中，是存在有一種排拒性的。這種工作，在政治意義上，是要用以保衛革命，促使組織健全，因亦和基本的革命組織，有不可分的關係。而在實際上，兩者之間，不僅是沒有充分配合，且有各立門戶，互相競爭現象，並且越到後來，越益明顯。其結果，導致一般人一種錯覺，以為特務處和軍統局，只是某一個人的工具，與黨無關。於是有人視特種工作為左道，而在有意無意之間，對戴氏存有敵意。吾人相信如當時的黨組織，對軍統局，能如力行社之於特務處，視同一體，或至少視為戰友，許多不合理情況，就不會發生。

在國民黨內，講革命歷史，戴氏只能算是後起，在他前面，有數不清的大老前輩，他們眼中的戴笠，「只不過是一個得寵的特務而已」。先有這種成見，橫亙在胸中，對於一切工作的價值評估，就必不免為成見所左右。在政府中，戴氏亦只能算是中層幹部，在他之上，尚有很多高官顯宦，各自有其人事背景與勢力範圍，紛然角立，目的都不外是爭取與擴大自己利益，對於戴氏，都不會有好感。戴氏要迴翔其間，結盡要人歡心，是很難的。傳說當時有兩個權要，互相傾軋，事齊則楚怨，曾使戴氏左右為難。

如前所述，當時從事情報工作的，並不只是一個軍統局，作為　蔣中正耳目的人更多。而惟獨戴氏貢獻最大，尤其在抗戰方面。這使他得到更多信任；同時，亦使別人懷有更多敵意。有很多事，分明是當局所策定，亦分明是為達到國家統一與抗戰勝利目標，所應當做的事。而別人總以為是戴笠造意生事，恃寵攬權。故他所負責任越重，對他責難與批評越多。但究其實，有許多責難和批評，是極不合理的。且舉一個例子：

戰時重慶，實施車輛檢查，是為疏導交通，防止流弊，奉命辦理的。設在小龍坎的檢查所，檢查丁惟汾座車，是依規定執行職務，不為逾分。而好事者卻以丁惟汾為黨國元老，他的座車，不當檢查，藉端滋事，攻擊軍統局。經　蔣中正嚴令衛戍總部查究，認定檢查機構，並無過失。而戴氏仍不得不將檢查所長勞建白撤職，以平大老之忿。這是責難。不過，這種責難，是稍有是非觀念的人，所難於苟同的。

同樣情形，在各地亦顯而易見，而存在於各地之變相的割據主義，幫派觀念，更為濃厚，亦更難應付。從各別的利害和立場，來看革命，看特種工作，在感覺上，是不相同的。但有一相同之點，即認為戴笠親近當局，是一可怕之人。這種成見，可說普遍存在於各方面，戴氏亦早已感覺到，所以他說：

「……老實說：我們不怕人家，人家也用不著怕我們。同時，我們也無意於使人害怕。如果他是中國革命的忠實信徒，便毋須怕我們，我們也用不著怕他。如果他是叛逆，禍國殃民，我們就要撲滅他，更無所謂怕。在本黨同志中，年長者，是我們先進，年幼者，是我們後輩，休戚與共，彼此之間，是用不著怕的。」

在理論上，可以如此說，因為敵我界限，已經明顯劃分，不是革命同志，便是革命敵人。而在實際上，一接觸到不同的利害關係，便可使敵我界限陷於混亂狀態。有一事足可說明這種混亂程度，即當中共與其同路人，故意渲染，說中國將走上「特務政治」之路時，有若干可稱為朋友或同志的人，亦逐景循聲，與之唱和，或至少在其潛意識中，有這種想法。

這可視為對於國民黨的一種誣衊，因為自 國父孫中山建黨以來，基本的主義與政策，是以民主法治為依歸，絕無以特務劫持社會之意。戴氏亦常說：「凡違反民主主義，違反全民利益的，一定不會存在。」退一步言：當時國家是以黨領政，一切大政方略，是合而收之於黨中央，分而散之於政府各部會，戴笠在這兩種領導階層，並未佔一席之地（戴氏在黨內，僅一度兼任有名無實的訓練委員會委員。）。他有何力量，可使國家走上「特務政治」之路？然而許多事實，使人察覺到若干人士，已受到中共宣傳的感染。

因此種種，戴氏感嘆地說：「吾人十幾年來，原無好環境！」他沒明言他在應付這種錯亂的人際關係上，所遭遇到的痛苦。然可推想一個有志於革命，以職守為重的人，經常遭遇到無謂的人事困擾，其內心必是非常痛苦的。

可以不做官、不能不做人

在戴氏遺著中，時有警策語，頗堪玩味。而他所說：「可以不做官，不能不做人」兩語，尤為擲地有聲。一般人走進官場，便如投人洪爐，百鍊之鋼，很快就化作繞指之柔。他能將做人看得比做官重要，足可表現他的骨氣。

不過，他不是得時就可以行其志的人，並且因為任務特殊，密邇機樞，使他無法抗志浮雲，遺世獨往。作為一個官吏，本是可以合則留，不合則去的。惟對戴氏而言，他的進退從違，卻不是操在他自己之手，而必須「一切聽命於領袖」。自他任事以後，他受過很多委屈，從不輕言辭職，他知道這是不可能的事。據說只有一次，因為福建省政府主席陳儀，挾嫌殺害軍統局幹部張超，他深信張超是無辜的，一種同志情感，激起內心不平，他曾跪在　蔣中正面前，泣涕陳情，請為死者昭雪。他的請求，未蒙允准，他為此十分悲憤，決定不顧一切，呈請辭職。後經朋友相勸，他亦只好作罷。

戴氏是一聰明人，他知　蔣中正對他提挈愛護，是要他出力辦事。亦知他自己必須依賴　蔣中正，才能建功立業。更知道　蔣中正的愛護，是有限度的，「趙孟之所貴，趙孟能賤之」。如他任性負氣，不必越權侵官，遭致眾怒，只要開罪一二大老權貴，　蔣中正絕不會左袒他，受實害的，將是他自己。如他供事機樞，稍有違忤，不待別人中傷，他亦有隨時被斥逐的可能。他心知所處是危地，所侍奉的是一嚴肅長官，恒恐一旦顛仆，負疑謗終身。不幸如此，將使他十年勞瘁，一片肫誠，悉付東流，豈不為之寒心！所以他無時不兢兢業業，細心揣摩自處與處人之道。

平情而論：戴氏為政府官員，所做的是國家事，而非一人一家私事。政府所賦予他的任務，是維護法紀，安定社會，他為盡其職責，有時不得不除去少數壞人，以安多數好人。譬如法院執法，有時要用重典，殺人之子，寡人之妻，這是不得已的事。戴氏負責是如此，別人負責，亦當如此，不則便為失職。除非確有誣枉違法事實，是無可訾議的。如果某些政策有偏差，亦不應由他獨尸其咎，他並非決策者。

可是，在政治場合，愛惡橫生，恩仇交錯，要較曲直，論是非，是很難的。戴氏既甘為怨府，在職一日，他所可採取途徑，就只有盡其在我，約己省事，小心翼翼，以期減少各方面的猜忌，便於工作之推行。

資料顯示：戴氏在當時，應付各級官吏，周旋於眾多權貴之間，不但刻自檢束，而且是非常曲謹的。譬如戰時有許多業務，十之八九與其他機構有關，必須得到別人諒解與合作。雖然大都是奉命辦事，或呈准有案，多數時候，他總是捨正路而由曲徑，不由軍委會以命令行事，而先運用人事關係，試行接洽，然後以私函相商。無論函電，措詞必求謙婉，結語必是「敬祈鑒核」，或「可否敬候尊裁？」不惜以後輩自居。他如此執卑自牧，無非是恐別人覺得他倚勢凌人，而生反感。

又如民國二十七年以後，官場中人，無不知有戴笠其人，很有權勢，亦無不知他甚為當局所親信。在一向講究趨附逢迎的官場，當然有人想以各種方法，與他結交，其中之一，是請他薦賢相助。他的幹部中，亦不乏才力資格，可以作官的人。而他則一概婉拒，從未為他幹部，營謀位置。（軍統局有少數人出任公職官員，據說皆係各方呈請調用，非出於戴氏之推薦）。其所以如此，無非是要避招權之嫌。

不可有意氣功名之爭

國父生前，常勸黨人立志做無名英雄。戴氏亦常以此期勉其部屬。他並多次指出：「要革命，必須剷除名利觀念，暫作無名英雄。如果一個人只為功名利祿而努力，那就是革命騙子。」故有人說他素懷恬澹，敝屣功名。

從某一角度看，似亦如此。當他盛時，他確乎表現得非常恬澹，不僅不曾營謀官位，連自己軍階升遷，亦毫不在意，在任中校以後，即未再辦銓敘。歷來政府考功稽勛，纍纍誥命之中，從無戴笠之名。甚至膺選國民黨中央委員，他亦堅辭，請求讓與抗日名將馬占山。……這顯示他確是不慕浮名，自甘澹泊。

但從另一角度看，又可說他是最好名的人，他有強烈的進取心，對於自己所承擔的事，都想做得十分美滿，即細微處，亦不放鬆。如工作有所表現，受到當局嘉許，他雖不誇耀，亦不覺喜形於色。與少數友好見面，又必不免要問：「外間對於我們工作觀感如何？」他每天閱讀報章，所最關心的，就是各方對於他所主管業務之批評。這正是一種好名的表現。

他自己亦曾說過：「人生宇宙間，最有意義之事，莫過於獲得榮譽，揚名千古，永垂不朽。否則無聲無臭，不識不知，與禽獸何異？吾人革命，要講血性，絕不做禽獸。因此，吾人應以獲得榮譽，為人生第一大事，始不虛此生，不愧為革命鬥士。」

從他在工作上負責態度看，他不但好名，且有一種功利主義傾向。軍統局在抗戰以後，每年都有新的業務增加，一半是承當局之命，一半是他主動請求，即當局交辦之事，亦有部份，是出於他之建議。所以他說：「別人搶官，我們搶事。」

戴氏所言所行，看來若有矛盾，其實不然。一般人都知道好名是惜名節，與貪圖名位，孜孜為利，全然不同。故昔人說：「三代以下，惟恐不好名。」人有一念好名之心，才知自愛，惡居下流，不為污鄙；才能奮發向上，建功立業；乃至蹈義死節，以身殉名。

在戴氏約兩百萬言遺著中，吾人發現一特點，即他平時教導部屬，總是勸人「燃燒自己，照亮別人」，切不可存名利之心。講到個人前途，他亦只說：「如革命成功，吾人回到鄉間，作一太平百姓，亦心安理得。」他從未以功名利祿，鼓勵別人，更絕無一語說革命成功以後，個人將可得何種報償。

一個人如真正信仰革命，對於革命有一種義務感，即不以身殉道，亦應當有「正誼明道，不謀功利」的懷抱，因革命旨在造福社會人群，是為利人，而不是為利己的。

戴氏勸他同志，打破名利觀念，可以解釋是他對革命有義務感，亦可說是環境使然。很顯然地，他身為情報工作者，所最需要的是秘密，他不能不沉伏幕後。他身處近要，時常接觸機密，稍為放肆，便可得禍。他更必須使他的工作，「為領袖運用到革命上去」。這就註定他只能做無名英雄。

就性格言，凡屬性向外傾，比較豪爽的人，大都負氣，講體面，重外觀，遇事好勝逞強，以顯露自己聲華。戴氏本質上是屬於這一類型。他在用事之時，「知雄守雌」，遇事恬退，盡量避免功名意氣之爭，甚至被人毀謗，亦不置辨，顯然是強自抑制，而非本性如此。吾人相信凡是人，都必有本能的衝動性，並且會因刺激感覺而增強。常受刺激，而強行抑制，在精神上，是難免不感到痛苦的。所以戴氏雖堅持寧靜、忍耐態度，不曾抱怨任何人，亦不禁有感而發的說：「十幾年來，本人身歷其境，酸、甜、苦、辣味道，皆已嘗盡！」

要以鐵的紀律、藩離私人情感

「我們在一切惡勢力交相夾攻之中，在百般艱苦險惡的環境中，堅忍不拔，才打開一條血路。……以我們同志的年齡，正所謂意志未定，血氣方剛；當前生活環境，又如此困難；不是有絕好根性的人，絕不能逆來順受，『持其志，而毋暴其氣。』這一點，實在是我最大的憂慮。」

戴氏這一段話，應是實話。像軍統局這樣龐雜的工作機構，握有多種權力，面對各種不同敵人，作為一個領導者，稍有疏忽，小則招致物議，大則引起糾紛，又焉能不憂慮？在抗戰後期的重慶，已經有人對於軍統局很不滿，亦有人指責軍統局人員，在社會上「橫行霸道」。有很多情形，戴氏自己亦知道，他有多次明白指出：「某某隊的同志，利用職務上的便利，到處招搖撞騙，這樣，人家當然說特務該殺。……少數害群之馬，頤指氣使，到處招搖，好像特種工作人員的身上，衣角都帶刺似的。……本來是為救國救民的特種工作，現在反而好像是『為 蔣委員長驅民者，特種工作人員也。』說來真是痛心！」

據瞭解當時情況的局外人士說：在民國二十六年以前，戴笠的部屬，一般素質較高，違紀犯法之事，是很少見的。以後工作人員日多，難免不有踰閑蕩檢，乃至貪污違法情事。其中尤以公開機構的稽查、檢查人員之擅作威福，最為人所詬誶。不過，如說軍統局人員「橫行霸道」，亦言之過情。實際上，不僅當局絕不會容忍他們橫行，客觀環境，亦不許可他們為所欲為。很顯然地，即在統一以後，各地仍存在有特殊勢力，並且仍有門戶之見。故軍統局人員，在福建、廣東、廣西、山西、山東、寧夏等地，均有被挾嫌殺害情事，而戴氏雖心知冤抑，亦莫可奈何。至於工作人員在各地之被毆辱和拘禁的事，更是屢見不鮮。

不管攻擊戴氏的人，是否出於惡意，軍統局人員，並不是每一個人，都潔身自愛，奉公守法，是可以肯定的。吾人所須知道的，是戴氏對於他的工作人員所持態度，因這與他個人毀譽，極有關係。很顯然地，如他未盡其作長官之責，即使他自己冰霜自厲，亦不能辭其咎。反之，他的少數部屬，行為不檢，就不能完全責望於他。就各種資料看來，他管教部屬態度，是頗值稱道的。

其一，是堅持嚴整紀律，絲毫不容苟且。他不但一直認定紀律是一個組織的藩籬，革命組織，必須貫徹紀律，並認定組織越是龐大，越要注重紀律。他本著「有過必罰」宗旨，不論事之大小，人之親疏，只要知道，絕不寬恕，這一點，是當時一切政府機關所未有的。因此，在軍統局內，每年都有所謂「殉法」同志，亦即是嚴重違紀，而被制裁的人。二十九年一年中，就有二十六人，被處死刑。三十年稱為最少，亦有十人。其中有一老幹部，亦是戴氏前期同學，名趙理君，工作頗有成績，因其逞忿殺人，是由戴氏主動綁送法院，處以死刑的。

吾人已多次指出：戴氏是一很重情感的人，他對於他的同志，確有一種真摯愛心。所以在說到紀律問題時，他因很多人殉法，而不勝悽惻。他說：「近兩年來，我們有不少同志犯法，被處極刑。這不是我們的高明，也不是我們的威風，更不是我們拿同志生命開玩笑，完全是為保持我們過去的光榮歷史，貫徹先烈犧牲奮鬥的初衷，不得不如此。……但家人犯法，罪在家主，對於這一類事發生，我只有自責，只有自痛！」

在殉法人員以外，軍統局人員，因有過失，被處以禁閉處分的，為數更多，其中有在十年之內，坐過多次牢的老幹部。這些人又不但資格老，成績亦很優異。但只要觸犯紀律，被戴氏知道，就必不免於被處罰。這亦是各機關所少見的。

其二，是遇有軍統局人員與各方衝突，必嚴加約束，而不稍縱容。他告誡部屬：「我們不能容許同志們生活、行為腐化與惡化，使人家咒罵，更不容許隨便和人家起衝突。十幾年來，我們一貫作風，每次與人家發生衝突，總是嚴懲自己同志，而輕責別人，今後當然還是如此。」

從資料中，吾人發現戴氏前面一段話，並非飾詞。且舉幾個實例：

民國三十一年，福建發生憲兵毆辱交通檢查人員，妨害公務執行事件，軍統局人員因受屈辱，憤憤不平，迭電申訴。戴氏覆電說：「憲兵毆辱檢查人員事，希按實際情形，與該管團營據理交涉。務必嚴禁檢查人員隨便發言。對於檢查人員之能力低劣，行為不良者，應即查明具報，以便調整。……」在一很長電文中，他沒有一語縱容部屬，或是苛責別人。

同年，軍統局所屬特務團，因某部隊藉端滋事，發生互相鬥毆情事，戴氏知道，立將該團團長撤職。有人以為過重，因為肇事責任，在某部隊而不在特務團。而他仍堅持他嚴懲自己同志原則，而不問別人紀律如何，他認為「正己方能正人。」

當然，這並不能證明只有軍統局人員被人凌轢，而沒有凌轢別人的事。不過，戴氏平時約束部屬，惟恐不嚴，乃是實情。在他講詞與手扎中，十有六七，講到紀律，對其部屬之勸勉告誡，可謂諄切懇至。他要求他的同志：

「要有廣闊胸襟，能包容萬物」。

「不可妄自尊大，要有『孺子可教』態度」。

「對人要和藹可親，誠中形外，使人樂於為助。」

「作為本局同志，要格外明大義，識大體，不可與人爭功爭權。」

「凡事須站在法與理立場，絲毫不可放鬆，半點不可糊塗。……」

他並強調：「凡效忠黨國與領袖之各方人士，均應與之聯繫，通力合作。……不容許有絲毫英雄主義思想存在。」

一個標榜革命的團體，尤其是軍統局，如無嚴格紀律，將寸步難行。而戴氏之所以特別重視紀律，同時遇事忍讓，以恕已之心恕人，則不單是為組織健全，而別有苦心在。因為他處在一種極惡劣環境，他希望能化阻力為助力。

助理乏人、窮於應付

軍統局盛時，除情報工作外，所兼領業務，多至數十種，大部份具有戰鬥性，勝敗之機，決於俄頃，任何人處此繁劇，都將有責重事棘之感，戴氏亦無例外。他在筆記中，寫過如下一段話：

「因助理乏人，處理文件，接見賓客，應付日常事務，均須躬親，時間不足，致多遲誤。對幹部之運用，與組織之掌握，未能盡善。與各方面接觸太少，聯繫亦不夠。個性強，主觀重，因而同志間對整個工作之建議甚少。日常窮於應付，致檢討、策劃與督導，均未能盡善。……」

這是一種反省，亦是實在情形。據一位軍統局資深人士說：「戴先生在軍統局，一面是領導者，是神神經中樞，發號施令，指揮全盤工作。一面又近似一參謀首長，要策定戰略戰術，設計各種方案，並使之實施於各種戰場。而另一面，他又是個實際執行者，很多重要工作路線，是由他本人去開拓、建立和聯繫。有時工作已發生效果，他的幕僚，還不知道內情。所以他在軍統局，等於一部發動機，一切全靠他推動，否則就會停頓。」

戴氏死後，軍統局有一篇很沉痛的祭文，內有一段話：「……十餘年來，吾人之內外工作，擘劃調度，俱由先生一身任之，吾儕追隨左右，但能奉承意旨而行，未嘗自為機動，以為先生分憂。而所負工作，亦僅涉片面，其有整體之瞭解，與全盤之閱歷者至寡。今先生之遺業，經緯萬端，機杼百出，艱難備至，吾儕淺薄，將何以善繼善述？……」這與前面一段話，正相吻合。

一個號稱為革命團體的領導人，集劇務於一身，事無鉅細，都須躬親，顯示其人肯於負責，且有權威。同時亦顯示此團體，在組織功能上，並不是健全的。在戴氏手扎電令中，可以看出軍統局愈到盛時，事多而益叢脞，人多而益散漫情形。他說：

「……弟在病中，見兄等來電，辦事俱不能遵照弟之意旨，只知例行公事，依樣畫葫蘆。弟受責任心之驅使，不得不起而答覆。……對弟改正之工作計劃，須逐項詳加體會，必知綱要之所在。而措詞必須力求簡要切實，別輕重，分優劣。圖表數字，亦須力求精確。」

「弟半年來，詳稽我內勤工作之所以散漫凌亂者，實因各部門日常工作經過，不能分門別類，確實記載之所致。數字不清，實況不明，而欲求指導之適當，考核之正確，豈非夢想？」

「內外意志，尚不能徹底溝通與明瞭，中央之意圖，外勤同志很少了解，而外勤同志之性能，中央亦不盡明瞭，以致工作效率，往往事倍功半。」

「年來吾人之工作，日趨形式化；吾人之組織，日趨衙門化；吾人之同志，日趨官僚化；似此種種情形，如不密切注意，切實改革，則本局前途之危殆，將有非兄等意料之所及者！」

「弟之命令，不能切實執行，弟之意圖，不能完全達到，一切呈腐敗、凌亂、散漫之象，且亦未免於浪費。似此情形，如不嚴行整飭，從速糾正，吾人將何以見領袖與國人乎？」

「馴至今日，革命團體之精神，與革命團體之紀律，日益墮落，日形廢弛，長此以往，吾人不僅不能救國，且將無以自救矣！」

「一個革命團體，如不能把握現實，絕無前途可言。時至今日，吾人如不能痛改前非，發憤圖強，以挽救本局工作之頹風，則本局之劫運，亦將無可挽回。……」

在手扎中，他並說到他批公文，很少批過「如擬」「照辦」等官式字樣，「總是一、二、三、四、一條一條的給你們批下去。」而仍不能「詳加體會」，合於他的意旨，可見幕僚人員之無能與不盡職。

前面幾段話，顯示軍統局已呈現病態，亦顯露出戴氏內心隱憂。

平情而言：即便是在三十年以後，如說軍統局已經腐化，絕非實情。在當時政府機關中，論風紀，論刻苦耐勞，忠於國家，能突過軍統局的，似不多見。但已然有「衙門化、官僚化」現象，則顯然已喪失早年革命朝氣，而瀕於腐化邊緣。戴氏知道一個政治性組織，已逐漸走近腐化之路，就會如逆水行舟一樣，要後退容易，而前進甚難。更知道他正處於險惡環境，機阱滿前，流言正熾，他要免於被中傷，就只有健全自己，使人無懈可擊。而他的若干幹部，卻無此警覺，所以他「目擊心傷」，說「長此以往，將無以自救」。

一般機關，由腐化而積漸至於糜爛，主要是由於人事不健全。而在軍統局，則別有一個組織上的問題存在。特務處時代，事務較簡，人員素質，亦較整齊，戴氏一人，足可應付。軍統局改組以後，業務隨抗戰而迅速發展，人員超過十萬，一般素質，亦遠不及以前，要合理營運此一龐雜組織，就必須有合理的人事制度，與幹部政策，從而產生一群基本幕僚，各以其才力，來分擔責任。如果內不任愛憎之私，外不信毀譽之說，以軍統局人才之多，要選拔一群得力助手，是應無困難的。但這必須摒棄家長式的領導模式，將過分集中的權力，適當分配於主要幕僚，才有可能。

實際上，軍統局一直是戴氏一人獨攬大權局面，不但沒有領導中心，自鄭介民外調以後，名義上的幕僚長，亦久懸未補。戴氏左右，有少數人名為秘書，實際等於記室，奉命處理文書。比較重要文書，亦須戴氏親手撰擬。他常在外奔走，略較重大的事，皆須追蹤請示，待他指教，才能辦理。這種情形，連　蔣中正亦知道，所以每遇戴氏公出，時間較長，輒派侍從室組長唐縱等以幫辦名義，到軍統局相助為理，可見其助理人員之缺乏。一個人主持幾十種不同業務，事事皆有戰鬥性，而全賴一人支應決斷，又焉能不心勞日拙，「窮於應付？」造成這種情形，他自己難辭其責。

有人說：「領導方式，為一古老問題。從來凡是才智特出的領導者，其左右必多屬循默馴順，恭敬有餘，而才力不足之人，因其自信太過，而不能信人。」吾人亦深知其然。只不過憫其勞瘁，本乎春秋之義，「責備賢者」而已。

關於戴氏左右所常親近之人，其人品才能如何？吾人所知無多，不欲置評。惟以戴氏之忠於謀國，如有一群得力助手，為之明畫深謀，協調內外，裨補闕失，則他的事業，必更加發皇。

三十八、戴笠領導下的中美合作所

抗戰後期，由中國與美國健兒所混合編組之一支隊伍，曾在極廣闊的淪陷地區，以多種手段，打擊敵人，輝煌戰績，令人驚異！這一支部隊的領導者，就是戴笠。經過許多困難，始由中美兩國政府正式簽約而成立的中美合作所，最大戰果，是協助盟軍，殲敵海上，加速其崩潰，故甚為美國政府所稱讚（中國若干戰史，竟然隻字未提，豈非咄咄怪事！）。此為戴笠個人歷史中一大事，亦為抗戰時期一盛事，故須詳述其經過事實。

爭取合作曲折經過

戰爭爆發以後，有識者皆知來日方艱，戴氏尤為敏感，他渴望通過國際情報組織關係，取得外援，為持久之計。他曾經留意各種機會，多次派員與西方接觸，均無結果。顯然可見原因，是國際姑息主義者正當道，一部份人敷衍日本，希圖苟全，另一部份人，則持隔岸觀火之態度。

民國三十年初，各種跡象，顯示日本已決心南進，圖以武力改變太平洋現狀。戴氏認定敵如南進，西方國家態度，將因利害衝突而改變，其與我合作可能性，亦將隨之加大，乃命其在國外幹部，積極進行，主要目標是美國。其時美國一般人，注意力多集中在歐洲方面。他們亦似乎過於自信，認為日本尚不敢與美國為敵。對於中國抗戰前途，並不樂觀。在這種情勢下，即只是爭取道義上支援，亦頗不容易，遑言合作。

不過，美國軍方，特別是海軍方面，不乏遠見之士，其中如李威廉（Captain Willis）將軍，麥克倫（Capiain Mc Collum）將軍等，都很留心世局，而對全球性戰略較有研究。他們一直在注意日本動向，認為敵遲早不免發動太平洋戰爭，其第一步驟，就是儘速佔領東南太平洋沿海陸地，將西方勢力，驅逐下海，美國要圖恢復，就有與中國合作之必要。這與戴氏觀點，不謀而合。幸而尚有這些有識之士，戴氏理想，才終於實現。

在爭取中美合作方面，戴氏幹部蕭勃，貢獻最多；他在當時任我國駐美武官，在美國軍界，建立廣泛的友好關係，和李威廉等過從尤密。

三十年十月，美國陸軍代表團來華訪問，李威廉等建議由海軍派觀察員隨行，便於瞭解中國沿海淪陷地區實況。但陸軍方面，認為多餘，不表同意。迨珍珠港事變發生，海軍方面意見，始受到重視，因為美國對日作戰，是必須以海軍為主力，並適當配合空軍，先殲敵於海上，才能決勝負的。

珍珠港被偷襲後十七天，敵即攻佔香港，隨即傾力攻掠東南亞及太平洋各重要島嶼，並且進展極速。這對於西方海權國家，不啻當頭棒喝。美國為應付敵人威脅，特派大西洋艦隊總司令金氏上將（Admiral Ernest J. King）兼任海軍軍令部長。李威廉等又舊事重提，於是決定派梅樂斯（Mary Miles）來華。金氏指示是：「盡其所能，建立基地，準備迎接我海軍在幾年之內，登陸中國沿海，並盡量協助我海軍，騷擾敵軍。」從這一段話，可看出美國原意是為自己設想，而不是為合作。

梅樂斯中校奉派來華，亦出於李威廉之推薦。他出身於美國海軍官校，並曾入哥倫比亞大學研修電機工程，取得碩士學位，為一電機水雷專家。官校畢業後，曾服務美海軍亞洲艦隊，一度充任艦長，往來我沿海地區有八年之久。對於各水域海港情況，頗為熟悉。他在香港結婚，夫妻兩人，均略諳華語，並略知中國民情風俗。派他來華，自是一合適人選。至於來華以後，將如何「建立基地」，顯然他亦很茫然。

金氏上將所指定梅樂斯之任務，是極端秘密的，但仍被蕭勃知道，因他與梅樂斯，李威廉等均有友誼，常在一起研討許多戰略問題。於是蕭勃建議梅樂斯來華後，與軍統局合作。至此，梅樂斯始知戴笠之大名。

在同時期，中共亦渴望得到美國援助，他們所用手段，一面是誇大自己實力與戰績；一面是盡量詆毀政府；皆運用在中國與美國之同路人，以影響美國政府。其對戴氏，則編造一套人事資料，將他形容為一大惡棍，然後通過美國國務院之同路人，載入正式檔案。據梅樂斯語人：他所見到的人事資料，還載有：「戴笠曾多次要殺害他自己母親。」這真可說是匪夷所思。可是，資料出於堂堂國務院，對於美國人心理，不能毫無影響。故梅樂斯對於戴氏，亦不能不持懷疑態度。

三十一年五月，梅樂斯繞道印度，來到重慶，他的初意，本是要從多方面摸索情況之後，再決定究竟與何種人合作。及至見到戴氏，經過幾次交談，他發現戴氏不僅是舉止高雅，待人誠懇，而且英氣逼人，和國務院資料中所記載的，迥不相類。同時，他亦漸知道戴氏所領導的軍統局，實力雄厚。於是將他的希望，寄託在戴氏身上。他的選擇是正確的，他要在中國廣大淪陷區，執行一種極艱鉅任務，戴氏以外，似無第二人可以使他達成使命。

由考驗到簽約

雖然梅樂斯對於戴氏，漸有好感，而他對於中國陷區情形，毫無所知。他對於軍統局的敵後組織，以及戴氏實際領導才能，亦難免不有幾分懷疑。他需要一段時間，用來觀察和考驗，於是提出先到陷區實地考察的要求。當時在重慶的美國大使館官員，多數認為「這是不可能的事。」而戴氏則欣然同意，並允親身陪同前往。

梅樂斯所最希望的考察地區，是閩浙沿海一帶，亦是淪陷最久，敵人戒備最嚴地區。並且其時杭州一帶敵軍，正沿浙贛路進犯，浙東、閩南敵軍，亦在蠢動中，這種時候，深入敵後，尤其是有美國人同行，安全是很可慮的。戴氏並非不知前途危險，亦非不知自惜；只是爭取外援，殊非容易，不冒危險，不足以取信於外人。一個愛國甚於愛身者之苦心，外人又安從知之！

三十一年五月底，戴氏與梅樂斯等，分別冒溽暑自重慶出發，化裝微行，偷越敵人封鎖線，繞至敵後，先在福建浦城會合。軍統局沿海各地潛伏單位負責人，先已接到電令，如期來會，有遠自香港而來者。梅樂斯所欲知道的事，大致都得到滿意的解答。其欠詳盡者，再通過電台查詢，亦皆迅速得到答覆。這種嚴密組織，與迅捷行動，已使他大感意外。而更令他驚異的，是在軍統局敵後單位周密佈置下，使他能到廈門一帶，出入敵人警戒區，竟能安然無事。

這一次實地考察，不但使梅樂斯對於戴氏之為人，及其領導才能，有進一步之認識；而且對於軍統局這一堅強組織，更有信心。他在返回重慶後，立即向華盛頓提出詳細報告。他報告內容，不得而知，但可推想他必定是說要達成任務，非與戴氏合作不可。

不論梅樂斯觀感如何，他是無權作任何決定的，在華盛頓，尚有甚多高級軍官，意見並不一致。當他們在辦公室展示中國地圖時，大部份地區，都有被敵軍佔領標誌，而沿海一帶，為時已久，更無可以容足之地。要美國人在中國淪陷區建立據點，策應美軍作戰，在他們看來，是既無把握，又極危險的。

但是，梅樂斯提出一有力證明：他親身到過沿海最稱危險地區，親眼見到一個堅強組織，並拍攝各種照片。這證明戴氏所提保證，是完全可信的。原來當梅樂斯來華之後，蕭勃為促成中美合作，曾與金氏上將等接觸，代表戴氏提出如下保證：「無論美員欲往何處，我軍統局敵後工作人員，均必可與之合作，保證其安全達成任務。」此一負責保證，起初未必有人相信。而梅樂斯報告，則充分證明戴氏所言，絕非虛假。於是金氏等人信心大增，決計與戴氏合作，並命梅樂斯擬出具體辦法。

於此，吾人須略作解釋：即戴氏之勇於提出保證，絕不是信口開河，而是確有憑藉的。他瞭解陷區人民，都熱愛國家，隨處都可得到人民幫助。他更知道所有偽組織，在當時都自知燕巢幕上，有立功贖罪傾向，可以運用。他更堅信軍統局在敵後工作佈置，與工作人員，可以信賴。他不是故為誇言，但求取悅於外國人，而不計後果的。

由梅樂斯協同草擬的合作辦法，起初稱之為「友誼合作計劃」。其中要點是：由美方供給技術、器材與械彈，由中方提供人力，在中國沿海地區，分別建立水雷爆破站、氣象測量站、情報偵查站及行動爆破隊，並設電訊偵譯機構，從多方面對敵作戰。這雖然仍是以適應美方海空軍作戰需要為主旨，但只要能打擊敵人，當亦有利於我國之抗戰。

此一初步合作計劃，中美雙方，都認為原則可行。中國當局，即指定戴氏為負責人，積極進行。而在細節上，自不免仍有歧異。譬如依美國成例，凡屬派在國外軍事機構，都應受美國所屬戰區司令部指揮，依當時情形，應由史迪威爾將軍指揮。可是，這一合作機構，是由中美雙方共同組成，中方人員，既由 蔣委員長指揮，美方人員，亦應受其最高指揮部之節制，方為得體。而在若干美國人眼裏，中美合作機構，真正負責人是戴某，如讓他受 蔣委員長節制，便等於是完全由中國人來指揮美國人，這是他們所難於同意的。

同時，美國陸軍參謀部，亦不願放棄一種間接的控制權，因為在外的戰區司令部，是受該部指揮的。為此，美國陸軍參謀長馬歇爾，提出一種「分而治之」的主張，他致電史迪威爾，主張：「梅樂斯及其所率之美方人員，歸屬閣下系統，戴將軍所率之華方人員，仍歸 蔣委員長節制。」史迪威爾對中美合作態度，似已略改他「行僻而堅」的習性，他知道這種合作，是對美國絕對有利的；亦知道非與戴氏合作，不能達成任務。故在覆馬歇爾電中，他斬釘截鐵的說：「如果分而治之，我們就無法得到戴笠將軍的合作。」最後是海軍方面，力主維持原議，再經美國聯合參謀本部之協調，決定中美雙方人員，均直隸於兩國最高統帥部。

對於此一爭持，梅樂斯在事後指出：「誠然，中美合作機構，是與中國人合作，並接受由中國人主持；而且依照雙方協議，中國方面，有相當的否決權。但是，美國的權益，亦受到保障，因為美國方面，亦同樣享有否決權。」他認定若干美國人，不肯承認這種事實，以為美國人不應屈居副手地位，是因其「下定決心，不接受外來影響」。後面兩句話，他說得很含蓄。揭穿來說：就是一種「白人至上」的觀念在作祟。

一份合作草案，在戴氏與梅樂斯主持下，足足費時三個月，始得雙方一致同意，完成初稿。在中國方面，問題比較簡單，因為這一機構，預定隸屬於軍委會，若干大的原則，戴氏隨時請示，已經解決，故　蔣中正最後只有一項提示：協定應由中美兩國最高統帥簽署。

正式定名為「中美特種技術合作協定」的條約，於三十二年一月，經我政府批准後，送達美國。美國若干人士，特別是陸軍方面，仍有不同觀點。幸金氏上將等力讚其成，未啟歧趨。惟美國方面，為避免涉及國會同意權，另生枝節，主張不由其總統具名，改由海軍部長代表簽署。

三十二年四月十五日，雙方正式簽約換文，代表中國政府的，是外交部長宋子文，軍統局副局長戴笠，及駐美武官蕭勃。（蕭勃在以後，並為戴氏駐美代表，處理人員物質有關事宜）。代表美國政府的，是海軍部長諾克斯，戰略業務局局長鄧諾文，戰略局駐華代表梅樂斯。至此，中美合作，乃具體化，而進入實行階段。

吾人詳述其經過，旨在闡釋在抗戰時期，爭取合作，得到援助，來之不易。

為便說明此一合作機構之性質與意義，茲節錄幾項重要條款如次：

（一）在中國沿海與中國淪陷地區，及其他日敵佔領區，（按此為後來中美所工作發展至東南亞之根據）打擊中美共同敵人。（第一條）

（二）在美國訓練業已成熟，絕對可靠，並已宣誓對盟國效忠之緬甸、泰國、朝鮮、台灣、安南等地人員，經美方提出，華方認可後，准在本所指揮下參加工作。（第八條）

（三）本所設有遠程空中偵查隊，配有飛機器材，及研譯判讀照像人員，其目的，乃在中國淪陷地區及遠東各佔領地區內，攝製並判讀敵人活動之照片，以便實施各種打擊。除駕駛員外，以華方人

員充任之。（第九條）

（四）為便於在中國沿海各港灣實施佈雷，適時打擊敵人船艦起見，得由美方派飛機測量港灣情形，並由華方派員參加。（第十條）

（五）設宣傳組，對中國淪陷地區及其他日本佔領區內之敵人與人民，從事心理戰爭。（第十一條）

（六）對於敵軍海陸空三部份之電訊密碼，實施偵收研譯。（第十八條）

（七）……在各地分期設立前進工作隊，辦理有關爆破、偵查、瞭望、氣象、對敵宣傳、及其他有關事宜。

（八）本所所需之爆破、無線電、武器、彈藥、交通、攝影、氣象、化學、印刷、醫藥等，以及各項工作所需之一切器材，均由美方供給。（第二十一條）

從以上條文，可知這在抗戰中為一大事，亦可知其任務之艱鉅。要承擔此一艱鉅任務，就必須具備多種條件，亦必須具有極大勇氣。在中美所某一次集會中，戴氏曾坦白而自負地說：「中美合作，是基於相互利益而產生的，雖然任務十分艱鉅，我為我的國家，當盡力之所及。你們可以放心，凡條約所規定的，我必定負責做到。老實說，今天不談合作則已，要談合作，要合於你們美國人的要求，我相信除我戴某之外，別無他人，可以達成任務。」

戴氏所言，並不為誇。在當時政府機關中，不僅沒有第二人具有他所有的條件，似亦無第二人，具有他所有的魄力。他在中美合作時期，不止是充分表露出他的才華，亦充分表露出作為一個中國人應有的風格。在這一方面，吾人可略舉一個例子：

中美合作，在三十一年十二月以前，雖已訂定計劃，但能否實現，仍是未知數，這不僅是有人在暗中破壞，且事實上還存在著很多困難，單就美國方面，就有若干歧見。而戴氏料定以澳洲為基地的美軍，如要反攻，就非在中國沿海建立據點不可，因亦必須與中國合作。所以在合作方案，經中國政府批准，送往美國前，他即積極進行：在重慶近郊松林坡一帶，開山闢路，興建大規模的辦公房屋及美員住所；在各交通要地，設置倉庫、轉運站及招待所；購置必需的交通工具，增設電台；照預定計劃，佈置集中訓練兵員基地；一時鳩工庀材，「百堵皆作」。美國人所常稱的「快活谷」，就是原先荒涼的鍾家山，而在短時間興建的。

這需要大量經費，卻根本沒有的款。甚至在合作簽約以後很久，經費預算，仍未奉核定。所以梅樂斯說：「我方所期待他做的事，以及他自己所同意做的事，往往未有中國方面預算的支持。他之所以能承擔這一艱鉅任務，主要是由於他常在　蔣委員長左右，深深獲得委員長之信任。」

戴氏事前充分準備，曾使來華美員，感到驚訝！他們自進入中國國境以後，沒有遭遇到任何困難，這些地方，比他們所想像的更為周到。於是在美員方面，先樹立一好印象——中國人並非如所傳說是只知要錢，而不做事的，中國人作事能力，絕不在外國人之下。這種印象，對於國情全然不同的人，尤其是與有優越感的外國人，協同作戰，是很重要的。所以戴氏告誡他的部屬：「與美國合作，必須事事爭取主動，步步走在別人前面，切不可存依賴之心。」

大規模的計劃與佈置

民國三十二年七月一日，由於戴氏鍥而不捨，艱難締造的中美合作所（Sino-American Cooperation Organization簡稱中美所或SACO）在重慶郊外約八公里的磁器口正式成立，戴氏與梅樂斯（時已升任准將）兩人，經中美兩國政府分別任命，分任主任與副主任職務。所本部設主任秘書與參謀長，佐理所務。以次分設人事、情報、作戰、氣象、偵譯、通訊、研究分析、心理戰、秘密行動，以及供應、醫務、編譯、特警等十餘組室。由戴氏遴派資深幹部徐志道、潘其武、謝力公、余樂醒、樂幹、陸遂初、劉鎮芳、吳利君、倪耐冰等，分任組室主管。美方亦派吉茲（J. Googe）少校，詹姆斯（F. James）少校，貝樂利（L. F. Beyerly）中校，約克霍爾威克（J. S. Holtwick）中校，泰勒（G. Taylor）中校等人為副主管。自此美國勇士，遠涉重洋，來參加中美所工作的人，絡繹於途。物資亦陸續飛越駝峰，源源運達中國。

中美所的美方人員，開始是以其屬於海軍之特種部隊為基幹的，這批人大部份是具有某些特長，而志願參加工作的。他們忠於自己國家，而且經過嚴格訓練，工作是沒問題的。但是，這是一種非常機密的業務，所以在派來中國之前，都須經過嚴密考核。中國方面，負責考核的，就是駐美武官蕭勃，由於他的深入調查，使得中美所美方成員，沒有被某種陰謀組織滲透的機會。以後，中美所業務日益發展，特種部隊供不應求，乃於海軍陸戰隊精選兵員前來服務，他們亦和特種部隊同樣優秀。

由於事先準備充分，美員來華，即迅速展開工作。首先是舉辦各種小型技術訓練，並在前線實習。不久，第一個規模較大的訓練班，在歙縣雄村成立。類似雄村的訓練班，以後陸續增至十二處之多。

與此同時，各地情報、氣象等工作單位，亦分別佈建，遠至東南亞。隨後就是展開全面的爆破、突擊等行動，並包括敵區水域佈雷工作在內。

當時的工作計劃內容是：

（一）軍統局所屬各行動隊、各鐵道爆破隊、別動軍、忠義救國軍及東南亞挺進隊，由中美所施以技術訓練，更新裝備後，一律參加合作工作。沿海及重要地區情報單位，亦得視需要，配合工作。

（二）凡敵人佔領區內重要城市、鐵道、公路、河流、礦場、工廠；及中國與安南、泰國、緬甸之沿海各軍商港口；均須利用各種機會，不斷予敵人以有效的破壞與打擊。

（三）在中國淪陷區，及中南半島、台灣等重要城市，增派秘密工作人員，加強情報、心戰工作。其地點為：仰光、臘戍、新加坡、海防、西貢、河內、曼谷、香港、基隆、高雄、廣州、榆林、福州、廈門、杭州、上海、南昌、南京、武漢、徐州、開封、濟南、青島、煙臺、石家莊、太原、北平、天津、張家口、旅順、大連、瀋陽、長春、哈爾濱等地。其進入比較困難的地方，並由空軍負責，將人員與電台，空運至目的地降落。

（四）在中南半島、渤海、黃海、南海及長江、珠江沿岸，設立佈雷隊，必要時，利用飛機佈雷。

（五）普遍設立氣象站，系統的供給美國海空軍氣象情報。

（六）經過訓練編組之游擊武力，派美員參加，立即對敵實施游擊戰。

最後一項，依戴氏構想，如兵員不足，他準備呈請在若干國軍中，挑選兵員補充，他認為由於更新裝備，可以增加戰力，其間並無爾我之分，因為一切是屬於國家的。

從此一計劃內容，可以概見其規模之龐大。美方為配合此一龐大計劃之實施，並決定於昆明、貴陽、贛州、衡陽、建陽、廣元、寶雞、洛陽等地，設立轉運站，與機械修理廠，以應各地之需要。

中美所龐雜工作，能迅速展開，主要當是因戴氏之積極推動，他在當時，真有一種「裹糧躍馬」，猶恐後時光景，他似乎沒有停止的在思考，凡想到的事，便立刻動手去做。但亦因有軍統局一個比較健全而講效率的組織，所以做來得心應手。事實上，中美所有若干工作，是軍統局早經佈置，且已有基礎的，故一經加強，便立見功效。

仍不免有困擾

美方代表梅樂斯將軍，是十分忠實於兩國合作事業的。他在提到合作協定時，他說：「那文件在正式簽署之後，我們就將它存放在保險櫃裏，在幾年合作期間，誰也沒有把協定再拿出來查看。」這顯示雙方都能遵守協定，亦顯示美國海軍主管部門，對於合作感到滿意。

但是，這並不表示合作沒有困難。自梅樂斯來華不久，來自美國方面的各種困難，便與時俱增，越到後來，越發不可理喻。其所以如此，有幾個很明顯的原因：

（一）美國軍事部門，特別是海軍與陸軍之間，有一種矛盾存在。並因而產生一種門戶之見，意氣用事。

（二）美國戰略局，蓄謀把持，並因圖把持，而不惜排斥一切。

（三）「白人至上」觀念，影響若干美國人士心理，並造成他們許多偏見。

（四）共產黨人－美國的與中國的－滲透美國軍方，惡意宣傳中傷，使許多事實真相，完全顛倒，或被湮沒。

當梅樂斯奉派來華時，他的身份，只是一個海軍觀察員，其他軍事機構，並不注意。及至發展成為合作機構，問題便隨之而來，首先觸及一個指揮系統上的問題。美國海軍部門，認為中美合作，主要是為配合海軍作戰，因而明令規定：「美駐華海軍團，乃美國太平洋艦隊之一工作單位，在艦隊總司令直接指揮之下作戰。」

但陸軍部門，則因事實上有一個中印緬戰區司令部，認定凡屬在這一地區的美國軍事人員，都應受其節制，亦即間接受陸軍參謀長之統馭。而當時的參謀長，正是非常固執而又有偏見的馬歇爾，所以他自始就反對中美合作所成為一獨立機構，並主張「分而治之。」

美國的聯合參謀本部，協調結果，於一種勉強情形下，在史迪威爾司令部，增設一海軍組，由梅樂斯兼任組長，只是一時權宜措施，而基本上，海軍與陸軍之間矛盾，並未消除。在史迪威爾時代，他比較瞭解中美所情形，知道與軍統合作，絕對符合美國利益，所以不甚為難，有時且取支持態度。到魏德邁接替戰區司令，他原為蒙巴頓的參謀長，受英國共黨同路人宣傳影響，先自有一種成見。他又是馬歇爾的學生和舊屬，屬於陸軍系統。更加戰略局之介入，於是對中美所困擾，日益加重。

在中美合作期間，最大困擾，來自戰略局。原來美國軍方設有一情報機關，名曰：「情報協調處」，派有工作人員，在海外各地，中國亦在其內。日本偷襲珍珠港後，美國決定作戰，「情報協調處」，乃改組為兩個機構－軍事情報局，與戰略業務局。戰略局局長，由原任協調處長鄧諾文（W. J. Donovan）少將升任。此一機構真正性質與目的，不得而知。但從許多資料，大致可以看出：其在國外活動與作風，和以後之美國中央情報局，極為相似；其所用之人，極為複雜，所以如費正清、戴維斯之流人物，均曾參加其工作，並具有影響力；其與美國軍方關係，對於陸軍較為接近；而鄧諾文本人，則很明顯的為一有強烈優越感、而野心極大的人。

戰略局所加於中美所的困擾，可說是層出不窮。梅樂斯本與美國情報機關，毫無關係。但他畢竟是美國人，到達重慶之初，他所接觸的多數是美國人，其中有魯西其人，為戰略局工作人員。當梅樂斯告知美國大使高思，將偕同戴氏前往閩浙前線實地視察時，魯西便乘機介入，請與同行，得到同意。魯西目的，是要瞭解軍統局實況，這是戰略局所想瞭解，而又無法瞭解的，因為戴氏一向防範甚嚴。

魯西隨梅樂斯前往閩浙，他不但察覺軍統局組織堅強，戴氏才略過人，還探知戴氏與梅樂斯計劃大量訓練游擊武力，第一步編訓精銳五萬人，以配合中美合作工作。魯西迅即密報鄧諾文，引起戰略局注意，於是問題接踵而來。

鄧諾文下手第一著，是要通過梅樂斯，控制即將實行的中美合作業務，故派梅樂斯為戰略局駐遠東代表。進而就是要將中美所，置於戰略局指揮之下。

或許由於美海軍部門不同意，軍統局之門，亦非可以輕易敲開，戰略局又想出一種篡竊手法，一面請陸軍部門出面，向梅樂斯提出派遣一批教官來華，協助訓練中國游擊隊。一面藉美副總統威爾基來華訪問之便，暗中派遣巴納斯等來華，企圖在中國西北，另行建立據點。同時，另派約翰•海登博士（DR. Joseph R. Hayden）等，攜帶所謂「黃龍計劃」來華活動。……

這一類事，戰略局均未依於規定，通知梅樂斯和軍統局。但，戴氏卻早已知道，甚至是戰略局派至西藏一帶活動的人，亦早在戴氏部屬監視之中。所以梅樂斯說：「他們曾多次超越中美協定，派人到中國，不先得到中國方面的許可，更不事先通知中美所。他們似乎有一種奇妙的駝鳥式的心理，以為派出來的人，都有隱身術。卻不知道他們一到開羅，戴笠便早接到報告了。」因此，戰略局派出的人，無法得到軍統局之協助，無不敗興而返。

儘管如此，戰略局仍依於他們主觀願望，不斷干擾。在約翰•海登等人之後，又派亞艾佛勒等人來華，並以史塔爾團（Starr Group）之類名義，企圖矇混，從事各種欠友善活動。但仍無一處達到目的。於是在美國挑撥是非，說中美所受中國人領導，為「不智之舉」。在中國，則慫恿史迪威爾，在中印緬戰區司令部，另設戰略處，使他們能名正言順的超越中美協定，攫取東南亞方面的合作業務指揮權。

後面一項手段，使中美所在東南亞工作，遭受到相當損害（事詳第二十四章）。但在中國境內，由於戴氏與梅樂斯合作無間，所受影響，並不甚大。三十三年底，鄧諾文來華，他似乎已沉不住氣，他公開表示：「我要使戰略局在此一切，完全照我的意思去工作，不容許任何干涉。」他要求中美所應當迅速在朝鮮和日本本土，建立據點，以策應美軍反攻（這可解釋是一種故意刁難）。同時，免除梅樂斯的戰略局代表兼職。

在此以後，戰略局因得陸軍方面之支持，更加囂張。他們除迫使中美所放棄在泰、越等地業務之外，並強迫派遣戰略局人員，參加中美所工作，且以柯林上校為中美所「第二」副主任，儼然有取代梅樂斯之意。

同時，又強請在中美所之外，自行編訓二十個游擊隊，聲言此項游擊隊，將用於中國北方地區。而實際上，則在中美所游擊範圍之內活動。不僅如此，他們並不擇手段，以提高報酬與物資條件，企圖引誘中美所工作人員。在日本進攻桂黔時，並公開要求當局，將原在零陵、貴陽一帶作戰甚力之中美所部隊調走，以便戰略局所編組之游擊隊參加作戰。……

總之，戰略局對於中美所，是極盡困擾之能事。這與當時美軍司令魏德邁之挾有成見，立意偏袒，極有關係。

魏德邁繼史迪威爾出任中印緬區美軍司令後，在某些方面，他似比史迪威爾表現得圓通，較易相處。而對於中美所、對於軍統局，則不但歧視，而且成見極深。魏德邁開始是贊成將中美所置於戰略局指揮之下，使中國人退居被支配地位的。而梅樂斯則認為違反中美協定，因依原先協議，「戰略局來華工作人員，亦是應受中美所節制的」，所以他堅決反對。於是魏德邁更進一步，堅持中美所必須受他指揮，並聲言如不廢止中美合作協定，他就辭職。他所提出修改協定理由是：「為協調配合，中國戰區美軍司令，對於一切進行作戰活動之軍事、準軍事及秘密組織的一切美國人員與物資，須實行指揮及作業控制之權。」辦法是：「中美合作協定任何條款－包括口頭協議，凡與上項原則不符者，應即視為無效。」中國當局，認為美國軍事機構的「協調配合」，是他們自己的事，他們指揮官，有權管理自己軍事人員。但中美所是基於兩國協定的合作事業，涉及中國權力，仍應維持原有體制。所以對於魏德邁的修正案，並不完全同意。當然，梅樂斯與美國海軍部門，是絕不同意的。於是官司打到華盛頓，並演變為他們內部意氣之爭。

在華盛頓的高級軍事會議中，代表陸軍的馬歇爾，首先贊成魏德邁主張，空軍亦隨聲附和，海軍則保持緘默。聯合參謀本部雖知中美合作所，應受兩國協定約束，但誤信魏德邁之言，以為中國當局已經同意（其實中國方面始終拒未簽字），即貿然發佈命令，要梅樂斯及其所屬人員，直接受魏德邁之指揮。

自此以後，魏德邁司令部，便視中美所為其附庸，諸多干涉。屬於陸軍系統人員，更明顯的歧視海軍人員。再加一戰略局從旁作梗。於是發生許多不應有糾紛，與極不合理現象。

譬如物資與人員補給：中美所一月所需物資一五〇噸，是美國統師部核定的。而補給運輸之權，則操於非海軍人員之手。所以起初有一段長時間，儘管每日有數十架飛機飛越駝峰，滿載物資，而中美所所得到的，僅是五百枝湯姆生槍而已。到魏德邁時代，竟將此項物資，改列於「租借法案」物資之內，約束益多。甚至中美所願自備飛機和車輛，自行運輸，亦加以留難。因此，海軍尼米茲元帥，一度主張：「必要時，要用軍艦，將物資送達中美所。」在三年時間中，中美所所得物資，大部份是自己設法運來，總數約為九千噸。到結束時，除戰略局取用部份外還剩餘三千四百噸留在印度，其中多數為彈藥，依於協定，應交與中美所。而此際中美所部隊，正在各地作戰，亦迫切需要彈藥。不料美國戰區司令部，竟強行移作他用。結果，這批物資，堆積在秦皇島，終於被中共所取得。

在人員方面，依據金氏元師與馬歇爾協議，中美所應配屬海軍員額，為三千人。當其業務開展，需人孔亟時，大批調派來華的海軍人員，因得不到陸軍支援，滯留印度很久，無法成行。這件事，被國會議員發覺，提出嚴厲質詢，始得陸續來華。

許多明顯事實，足可證明美國若干人士，是意氣用事。當時在華的戰略局人員，包括準軍事與雇用文職人員在內，共不過三百人，在數量上遠不及中美所。而每月所得物資，則在一一〇噸以上。中美所在緊急需要時，很難得到空軍支援，例如長江單位，在敵後迫切需要補給，經過三個月以上時間，始派飛機空投。而戰略局則隨時可派飛機，在各地盲目空投物資與他們有關係方面。中美所有數以百計單位，在各地和敵人奮戰不息，績效甚著。而若干陸軍人員，在對其上級報告，乃至公開場合，竟武斷的說：「海軍的努力，一無所成。…海軍既無效率，也無能力。……」而將所得成果，一概歸功於戰略局。

實際上，戰略局在華任務，極為曖昧不明，他們彷彿是一半在與中美所的海軍對抗，一半在代表中共，對軍統局作戰。在抗戰後期，對戴氏有許多奇怪而又可笑謠言，在外國人的社會傳播，遠至華盛頓。例如說：「戴笠為一性格頗成問題的人。」「戴笠主持格撲打殺，聲名狼籍。」「戴笠手上武力，是專用來打擊共產黨的。」……這類謠言，魏德邁不但相信，還說：英國人告訴他，「凡到戴笠手上消息，都會直接送給日本。」在美國國內、輿論界，詆衊國民黨，稱讚中共的人，自戰略局人員來華後，越來越多。並因很多謗言，很多真倒黑白情事，是出於美國人之口，他們國民，更容易相信。所以金氏元帥曾憤然的說：「戰略局在中國，正與共黨的中美所合作。」

其實，有很多人，亦只是一時被蒙蔽。即如魏德邁，在他後來所著「魏德邁報告」一書中，他亦坦承：「我經過相當時間，才認清共產黨的真相。」他並指出：「有些（美國）國務院派出的顧問，他們都是我們敵人共黨的同路人。……」這顯示美國人只要瞭解真相，他們是仍能判別是非的。

中美所能合作到底，並對兩國共同利益，有其不可磨滅的貢獻，與戴氏之能持大體，堅定不搖，是很有關係的。他當時所持態度是：信守兩國協定，不貽外人以口實；自立自強，不存依賴之心；大事堅持原則，小事盡量容忍；只求於國家有利，個人毀譽，絕不計較。譬如當時戰略局逼迫中美所，讓出若干地區防地與戰略局的游擊隊，明知是出於中共之詭謀，他亦勉強同意。（這些地區，不久便為中共所輕易佔踞。）

當種種困擾來自美方時，戴氏雖在表面上，行若無事，表現得很冷靜而沉毅。但他知道國不圖強，才受人輕侮道理。因而可以推想，在他內心，必定感到非常煩苦。

不過，就中美合作目的與成果而言，仍是值得他驕傲的。因為事實上，戴笠與中美所，已被若干美國高級將領，特別是海軍方面，視為是對日作戰的忠實夥伴，並且越久而越覺重要，包括總統參謀長李海上將在內。據說有一段時間，羅斯福總統因美國在其他戰場不如意，心情欠佳時，李海常對他講述中美所許多特表現，使太平洋艦隊屢建奇功，往往能使之解頤。由此可以看出中美所在對日作戰方面，是確有貢獻的。

於此，吾人尚有不能已於言者，即在國際關係非常複雜情勢下，宣傳工作，不但有其必要，而且是非常重要的。只就中美合作而言，雙方皆有可徵信紀錄，能證明其任務之艱鉅，執行之忠勇，以及對美方之幫助。只因中美雙方均嚴守秘密，而聽由一群破壞主義者，與有偏見之人，惡意攻訐，遂致淆惑聽聞。直到三十四年六月，美國海軍部門，鑒於新聞報章，倒是為非，始准許中美所的新聞消息，可在報章披露（在華美軍司令部，仍不許發表成果）。但為時已晚，許多不盡不實，含有惡意之流言，已被若干聽而不察之人所接受。這對於以後繼續合作事，是有很大影響的。

三十九、中美合作赫赫成就

抗戰時期，若干宣傳機構，似處於一種冬眠狀態，而中共在國外則盡力鼓吹，故「國軍只圖保全實力，惟有共軍認真作戰」之說，頗有人相信。中美合作，有數以千計的美國人，在廣大陷區參加作戰，不僅證實中共所說俱為謊言，且使外人對於中國評估，大為提高。因為中美所的赫赫成就，曾使盟軍順利反攻，加速敵人之崩潰。雖然中國戰史，未曾提及，但美國政府是曾經對世界公佈事實，承認戴笠之卓越貢獻的。

成就全在於盡心竭力

就中美合作之醞釀與發展情形言，主動權似仍操之在美國。儘管戴氏一直在爭取與西方國家合作，其初意似亦只在於獲得必需物資，引進若干新的技術，俾能作持久戰。迨美國迭次派員來華考察，發現戴氏所領導的軍統局，具有極大潛力，而且效率極高，正符合美國海軍之需要，於是決意與之合作。繼而又經考驗，確信戴氏有能力突破若干困難，因而使中美所任務日益加多。戴氏一向是抱定多種多收主意的，美方不斷要求擴大工作目標，對他而言，正可說是「韓信將兵，多多益善」。他認定合作是建立在共同利益基礎上，他不會輕易放過任何有利於抗戰的機會。

中美所業務，一直在高速效率下進行，軍統局在前線工作單位，無一不在動員中。第一個訓練班，在安徽歙縣成立不久，湖南南岳、河南臨汝、廣西南寧、綏遠陝埧等地訓練班，亦相繼成立。各班均有美員參加，訓練特種技術，以便於使用新武器與新戰術。

照最先計劃，歙縣班所訓練兵員，預定使用於江蘇、浙江、安徽一帶。南寧班（原設廣東梅縣）使用於越南、緬甸一帶。陝埧、臨汝、南岳各班，則使用於華北、華中一帶。嗣因美方要求，又陸續在福建華安、建甌，浙江青田、瑞安，安徽臨泉、貴州息烽，及江西修水等地，設班訓練更多知識青年，參加工作。連同相關訓練，如重慶之特警班、電訊班，東安之醫務班等，使訓練機構，共達二十二個，受訓人員，近五萬人，可見規模之大。

所有受訓人員，除負有特別任務者外，大約有十分之四，歸還原建制單位，其餘十分之六，則分別編組為六十餘個教導營，及若干行動、爆破、突擊隊，一律進入陷區，對敵作戰。每一較大單位，均有美員參加。

由於合作受到美方重視，很多專家，被派來華，將最新技術，傳授與工作人員。最先是名醫學家布萊克（A. P. Black）上校來華，協助建立一新的醫務機構於重慶。同時創設東安班，訓練醫務人員。以後，著名醫生柏克斯等亦相繼前來，在前線服務，所存活的軍民，為數頗多。

三十一年底，美國氣象專家柯朱拉（R. Kotrla）來華，協助訓練氣象人員，共辦四期，配合陷區各單位，建立氣象工作站一五六所，及觀測哨多處，構成有系統之佈置，負責供給美海空軍氣象情報。

繼柯朱拉之後，美國磁性水雷專家吉爾斐（E. Gilfillan）奉派前來，通過中美所，與我海軍辰谿水雷製所合作製造新式水雷。其所生產水雷與地雷，以後幾年，除供中美所使用外，並供給美空軍之用。當時除東南亞地區，係由印度基地供應外，沿海及長江所佈水雷多取給於此。

此外，還有很多美國專家，應中美所之邀請，來華協助工作，如心理學家馬斯特（J. H. Masters）博士，無線電專家霍爾威廉姆（H. Williams）等，均有其貢獻。

三十二年底，美國聯邦調查局並派詹森（C. S. Johnston）中校，率技術專家三十餘人來華，攜來各種最新儀器與器材，與中美所配合，訓練特種警察。……

凡此種種，顯示美國對於中美所，寄予很大希望。原因是美國反攻主力，是海空軍，自遙遠的基地，向敵人進攻，必須對沿海約兩千哩地區的敵人情況，有確實瞭解，包括不同時間的敵軍動態，與氣象變化在內，方有成功可能。而唯一可以滿足美方需要的，就是戴氏所領導的中美所。

合作成果－美國政府聲明

可能由於計算成果方式與著眼點不同，中美雙方所作紀錄，略有出入，此乃事實上之所難免的。

譬如某種情報，恰正合於美方需要，且因之獲得勝利戰果，則甚有價值。如雖合於需要，而因客觀環境限制，不能運用，則無價值可言。但致力於蒐集情報者所付出代價，則無不同。這就發生一種價值評估問題。易言之，美方對於中美所成就之評估，是站在他們立場來衡量的。但尚不失其公正。

在中美所執行任務時期，被視為是一種秘密工作，一直在軍統局多方掩護之下進行，對外從不公開。勝利以後，已無掩護必要，故美國書報雜誌，曾經廣為宣傳中美所傳奇性事蹟，並對其成就極表讚揚。惟吾人寧願以其官方正式聲明，作為根據。

美國海軍元帥金氏，為中美合作之原始贊助人，他在勝利之後，很欣然地發表談話，他說：「以所得物資，與實際工作對比，梅樂斯將軍所領導的海軍之成就，在全世界各戰場上，無出其右者。」可謂語簡而意深，中美所卻是一個耗費最少，而貢獻最多的機構。可惜他沒有說明這種成就，對美國幫助有多大。

在金氏之後，正式提出中美特種技術合作所工作報告的，是美國海軍部。此一官方文書，不但具有表彰意義，而且十分完整，曾具體指出成就之所在。全文要點如次：

「……在過去數年內，美國海軍部所派遣之駐華機構，在中國與華軍合作，多方協助美國太平洋艦隊，攻擊敵軍與所佔領島嶼，最後直搗日本本土，貢獻極大。該項事實，為此次聯合國作戰，軍事活動中保守最嚴密的一項秘密。現在在華日軍已完全投降，中國政府與美國海軍部，認為時機成熟，上項事實，可以公佈。

該項工作成就，令人驚奇！此實由於中美兩國人民傳統友誼，與均有擊敗共同敵人的決心所致。美國海軍，因為得到中國政府的協助，成立中美合作所，在戴笠局長和梅樂斯將軍的精誠合作下，自成立至今，完全以促進中美兩國共同利益為目標，努力打擊敵人。就其密切合作程度而言，中美所實為此聯合國作戰期中各嚴密組織，能不受語言障礙，而始終融洽無間的惟一機構。他們同食同處，共作共息，並肩作戰，甘苦與共。他們深知其所負職責的重要，其所提供情報，皆極精審，以故成為美國太平洋艦隊和中國沿海的美潛艇攻擊敵海軍的唯一情報來源。

北自戈壁沙漠，南至東南亞，中美所在各地建立的氣象、交通報等組織，大部份活動，以南北戰場敵軍後方與中國沿海地區為重心。中美所美籍官兵，時常化裝華人，在周密嚮導與護衛之下，能隨時隨地，往來敵軍陣地。

中美所氣象測候與其他工作人員，均攜有無線電機，將情報適時傳達合作總部，予以研究分析後，直接電達太平洋艦隊總司令部，與散佈海上之美國空軍、艦隊以及潛艇收看台。美軍在西太平洋作戰時，即全靠該項氣象報告與軍事情報。尤以美航空母艦準備攻擊日本本土和台灣時，因氣候變動不常，即係完全仰賴此項情報，為其活動之指南。

中美所在中國沿海岸地區之偵察人員，於美潛艇對日本航運之攻擊，亦多貢獻。他們經常將日本船隻的行動，探查確實，迅速報告合作總部，美潛艇即根據此項情報，能按時出擊，在預知地點，將敵航行船隻擊沉。

中美所與第十四航空隊之密切聯系，對美海軍之貢獻極大。他們將所獲情報，迅速提供十四航空隊，作為轟炸根據。一九四四年秋，敵軍進攻桂林時，十四航空隊因為地形關係，對敵人行動難於偵查，中美所的麥加上尉，即空降於華軍陣地前方，在距離數百碼地點，設置陸空無線電聯絡站，受傷不退，支持達十九日之久，十四航空隊因得痛炸敵軍，獲得輝煌戰果。

在合作佈雷方面，亦甚有成就。中美所所派遣之空中攝影判讀組，判別空中照相，供給情報，並派遣佈雷專家，協同十四航空隊人員，在中國沿海主要航線，敵軍佔領港灣，與長江內河，分佈水雷。因使敵軍航運常遭嚴重打擊，運輸被迫停頓，常須數週的掃雷工作，才能恢復交通。

中美所沿海偵查與佈雷的最大成就，為迫使敵軍航運遠離海岸，在深水內航行，給予美潛艇大肆攻擊的更多機會。

中美所與十四航空隊聯合的電訊偵譯、海洋偵察，對美海軍與敵海軍在西太平洋的決戰，有極大貢獻。一九四四年十月，菲律賓雷伊泰灣之海空大決戰，日本航空艦隊與特遣艦隊，分三路夾擊，企圖消滅美軍登陸船團的情報，就是中美所所提供，美軍因能事先防範，而免遭受危險。

中國游擊隊（按此專指軍統局所屬武裝組織），除保護美員共同作戰外，並接受美方戰術訓練與武器裝備，組成以營為單位的游擊隊與行動爆破隊，從事對敵軍的突擊和破壞。美方官兵，亦參加前線任務。使敵人的鐵道交通，與軍儲倉庫，經常遭受很大損失。………

一九四四年以後，中美所平均每月斃傷敵軍約兩千人。用以殲敵戰術，大都為埋伏、突擊、截殺與偷襲，常乘敵在鄉野地區行動之時，隨機應變，予以殲滅。因此，敵人每因困守碉堡，常至糧秣斷絕，被迫而以大軍出擊。其出擊者，又常被中美所部隊伏擊或堵截圍攻，而蒙受更大損失。

因為不斷的破壞公路、鐵道、橋樑、河運，使敵人在陸地交通，常受阻撓。又因不斷的炸毀敵人工廠、堆棧、倉庫、軍營，使敵人後勤供應，亦大受影響。……甚至在防範嚴密的港埠，中美所人員，亦能設法潛入，加以炸毀。如一九四五年春，即曾將敵停泊廈門港內之三千噸以上貨輪炸毀。

此外，在長江、洞庭湖、鄱陽湖一帶（按此指中美所長江單位），中美所人員，以各種爆破方法，亦曾有效的破壞敵人之運輸補給。

為防止敵偽混入內地，中國政府非常重視防奸防諜工作。美國海軍部得到聯邦調查局、聯邦煙酒偵查局之協助，派遣專家赴華，訓練中國防奸防諜人員，進展神速。中美所人員，能在敵後活動，而未遭暴露，以及中美合作數年的成就，在未公諸報端以前，為一般人所不知悉，即為保密防諜工作，達到最高效能的明證。

此外，美海軍部還派遣優良軍醫人員，攜帶藥品赴華，除供給中美所醫需要外，並設立門診，協助醫治平民。此項工作，在中國醫藥極為缺乏時期，極有意義。

中美所人員，對於美海空軍駕駛與轟炸人員之救護，盡力與其他救護單位，取得聯系，妥予照顧。截至一九四四年七月止，中美所已救起被敵擊落或被迫降落的飛行員三十人，轟炸與航行員四十六人，以及隨軍記者一人。………」

此一代表美國政府之正式聲明，是經過他們海軍部、海軍軍令部、太平洋艦隊總部、戰略業務局等機關考核查實，才公佈的。中國方面，無從贊一辭。美國人重實功實績，每一件事，都有完整紀錄，他們不會沒有根據，信口胡謅。故有理由相信其聲明具有真實性。

不過，此項聲明中所列舉的各項工作，除空中照像、水上佈雷與空降、空投補給之外，事實上，自抗戰以後，軍統局即已普遍進行，並非從中美合作後才開始進行。在效果上，可能因器材之充足，技術之改進，使其規模加大，成效更加顯著。

中國方面紀錄

軍統局在勝利後，曾彙集有關資料，將中美所工作成果，加以查核統計，並對若干業務辦理情形，有所說明。這是依於中國方式，而分類紀錄的，故有些地方，失之繁瑣。但有許多實際情況，亦只能於此種繁瑣紀錄中，得到瞭解。茲去其過於冗雜處，節取其較重要者，分述於次：

（一）氣象情報：此一名目，曾被中美所列為重要業務，而在中國，似甚少有人注意，軍統局亦無例外。故開始佈建氣象測候工作時，戴氏深恐見輕於外人，特延聘專家黃廈千、鄭裕厚等參加設計。自三十二年底起，中美所每日作成普通氣象預報與分類氣象預報－包括沿海五百哩海面之預測，以最迅速方法，分報美國參謀聯合總部、海軍總部、太平洋艦隊總司令部、第十四航空隊等單位。三十三年秋，由中美所提供之氣象報告，已成為美國在遠東方面海空軍行動之主要依據。美國方面並表示如無此項報告，若干行動，幾乎根本不可能實現，尤其是遠海作戰之海軍。

（二）地面與電訊偵譯情報：前者為敵後工作人員所蒐集之情報，以敵兵力部署、軍事設施、重要經濟設施、交通運輸及有關戰略情報為主。後者則由破譯敵人電訊密碼，經研判所得之敵軍各種狀態的情報。

在當時，軍統局敵後工作人員，分佈地區甚廣，幾乎凡有敵人所在地方，都有潛伏人員。而電訊偵收範圍，經軍統局多年努力，已能網羅日本本土、釜山、台灣、香港、馬尼拉、新加坡、河內、西貢、仰光、曼谷等地之敵陸海空軍電訊。情報來源既多，互相參證，情報質量，因亦提高。故在兩年之內，僅提供美方較有價值之情報，即多達四千餘件。其中之一部份，並立即發生效果，使美軍獲致勝利。例如供給美國潛艦司令部之一百五十餘件情報，即曾使他們順利的擊沉敵人大型軍艦二十五艘，約共二十萬噸。所擊沉小型軍艦及貨運船隻，又數倍於此。

前項情報實受其益者，並不限於潛艇。據美國十四航空隊所發表公報，經由該隊所擊毀敵人船艦，在一年之內，共達三十三萬餘噸，其中至少有十分之二以上，得力於中美所適時提供情報。

（三）沿海及江河佈雷：在陳納德將軍初組志願空軍飛虎隊，首次來華時，他曾得戴氏很多幫助，兩人建立很好友誼。以後中美所之能與十四航空隊充分合作，與此極有關係。他們兩人，為互助合作，特在昆明設立一秘密配合機構，對內稱為「一一四海軍單位」，聯絡至為密切。三十二年十月，戴氏與陳納德密商佈雷事，決定先從越南海防開始。所需水面機雷，由中美所供給。航空隊在得到地面工作人員情報時，即適時採取行動。

有若干事，言之甚易，而認真實行，往往須經艱苦歷程，始能達到目的。即如東南亞地區水雷供應，據資料顯示：乃係中美所派員，由麥康（D. Mccann）少校率領，先從印度加爾各答取得器材，再秘密運至阿薩姆隱秘地方配製而成，其艱苦可想而知。然每當計劃實現，使敵受創時，工作人員，因得到精神安慰，而頓忘身心勞苦。麥康等人是如此，其他的人，亦是如此。

在海防等地空中佈雷，是曾經重創敵人的。如某次地面潛伏人員，以電訊指示某日有敵巨型船艦一隊共九艘，進入港口時，空軍即時出動，一面轟炸，一面佈下水雷，當使敵受重大損失，港口亦被迫停止使用。另一隊敵人船艦，無法進港，乃逃往海南島躲避。而海南島潛伏人員，如影隨形，未待敵艦停泊完畢，已有電訊指示，空軍接踵而至，當即炸沉敵艦六艘，重創二艘。

由於軍統局地面工作人員密切配合，使第十四航空隊信心大增，於是連續在榆林港、高雄、香港、閩浙粵沿海及長江中下游，實施空中佈雷。這種工作，沒有地面工作人員協力，就往往會事倍而功半。譬如長江中游佈雷，在不同時期，水流與航道，皆不相同，必須先行偵查，才不致徒勞無功。

與此同時，中美所所屬各單位，亦伺機於陸地佈雷，如長沙四次會戰，由美員錢浦（J. E. Champe）等於近郊佈雷，所用器材，即達十萬磅之多。

綜計中美所各單位所佈大型水雷，共有一千餘枚，小型水雷與地雷，則數以萬計。其所炸毀敵大型船艦，已查實者，在二十四艘以上；小型船艦及車輛等更多。

（四）策應美軍反攻：自三十三年初開始，敵在各地皆改攻為守，而厚集兵力於菲島與台灣一帶，其行動極為詭密，蓋欲乘人不備，以突襲制勝，於死裡求生。中美所每於獲得情報後，即迅速通知美方，以免為敵所乘。例如三十三年八月，美軍因得情報之助，一面誘敵，一面避實擊虛，奇襲敵塞布基地，一舉毀敵機七十架，兵艦十一艘。並因此次大捷，成功的登陸帛琉島，進入菲境。

同年九月，美軍根據中美所情報，進佔摩洛泰島，同時襲擊馬尼拉一帶敵海空基地，毀敵機近百架，船艦十六艘，並從此取得制空權。

同年十月，敵集中殘餘海空軍，企圖固守雷伊泰島，因在該島分兩路憑險設伏，待機夾擊美軍。其中一路，在穿過海峽時，即被中美所桂林單位偵悉，通知美軍，以強大兵力，針對敵情，分路出擊，使敵首尾無法相應，卒將敵小澤治三郎所率之主力擊潰；同時擊沉其航空母艦四艘，整個艦隊，除巡洋艦一艘負創脫逃外，其餘戰艦兩艘，驅逐艦四艘，及配屬船隻，無一幸免。中美所人員，並在雷島協助搜索隱藏敵軍多人。

雷伊泰島殲滅戰後，敵仍圖作垂死掙扎，將其僅有的海軍第一、第二兩艦隊，重新編組，分別集中於琉球與澎湖；同時，將其空軍調集於台灣；企圖利用台海有利的地理形勢，阻止美軍前進。雖然敵人行動十分詭密，仍被軍統局潛伏台澎工作人員所偵悉。同時，在廈門一帶的工作單位，亦獲得重要情報。於是美方乃派大量空軍，於三十四年一月七日，襲擊琉球、澎湖敵軍基地，一舉而擊沉敵大小船艦八十三艘，飛機二百餘架，使敵從此一蹶不振。

依據另外資料：美軍此次大捷，固由於情報之確實迅速，而輕易獲勝。但蒐集情敵人員，則得來誠非容易。據說這次大捷，一最機密情報，出於上海敵特務機關長堀內干城。他於某日酒醉之後，竟將一親譯電報連同密電本，交由一葉姓女職員代為翻譯，而葉女恰為戴氏潛伏人員，其軍力調配情形與意圖，遂得以證實。資料如此記述，不知確否？

（五）配合掃蕩敵方運輸：三十四年初，美海軍第三艦隊司令海爾賽（W. F. Halsey）將軍，為便於進攻，要求中美所蒐集中南半島各港口敵人之船艦活動情報。於是中美所與軍統局人員一致行動，分途深入敵警戒區偵查。若干人員，並化裝漁民，接近敵艦，以探測敵艦艦種、噸位及載運物品，迅速通知美駐重慶潛艇司令部代表易伯特上校，適時出擊。先後在越南東海洛基等地，擊沉敵大型油輪九艘、護航巡洋艦一艘、驅逐艦四艘。在越南、緬甸其他港口，擊沉敵軍艦七艘、運輸艦船三十餘艘。在廈門一帶，擊沉敵驅逐艦三艘、運兵船四艘及油輪一艘。……在美空軍不斷出擊中，幾乎沿中國海岸，均有敵方船艦被擊沉情事。船艦減少，運輸困難，為敵覆敗之一重要原因。

（六）心理作戰：此項工作，於三十三年六月正式展開，戴氏當時曾有如下提示：「必須多瞭解敵人在每一戰役中的心理狀態，然後對症下藥，施以攻心戰術，運用最高智慧與謀略，打擊敵人。」此一提示，似已把握心戰要領，他知道這是一種謀略性的鬥智工作，但必須依於敵人心理狀態而實施，絕不是憑自己主觀意願，空喊口號，所能奏效的。

軍統局與中美所遵照他的指示，先建立專用電台，一面截收敵人廣播，研判敵人意向；一面以英、日、台語及國語，揭穿其謊言，指責其愚昧，向敵軍民作反擊性廣播。隨即成立漫畫室，延聘畫家葉淺予等，設計繪製各種漫畫與標語，送經華盛頓縮印之後，再運入敵區散發。其中甚多警語，亦多忠告，足使敵軍民聞之心動。

其在敵區潛伏工作人員，或散佈謠言，使敵自相猜疑。或使用一種嘯聲彈，於深夜引爆，聲震屋宇，使敵於睡夢中驚起，而自相驚擾。或使用「黑函」，用敵較重要軍官名義，描述其厭戰、恐懼、不安之情。其人其事，皆先經調查，使「黑函」真偽難辨，亦頗能影響其軍民之心理。

為擴大心戰效用，軍統局特選派人員，赴國外接受特別訓練，使其能精於雕刻與印刷等技術，然後派往陷區，仿製敵方各種文證，散發民間，藉以擾亂治安，使敵窮於應付。

在若干地區，軍統局工作單位，間亦將已往訓練之韓台籍戰俘，縱其返回敵方，從事宣傳。

以上所述，仍只是中美所業務概要，或說工作之一部份。譬之入一大博物館，僅見其陳列品之一角。然已琳瑯滿目，美不勝收。

中美所之迅速發展，在華美員，增至數千人，是出於戴氏初料之外的。他早先構想，是要依於地理形勢，工作目標，建立浙皖、蘇浙、浙海、閩海、長江、中原、華北、華南等幾個行區，分別由忠義救國軍、別動軍及各爆破隊、突擊隊等配合工作。他認為如此足以達成任務。嗣因美方要求，所有參加中美所工作兵員，均須接受技術訓練。同時要將工作範圍，擴展至東南亞。於是規模日加擴大，兵員亦隨之加多。不過，實際上由中美所所訓練裝備之武裝力量，並未完全用之於合作方面。例如：別動軍各縱隊，在湘桂黔戰役中，幾已全部投人戰場，與友軍並肩作戰；忠義救國軍，亦有部份配合第三戰區，在蘇浙地區作戰；各訓練班之教導營，在三十四年中成立者，亦多未參加實際工作。否則中美所工作成果，可能更為豐碩。

此外，中美所的武裝組織，原是要以奇襲取勝，而避免與敵作正面戰的。但在若干地區，亦常集結較大兵力，以強力進行破壞工作，或與敵作正面戰。例如三十二年四月，別動軍第五、第六縱隊之進攻鎮平、內鄉等地；同年十一月，第三班之教導營，進攻同蒲鐵路南段；十二月、湘鄂贛行動總隊之進攻武寧箬溪。三十三年五月，綏遠獨立支隊之防守大青山；同年底，忠義救國軍之進攻浙贛路東段。三十四年五月，林超與史華茲（H. D. Swartz）上校，率領教導營之攻佔福州。同月，湘鄂贛行動總隊之進攻瑞昌。同年六月與七月，郭履洲率領之教導營攻佔永嘉樂清等地。而臨海海門之收復，生浮敵官兵，即達百餘人。七月，第六班教導營之進攻海澄。八月，忠義救國軍之進攻於潛、河橋鎮等地。………皆與敵軍作正面戰，而且非常激烈。其所以如此，皆是為策應國軍作戰。戴氏基本觀念是：中美所雖與外人合作，而所有武力，屬於國家。故他指示部屬，如各戰區需要策應，當急其所急，悉力以赴。

略看中美合作業務，就必須得承認這在抗戰時期，為一盛事；略看其工作成果，就必須承認這是一樁體面事，國人應引以為榮。美國官方，除稱讚其一般成就外，對於中美所所提供情報，認定與提早擊敗敵人時間，極有關係，讚佩不已。而國內言抗戰者，則隻字不提，這是一件令人大惑不解的事！國人皆知戴氏職司情報，亦知情報與作戰之關係，非常重要。倘無視情報，不能審敵人虛實，豈非瞎戰？而所謂勝仗，又豈非瞎碰而來？僅言情報，用力之勤，貢獻之多，實無過於戴氏者。

中美所行動工作成果檢表

項目	數量	備註
擊斃敵官兵	約二五、〇〇〇人	據中美所貝樂利上校統計：二六、七九九人
傷敵官兵	約一〇、〇〇〇人	二、六四二人
俘虜敵官兵	二〇〇人	五〇八人
炸毀敵飛機	大型軍機十架	一架
炸毀敵船艦	大型軍艦一艘　各式船艦八三艘	小船一五八艘　大船三五艘

爆破鐵道	各線路軌約六十萬公尺 機車八五輛 車廂三〇〇節	車廂車頭 四二五節路軌六十萬公尺，約合千里，數字似有誤
破壞橋樑	鐵道、公路橋樑共二二一座	
爆破軍事設施	航空站一所 車站三所 營房一三五所 碉堡三九所 電台一九所	
破壞敵倉庫工廠	倉庫四二所 工廠九所	另有敵偽機關辦公處與偽方倉庫共二八一所未計
炸毀敵車輛	坦克三輛 裝甲車及軍用汽車共四〇〇輛	

及其他軍品，品目繁多，難以備舉。一是因統計資料，並不完全。中美所雖自成為一系統，而與軍統局則無法截然劃分，中美所之所漏略者，可能已列入軍統局紀錄之中。

四十、中美合作時所留佳話

由戴笠所領導的中美合作事業，在中國可謂創舉。其圓滿與成功，令人懷念，亦可說史無前例。這可於美國人士許多表示，得到證明。戴笠和其他幹部，在中美合作時期，最值稱道地方，是他們以事實，以自重而苦幹精神，證明中國人並非外人想像中之「貪污無能」的人，他們曾受到外人愛慕與敬重。因此，美國若干人士，願結交戴笠，多方幫助，並希望他能重建中國海軍。這一切都不是偶然的。

美國人眼中的奇蹟

一群美國青年，遠渡重洋，來到一個陌生而又是被敵人佔領地方，和另一群素不相識的人，生活、戰鬥在一起，他們對每一件事，都持一種新奇和懷疑心情，是必然的。譬如戴氏向他們保證往來敵人佔領區，安全絕無問題，就只能姑妄聽之。在他們想像中，日本是一個強敵，以殘暴著名，並且很多地方，已被佔領幾年之久，任何保證，都是難以置信的。但，事實擺在他們眼前，使他們不得不信。

民國三十一年六月，梅樂斯首次往福建沿海視察，在軍統局巧妙安排下，進入敵人警戒區，穿越廈門附近的大小島嶼，包括軍事要地集美、澳頭、蓮河及大小嶝等地在內。歸途再經白石砲台、禾山機場、高崎、嵩嶼等地，觀察台灣海峽敵人船艦活動情形。他已然超過他預定目標，身歷意想不到的境地，這是多年以來，沒有西方人能到的地方。

或許他覺得安全無所顧慮，亦或許他要證明他曾到過這種危險地方，他堅持要拍攝照片，目標是廈門飛機場、敵軍廈門司令部、虎頭山及鼓浪嶼要塞全景。這都必須在敵人崗哨監視下進行，他竟然能如願以償。

最後一段行程，是要經過鼓浪嶼附近一小島，該處亦有敵兵防守，而護衛人員卻不將敵人放在眼下，居然在敵人碉寨之旁宿營，他們終於被發現，而與敵兵發生槍戰。在一面臨水，三面皆敵情勢下，已然被敵發現，是很難脫險的。但是，軍統局福建單位負責人陳達元等，事先對於各種可能發生情況，都作過考慮，有所安排。他們在敵人尚未增援前，一面設奇誘敵，一面掩護撤退，仍能安然脫險。

這一故事，不僅為戴氏所說的話，提供有力證明，亦是梅樂斯將軍多年軍旅生涯，所意想不到的事。所以他在他所著「另一種戰爭」一書中，回憶當時情景，他認為這是一種奇蹟。

其實，在中美所幾年實際戰鬥生活中，幾乎所有在前線工作的美員，都曾遭遇到他們自己認為不可克服的難境。而最難的事，在瀕於絕望邊緣，又往往出現奇蹟。如實地說：這並不是奇蹟，而完全是由於戴氏及其工作人員周密策劃與奮不顧命，所應有的結果。

前述美國海軍部聲明，曾提及供給情報與營救飛行員事，姑就此兩事，各舉一實例，以說明許多奇蹟，是由於戴氏及其部屬之盡心竭力所得成果。

民國三十年六月，戴氏到達緬甸仰光，視察運輸情況。其時緬甸表面平靜，仰光更顯得十分繁榮。而戴氏已感覺到這種繁榮日子，不會太久。他特約一個得力的電訊幹部張我佛到寓所，出示一張地圖，他說：「這是仰光市郊詳圖，已經在圖上畫出縱橫線各九十九條，分成一萬個小格，其中任何一格，在地面上實際面積，大約有五十英尺見方。假定要你用電報顯示某一地點位置，或地圖上的某一方格，且須用最簡單電碼表示出來，你能否辦到？」

張我佛略加思考，便說：「這並不難，只須用一組四個字電碼，自零零到九九，依次使用，便可辦到。譬如仰光大金塔，位於X格，照電碼排列，以五二代橫格，六三代直格，只此四字，就可正確表示。」戴氏頗為滿，囑他牢記在心，並說：「以後自有用途」。

十個月後，敵人已侵佔仰光，並圖以緬甸為主要據點，大量屯集軍火物資，以便於進攻印度。又經六個月後，戴氏與盟軍聯絡，對仰光施以轟炸，所偵查敵屯集軍火，駐紮部隊，以及重要設施地點，皆由潛伏電台，用前項方式，以電碼明確表示，故十九皆正中目標。雖然敵人為防洩密，在搬運物資時，不用當地力伕，而改由敵兵搬運，仍不能逃被炸之命運。至此，若干工作人員，始悟得地圖劃出一萬個方格之妙用。

預先設計，以便於指示目標之說，頗有人以為出於臆造。惟吾人參考其他資料，認定可以採信。這不僅因戴氏平時每事留心，亦因敵在東南亞各港口所遭受空襲損失，以仰光為最慘重，盟方空軍，亦認為轟炸非常成功，深信必有地面潛伏電台與之配合。而張我佛則為軍統局在緬甸的電訊工作負責幹部，他在仰光一地，即佈置有四部電台，在潛伏時期，一直保持與重慶良好通訊。後有兩台被敵破壞，在軍情緊急，而電台短缺情況下，他的緬籍太太馬慧丁，冒著生命危險，以禮佛為名，前往臘戍取得電機，隱藏於裝祭品竹籃中，混過敵人重重關卡，運至仰光，以應盟邦空軍之要求。這顯示潛伏電台，是負有指示目標之任務的。

三十三年入秋以後，第十四航空隊，開始轟炸敵人重要據點，其時敵仍保有相當防衛能力，故常有美國飛機被擊落或被迫降情事。

同年十一月中，武漢第二次被炸，十四航空隊飛行員康生上尉，在棄機以前，業已負傷，勉強降落地面，降落地點，即在武昌近郊湖邊，故立即被敵發現，大肆搜索。在此以前，敵人所搜獲美飛行員，十九被押往市區遊行，強令市民以磚石木棍毆辱，或以汽油淋在頭上，點火燃燒，致令體無完膚，慘不忍見。康生既負重傷，又落在近郊，自分必死。他沒有料到被軍統局武昌組潛伏人員最先發現，儘速將他救起。但四面皆是敵人，無處可以掩護，只好將他藏在田間稻草堆中，一面急電修水求援，一面連同稻草逐步向山間轉移。

美所修水班得訊，立刻派一個中隊，由晏仲篪率領，馳往救援，兩日一夜，急行三百餘里，找到康生，用竹床代擔架輪流抬走。沿途經過敵崗哨多處，皆晝伏夜行，仍不免為敵公路巡查隊所攔截，無計脫圍。於是乃分為兩小隊，以一隊直奔公路，吸引敵人，而另選精壯者背負康生，於敵我接戰之際，乘機由山徑小路，直奔修水，終於達到救援目的。事後，晏員因功獲得勛獎。第十四航空隊於康生歸隊後，有專電致謝，頭兩句話是「康生君獲救，誠為奇蹟。」

類此情形，在其他地區，亦曾多次發生。而海上之救援工作，有時且較陸地更為艱險。例如三十二年五月，美空軍領隊斯魯克少校，於轟炸敵艦時，被迫降落於川沙高家港；另一批美國飛行員六人，同時被迫降落於崇明海灘；皆在敵嚴密監視之下，風浪襲擊之中，為忠義軍海上總隊冒險搶救，再由海上護送至後方。該隊因此而得到美國司令級獎狀。

被美國官方認為是最大奇蹟，而且難以索解的，是中美所美方人員，在中國及東南亞淪陷區，執行最危險任務，出生入死，經過幾年之久，竟然能全師而還，沒有一人死於敵人之手。依他們想，美員要達成任務，是不免有人要付出生命代價的。

事實上，中美所的美員，至少有半數以上，是在敵後工作，他們配屬單位，又幾乎每日都與敵人有接觸，並且多數時候，是短兵相接。槍林彈雨，生死俄頃，他們竟然能安全凱旋，自可說是奇蹟。

梅樂斯將軍在解答此一問題時，他認定「這是因為中國戰友盡力保護之故」。事實確是如此。戴氏在當時，凡派出美員到敵後工作時，他必諄囑負責幹部，要善盡保護之責。不過，他並非因其為外國人，而有世俗崇洋之念，而是因其為盟友，有利於抗戰。他常對各地負責幹部說：「當我們堅苦抗戰，孤立無助時候，美國盟友，肯於遠道而來，與我們合作，打擊共同敵人，微論物資援助，即講道義，已足珍視。我們是地主，當然要盡力保護，策其安全。這不僅是為美員，亦是為我們自己。」很多幹部向他辭行時，他最後一句話，必是「希望你為自己國家，而善處美員！」

「中國戰友盡力保護」，自是一重要原因。而大多數美員，能克制自己，信賴中國人，並相見以誠，從而建立真摯友情，亦甚重要。因為彼此已有感情，能夠和衷共濟，接受中國人意見或勸告，負責保護者，才易於為力。

友情建立在患難之中

中美所的美員，大都受過高等教育，有強烈的自尊心，其中亦不免有人存有優越感，乃至盛氣凌人。兩種民族性、語言、習尚乃至觀念意識，皆不相同的人，驟然相遇，且在戰時，竟能融洽相處，很少發生隔閡，不是一件容易事。但，他們卻已做到，至少多數的人已經做到，這當與雙方領導者之意志與風格有關。而更重要的，還可能是雙方人員，都有一種警覺性－置身在逆浪孤舟中，要求生存，除同心協力外，別無他法。

有人將中美合作之成功，歸因於戴氏與梅樂斯兩人之善於統馭，以及他們之間，能互信互諒。戴氏善於用人，前已說過。至於梅樂斯將軍，據說亦是一傑出軍人，他為人正直而和藹，善處繁劇，且富理解力。當時的中美所，是由他們兩人共同負責，如不是互信互諒，合作無間，就會發生很多誤會。梅樂斯常說他和戴氏「有如家人兄弟」，足見他們友情甚厚。吾人相信這種深厚友情，是從患難中逐漸培養而來。

梅樂斯來華之前，他對於戴某其人，可能毫無所知。雖是經過蕭勃介紹，而他在國務院所見到的人事資料，則全是一片壞話。再加上他的同學，亦即當時駐華武官麥克胡（M. Mchugh）的惡意中傷。他腦海中所留印象，絕不會是很好的。

來華以後，他與戴氏接觸，至以後同往東南考察，他沿途所見，顯示戴氏極有修養，極不平凡，並且極為部屬所尊敬，他的觀感，為之一變。及至浦城遇險，他才進一步瞭解戴氏不僅是才略過人，而且是一個很重道義情感的人。

浦城為一小城，在較偏僻地區，但仍有敵諜活動。六月九日，由於敵諜暗通消息（據說為首的是一個潛伏已久的某醫院院長）。敵人知道有美國人到浦城，亦極可能知道戴氏亦在浦城，他是敵人所最注意的抗戰人物。於是突派飛機十一架，大肆轟炸，城內鬧市，一瞬之間，夷為廢墟。戴氏等一行，倉皇躲避於田埂樹林間，梅樂斯不幸為彈片所傷，有五個傷口血流不止。這時警報尚未解除，戴氏見其受傷，不顧危險，奮起救護，並在以後幾日，親身照顧，無微不至。他的熱情，使梅樂斯深為感動。

以後，梅樂斯前往閩浙沿海考察，許多事實，證明戴氏不是一種空言無實的人，一個嚴密而有力的組織，一群奮鬥不懈的愛國青年，在他領導下，無處不表現出虎虎有生氣，不由他不為之傾心。從此，他們友情，日益深厚，以至莫逆於心。美國人的習慣，部屬之於長官，並不都是只知仰承顏色辦事的，部屬有意見，亦可隨時申訴，在中美所亦是如此。梅樂斯每遇他的部屬對於某種事有異議時，多數時候，他總是說：「請相信戴將軍」。

梅樂斯常說他們相處，「有如家人兄弟」，並非應酬話，事實確是如此。三十四年秋，他和戴氏第三次往東南視察，路經江山，他堅請順道前往保安鄉，謁見戴母藍太夫人。他在戴家盤桓數日，視藍太夫人如母，視戴氏子媳，如所親出，真誠愛慕之情，至為感人。所以有人說沒有梅樂斯，合作將大不相同。

吾人曾經指出：戴氏是一個具有吸引力，而善與人交的人，他和梅樂斯久共患難，情感又當不同。當戴氏殉國消息傳出時，梅樂斯因受其政府限制，不能及時來華，他發出一份悲傷而感人的唁電，內有如下幾句話：「……本人在華時，迭遭危難，皆幸得戴將軍領導有方，得免隕越。本人一向事之如兄。渠今遽棄吾儕而去，使人頓增無依之感！本擬即日來華，只因某種困難，不克如願。然本人神魂固早已飛越重洋，陪隨諸君，侍於吾友之靈席矣。」在此以後，他來中國，必先到戴氏紀念堂致敬，瞻仰遺像，黯然神傷，不禁淚下！這真可說是「一生一死，乃見交情。」

吾人相信還有很多美員，在各單位與戴氏幹部相處，必曾發生過許多不尋常的，其中必有足以感人者，因為人之情相去不甚遠。根據幾位曾經參加中美所工作人士談話，略可窺見他們異同之點，及其相處和諧情形。

大致上，美國人意見頗多，有時且近於固執，似甚難相處。但他們亦能尊重別人意見，如其自知理屈，並能坦誠認錯。

美國人對於禮節，不若中國人之拘謹，起初有人誤以為是傲慢。及至見到他們對於上級命令，嚴格遵守，並且對其長官，從不退有後言，始知他們不重若干小的禮數，及習慣如此，並不存有藐視之意。

由於若干技術之比較進步，部份美國人不免有優越感，往往引起誤會。以後發現中國人不但一般智商，不在任何外國人之下，而處事之精審，且有過之，他們亦自知檢點，互相敬重，誤會亦因而逐漸消失。

愛國家，愛名譽，不避危難，盡忠職守，美國人與中國人，無分軒輊。刻苦耐勞，亦復相同。而比較之下，中國人別有一種利他觀念，即義之所在，不惜犧牲自己，成全別人。

以上幾點，可以說是中美合作之精神基礎，故雖有語言上障礙，並未發生重大隔閡。經過實際戰鬥以後，他們甘苦同嘗，生死與共，從患難中培養出來的情感，刻骨銘心，畢生難忘。據說大多數的美員，在臨歧分手時候，都覺依依難捨，為別離而泣下沾襟。

另據一位人士說：美員之辦事認真與重效率，亦為中國人所敬佩，而留下良好印象。他舉出一個實例：「當湘鄂贛區因孤懸敵後，武器器材，感到缺乏時，美員自告奮勇，力請空投補給。所投下物品種類繁多，皆於倉卒間所彙集。而品類、數量，雖小至一螺絲釘，皆如所預計，毫釐不差。其辦事之負責認真，可以概見。」

有一事可為中美所雙方人員之深厚友情作證。一般國家，常因共同利害，而在戰時結為盟友，並肩作戰，戰爭終了，契約便自然解除。而所謂盟友，亦自然地朝為同袍，暮為路人。可是，中美所的美國勇士，則不相同，他們十分珍惜在患難之中所建立的友情，在回國以後，立即成立一個組織，名為「中美合作所同袍聯誼會」，互相聯絡。每當舉行年會時，必邀請中國同志參加，三十年如一日，從未間斷。間亦於中國紀念日，派代表前來參加，每次必先至戴氏紀念堂行禮致敬，以示不忘。這是自中國與外國交往以來，所從未得見的事。

梅樂斯將軍證言

民國三十四年八月二十二日，梅樂斯將軍（其時已升為少將），以中美所負責人身份，首次公開舉行記者招待會，除中外記者多人到會外，魏德邁將軍、赫爾利大使，亦派代表出席。他當眾報告中美所工作經過：

「本人自一九四二年五月來華，在　蔣委員長領導下，與戴笠將軍合作，進行極為順利，雙方合作精神，更是異常良好。

在中國各地氣象站，經由重慶以無線電告知尼米茲總部，一日四次，給予莫大協助。如無中美所氣象情報，美海軍在太平洋將無法活動。

截至目前為止，中美所所發出的每一枝槍，平均已打死一個半敵人。在各省的活動，已使敵人無法利用鐵道或水道作有效之運輸。如此偉大工作，而我們每月由印度內運所能得到物資，僅有一五〇噸，中美所一切工作，就僅僅賴此維持。

中美所情報人員，徧佈全境，所蒐集情報，有時極為重要，傳遞亦極為迅速，曾充分加以分發利用。中美所的海岸瞭望哨，工作成績，亦不容忽視。

此外，我們經常與十四航空密切合作，供給情報，轟炸敵人，對截斷敵人海上運輸，有很大貢獻。」

最後，他並指出：「中美合作所所殲滅敵軍，比整個在華美軍之所殲滅者還多。」

此一報告，可說簡短保守，毫未誇張。這可能是因其軍人本色，習於謹飭，不願誇張。亦可能是因美國政府尚未正式公佈合作成效，他不得不持以慎重。

但是，當眾多外籍記者，詢及戴氏為人，以及社會上許多流言蜚語時，他卻以嚴肅而憤怒態度，大放厥詞，毫不保留。他在答問中，不僅流露出他和戴氏的真摯情誼，而且充分表現出他的正義感。

梅樂斯肯定而負責的答詞，是為戴氏作證，亦是為歷史作證，可使人瞭解客觀實際上的真相，故特錄其全部講詞如次：

「……關於外間所傳戴將軍的謠言，我聽到的最多。但以我三年多的時間，與戴將軍朝夕相處，亦對他最為瞭解。外間傳說戴將軍是『走私專家』，這不僅是膚淺看法，同時亦是誤解。中國單獨抗戰數年之久，海口都已被封鎖，外國物資，根本無法進口。後方工業，無法供應人民需要，而人民仍須生活。所以中國政府設立貨運管理局，將淪陷地區物資如布疋、棉紗等，設法內運，再交由政府機關合理分配，用以調節市場，穩定物價。因為只有戴將軍所主持的軍統局組織，能順利進出敵前敵後，達成此項經濟作戰目的，所以交由他兼辦。他在政府委任之下，做職分之內，報效國家，協助抗戰的事，究竟是否為一走私者？還是一個富有魄力的愛國者？相信各位自能判斷。

據我所知，戴將軍不但不是『走私專家』，而且還是緝私專家，他兼任緝私署長，在全國各地，組織強有力的機構，專門防止奸商私運貨品進口。數年前，轟動全國的槍斃林世良案，即係戴將軍檢舉非法，鐵面無私的例證。他盡力遏止奸商非法走私，發國難財，他不受人歡迎，乃意中事。

外間又謠傳戴將軍吸食鴉片，並且販毒。此種無稽之言，本不值一提。而我仍願舉一實例：三年以前，本人兼任美國戰略局遠東代表時，因在緬甸的工作，需要運用鴉片，與當地土人交結，曾經請求戴將軍設法代購鴉片一百兩，以便送往緬甸應用。戴將軍當時堅定的答覆：『我國政府，已明令禁止毒品以任何方式買賣或運輸，違反政府法令的事，雖是有利於你們的工作，亦請恕我不能應命。』戴將軍是否販賣毒品？各位亦當可自明。就我所知，三年多的時間，我從未見他燃過一支香煙，更不用說是鴉片。

還有人謠傳戴將軍自建有一『集中營』，將其政治上敵人擅行禁錮，且常施以苦刑。不錯，是有一個類似集中營的處所，設在貴州省的息烽。我想在戰時，任何國家，為暫時拘留危害國家安全的敵人或間諜，或者政治上的戰俘，都設有類似的組織。

設在息烽的組織，我本人雖未親往參觀，但中美所的美方人員，曾有多人親往看過，知道詳情，因其並非禁地。外國人且不限制，更何況是中國人。在那被誤認為『集中營』的處所，被看管的人，均係政府交辦，而絕非戴將軍個人所能決定。雖是被看管，失去了自由，而一般生活都很舒適，內部設有合作社、閱覽室，可以接見，只是禁止外出。如有人生病，便立刻有醫生診治，亦有很多美國醫官參加工作。例如南京偽政權某要員（按指周佛海）之母，生病以後，便是由中美所美國海軍醫官趕往診治的。

我更聽到謠傳戴將軍常擁有若干女人。據我三年來和他相處，日則同室，有時夜亦同屋而住，我出入他的住所，是不須通報的，我們有如家人兄弟一樣。可是，我從未見到他的住所有何女人。戴將軍經常是辦公到深夜二、三時，才能就寢，早晨六時左右，便已起床，他是中國最勤勞的人，甚少有時間作私人活動。」

最後，當記者問到他和戴氏相處情形時，他似乎因為內心感到不平和憤懣，而顯得很激動。稍停之後，他才以低沉聲音，作如下簡短的答覆：

「不須多說，總之三年以來，我和戴將軍相處，是極為愉快的。在我的印象中，他真可說是一個好到極點的人。」

吾人於此，不擬作何評判，因為事實如此，稍有常識的人，皆自能評判。只是有一種感想，即當時有很多謠言，乃事理之所不當有，而人情之所必無者，竟亦有人傳之，亦有人信之。譬如私設「集中營」，任意逮捕政治上敵人，且施苦刑，無論事實上無此必要，戴氏亦絕無此膽量。因為他若敢如此放肆，蔣中正必會知道，亦必不會寬容，只須一紙命令，就可使他萬劫不復。而他所謂「體諒領袖苦心」，亦成為謊騙之言。有很多情形，戴氏的革命夥伴知道，黨政要人知道，輿論界亦都知道。但從無人辨其真偽，或予剖白，而由一異國人士，仗義執言，為之辨誣，我國士大夫之是非觀念，亦從可知矣！

中美所圓滿的結束

民國三十四年八月，日本無條件投降，中美所艱鉅任務，已經達成，各地美員，陸續集中於上海，準備凱旋。這群美國勇士，為正義而戰，在我國及東南亞一帶，堅苦奮鬥，已有數年，百戰餘生，壯志已酬，他們和一般遊子心情一樣，皆渴望早日返回故里，和家人團聚。

戴氏知道美員心境，命令有關人員，儘速辦理結束。首先是清理經費賬項。雙方經費收支，經過結算，美方在中國購買物資墊款，及華方供應之勞務代價，共為三、一〇〇萬美元；除美方代購物資價款一、一〇〇萬美元外，尚應償還中國二、〇〇〇萬美元。這是一筆很大數目，依於協定，是應由美國歸還的。當戴氏聽到結算結果後，他作出一次漂亮而豪爽的抉擇，他認定美國對我幫助，已不在少，而中美所美員，在我國作戰，亦著有功績，不當斤斤計較，因而呈請　蔣中正，准予悉數剔除。（另一資料，中方自動剔除數，為一、三〇〇萬美元。）

在這以前，美國方面，認為中美所中方人員，對美海空軍之貢獻至大，曾主動提出按其功績，給予獎金，以示酬謝。梅樂斯等曾幾次轉達美官方意見，因戴氏峻拒而作罷。

這兩樁重道義，而薄金錢的行為，曾博得美國官方眾口交讚，一時傳為佳話。

次之，就是商定一個過渡時期中美雙方若干業務之維持方法，及若干器材之處理。因美方與戴氏，還另有一種構想，正在進行之中，故可說是過渡時期。在這一方面，有左列幾項重要決定：

（一）氣象、情報與通訊安全工作，仍保持局部性合作。

（二）原屬中美所之美方物資，尚未運到者，由美方負責，續運上海，交軍統局使用。

（三）繼續協助訓練通訊人員，並在上海設立訓練班，由美方派遣教官，供應器材。

（四）繼續協助訓練中國特種警察。

（五）原有醫務計劃，仍照舊進行，並由美方供給足敷六百個病床之用的全部醫療設備，在上海、北平、漢口分別設立醫院。

（六）建議中國政府，設立統一的中央氣象局，而將氣象情報，供給中美陸海空軍及民航公司使用。

（七）遴選中美所有功之中方人員，赴美受訓，經費由美方負擔。

（八）曾在中美所受訓之游擊部隊，俟新的合作協約締訂，酌情予以改編。

至此，中美所可說名義上已告結束，雙方高級人員，都在期待一個新的合作之實現。

一個新構想之醞釀

當中美所美員，陸續集中上海後，戴氏特親往主持聯歡會，表達對美國勇士感謝歡送之意。這是一盛大而感人的集會，亦是雙方真摯友情之具體表現。在酒會中，大家盡情談笑，盡量暢飲，如家人一樣親切。每一個人，都有難於為別之意，到席散時，有人沉醉昏昏，亦有人淚眼潸潸。但是，他們都有一種「陽關三疊」，餘音嫋嫋的感覺，相信他們仍有機會，再來中國服務，因為他們已知道一個新的合作，正在醞釀之中。

所謂「新的合作」，是由於戰爭教訓，使中美兩國若干人士，體會到太平洋東西岸兩個大國，有增進合作之必要。中美所之局部性合作的赫赫成就，已證明對於兩國均屬有益，當以此為基礎，針對世局發展，予以加強。而最先持有此一概念的，是美海軍高級將領：自金氏元帥、尼米茲元帥、黑爾賽上將、巴貝上將、金凱特上將、柯克上將等以次，都贊成與中國合作的。

大約在三十四年六月，梅樂斯晉見　蔣中正，即已面達金氏等意見，並建議　蔣中正致函杜魯門總統，請另派一海軍代表團來華，共同策劃。當蒙採納，責成行政院長宋子文，先與美國海軍部長佛雷斯坦爾磋商。在中國方面，宋子文亦是贊成其事的。

據說擬議中之合作方案，第一步，是由美國協助中國重建海軍。美方並建議由　蔣中正親自主持，而由戴氏出任海軍司令，或海軍總署署長，先成立訓練處，俟戰事結束，即將原屬中美所兵員，改編為陸戰隊，重新裝備。有關協建海軍事宜，即由中國海軍總署，與美國海軍部簽訂協定。海軍部門，並預定俟協定成立，美方將以若干艦隊與設備，無條件的贈與中國。

經過往復磋商，由美國海軍參謀處長愛德華中將，擬定一原則性方案，經佛雷斯坦爾部長，向杜魯門總統提出，並迅速獲得總統批准。進行情形，似很順利。隨即由愛德華中將擬具大綱，由麥滋爾少將草擬正式法案。據資料所載，這一法案，包括有左列要領：

「（一）……不論其他法案如何規定，凡總統認為與公眾福利有益時，得將美國剩餘產業（包括海軍艦艇與其他物資），出賣、交換、租借、贈與或以信用抵押，或以其所餘物資轉換，或以總統認為適當條件交換時，得以美國物資，協助中國。（二）必要時，並得以其他訓練、設計、與技術等方法，予中國以協助。（三）授權總統，凡經中國同意，而總統認定有益於公眾福利事項，得派遣美國海軍或陸戰隊兵員，協助中國之海軍建設。……」

從這看似簡略的要領，可知其內涵包羅甚廣，具有很大伸縮性。亦可見負責策劃人士，曾用過一番心思。如其見諸實行，就不難重建一新的海軍，並因而使中美雙方關係更加密切。

但是，客觀實際上，存在著兩個大的問題，並相互影響，不能解決這些問題，就甚難有實現機會。

首先是初步方案獲得批准時，日本已宣佈投降，美國總統戰時權力，已受到拘限，可說時機已失。儘管美方人士，仍在設法進行，他們請求杜魯門總統，於九月五日出席國會報告時，先作口頭說明，主要是認定「戰後海軍助華」方案，乃九月二日受降簽字以前之協議，總統已作承諾。這是唯一補救辦法，可以得到國會同意的。但因國務院從中作梗，未能及時提出報告。

吾人前已述及，軍統局工作，是一向嚴守秘密，從不對外宣傳的。而中國當時的宣傳工作技術，亦似乎欠佳，至少不及中共之敏銳而有力。所以中美所如何幫助美方，加速敵人崩潰，減少美國損害種種情形，一般美國人並無所知。在國會內，不免有以耳代目者，認為不應再與軍統局合作。更加上國務院以協助中國建立海軍，「事涉蘇聯，」來淆惑聽聞。當然他們亦必要毀謗戴氏，「因戴笠堅決反共」。因此種種，三十五年三月，美國總統正式提出法案時，國會僅允以少數護航艦、驅逐艦，協助中國復員。至於合作，則認為無此必要。

其次，是以馬歇爾為首的陸軍體系，對於海軍方面，對於戴氏主持的軍統局，有一種牢不可破的成見。馬歇爾本人，戰後由陸軍參謀長調任國務卿，以後並任國防部長一年，在美國可謂居要津。這不但註定戴氏重建海軍願望，不能達到，亦註定中美兩國關係，很難有所改善。而當時在中國的魏德邁，又是惟馬歇爾之命是從的。

在醞釀合作初期，海軍軍令部長金氏，即擬在中美所結束後，新的合作未建立之前，先設立一美國駐華海軍團，便於策進合作事宜。經過金氏疏通之後，陸軍方面勉強同意。但他們企圖控制，便建議組織「聯合軍事代表團」，包括「陸軍代表、後勤、空軍和海軍人員。」配屬人員，以陸軍為主體，海軍只不過是附屬部份而已。如設立這種代表團，最先第一就必定要排除軍統局。魏德邁曾經表示：「我要盡其全力，阻止美國與戴笠及其所屬機構，發生任何聯繫。」他的意見，亦即是馬歇爾和國務院的意見，自會有人同意。但這與海軍意願，是大相悖謬的，他們當然反對。所以仍命梅樂斯照他們意願進行。而梅樂斯又是堅持與戴氏合作，並主張海軍自成一代表團的。

由陸軍操縱的軍事代表團，沒有組成，而海軍又積極進行未來合作事宜，陸軍方面心有未甘，便提出戰事一旦結束，中美合作所，應立刻撤消建議。在華盛頓的馬歇爾，支持此一建議。而金氏完帥則力主「逐步結束。」……

吾人引述有關美國內部若干人士雀角鼠牙，為一種偏見，而不顧一切情形，旨在探討協建海軍計劃，何以不能實現原因。前面引述已足夠使人瞭解，毋須再說。惟對一位為人正直，而且絕對忠實於中美兩國的友人－梅樂斯將軍之不幸遭遇，不能不寄予同情，而有所說明。

在中美所服務的數千美員中，人人皆可說是凱旋，或說是以一種愉快心情，離開中國。惟獨梅樂斯，則是懷著一種悲憤心情，而在形式上，彷彿是被押送回國的。甚至可說是在一種暗鬥夾縫中的犧牲者。

當陸軍方面對於梅樂斯施以種種壓力，及至不以禮遇時候，他還是委曲遷就，因他知道他對海軍，負有任務，這種任務，依金氏元帥對他指示，是著眼於戰後情勢發展的。

但當海軍方面表示，將使他脫離陸軍控制；並說另設一艦隊，長駐遠東一帶，屬於第七艦隊，將派他負責；他對陸軍態度，便已漸趨強硬。三十四年九月，又值金凱特上將率艦來華，金凱特命他「準備建立駐華海軍司令部，以備未來之工作，著手進行蒐集資料，集合適當之海軍部隊，以供駐華參謀部之用。」他已覺得即將脫離陸軍控制。而陸軍對他壓迫，則有增無減，更加戰略局揚言要將他「逐出中國」。他受到種種刺激，在情緒上已無法抑制。

九月二十二日，他突然宣佈，將在重慶快活林松林賓館，招待各國新聞記者，要將中印緬戰區司令部毛病公開揭發，並說他已不再受陸軍節制。顯然他已有過度衝動現象。魏德邁司令部，認定他已是神經錯亂，立刻派人加以監護，禁止他與任何人接觸，包括戴氏在內。（只有　蔣中正一人，曾見過他。）

雖然梅樂斯只是偶然一時衝動，並且不久他就恢復正常，而美國軍方，則認為事態嚴重，決定立即押送回國。中國政府，感念他數年辛勞，促進中美友誼，及對抗戰之貢獻，特頒大綬雲麾勛章，以示酬庸。經過上海時，戴氏特自遠地趕往機場送行，這是中美兩個情同手足的人最後一次的見面。

梅樂斯回國後，受到軍方處分，撤去官職，並將他官階由少將降為上校。而海軍方面，是始終支持梅樂斯的，所以在三十六年四月，再派他為「哥倫布號」巡洋艦艦長。稍後，並恢復他的少將官階。海軍部指定他的任務，是在中國沿海巡弋，至少駐留一年。這可視為是對某些人士的一種諷刺。因此，梅樂斯得以達到他參加戴氏葬禮，致其對好友哀忱的目的。

美國海軍若干人士之友情，是頗值懷念的，儘管「戰後海軍助華法案」在其國會遭到杯葛，他們仍在努力，希能打開僵局。他們提出一新建議，主張將原屬中美所部隊，先編成華北、長江、珠江等海上巡弋隊，各隊皆派美員參加訓練，預作準備，然後由其海軍部派一代表團來華，策進合作事宜。並預定以莫雷少將為團長，先行來華佈置。這是以援助之名，行合作之實，理由是美國太平洋艦隊，需要各種情報資料，及中國沿海氣象服務。這不失為一可行途徑。不幸莫雷剛抵檀香山，戴氏已殉國，從此合作之音，遂成絕響！

四十一、大名招來流言蜚語

昔人說：「大權不可久居」。俗諺亦有「樹大招風」之說。戴笠是一特種工作者，握有很多權力，並且甚見寵信，即使他同塵和光，隨俗浮沉，亦將不免於清議之譏評，流俗之毀謗。何況他獨立不懼，鋒鋩畢露？他在抗戰時期，所放異彩，使許多高官顯宦，黯澹無光。他為國家行法，更使奸人惡徒，為之膽破。他被人猜忌、詆毀和誣衊，乃是必然的。不過，謠言必止於智者。

在抗戰時期，對於戴氏，有許多流言蜚語，在社會流傳，他自己亦有所聞，但從不置辯。譬如中共曾透過他們的美國同路人，說戴氏為一「惡棍」。還說他曾多次要殺他自己母親。他的幹部，為此憤慨，主張徹究來源，以正視聽。他反而心平氣和的說：「無論何方對吾人如何批評，如何攻擊，亦不管有何陰謀，吾人均應置若罔聞，視若無事。須知吾人獻身革命，早已置生死於度外。一個革命者，不應有功名利祿、得失毀譽之念，存於胸臆。」

這是戴氏高明之處。他內心很清楚，只要　蔣中正瞭解他、信任他、萬口交鑠，百端譖毀，亦不會損及毫末。他亦知道有很多事，無從置辯，辯亦無益，反不如置若罔聞之為愈。

戴氏本人，既不屑置辯，吾人又何須多言？不過，流言蜚語，亦是因有許多跡象，足以使人猜疑。其中有數事，跡象顯示事在可有可無之間，說者最多，信者亦最多。卻又無人能提出確實證據，遂成疑案。其實，事實真相，並非如此，說者只不過是想當然耳。

戴笠到處有公館

抗戰時期，戴氏所常往來的大城市，如西安、蘭州、成都、昆明、貴陽、曲江、桂林、衡陽等處，均有一幢房屋，軍統局人員，在習慣上稱之為「戴公館」。而戴氏則稱之為「本局招待所」。這是「到處設有公館」一語之所由來。

戴氏既貴顯，又若有用不罄的錢財，並有人說他「揮金如土」。循此思路去推理，他的公館，又必是十分豪華。到處有豪華公館，其生活亦必十分奢靡。這很合於邏輯。卻與事實真相，相去甚遠。

可信資料顯示：戴氏自民國二十年起，只有三個地方，可稱為他的公館。一是南京雞鵝巷五十三號，亦即密查組時代的辦公處，以後改稱「甲室」，內有兩間房屋，作他眷屬住宅，他在該處，住過七年。一是漢口巴黎街八號，在抗戰初期，住過將近一年。另一是重慶曾家岩（中四路一五一號），一直住到他死為止。

雞鵝巷房屋是舊式平房，門前小巷，不足容車，談不上豪華兩字。而且實際上，仍是辦公地方。巴黎街房屋，位於「紅線區」外，亦即法租界所謂平民區，只是一幢兩開間小樓房，若與「紅線區」高樓大廈相比，真不夠說是公館。曾家岩的小樓房，作為一個要人公館，是不合條件的，現在還有很多人，曾經親眼見過，不須詳說。

有一頗為令人感嘆的故事，發生在民國三十五年三月十七日午前。這一天，戴氏早起，接見賓客之後，計算尚有約一小時餘暇，他素聞青島市容整潔，風景優美，乃偷閒至匯泉區遊覽。在海濱目睹一小別墅，傍山臨海，視野極闊，周圍皆蔥翠林木，屋宇稀疏，景色殊幽。隨行人員告訴他，說是前外交部長王正廷別墅。他忽命停車，凝視良久，然後對隨員王崇五等說：「我半生奔波，日無寧暇，而五十之年，忽焉將至。人總應有休憩時候，我異日得卸仔肩，如能有這樣一所幽靜房子，以為終老之所，我就感到很滿足了。」他沒有料到幾小時後，一切皆成過眼雲煙，連這一點小小希望，上蒼亦靳而不予！

到處設有公館，是因其工作之需要，亦可說是因戴氏精於盤算之故。很明顯的，戴氏工作，有其特殊性，所最需要的是秘密。他經常在與敵人鬥智，用各種不同方法作戰。亦經常要與工作有關人員接觸。他不能在旅社酒店、稠人廣眾中露面，就必須有較為合適地方，便於保守秘密。

同時，軍統局業務，是一種流動性較大，而且要不斷的動，才能發揮其功用的。所以他們人員，調動頻繁，有時且須從各地調集人手，集中使用於某一重點。這些往來人員，住在招待所，不僅比較安全，且亦比較節省。

事實真相，就是如此。

至於說生活奢靡，亦是因不明事實真相之故。前已說過，戴氏是最善於用錢的人，有其慷慨之一面。他亦懂得享受，對於衣食住等生活藝術，頗有研究。他又和各種富貴中人，都有交往，見過闊綽場面。再加他生性好勝，自小已然。但這只是一面。事實上，他的生活，不僅說不上奢侈，且可稱是當時顯貴中，最能刻苦的人。

在戴公館，從沒有專用廚師，亦沒有侍役，盛飯舀水，都是親自動手。如無客人共餐，平常只有三數樣菜，蔬菜居多，並非肥甘，聊可裹腹而已。他亦常到大飯廳與員工共餐，出外亦常與士兵一起吃「大鍋飯」，粗菜糲飯，安之若素。

某年，他於出巡洛陽途中染病，看過幾個醫生，都察不出病源。嗣經檢驗，竟然發現他營養不足。這是令人難以置置信的事，卻是千真萬確事實。

如實地說，若戴氏真要過奢華生活，他是有條件來稱愜私慾的。軍統局是一小天地，惟他獨尊，而且都對他有一種敬愛之意。只要他不是窮奢極慾，即使 蔣中正知道，亦未必會深責，因他有功於國家。他不圖個人享受，與他同志共甘苦，可說「非不能也，是不為也」。能為而不為，才見其風格。

戴笠擁有若干女人

這一傳說，有部份美國朋友亦知道，可見說者之多。

人生而因本能的需要，皆有情欲，智愚賢不肖俱同，故說「飲食男女，人之大欲存焉」。至於說某人好色，或不好色，則將因各別主觀的感覺而異。惟有一點，似可肯定，即有關男女之間的事，多半是得之傳聞。試想男女相悅，偷期密約「羅襦襟解，微聞薌澤」。……事屬曖昧，雖至親厚者亦不得知，外人又何從見到？社會上之所以仍有許多風流韻事流傳，無非是依若干跡象，推理而來。吾人認為有一部份推理，是可能接近事實的。然亦有例外，未必盡然。

據接近戴氏的人士說：戴氏工作人員中，亦有女人，其中並有擔任比較重要任務者。故他與女人接觸，乃是常事。如有人為成見所蔽，將會覺得凡與往來者，必不免有男女之私。他們並舉出兩個例子：

某年，戴氏住在衡陽松木塘招待所，突有一時髦女子，深夜獨自駕車來訪，與戴氏密談甚久，始行離去。翌日復來，亦在深夜，兩人似甚親暱，彷彿有說不盡的喁喁情話，欲分難捨。

又有一次，戴氏住在贛州專署招待所，有一少女裝束入時，風姿綽約，且能操流利英日語，亦在夜間來訪，與戴氏密談數小時，至午夜始離去。

像這種情形，可說是有明顯跡象，在若干人想像中，必與色情有關。

其實，前者為一駐外使節夫人，當時駐在一與我國抗戰前途極有關係的國家。他應戴氏之約，適從國外歸來，為避耳目，特安排在衡陽鄉間見面。後者為一大學生（日名トシコ）係由當時在泰和之台灣志士翁俊明所安排，由國外經上海到內地，約定在贛州見面。兩人都與工作有關。

這並非說戴氏是現代柳下惠，不近女色。往時官場，一個有權勢的人，往往欲不好色而不可得。因為有人會利用女色為媒介，互相結納，緣以為奸。亦有女人愛慕虛榮，以色相與，自動投懷送抱，傳取片時憐惜。戴氏不但有權勢，且被目之為英雄人物，亦自必比別人接觸女人機會更多。

在傳說中，戴氏在外，常因工作需要，利用女人，以掩護其活動。亦常周旋於權貴與女人之間，逢場作戲。他亦確有女友，其中並有一二人，關係特深，是在朋友勸告下，資送出國留學，而和他斷絕關係的。這些傳說，吾人認為有可信理由。戴氏體魄強健，感情又特別豐富，尤其是他鰥居以後，生活甚為寂寞，偶近女色，亦人情之常。他是英雄，而不是聖人。從古英雄人物，無不喜愛美色。故有若干傳說，亦不必勉強否認，故意將他塑造成為一個聖人。不過，說他「擁有若干女人」，是毫無根據的。因為說者根本對他生活環境與思想觀念，毫無所知。

吾人曾經指出：戴氏出生在八十年前的農村社會，讀過很多線裝書，在他腦子裡，還保有很多舊的觀念，包含有忠孝節義等倫理觀念在內。他平時講話，大部份是以這些觀念作為核心，再引申發揮的。

據說他的髮妻毛秋叢，為一普通舊式女子，由父母之命而與他結合，竟能相敬如賓。很多與他同時的人，發跡之後，競逐時髦，而棄糟糠。他獨能篤守夫妻之義，而相愛如故。二十八年，毛秋叢因癌症死於上海，他從此鰥居，未再續絃。他似乎常在懷念早年許多辛酸事，更難忘他投考軍校時，毛秋叢的臨歧贈言。所以每逢毛秋叢忌辰，他必默默地燃上一炷香，陳設鮮果，以虔誠之心，來紀念亡妻。偶或遠出，亦常攜帶亡妻遺照在身旁，以示不忘糟糠。

又不僅對他髮妻如此，對於一早年女友，亦未能忘情。他有一次出巡東南，餘之暇，忽然命某單位，尋找某一婦女。他很坦白地告訴他的隨員，說是他早年女友。並說相遇在他落魄時候，紅顏知己，其情可念。事隔二十餘年，所找到的，已不是紅顏，而是「垂」老徐娘。見面之後，他仍然殷勤款接，別時並以千金相贈。

從這一小故事，可以看出他在觀念上，與人不同之處。

自喪妻之後，他比別人更需要有一個溫暖的家庭，以調劑生活。而環境卻不容許他因私而廢公，他是一很重理智，將公私分得很清楚的人。大約在三十年後，他曾邂逅一全國知名女士，英雄美人，兩情相悅，傳有相偕白首之約。而在抗戰勝利以後，他奔走國事，不幸突然遭遇空難，風流雲散，終成遺恨！

原因之一，是他原有禁令，禁止他的工作人員，在抗戰時期結婚。他不得不詘己信下，以身率之。

原因之二，是他亦委實過於忙碌。軍統局人員，在千百個戰場同時作戰，他是唯一指揮官，每日只是批答文書，指授機宜，已經是唇焦腕脫，至不能以時寢食。

看過這類可信資料以後，使吾人益加相信：戴某「擁有苦干女人」，戴某「到處繾綣留情」，是無根之談，不值駁辯的。只以禁止結婚一事而言，其見之行，是違背人情，而非常勉強的。被禁結婚的青年男女，固不願意，很多幹部，亦不贊成。戴氏亦自承禁止結婚，「對不起同志」。但他仍持之甚堅，在這種情況下，假設他嚴禁別人結婚，而自己「擁有若干女人」，他的部屬對他信心，就會發生動搖，他亦無法再要求別人過嚴肅的紀律生活，這是不待求證，就可以肯定的。

戴笠似有更大野心

軍統局在戴氏領導下，一直自成為一系統，亦一直以革命前鋒自居，抗戰後期，功績日著，聲勢益大。於是有很多人猜測：「戴笠是否有更大野心？」還有人說他想「繼承領袖」。亦即是說他志不在小。

說戴氏有野心，是錯誤的，說他絕無野心，亦是錯誤的。吾人非故為此兩歧語，而是客觀事實，確是如此。

在抗戰後期，就實際握有力量而言，全國黨政軍首領，　蔣中正而外，出乎其右的人，似不甚多。當時軍統局基本幹部，約在四萬人以上；一般人員，包括所屬游擊武力，約有九萬人；並幾已掌握全面調查、警察與治安機關。此外，還有若干地方武力，及約八十萬偽軍，在其控制運用之中。更要緊的，是其本身為一比較嚴密組織，其團結力頗強。

在多年有計劃訓練中，軍統局所儲備的各種基幹人才，如軍事、政治、外事、邊疆、警政及各種技術人員，每項輒以千計，這是任何機關所未有的。

戴氏亦並非如一般所想像的－只有敵人，而無朋友。在軍隊方面，凡是少壯一派軍人之任方面軍職者，十有八九，和他交誼頗深。在社會方面，很多具有影響力的人，與他有交。即在江浙財團，他亦有朋友。

故如估計不錯，當時嶄露頭角的顯要，在名氣上比戴氏為高的人，頗不在少，而在實力上突過他的人，尚不多見。

但是，戴氏力量，是依傍　蔣中正聲威而建立的。他的部屬，亦是因他忠於國家，才忠於他的。甚至可說他之受人重視，是因其工作受　蔣中正重視之故。因此，不論他有多大力量，如失　蔣中正意，便立可失去一切。所以他事　蔣中正如神明，至誠至懇，不矜不伐，怨聲歸之於己，美名歸之蔣中正，且無一日不如履薄冰。在這種形勢下，說有何野心，是不可思議的事。

在戴氏遺著中，吾人發現他從無一語，說及他有何政治意圖。每對部屬講話，涉及政治問題時，他必引用　蔣中正之言：「特種工作人員，無政治之主張，一切惟以領袖意旨為意旨。」在致某幹部等函中，他曾說過如次一段話，足以見其懷抱。他說：

「……政局如何變動，某派如何拉攏某人，又某派如何攻擊某人，此類情形，吾人只可注意調查。……至吾人本身，乃係革命工具，絕無政治活動之可言。且弟個人，對於政治實毫無興趣。只因受領袖知遇之恩，當國家多事之日，與我全體同志，十餘年來，含辛茹苦，犧牲奮鬥之歷史，義之所在，不得不拼命幹去，以期有以報答領袖與我死難諸先烈耳。」

依此種種，吾人可以斷言：只要　蔣中正在位，戴氏就絕不會有何野心，這是不須爭辯的。不過，假定　蔣中正去位，情勢改變，中原失鹿、有野心者群起而逐，戴氏猶健在，他亦不會袖手作壁上觀。以他的才略和力量，他是可以與任何野心者，比肩並驅，一爭長短的。所以說他有野心或無野心，兩者都是錯誤的。

至於當時若干所謂「民主進步」人士所指責的設「集中營」，隨意拘禁有政治歧見的人，梅樂斯將軍證言，已有明確而具體的說明，茲不贅述。

四十二、大氣磅礡的訓練工作

軍統局能成為一革命團體，並隨其工作發展，而擴大組織，適應多方需要，不虞人力缺乏，當得力於有恆之訓練。自戴笠就任特務處長，即注重訓練工作，先後所設班次，不下百種，所訓練工作人員，達六萬人以上。中美合作時期，在全國十大戰區，同時設班訓練，無遠弗屆，可稱大氣磅礡。

特種工作人員訓練，始於民國二十一年夏，對外係用參謀本部名義，而實由特務處主持。最早受訓人員，係於軍委會所屬之軍官訓練班與政治訓練班中挑選，多數為青年軍官，亦有黃埔軍校前期學生。其正式名稱為「特務警察」訓練班。因其班址設於南京三道高井洪公祠，故通稱洪公祠訓練班。此班共辦過三期，雖人數不多，但早期的中堅幹部，多出於此班。

繼洪公祠設班之後，在杭州亦有類似訓練，學生多係於浙江警官學校中挑選。這兩次訓練，皆由力行社所協助舉辦。故力行社幹部如桂永清、康澤、李士珍等，均曾參與其事。大部份受訓人員，亦係通過力行社外圍組織物色而來。

民國二十一年至二十六年，戴氏所主辦訓練，除以上兩班外，尚有會計、電訊、特訓、譯電、警衛、技擊、駕駛及短期訓練等班，各班畢業人員，合計約六百人左右。

此外，在杭州警校裁併之後，戴氏呈請於江西星子訓練班附設「特警隊」，將南京與杭州特警、交通兩班人員，調往受訓，共為九十人。

自二十七年起，乃為規模較大之訓練。最先舉辦的，是中央警官學校「特種警察」訓練班。（簡稱特警班）同年九月，軍委會派戴氏任該班主任。自此以後，所有軍統局所辦訓練班，皆由戴氏兼任主任，而另派一副主任負實際責任，遂成定例。

軍統局的訓練，原本是以培養特種工作之基幹，促使組織健全為目標。當特警班第一期畢業時，蔣中正曾頒如次訓詞，具體指出此一目標。

「特警工作，為神聖革命事業之一，尤其現當抗戰最嚴重期中，責任更為繁重。第一、應有極高尚之道德，革命革心，必須先從本身做起，養成純潔人格，乃足以執行其任務，而為社會所敬服。第二、應有極勇敢之精神，明生死，履艱險，命令所在，雖赴湯蹈火，皆銳利而前，毫無猶豫，以得犧牲報國為光榮，乃足以達成其任務，而立偉大之事功。總之，心地必極光明，行動必極秘密，智、仁、勇三者俱備，由此簡練揣摩，則成己成物，濟世報國，必可操券也。」

戴氏亦說：「我們訓練，是革命訓練。……為了要使我們工作發展到完善境地，我們需要很好的同志，更需要很好的訓練。……」

這兩段話，顯示訓練是要培養特種工作人員，並希望能達到相當高的水平。而在實際上，似未盡如理想。此可於戴氏多次指斥中看出。例如：

「此次江西、湖南等地代考送來衡陽，將轉入息烽班受訓學生五十人，昨經此間舉行覆試，國文成績，無一列入甲等者。即體格列入甲等者，亦寥寥無幾。此種學生，訓練出來，徒增加團體之負擔，對工作毫無補益。……」

「當此中下級幹部異常缺乏，青黃不接之時，吾人如吸收年齡幼稚之初中程度學生過多，則目前負擔重，用場少，實無此必要。……」

同時，訓練名目日多，有秘密訓練，亦有公開與半公開訓練，且超出特種工作人員範圍。這是因為客觀情勢，時有變化，相關業務加多，需要迫切之故。例如：緝私署成立，便極需訓練查緝人員；中美合作所成立，為接受新的技術，便極需訓練游擊人員。

屬於軍統局之訓練班，有一特點，即分佈地點甚廣，而非集中於某一處。此乃由於工作之需要，而力求迅速使然。如仰光訓練班，乃應南洋各地之急切需要，即設於仰光。

截至三十五年初為止，除南京、武漢、重慶三地，為其指揮中心所在，人力集中，設班最多之外，其分佈地區大致如下：

華中：有星子、臨澧、黔陽、長沙、衡山、南岳、修水、沅陵、洪江、東安等班。

東南：有杭州、松江、屯溪、金華、上饒、泰和、雄村、麗水、瑞安等班。
華南：有建甌、南平、梅縣、南寧、柳州、華安等班。
西南：有息烽、巴縣、江津等班。
西北：有蘭州、西安、南鄭等班。
華北：有臨泉、陝垻、北平等班。

此外，軍統局為加強中央各機關保防工作，並創辦「秘密監察人員訓練班」，由各機關遴選適當人員受訓，畢業之後，仍各回原職，擔任保防任務，而由特檢處聯絡指導。先後共訓練有四一五人。

軍統局訓練工作，雖是日趨複雜，而戴氏有他自己主見，他一直是以特警班，作為基本的訓練機構，以培養基層的特種工作人員。因此，以後的重慶班，內部且分科系，如外語、外事、經濟、特技、管訓及南洋、泰越等十餘系。素質亦漸提高，有若干受訓人員，係於各大學畢業生中甄選而來。

他並預定：「在整個計劃之下，將來一共設置四個班，就是重慶、東南、西北、西南四個班。」而將屬於臨時性質的訓練班停辦。

在所謂整個計劃之下，他特別注意到未來的邊疆工作，與對中共鬥爭兩方面。他在指示中說：「……蘭訓班第五期學生額六百名，其中應調陝、甘、豫、青、寧、冀、魯原有工作人員一百名來蘭受訓。其餘五百名，則分配皖北、蘇北、冀、魯、晉、察、綏、甘、寧、青、蒙古、新疆及東北地區，通令各該地負責人負責招考。……惟蒙、回、藏藉學生，則以體格健強，思想純正為先決條件，其學科可酌量變通辦理。」

在資料中，吾人發現戴氏之對於訓練，充分表現他的熱情與負責，絲毫不容苟簡，只要時間許可，他必親到各訓練班察看，和學生生活在一起，個別談話，觀人於微。他又似乎對於訓練工作，無一時不關心，所以指示特多。往往對於許多瑣屑之事，亦絕不模糊。可舉兩個實例：

其一、是對特警班的指示：「弟至特警班各處視察，大操場之石橋已斷；汽車練習場與騎術教練場，則馬糞遍地，無人掃除；盥洗室污水盈溝；學生之浴室，至今尚未裝置水管；教職員之餐室，與學生之教室，則地面潮濕不堪，等於水牢；各教室則牆壁破壞，無人修理；所有窗戶亦有損壞，無人修理。此種情形，我特警班之副主任與大隊長總務組長，實應負其責。……」

其二、是對緝私部隊訓練班之指示：「……現在帶兵最不易解決問題，就是物質困難。但只要善於運用，善於變通，亦不是絕對不能解決的。譬如現在洗臉毛巾要二十塊錢買一條，我們士兵就可研究不用毛巾，而改用白布。以一條毛巾價格，可以做三條白布，以一條作面巾，一條作領巾，還有一條可以備用。……又如草鞋，常壞的地方，總是落腳重點地方，我們亦可研究一雙草鞋穿到相當時候，再將它翻轉來穿，這樣，落腳的重點，就換了方向，不致常壞在某一個地方，一雙草鞋，別人只穿一個星期，我們就可能穿兩星期。還有一困難問題，是士兵生疥瘡問題。這只要肯用心，亦不難解決。每一個連，可將患有疥瘡士兵集合起來，用一種治疥瘡的藥，再加上菖蒲、薄荷、花椒等，熬成大鍋溫水，讓士兵洗澡，再把士兵衣服洗淨，用硫磺薰過，這樣做過幾次，再久的疥瘡，也可以治好。……」

吾人於其眾多指示中，特舉這個例子，在於說明戴氏之事事留心，絲毫不遺，而且對其學生與士卒，有一種真誠的關愛之意。

惟其如此，他的學生以及士兵，都對他敬愛，亦出於真誠。二十七年底，曾發生一感人故事：其時戴氏由武漢撤退，剛抵長沙近郊猴子石渡口，突遇空襲，敵機在全無掩蔽地方，低飛濫肆炸射，有一學生史煥章，恐戴氏被射中，奮不顧命，以自己身體用為掩蔽，因負重傷，戴氏亦因而得免。史煥章幾於殘廢，備受痛苦，卻從無怨言。

自洪公祠訓練班起，曾接受戴氏訓練人員，共約六萬餘人，其班別甚多，難以縷述。其最重要、亦是人數較多的幾種訓練，一為特警班，共訓練一三、三〇〇餘人；一為參訓班，共訓練一、五〇〇；一為電訊班，共訓練二、七〇〇餘人；一為中美技術班，連同軍士在內，共訓練四九、〇〇〇餘人。

軍統局訓練，主要當是為其本身工作之需要。然亦可說是為國家培養基層幹部，因為有很多人員，可以擔任特種工作，亦可擔任其他工作。譬如技術性方面之電訊、特種通訊、特技、氣象、爆破、醫務等，皆屬專門技能，合於社會需要。非技術性方面之參謀、政工、警政、外事、邊疆、經濟等，亦可用於一般軍政機關。

一般而言，訓練工作，都有成功與失敗兩面，從某一方面看，是成功的，而從另一方面看，又可說不是成功或不完全是成功的，軍統局訓練，亦無例外。惟戴氏對於他的訓練，似很滿意，而且不許部屬隨便批評，這是因他有他自己觀點。

舉例言之：二十七年冬，臨澧訓練班畢業學生，部份被派到武漢實習，期滿即命武漢區分發工作。其時敵軍已迫近武漢，倉卒之際，無法覓得眾多合適掩護職業，不得已，乃遣回數十人。戴氏對此頗為不滿，他對武漢區負責人唐新說：「……我辦訓練，只要有一個人能成功，我的訓練，就算成功。」

這種說法，似乎過偏，而近於牽強，然亦不為無見。廝克敵在北平之所表現，就可以說是訓練的成功。他是一優秀軍官，曾任營團長，在接受戴氏訓練之後，被派往北平工作。二十九年十一月二十九日，他在北平皇城根，隻身奮勇突襲，一次擊斃敵高月與乘兼兩軍官。這兩人都為敵「興亞院」高級職員，他們來華，是因敵「華北派遣軍」司令多田駿曾報告日皇昭和，說日軍「已確實統治華北，治安良好；」日皇因派高月等來華，視察實況。而麻克敵之奮勇一擊，不僅證明所謂「確實統治」，乃是謊言，亦顯示中國人不論在何時何地，絕不屈服。這一件事，並在敵人內部，引起一場風波。

最後，吾人須提及一首歌詞，因其嚴肅而雄壯，現在仍在流行，通稱為「革命青年歌」。實際乃軍統局訓練班之班歌。歌詞是：

「革命的青年：快準備，智、仁、勇，都健全。握著現階段的動脈，站在大時代前面。貧賤不能移，威武不能屈，維護著我們領袖的安全，保衛著國家領土和主權。要負起復興民族的責任，要貫徹三民主義的實現。須應當剛膽、沉著、整齊、嚴肅、刻苦、耐勞、犧牲、奮鬥；國家長城，民族先鋒是我們。革命的青年：快準備，智仁勇，都健全。」

據說這一歌詞，是戴氏在二十八年，命一主管訓練幹部田灌夫所撰寫，並要求將前述　蔣中正訓詞之要旨，溶鑄於歌詞之內。寫成之後，再經他親自修飾，始定為班歌。

四十三、全面策反與掌握運用偽組織

抗戰時期，廣大淪陷區，無一地無偽組織，偽軍且多至百萬。政府對此，並無明朗政策，故人懷觀望，不敢任責。惟戴笠獨為其難，盡其力之所及，從事於策動反正工作，卒收其功。他所掌握運用偽軍，達八十萬人之多，南京偽組織，最後亦聽命於他。這一股不容忽視的力量，在勝利前，不為敵所充分利用，在勝利後，不受中共威脅，國人當深思其故。

策反工作面面觀

抗戰以後，各地參加偽組織，搖尾乞憐於敵人的，不止於是社會敗類，其中有知識份子，亦有曾經參加革命的黨人和軍人。除一部份是因失意或私人恩怨之外，多數是由於心理不健全，對抗戰前途悲觀。

率直地說：當南京武漢相繼陷落，我軍節節失利；尤其滇緬通路被封鎖，國際援助，瀕於絕望時候，對抗戰充滿信心的，能有多少人？自始即存孤臣孽子之心的，又能有多少人？惟其如此，所以只要有偽組織偽軍出現，便會有人入夥。這種時候，似乎很少有人料到敵人會無條件投降。

不僅在民國二十九年以前，很少有人面對現實，重視策反工作。即在太平洋戰爭爆發以後，似亦甚少有人，重視這一件事。在上海一地，有一段時間，有若干機關工作人員，自稱是奉命策反的，並自以為策反有功。其實，這已不能算是策反，或至少與軍統局策反工作不相同。因為這已是勝利前夕或勝利之後，大勢已定，偽組織與偽軍，不敢開罪於人，任何機關，乃至是一個假冒的「地下」工作人員，都可與之聯絡，各遂所求，毫不費力。

在三十四年以前，對於策反方針或政策，一直是存在著很多難於解決的問題。在原則上，政府是同意策反，並予立功歸誠之偽組織人員以自新機會的。而在實際上，並沒有明確法令，可資遵循。所以常因時因人，而有不同主張。譬如直到敵人戰敗，中共正圖拉攏偽軍時，仍有人固執成見，以「漢賊不兩立」為名，絕對不許收容偽軍。

在敵人敗象尚未顯露以前，運用各種社會關係，打入偽組織與偽軍，逐步建立人事關係，並利用敵偽之間矛盾，伺機爭取說服，並非易事，亦並不都是必定成功的。很多策反人員，曾經冒生命危險，而無所獲。亦有曾經接近成功，而又突生變化的。

策反工作人員所面臨的困難，是很多的。譬如千方百計，與偽組織取得聯絡之後，首先就無法證明自己身份，在敵後工作，是不可以攜帶政府公文書的。其次，幾乎所有偽組織人員，都希望取得官方文書，以為憑證，他們顧慮策反人員不可信賴，亦顧慮政府背信，而政府是從不作何書面承諾的。再次，是偽軍都希望能給予名義，在某種情況下，准其反正。但當時的主管機關－軍政部，是絕對不同意給予任何名義，亦絕對不接受偽軍反正的。甚至有時因特殊情形，已經呈准軍委會，命令某軍事機關，核給名義，亦未必遵照辦理。………因此，策反人員，大都只能空言敷衍，而無法示信於人。

不過，即使如此，軍統局策反工作，仍然是非常成功，而且非常精彩的。軍統局策動掌握全部百分之八十偽軍，並使偽政權頭目，俯首聽命，都是鐵的事實，無可否認的。

戴氏何以有如此大的魔力？吾人就資料研究，以為有三個主要原因：一是他肯用心機，從遠處深處下手，敢於任責，不怕困難。這可說是主觀條件。一是抗日是民族戰爭，大義名分，在無形中，仍能支配人心，很多人雖已參加偽組織，良知仍有未安。亦知敵人是異族，是終究不可依靠的。因而大部份都不願走極端，與政府絕緣。另一更重要原因，是　蔣中正威望，因抗戰而更隆，偽組織人員，都知道只有　蔣中正可以左右他們命運，更知道戴氏為　蔣中正所親信，有他擔當，可以上通於天，值得信賴。這兩者可說是客觀形勢。再加工作人員之努力。於是軍統局策反工作，獨步一時。

遠處著眼未雨綢繆

軍統局所主持的策反工作，是基於以次目標，而視情況，分別進行的。積極目標，是準備反攻時，策應我軍作戰，協力打擊敵人。或運用其力量，達成某項重要任務。（對個別偽組織人員）消極目標，是保持聯絡，使之不為敵人所利用，不為有害抗戰的事。同時運用其關係，掩護敵後工作。

抗戰進入後期，策反另一重要目標，是阻止中共利用偽軍，或在偽軍中發展組織，擴大實力。

在原則上，戴氏亦不贊成隨便給予偽軍名義，或准其反正。惟他很講權變，而不固執。因而在抗戰勝利以前，亦有若干偽軍，經軍統局呈准反正，或核給名義。但這都必有一定原因。譬如內蒙德王與李守信兩部份偽軍，在勝利之前，均曾給予名義。這是一種極特殊情形，為便羈縻，安定內蒙，不得不爾。其所允許反正偽軍，亦多半是因情形特殊，或為配合國軍作戰，權衡利害之後，才呈請特准的。

在抗戰後期，常有部份中央機關、戰區、地方政府人員，與偽組織和偽軍聯絡。在淪陷區，自稱為某機關「特使」，某要人代表者，難以數計。但他們是無法與軍統局競爭的。主要原因，是戴氏能見微知著，播種耕耘，比別人為早，而且能持以毅力。茲略舉實例如次：

二十六年春，戴氏已預料北平局勢，將日益惡化，他即命其工作人員何其鞏等，以灰色姿態，與日諜首領土肥原、喜多等周旋，探取敵情。另授一項任務是北平如淪陷，要盡力阻止有影響力的軍政人士，為敵張目。在以後幾年，何其鞏及有關人員，多方設法勸阻吳佩孚、靳雲鵬等出就偽職，均甚成功。這對華北局勢，是很有幫助的。

二十七年夏，武漢情勢，明眼人已可預見。戴氏料定一旦武漢棄守，必有偽組織在敵人卵翼之下出現，他除派員勸導若干在野軍政人士，隨政府撤退外，立命武漢區為未雨綢繆之計。該區照他指示，先後物色到楊瓚緒、（武昌人，曾任新疆督辦）、胡宗鋆（監利人，曾任吳佩孚軍第二師師長）、李一鳴（沔陽人，日本士官學生，失業軍人）、徐肇明等，預計以反戰姿態，偽裝親日，以便於控制偽組織。楊瓚緒等，在武漢區策動下，瞞過敵人，於是年十一月，分別取得武昌維持會長及省會警察局長等偽職。當戴氏得知若干偽組織已被控制之後，又立即選派陳經國，以李尚德化名，繞道港滬，前往武漢，負責聯絡運用。陳經國是參政員喻維華之夫，亦是手刃喻之兇手，他以逃獄為名，敵人當不懷疑。

武漢淪陷後數月，偽軍亦隨之出現，最早成軍的，是偽「皇衛軍」第二師汪步青部。他畢業於黃埔軍校第五期，軍統局為策動掌握這一股偽軍，特選派一與之同期同學，且為同鄉的黃石書，前往聯絡。黃石書以偽參議名義，住在汪部有數年之久，他們關係，自比別人深厚而確實。

未雨綢繆，在其他各地，亦復如是，戴氏是即知即行的人，他不會放過任何機會。例如南京近郊之偽「和平建國軍」（簡稱和建軍）第一方面軍任援道部，成立不久，戴氏即派幹部姜紹謨前往策動。姜紹謨為一文人，與軍界並無淵源。但他與任援道之弟任西平有交，他通過任西平關係，積極進行策反，任援道乃有悔禍之意，曾上書　蔣中正，內有「身在賊營，心繫漢室」諸語。到任西平參加戴氏工作後，掌握乃更加確實。

策反工作，亦同作戰，是必須瞭解敵情，並且要著佔機先的。戴氏長處，是他見到某種跡象，經過研判，認為將如何演變時，立即採取行動，而不稍遲疑。對於汪偽政權之策反，他最先選定對象是陳公博。他認定陳公博將在偽組織中，扮演一重要角色，但不會死心塌地的作敵人幫兇，因而很早就選派徐天深赴南京打入偽組織。

徐天深是廣東南海人，早年曾充海軍黨代表，與陳公博私交極厚。陳公博任偽上海市長時，即派徐天深為偽經濟局長。汪兆銘死後，陳公博繼任偽主席，徐亦升充偽文官長。惟因其非軍統局基本人員，顧慮太多，畏首畏尾，進行並不理想。戴氏乃派其幹部陳祖康前往督促，並予協助。陳祖康為留法學生，與陳公博亦相識。

三十三年，軍統局在上海一工作單位，被敵破壞，書記張友民被捕，株連多人。陳祖康乃通過徐天深，與陳公博直接接觸，求助於他，以觀其意向。陳公博表示願為盡力，並說：「這是我贖罪機會，只恐為時嫌晚。」

為營救軍統局被捕人員，陳公博確曾盡力。他親自出面，約見敵方上海特務處長五島，憲兵特高科長長光，謂敵所捕獲者，非抗日份子，乃偽政府之「東機關」人員，事出誤會。並謂「東機關」之任務重大，曾經告知敵首相阿部，所捕人員，應即開釋。五島等莫明究竟，只好照辦。

至此，策反陳公博，已大有進展，戴氏乃更進一步，要求他率偽政府及所屬偽軍，作反正準備。往復密商多次，陳公博提出兩項具體答覆：「（一）原則無問題。（二）日本戰力，尚可支持至三十四年底，屆時當有以報命。」

戴氏根據實況，研究一配合行動方案，特別注重行動之時，保全京滬一帶城市，不受戰火毀壞。同時並擬呈請軍委會，權宜給予陳公博以南京行營主任，或京滬警備總司令名義。

陳公博雖名為偽代主席，論其權力，遠不及周佛海。而且周佛海之悔禍誠意，更有過之。這些情形，戴氏當知之甚稔。他之所以要求陳公博出頭反正，乃因其在名分上是偽主席，所予社會觀感，又自不同。就在加緊進行之中，敵人已宣佈投降。

在幾年全面策反中，每一處進行情形，都很曲折，互不相同。而有一相同之點，即必須先知道對方社會關係，而於其中覓得線索，用作橋樑，否則便無從著手。

抗戰至中期以後，偽組織日多，偽軍已不下數百千股，要覓得適當策反之員，並非容易。惟因戴氏著眼較別人為早，能留心於平素，所以他做來往往能得心應手。這可以張子奇作個例證：

在華北一帶偽軍，經軍統局先後派劉建華、馬步周、康亞夫、宋梅村、李本德、王芝彬、王華甫、趙搏沙、倪伯昌等多人進行策反以後，一直聯絡甚密，均表示擁護政府。惟華北偽軍，較為複雜，更加有中共活動，情形不若東南之單純。為謀加強控制，於必要時核給名義，以便收拾，而免流散，須派一得力人員，前往宣達政府意旨。此一人選，又須與偽軍各頭目素有淵源，能使其信服者，方能勝任。合於這種條件人選，顯然不多，即能找到，亦未必願意冒險前去。戴氏似早已料到這種需要，因而早已留心合適人選，其中之一是張子奇。

張子奇留學日本，曾躬與辛亥革命，並曾參加「國民三軍」，因與舊西北軍多數將領相識。華北淪陷時，他任天津電話局局長，堅守崗位，在敵偽威脅利誘之下，誓死不屈，被稱為硬漢，富有愛國精神。當他逃回重慶時，戴氏念其忠義，派員照料，並予接濟。故戴氏徵求意見時，他慨然應允說「赴湯蹈火，在所不辭」。於是由泛交而成朋友，更進而成為同志。

當時出身於西北軍之偽軍頭目，如孫殿英、孫良誠、郝鵬舉、吳化文、張嵐峰等，都和張子奇有交，並因其為人正直，頗受敬重。故他進入陷區後，所到之處，知他為戴氏代表，均極表歡迎。各偽軍之向心力，亦因而加強。

最成功的實例

軍統局策反工作，當以周佛海之歸誠，最為成功，亦最有貢獻。這亦與戴氏之悉心策劃，極有關係。二十八年，周佛海受汪兆銘煽動，以視察黨務名義赴昆明，由龍雲護送出境後，戴氏立即採取行動，將其母接至成都，妥為照料，其本人薪俸，仍照支給。同時將其岳父楊卓茂，安頓於息烽，照料其生活。又知他是孤子，平時事母頗孝，乃請其母不時寫信或拍照，送往上海，以繫其心。然後多方派員，進行策反。

周佛海在南京偽政權內，所握有權力，僅次於汪兆銘。他是偽政府財政部長、警政部長、「軍事委員會」副委員長，此外還兼有很多要職。在資望上，他雖略遜於陳公博，而實際為汪偽政權之靈魂人物。他另有一優越條件，是他的日本京都帝大同學，已在日本軍政界露頭角，故對敵交涉，多半由他主持。

戴氏派往京滬策動周佛海歸誠的人，不只一人，而是多人，不意最後發生作用的乃是程克祥等。程克祥原為軍統局南京區的組長，另有彭壽、彭盛木（台灣籍），亦為軍統局工作人員。程克祥在無意中得識周佛海內弟楊惺華，時任偽財政部總務司長。戴氏認定此為接近周之機會，乃託上海幫會首領徐朗西為之介紹。於是程克祥、彭壽、彭盛木三人，分別取得偽僑務會委員、邊疆會藏事處長與財政部參事等職務。彭盛本並擔任重要翻譯工作。他們充分運用楊惺華，逐步加深其關係，曾被視為是周佛海之心腹。

因此，戴氏與周佛海不久即取得聯絡，接受密碼電本，與之通訊，並負責掩護電台。汪兆銘客死日本名古屋後，偽政府實權，包括幾十股偽軍，實際完全掌握在周佛海之手。另有一稅警總團約三萬人，可稱為偽軍之精銳，亦由周佛海所控制。故名義上他雖是偽上海市長，實際上可左右偽政權。他既已接受戴氏所賦予任務，自不能不聽由戴氏之擺佈。故就策反汪偽政權而言，策動一個周佛海，可謂一夔已足。

當時敵人氣燄仍盛，與中央政府暗通聲氣，是要冒險的。同時，其他方面，亦有人試圖與周佛海聯絡。周佛海何以甘願冒險？又何以獨願接受戴氏使命？這亦有顯而可見原因：其一、是若干較有知識的偽組織份子，失足之後，都多少有悔意。亦都知燕巢幕上，結局必很悲慘。因而都有立功贖罪之念。周佛海亦是如此。其二、是周佛海亦出身於軍委會，他很瞭解上層關係，亦瞭解戴氏之為人，認為可以信賴。

事實上，還不止周佛海，其他的人，亦覺戴氏是可以信賴的。例如偽參謀總長鮑文樾，他在與戴氏工作人員取得聯絡之後，所有偽方軍事機密，包括偽軍部署在內，都無保留的報告戴氏。他被捕後，據他語人：「大家都信任戴先生，他講信用，重承諾，而且極有擔待。」

因為戴氏已實際控制汪偽政權，所在在敵人投降前不久，他曾有一驚人計劃，準備運用偽軍，分別控制長江及津浦等路交通，並請美國十四航空隊支援，截斷敵人運輸線；另以忠義救國軍、別動軍為主力，配合部份偽軍，佔領京滬、粵漢各路，切斷敵人退路；以各地行動隊，分途擾亂；三者同時並舉，以策應國軍反攻。可謂壯舉。

為謀上項計劃之實現，戴氏特命周佛海儲備械彈於指定地點，俾於必要時，接濟前線部隊。同時，派其幹部張恒，通過周佛海關係，充任偽第十二軍軍長，要他控制三個師以上的兵力於衝要地區，以為總預備隊。

在前項雄奇計劃之內，可能還有相關計劃與佈置，資料未載，不得其詳。此一計劃，因敵人投降，故未實施。

敵人投降時，周佛海在戴氏指揮下，表現極為堅定而努力。他首先斷然拒絕中共要求（中共要他以聯軍總司令名義與之合作，或交出全部武器。）並照戴氏意調集部隊防衛京滬，不許中共進入市區。次之，他與軍統局先遣部隊合作，在國軍尚未到達前，盡力維護京滬一帶治安，並安定人民生活。又次，全力保存公物，僅是偽儲備銀行（總裁由周佛海兼任）即封存黃金五十萬三千三百餘兩，白銀七百六十七萬九千餘兩，銀幣三十三萬餘元，美鈔五十餘萬元，及敵軍票債券等，全數繳交國庫。在偽方所保有的武器彈藥，亦全部交與政府，未令散失或落入中共之手。

掌握八十萬偽軍不是容易事

抗戰時期之策反，始於二十六年之冀東，而在二十五年，已在內蒙進行，且成百靈廟之大捷。這八年中，由軍統局所直接或間接控制之偽軍，約八十餘萬人，除偽滿之外，約佔全部偽軍百分之八十左右。以中國之大，區區八十萬人，何足齒數？然而控制如此眾多之桀驚不馴，持有武器的人於戰亂之時，要他們不為敵人利用，不受中共裹脅，並維持陷區治安，以利政府復員，談亦何易？

在事後看，策反工作，似若輕而易舉。而實際上，無一不曾經歷艱難困苦。擔任此項工作人員，且有人因而陷身囹圄，乃至喪失生命。

資料顯示當時軍統人員，在敵後從事策反工作，亦是非常危險的。例如李亞光（北京大學畢業）之在河南，為策反不惜謀充偽軍職，多方進行，甫有眉目，不幸被敵查獲，死於開封沙崗，他是第一個因策反而殉職的人。又如李錦章之在內蒙，已策動偽軍成熟，而在決定反正前夕，被敵偵悉，加以殺害。餘如鄭興之在福建，拱經禮之在山東，……均係因策反而為國犧牲。

事實上，所有偽軍，皆係敵人為圖利用而組成，其活動亦在敵人控制之下，並有若干偽軍，被敵諜監視。偽軍首領，不管其投敵動機如何，已然失足，而抗戰勝負，尚猶未定，要他們突然轉變，是不可能的事。又何況政府之於偽軍，並未明定政策，予以可信之保障，即使有人有意投順，亦不能無顧慮。在軍統局內，亦未列專款，供策反之用。在這種情形下，困難可以想見。

抗戰時期，一般偽軍，是不許隨便反正的。自從軍政部聲明絕對不許收容偽軍，給予名義之後，戴氏亦不得不約束所屬人員，只能加緊聯絡，不能承諾任何名義，或策動反正。所以軍統局所策動反正的偽軍，大都在三十二年以前。而核給名義，多數在勝利之後。

自二十五年起，經軍統局策動反正偽軍，計有：

偽「蒙古軍」王英部之安華庭旅，約六千人。

偽「冀東保安隊」張慶餘、張硯田兩總隊，約一萬五千餘人。

偽「皇協軍」第一軍徐靖遠所屬黃宇宙、吳朝翰兩師，約一萬餘人。

偽「和建軍」張嵐峰之一個軍，約一萬餘人。

偽「和建軍」袁傳璧之一旅，約三千人。

偽「綏西聯軍」鄔青雲之一部，約二千人。

偽「和建軍」成渠、周九如、陳庚等之一部或全部，約共一萬餘人。

偽「和建軍」李啟蒙師之一個旅，約二千五百人。

以上共約六萬餘人，均係因特殊原因，或必須策應作戰，始呈准反正。已反正者，皆交由各地軍政機關處理，軍統局並未留用一人一槍。

在敵人宣佈投降時，廣大淪陷區，既無國軍捍衛，又有中共擾亂，對於這種突來變局，如處置不當，就可能立刻陷於混亂。於是戴氏建議給予各偽軍臨時名義，仍以軍統局所已策動，呈報有案者為限。這一權宜措施，當時似亦有人持異議，理由仍是「漢賊不兩立。」而事實證明，通權達變，對於國家，對於社會，有極大裨益。

四十四、軍統局情報與行動工作概況

戴笠常說：「歷史是由血與汗寫成的，沒有血汗的歷史，是不值半文錢的。」在他逝世二十三週年紀念會中，今　總統蔣經國亦說：「過去軍統局同志，為主義，為國家，成仁取義，奮鬥犧牲，所以才能創造出驚天動地事蹟，寫下光輝燦爛歷史。」只看他們英勇殺敵的輝煌成果，及其壯烈犧牲，就可確信他們歷史，是有血有淚的。

想求生存非犧牲流血不可

在八年抗戰期中，軍統局人員，為國犧牲者，以行動工作人員為最多。自特務處成立，始有行動工作，原用於防衛與禁暴方面。抗戰軍興，鋤奸殺敵，在在需要有實際行動。於是行動與情報，成為軍統局兩項基本任務。

這兩項工作，孰為最有意義?要看其成果如何，殊難一概而論。一件屬於高級機密情報，可予敵人以毀滅性打擊。例如民國三十四年一月，盟軍在台灣海峽，能一次擊沉敵人軍艦八十三艘，並摧毀其飛機二百餘架，就得力於軍統局所提供之正確情報。相對的，適時而重要的行動，如敵進犯桂黔時，在粵漢路之爆破與長江之佈雷，不僅是使其船艦車輛，遭受重大損失，（據敵方自己記載：當時僅九江至漢口一段，運輸量已減少到十分之二以下。）亦使其戰力大為削弱。故如工作成果良好，兩者俱有意義。

戴氏對於行動工作，頗為重視，要求部屬「雖在敵人炮火炸彈之下，亦應多方設法進行。」對於殺敵有功人員，獎賞之外，並予以英雄式的歡迎。據他解釋：「每一敵後行動，都可以表現民族氣節，鼓勵陷區民心。」同時，「亦讓外國人知道我們愛國精神。」故有人說他對於行動工作，有所偏愛。

就全面情形看，毋寧說他對於情報更為重視。在致鮑志鴻電中，他說：「本局職司軍事情報之蒐集，故對情報佈置與現在工作之指導督飭，甚關重要。目前本局內部機構，雖有變更，而總其成者，仍屬軍事處。……」軍事處在當時，是主管全面軍事情報的。他如此說，是他知道當局最需要情報，尤以軍事情報為甚。如一旦查詢，無以報命，他就有失職之嫌。如和他競爭者，比他作的更好，他在比重上就會減輕。

不過，敵後行動工作，是可以立竿見影，表現成績，並擴大聲勢的。譬如在陷區誅除漢奸，就必定會影響許多漢奸心理，覺得戴笠力量，不可忽視，因而在策反工作上，亦發生一種微妙作用。而破壞工作，更是明顯地能予敵以直接打擊。故他希望魚與熊掌，兼而有之。

軍統局所謂行動工作，範圍很廣，有時行動亦須有情報之配合，頗難細加區分。吾人於前列各章，已各從其類，略為敘述。此處再依已有資料，略述其情報與行動成果之概況如次：

情報方面：自民國二十七年軍統局改組，至三十四年抗戰勝利，軍統局在國內外所蒐集情報，除有兩年（三十一與三十三年）在數量上，略有減少外，其餘各年，俱有增加。二十七年，一年所蒐集情報，共為八四、〇八七件（不含技術情報）。至三十四年，已增至一五二、八三九件。在質量上，如以摘報軍委會者為準，亦只有三十一年，略為減少，其餘各年，皆有增加。

行動方面：專就敵後行動而言（不含中美合作所），各地行動單位，七年之中，共突擊五九五次；破壞二、二一九次；擊斃敵偽人員一八、四四〇餘人；擊傷五、五〇〇餘人；俘虜五六〇餘人；炸毀火車機車四九〇餘輛，車廂一、六〇〇餘列；汽車五〇〇餘輛；焚毀與破壞敵機七一架；破壞焚毀敵倉庫船舶四〇〇餘次；爆破鐵道公路橋樑二五〇餘座；破壞路軌二、八〇〇餘公尺。……其中且破壞敵人預備使用於我國之毒瓦斯五千餘箱。

據軍統局一位資深人士說：前列統計數字，只限於據報有案，可以查考者。實際上，亦有若干成果，因種種事故，如電訊故障、人員被捕等，而有遺漏。更有若干成果，因配合國軍作戰，如忠義救國軍、別動軍等，併入各戰區紀錄之內。

惟吾人以為即使如此，其成果之豐碩，已足驚人，更足感人，因為大多數工作成果，均染有愛國志士淚與血！故這一位資深人士又說：「我們的工作成果，是用血淚灌溉而來！」

（按民國三十五年四月，中央通訊社，曾通過軍委會，將軍統局工作成果披露，與前列各種統計數字，有同有異。茲附錄於後，以供參考。）

壯烈犧牲事蹟舉隅

在八年抗戰中，軍統局的基本工作人員，為國犧牲的，達數千人，其中優秀的中堅幹部，亦在千人以上。其非基本人員，尚不知有多少？他們有敵無我，勇往直前，不屈不撓，慷慨赴義精神，真是可歌可泣，足堪矜式。

敵後潛伏工作，原本是很危險的，成為一種組織活動，並採激烈行動以後，危險性更大。這不僅是因為經驗缺乏，橫的關係過多，亦因有環境方面的困難，難以完全克服。譬如當時在邊疆一帶工作幹部，必須由內地派遣，短時間內，絕無法與地方人民，打成一片，於是人與人的接觸，無形之中，有其限際，等於留下一條線索。又如工作人員，都必有其無法完全避免的社會關係，諸如親友、職業上的同事、房東、鄰居等，他們如有意或無意的，透露任何疑點，即使是一句話，亦可使一個組織被破壞。

因此種種，軍統局的敵後工作單位，幾乎沒有一處未被破壞。而在二十八－九年間，在華北一帶單位，迭遭敵人破壞，牽連甚廣，受害亦甚重。例如二十八年天津區被破壞，立即牽涉到北平區。二十九年，察哈爾站被破壞，立即牽涉到綏遠站，並影響到蒙古偽軍中的潛伏工作人員。同年大同組被破壞，立即牽涉到山西站，及其所屬各組。……

這一段時間，察、綏、晉、冀及平津工作，幾被破壞殆盡，被捕重要幹部，自區長、站長、軍事專員以至組隊長，達數十人，工作人員更多，非死即囚，很少有人能倖免於難。

軍統局工作人員，於八年抗戰時期，在敵後所受苦難，以及意志之堅決，死事之慘烈，足可表現民族氣節，令人低迴不已者，難以殫述，吾人只能略舉若干典型例子：

二十九年夏，山西大同組書記趙維城，因他人牽連被捕。這一案復牽涉及察哈爾站站長，與大同組組長等以次數十人，俱被押解至張家口敵憲兵部審訊。趙維城憤敵殘暴，在獄中高聲痛罵敵人之後，即以頭撞牆壁而慘死。他畢業於山西大學法律系，死時猶未滿三十歲。

與趙維城同時被捕之張存仁等，見他悲壯殉國，無不義憤填膺，迭經刑訊，皆堅不吐實，遂於六月二十六日，全體遇害。（其時張季春繫於同一獄中，目睹其事，為之感嘆不已。）

二十九年八月七日，北平工作人員馮運修，被敵發覺，當偽警察局特高科長袁圭，率敵偽軍警前往搜捕時，他自度不免，乃持雙槍抵抗，斃敵數人，自己亦負重傷，仍不投降。及至彈盡，猶勉強膝行到密室，盡毀所藏電報機與密碼本，然後從容自殺成仁。馮運修被派北平工作，是因其與巨奸齊燮元有戚誼，他運用此種關係，設立電台，並掩護行動，均達成任務。死時尚在大學讀書，據說學績甚優。

二十九年十月，北平工作人員鄭統萬，因多次拒敵誘降而被殺。他在北平盡力掩護「抗團」工作，屢予敵偽以打擊。敵人知他為抗日份子，同時亦知他為巨奸鄭孝胥之孫，希望他投降。他佯允與敵合作，而暗中設法保護「抗團」，殺敵鋤奸，不遺餘力。敵深恨之，卒被殺害。死時高中剛畢業，年僅十九歲。

三十年二月十六日，北平行動組組長麻克敵，被殺於北平西郊。他於二十九年十一月二十九日，隻身擊殺敵「興亞院」高級官員高月保和、乘兼悅郎兩人，使敵大失顏面，因而閉城索捕，有必得之意。一月之後，麻克敵被一無知老婦所出賣，落於敵手。他慨然自承殺敵事，屢受酷刑，未攀供同志，卒被殺害，死時年三十二歲。麻克敵曾任團長，以驍勇善戰著稱。接受戴氏訓練後（參訓班），被派往北平工作，臨行曾作豪語：「此去當身先同志，手刃敵酋，不成功，必成仁。」他是戴氏門生中第一個實踐諾言的人。

三十年六月，上海工作人員繆維、黃克忠，得悉敵軍在虹口公園舉行校閱，乃萬死不顧一生，設法潛入，投擲炸彈，斃敵多人。撤退之時，卒被敵警戒部隊包圍，明知距離甚近，仍不顧一切，再投彈數枚，兩人因而同時成仁。

三十年七月七日，上海工作人員尹光國，殺敵清水少將於上海，本人亦因而死於非命。他是韓國志士，畢業於日本士官學校，當時服務於敵海軍。他偵悉清水到滬，敵陸戰隊司令武田，決定設宴款接，乃設法於酒中置毒，為免敵懷疑，先自取飲，他顯然是抱必死決心，而希望毒斃所有在座敵酋的，可惜死者僅有清水一人！

三十年「九一八」紀念日，廣州行動組長江志強，率工作人員，在市內鬧區，狙擊敵人，並爆破偽機關多處。當其撤退至大新路中段時，被敵憲兵五人包圍。他當時懷中尚藏有炸彈兩枚，知無法脫身，乃決計以死殉國，俟敵近身強行搜查時，暗中掣去彈簧，兩彈併發，遂與敵同歸於盡。

三十年十月，武漢工作人員趙雲卿、李化民、張慶振、閻英才、李振中等十四人，因爆破王家墩飛機場，與敵海軍食堂案，被敵捕獲，刑訊無算，皆不攀供。當其綁赴刑場槍決時，均已血肉模糊，不辨面目，尚猶大呼「國家萬歲」口號，識者從聲音中，得知最前一人為陳金山。他們一部份為軍人，曾任排連營長；另一部份為高中畢業學生；年齡均不過二十餘歲。

同年十一月，山西運城組，自組長張興華以次，全組人員先後被捕，亦共為十四人。經敵刑訊多次，終無一人屈服。十二月一日，被敵慘殺時，亦和趙雲卿等同樣壯烈。

軍統局工作人員，舉家殉國者，以戚森為第一人。他畢業於軍校特訓班，任突擊營長，屢予敵人以打擊。三十一年二月二十一日，在嘉興縣境，被敵包圍，與之力戰，彈盡援絕，乃慨然舉槍先殺死其眷屬，然後自殺成仁。

三十一年，死事之烈，當首推南京區副區長尚振聲，他是因謀制裁汪兆銘，第二次進入陷區工作。事洩被捕後，即決心殉職，所以不僅在被敵刑訊時無供詞，即臨刑之時，亦毫無懼色。是年八月一日，他被綁赴刑場，敵強令他跪，他堅持不肯，並堅持要面向西立，表示他臨死亦不忘政府。他是站立著被敵兵多人亂槍射殺的，殘暴如敵，亦不得不稱之為少見的硬漢。尚振聲死時年三十九歲。

三十二年一月，香港工作人員廖漢炳，因他人牽連，被敵誘捕，禁錮於大觀酒店五樓。他畢業於新聞學院，時任港站書記，敵知他所知工作關係甚多，多方脅迫，他自度難免，乃於是月三日，乘敵不備，自該酒店五樓跳樓自殺成仁。

在八年慘烈抗敵鬥爭中，軍統局工作人員，還有很多女士，其志其烈，亦不讓鬚眉。如陳麗影、何若梅之在上海（前者因協助制裁偽大道市政府秘書長任保安案被捕，後者因營救美空軍史樂根少校而被捕。）；奚漢虹之在常熟（因謀刺陳璧君而被捕）；郝采蓮之在太原；張秀君之在天津；王寶雲之在張家口；成新廉之在武漢；江欽若之在檳榔嶼；（以上均因組織破壞被捕）……被捕之後，均曾受盡敵人折磨。於刑訊之外，敵並因其為弱女子，迫使其家人至獄中勸說。而令人可佩的，是他們都寧為玉碎，絕不投降。其中多數是勝利以後才出獄的。

而鄧靜華之在蘇州，兩度被捕，受盡折磨之後，仍奮勇工作，不肯撤退。他最後仍死於敵手，就義之日，猶當街高唱國歌，行人皆為之掩泣！

從容就義談何容易

八年抗戰，凡敵人所到之處，無一不以天驕自視，而視中國人如奴隸，盡量用殘暴手段，殺人立威，使得人人惴恐，莫必其命。因亦無處不聞呻吟悲痛之聲。在敵人淫威之下，所謂抗日份子，一旦被捕，不受刑辱，是絕對沒有的事。其對於所謂「藍衣社」份子，尤為殘酷。據可信資料記載：軍統局敵後工作人員，被捕之後，有人受過十種以上不同酷刑，內有所謂「嚙刑」（用惡犬圍咬）、「電刑」、「捽刑」與「冰刑」，皆前所未聞。

試舉幾個殘酷例子：軍統局人員王恩甫，被捕以後，敵軍數十人，輪番以所著釘靴反覆踐踏，致使遍體如蜂房，然後被剖腹剜心而死。另一工作人員朱月波，原任教職，年已六十三歲，曾受盡酷刑，出獄之日，所著衣褲，均深陷肉內，無法脫卸，旋即因傷重而死。………又不僅對工作人員如此，對其家屬，亦殘暴絕倫。有一工作人員劉煥棟之妻，被捕時已有身孕，被敵當堂用木棍將其腹中胎兒擊墜，然後以刺刀挑著取樂。………類此情形尚多，言之可痛！

儘管敵人如此瘋狂，而軍統局幹部，仍有很多人被捕之後，堅貞不移，視死如歸，絕不為敵淫威所屈服。這一群人之中，且有很多人，留下鏗鏘有聲，足以表現志節的書簡、詩詞和筆記，使其人其文，並垂不朽。

武漢區區長李果諶（莫斯科中山大學、及日本士官學校畢業）被捕之後，堅持不肯交出工作關係。他從獄中設法傳出致戴氏電，只有四句話：「負責無狀，致嬰禍敗，愧負鈞座，決以死報。」他確未攀供一人。以後奉命深入反間，又曾繪一「松虎圖」獻戴氏，題詞是「如松之勁，如虎之威，歷盡滄桑，飄然來歸，」用以表明他的志節。可惜他在奮鬥中，不幸被混城隊所誤殺！死時年三十九歲。

天津站站長曾澈（上海法學院畢業），於被捕受刑之餘，猶念念不忘職責，他從獄中傳出一柬，大意是「津站請速派員負責。職既入敵手，已抱定決心，準備犧牲。」他的用意是要請戴氏轉知在天津人員，繼續工作，不因他之被捕，而有所顧慮。在此束傳出後數日，他即在天津從容殉職。

前述被敵亂槍射殺的尚振聲（留學美英），被捕之日，即已決心殉國。他所傳出的，是如下一首詞：「烽火遍神州，殘缺金甌，傷亡離亂幾時休？昔日繁華今瓦礫，廬舍為墟。莫負少年頭，壯志當酬，相期共挽此狂流；收拾山河與故國，賴我同儔！」

曾任軍統局要職之吳賡恕（嶺南大學畢業），以奉派制裁汪兆銘、丁默村等叛逆，在南京被捕，誓死不屈。當其與戴靜園同時就義時，猶顧戴而言曰：「君當讀過唐書張巡傳，『男兒死耳，尚復何言？』獨憾未達成任務耳！」

邵明賢（警官學校畢業）亦以謀刺汪兆銘，在南京被捕。遇害前日，致其妻子遺書是：「當此英年，宜當為國盡忠，方不負父母生我育我。」

與邵明賢同時被殺之黃逸光，原為墨西哥華僑（墨西哥師範大學畢業），或許不諳祖國舊詩詞，他在臨刑之前，向敵偽索紙筆，寫下如次幾句感人的話：「可愛的中華！我願為你歌唱，我願為你而死！」寫畢之後，即昂首就義，顏色不改。他死時才二十八歲。

軍統局幹部，有一群人，原是處於可生可死之地，而不肯苟且偷生，甘願以身殉職的。例如察哈爾站站長楊金聲（警官高等學校畢業，時以偽內蒙政府建設部長為掩護），上海行動隊長余延智（黃埔軍校四期畢業，汪兆銘曾親自審訊），天津站站長陳資一（中國大學畢業），天津代區長倪中立（北京大學畢業），直屬軍事專員朱兆豐（日本帝國大學畢業），北平區副區長周世光（湖南大學畢業），上海直屬員李楚琛（中國公學畢業），新加坡站長岑家焯（黃埔軍校二期畢業），湖北站站長廖樹東（黃埔軍校六期畢業，死時任松江訓練班大隊長），……都死於敵人之手。其中除廖樹東，因作戰負傷，不欲以清白之體，受辱於敵，奮勇爬行，投水而死外，餘皆係事洩被捕，亦皆經敵誘勸，不肯投降而死。這一群人，都是能文之士，相信他們必留有可以見志的遺墨。可惜變亂頻仍，無法蒐集！

資料顯示，還有很多幹部，被捕之後，幸而未死，而從他們所留下書柬等看來，他們在當時，都是抱必死決心的。例如山東負責人王志超，迭經刑訊，始終僅寫一字條與敵，只有寥寥數語：「我是黃埔學生，我不能辱沒我的校長，可殺可剮，絕不投降。」安徽站站長蔡慎初，在敵押解途中，仍高唱革命軍歌，置生死於度外。相傳他在獄中亦曾作詩，內有「苦心感情操，礪志托幽篁」數語。上海行動組長劉戈青，備受敵偽威脅利誘，而於獄中傳出短簡是：「誓不以任何條件，換取個人安全。」香港工作人員袁良騶，以六旬高齡，忍受酷刑，誓不屈服。他在獄中所賦一首五言律詩是：「易水空餘憾，成仁待斷頭，丹心為黨國，碧血濺洪流；任教橫毀謗，精忠不自休，鐵窗羈病體，不作洪承疇。」………

此外，戴氏部屬，在抗戰時期，毀家紓難者，亦頗不乏人。且以程紹川、郝亞雄兩人為例：程紹川家本殷實，本人且為美國花旗銀行職員，因熱愛國家，而參加軍統局，在武漢區工作。他曾以私蓄接濟工作經費，又曾因工作而三度被捕，累代所積，被劫殆盡，家道因而中落。他仍繼續為工作盡力，直到勝利。最後並因係軍統局人員，而棄家遠逃，卒無怨言。郝亞雄原為太原殷商，懍於民族大義，特遣其女郝釆蓮至後方受訓，本人亦參加軍統局工作，並以其商店，供敵後工作之用。迨山西站被破壞，郝亞雄父女俱被捕，屢受刑逼，而無供詞。他們亦如程紹川，家產蕩然，始終沒有怨言。……

前舉諸人，皆為大學生、留學生、黃埔學生，都有自己的思想、信仰和人生觀，以及對國家民族的真摯感情，而不是苟且僥幸的無知之輩。惟其如此，他們才為民族氣節，國家興亡，盡其在我，刀鋸鼎鑊無懼，斷體焚身不辭，而立志要做一堂堂正正中國人！

不是灑幾滴眼淚就算盡了紀念能事

軍統局幹部之前仆後繼，壯烈犧牲，實足可與辛亥革命先烈媲美。所不幸的是他們隸屬於一個情報機關，不僅死難事蹟，不能公開宣揚，連姓氏都要保守秘密。無怪戴氏一提到他的死難同志，就不禁感慨萬千，悲從中來。

在一次規模頗大的紀念會中戴氏手捧著死難人員照片冊，淚流滿面的講過如下幾句傷心話：「這冊上都是我們這個家庭的好子弟，他們有高尚人格，有卓越能力，亦有無限前途。可是，今天都已為國犧牲。」他當時非常激動，語不成聲，停過片刻，才哽哽咽咽地說：「為了工作理由，他們壯烈成仁，不僅不能和別人一樣，循例旌表，連照片都不能掛出來，這是何等可悲的事！………」

吾人在研究戴氏性格時，多次提到他很重情感道義，對人有一種愛心，特別是對於和他曾共患難的同志。他知道他的成就，是別人頸血換來，他雖未殺伯仁，伯仁因他而死。所以又說：「死難先烈，都是我們同志，我們以他們為榮。他們家庭，就是我們的家庭。」他告訴他的部屬：「舉行祭典，不是灑幾滴眼淚，就算盡了紀念能事，還一定要踏著先烈血路前進。」同時，對於遺族「一定要盡到扶養的義務。」，並說：「今後無論本局經濟如何困難，對死難同志家屬的接濟，一定要竭盡我們最大的努力。」

在戴氏生前，他對軍統局眾多死難人員遺族，確曾盡其應盡之責。他規定：死者薪俸，必須按時寄送其家屬；白髮黃口，無人照顧的，要接到安全地方，予以安置；軍統局所辦學校，要無條件的先收容遺族子女，並維持其生活；遺族子弟之優秀者，要扶助其升學，至大學畢業為止。此外，他還默默地籌措一筆數目可觀的撫卹金，準備復員以後，給予死者家屬，使免於凍餒，而讓許多烈士，在九泉之下，可以瞑目。可惜他自己不久亦殉國，顯然沒有達到他的心願！

民國三十五年四月一日中央通訊社發表之軍事委員會調查統計局一般工作成果曾經各報披露

礦廠破壞	二一〇七（次）
突擊	五八五（次）
制裁敵僞首要	五一五（次）
敵僞人員死亡	一七八七三（人）
擊傷	四九一六（人）
俘獲	五六六（人）
毀敵機車	四九二（輛）
毀敵車箱	一六二七（節）
毀敵汽車	四七七（輛）
毀敵彈藥	二〇三二〇（箱）
毀敵橋樑	二五〇（座）
毀敵路軌	一六五八（公尺）
獲毒瓦斯原料	五〇五一（箱）
電機	一七九七（部）
電線	二六七五（公尺）
機器	十五（部）
砲台碉堡	五一（座）
獲馬步機槍	二三一八（枝梃）
砲	三十三（門）
船艦	四四二（艘）
飛機	七一（架）
獲彈藥	四八二〇九（箱）
電桿	一三六一（根）
獲軍毯軍衣	五五五一（件）
炸毀兵營	一五七八（間）
獲軍糧	八一四六二（擔）

四十五、從國家形勢看戴笠事業

要看一個政治人物志業，須看他的施政及作為，是否符合國家利益。這又必須先瞭解當時客觀形勢，及利益之所在。民國二十至三十四年，內而統一，革新政治，外而抗敵，爭取獨立，國家最高利益，無逾於此者。戴笠之所施為，雖至繁雜，亦有若干地方，近似矯激凌厲，予人以不便，而其心無私，凡所以為國家。故看他志業，須從這一方面著眼。

抗戰前後的國家形勢

中國國民黨所領導的國民革命，以國家統一為職志，有統一國家，才能抵禦外侮，才可以言復興。

民國十七年，國民革命軍底定幽燕。同年十二月，東北易幟。多年分崩離析之局，至此始告一結束。這時國內只有一個政府，行使最高權力，當可說是國家已然統一。但如何面對實際，而不粉飾自欺，就必得承認這只是使國家踏上統一之路，或說統一之開始，而非完成。

一般將北伐以後，抗戰以前這一段時間，稱為安內時期。已然統一，還須安內，就因客觀實際上，還存在著很多障礙，很大阻力，隨時可以破壞統一。吾人不欲多舉實例，只看北伐以後，帝國主義者，到處製造紛擾，乃至公然出兵至我國；很多武人，擁兵自專，叛服無常；各種黨派，翻雲覆雨，爭權攘利；共產黨陰謀顛覆，稱兵作亂；就可概見阻礙之多且大。

不寧唯是，在國民黨內，亦並非沒有問題存在。例如民國十八年，三屆全會舉行時，黨內情形，就顯得很複雜，所以全會決議，在十八處地方黨部中，就有十五處有歧見，乃至公然反對。

十八年以後，層出不窮的變亂，幾乎無一不有黨人參與，或假黨之名，行叛亂之實。後來且有黨人背叛政府，靦顏事敵。

這些情形，足以說明當時不僅有國外敵人，亦有國內敵人。又不僅國內有很多敵人，反對革命，在革命陣營之內，亦有敵人存在。在一種蜩螗沸羹局面中，有時且難以分清敵我界限。

從此可以知道，國民黨何以要將第二期革命重點，放在安內方面的原因。

再略說抗戰以後一般情勢：所謂全面抗戰，顧名思義，應是全體國民，在統一領導下，各盡其力，一致對敵作戰，任何人都不能逃避責任，猶疑卻顧，更不可妨礙抗戰。這就必須先有充分準備。可是，國家由分裂、混亂，而有一表面的清平，為時甚暫。種種歷史因素，種種因果關係，所造成之弊害，並未完全掃除。人民並無充分組織，國家亦無充分準備，一旦遭遇強敵，發生前所未有之大戰爭，許多問題，便隨之發生。如果許多問題，不能適時解決，就必定影響抗戰。略舉其顯著者如次：

國家積弱已久，猝遇大敵，有很多人在心理上全無準備，亦有更多的人毫無信心。故敵人所到之處，無處不有投敵份子，敵人未到之處，亦無處不有奸諜活動。其中且有人喪心病狂，出賣政府機密。此其一。

中共參加抗戰，包藏禍心，他們自己曾經公開畫供，不須再說。問題是他們因參加抗戰，得由非法擾亂，變為「合法」擴張，活動範圍加廣，滲透力亦加強，使政府不得不防，而又防不勝防。此其二。

軍隊因戰場廣闊，而急遽膨脹：數量之多，品類之雜，皆前所未有。持本位利益觀念，乘機擴張實力者有之。陽奉陰違，縱寇養敵，以圖保存實力者亦有之。如何維持必要風紀，貫徹統帥命令？便成為一重大問題。此其三。

戰火延燒至二十餘省，數以億萬計的難民，湧向後方，社會秩序，受到嚴重考驗。更加兵員往來，補給運輸，絡繹於途，造成各種擁塞狀態。雖然戰爭勝負，決定於前線，而最重要的，要有一安定而穩固的後方。維護大後方安定，在長期抗戰意義上，比之前線一地一城之得失，更加十百倍重要。很顯然地，前線偶爾失利，尚賴有後方補給支援，以圖規復。如後方動盪不安，則根本不可言戰。此其四。

抗戰正面是光明的，沒有人敢於冒天下之大不韙，說不應參加抗戰行列，盡其國民天職。而在側面或反面，卻隱藏著許多垢污，許多罪惡，足以妨害抗戰。譬如不肖官吏，貪贓枉法，侵盜國家資財；軍人包庇惡徒，武裝走私；奸商操縱物價，擾亂金融；各種特權階級，把持公務，營私舞弊。……在有形無形之間，皆可喪失民心，腐蝕政府，削弱抗戰力量。此其五。

只舉這幾個例子，可知當時抗戰，不僅是在前線，亦不僅是軍事戰，而是多方面都需要應戰，並且需要嚴密，不容有一缺口。譬如偽組織，明知其為敵人所卵翼，只要擊敗敵人，必定隨之瓦解。可是，如無視偽組織之存在，在整體作戰中，便無異於留下一個缺口，而有助於敵人之統治。當敵人「三月亡華」誇言，被我粉碎以後，他們策略，是要「以華制華」，進而「以戰養戰」，偽組織是他們用以實現其策略的主要工具。淪陷時間過久，政府力量又達不到陷區，陷區人心，就會逐漸由失望、冷漠而趨於痲痺；漢奸就會更加傾心於敵人；他們「以戰養戰」的陰謀，就有得逞可能。

總之，自北伐以至抗戰結束，二十年間，國家所面臨的是大變局，循環不息的動亂，為前所未有。政府必須盡其所能，負起扶危定傾，救亡圖存的責任。而錯綜複雜的鬥爭，往往非軍事政治力量之所能及。這種時候，就必須別有一種特殊力量，參與鬥爭，奇正互相為用，以應非常之變。於是特種工作，便應運而生。若要重振革命，這種工作，更不可少。

一個有待判別的概念問題

戴氏生前，自詡為革命信徒，一直將他所做的事，稱為「革命的特種工作」。他曾豪爽地說：「今天不講革命與革命的特種工作，就一切不必說。要講革命，要以特種工作，來促成革命之實現，老實說：除了我們，更無旁人。」

可是，若干人士，則以為他只不過是一個出色的「特務頭子」。實際上，還有一些自命清高的人，一提到特務，在其潛意識裡，就有一種輕蔑、鄙視與厭惡之感。等而下之者，則直目的之為偵探包打聽。

不論中國在北伐之後，是否還須繼續革命，亦不論革命是否需要特種工作，有一事似可肯定，即國家度過二十年危難，達成統一與勝利兩大任務，是由國民黨所領導的，而戴氏工作，則與國民黨血肉相連，有助於統治。

自民國二十年起，就有一群黃埔學生、大學生、留學生及在戴氏領導下，不計名利，埋頭苦幹，為國家利益而奮鬥。抗戰以後，更有數以萬計的愛國青年，奮鬥於各種險惡環境中，為國家而不辭犧牲。皆是事實。

然則何以社會上還有人以有色眼光看戴氏，以及他的工作？依吾人推想：除政治上與個別私人利害關係外，多數人很可能是為一種「名言」所誤。

人類頭腦最發達部份，可能就是一種觸類而生的聯想作用。當有人聽到特務兩字時，可能立刻聯想到「桀卡」（Cheka）、「格別烏」（G. P. U.）、政治警察（O.V.P.A.）、或「蓋台普」（Gestapo）等西方的特務組織，並從而聯想到這類組織，無法無天，在他們國度裡所造成的社會恐怖情形。

讀過線裝書的人，又可能聯想到明代的「廠衛」，在當時社會上「如乳虎，如烈啖，稍不如意，即被夷滅。」這種恐怖情形，當然令人憎恨。

一般沒有知識的人，又以為特務就是偵探、保鑣、包打聽之別名。這一類受雇於個人或團體，為私人利益而服務的人，在社會上所習見的，十有八九，原非善類。因而又直覺地以為既同是特務，就必是一丘之貉。

還有一層，是中國確曾有由西方直接移植而來的特務，用他們方法和手段，不僅可使人生畏，且可使社會陷於窒息狀態。這就是民國十六年，由國際共產組織所派之皮托夫，在華組成的「赤卡」。這是名副其實的西方式的特務，卻與國民黨毫不相干。

吾人對於任何不同觀點，不擬置評。只是覺得作一種邏輯上推理，如不顧事實，完全依於間接經驗，就已知部份，而推斷未知之全部，是難免不導致概念上之錯誤的。

如眾所知，今日的世界各國，幾無一國，沒有不基於國家安全理由，而設置情報機關的。即如美國的聯邦調查局，亦可名之曰特務機關。這種組織，當然可以為善，亦可以為惡。但有一點，可以肯定，如不是在極權國家，賦予超法律的權力，要變成一種暴力，危害社會，是不可能的。

明代的「東廠、西廠」，很顯然是沒落的專制政體下，一種變態產物，純以擴張少數人特權為出發點，不能說是政治組織，只能說是一種很突出的惡勢力。

不管當時與現在的人，對特種工作觀感如何，必得承認軍統局為政府機關，並為國家統一與抗戰目的，流過大量血汗。如無視此一事實，無視其合法性，則等於懷疑當時政府是一種極權統治，否則便不會容許特務組織存在。如不分清楚軍統局與一般特務不同之處，將其工作，與下流社會之偵探包打聽相比擬，則對許多忠義死節的愛國之士，不啻是一種侮辱。

戴笠自己觀點

戴氏生前，曾多次闡釋特種工作性質、使命與其工作態度。雖是對其部屬所講述，意在期勉，有些地方，不免陳義過高；亦可窺見他所領導的特種工作，和一般特務工作，有顯著不同之處。他說：

「當『九一八』事變發生後，領袖深深覺得我們革命的高潮，有漸趨沒落的危險，非加強新的力量不可，於是有民族復興運動的產生。我們就是這個運動當中的一部門，亦即是大家都知道的特務處。」

「我們這個團體，絕不是採取俄國『格別烏』、德國『吉士塔坡』的特工方式來統制的。因為中國有中國的歷史文化，中國人有中國人的傳統精神。中國人傳統精神是什麼？就是總理提倡的『忠孝仁愛信義和平』，領袖提倡的『禮義廉恥』。我們團體，就是本著這種精神作出發點，以黨國利益，為唯一前提。」

「領袖昭示我們：『革命的成功，要靠特種工作之人員能做革命的靈魂，國家的保姆。』又說：『特種工作人員要成功，全靠有非常的德性和精神。』」

「我們的立場，除了我們自己之外，只有兩種人，一種是我們同志，一種是我們敵人——革命者是我們同志；不革命的、反革命的，都是我們的敵人。」

「一般人都說我們是做特務，我們自己則承認我們做的是特種工作。究竟中國特種工作的使命、任務如何？……世界各國的特務工作，歸納起來，大概不外有兩種意義和目的：一種是為鞏固本國的國防，可以說是對外的；一種是鞏固本身的政權，可以說是對內的。在中國當然也不能例外。但我們卻不是這樣簡單，因為其他國家，只有單純的防備外人侵犯，至多在國防上需要這種工作。至於在國內，自己把自己國家敗壞亡掉，是沒有的。而我們則不然，一方面要以這種工作，來鞏固革命政權，促成國內的統一，與一切反革命勢力相互搏鬥；一方面還要拿這個工作，來整頓這個破敗的國家，和侵略我們的帝國主義者賭輸贏。中國特種工作，就是在這種時代使命和革命任務之下產生的。……正人非先正己，救國非先自救不可。我們中國的特種工作，與世界各國最不同的地方，就是中國特種工作人員，要以恢復忠孝仁愛信義和平的固有道德，復興中華民族，建設三民主義新中國為職志。我們的精神、生活、言論、行動，乃至待人接物，處處都要合乎革命的要求，合乎固有道德。」

「特種工作在革命運動中，是最重要的一環，也可說是處於革命的最前線。從事這種工作的人，原來就犧牲自己，拯救他人，為最大多數人謀最大幸福，一定要有始終如一，至死不變的認識與決心，然後才能擔當這種艱鉅的任務。」

「我們知道中國革命的目的，是為實現三民主義，對內剷除軍閥、貪官、污吏、土豪、劣紳，以及一切反革命勢力，修明政治；對外打倒帝國主義，求得國家獨立與自由平等。……我們個人無政治主張，一切唯有以領袖意志為意志，埋頭去做，為領袖運用到革命上去。」

「什麼叫特種工作？特種工作就是人之所不能為者我能為，人之所不屑為者我屑為，人之所不願為者我願為，人之所不敢為者我敢為。……但我要告訴我們同志，我們的生活、言論、行動，一點不能馬虎隨便。要知參加革命，是入禮之門，行義之路，絕對不可亂來。」

「我們工作之神聖任務，是效忠領袖，鞏固革命基礎，使三民主義的革命政權，能為全國人民所接受。」

「我們的工作，是要為社會、為國家，興利除弊，除暴安良。越是革命者，越要講道理。……我們對事一定要做到盡心竭力，對人一定要做到仁至義盡。」

當提到外間對軍統局不能諒解時，他並反問：「我們努力殺敵鋤奸，鎮壓反動，安定社會，鞏固抗戰，是不是迫切的需要？……」

不過，即使他感覺若干批評之欠公平，亦不公開申辯。只有三十四年四月他在重慶招待中美合作所人員時，講過如下一段話：「……我非希姆萊，亦非蓋達，而是服從　蔣委員長，尊重國家法制與三民主義民主法治精神之戴笠。」他在席間，並告訴美國友人：「中國人有自己的政治思想與信仰，亦有自己作人作事道理，絕不盲目模仿別人。」

前面幾段話，顯示戴氏確信他所擔任的特種工作，不僅是革命工作，而且是「革命的靈魂」，目的是要促進革命之復興。

中國革命運動，發展到民國二十年前後，是否需要以特種工作，作為「革命的靈魂？」特種工作，是否如戴氏所說：「在革命運動中，是最重要的一環？」戴氏是否盡其作「靈魂」之責？……這類問題，吾人不擬深論，因為這將涉及各別不同的瞭解程度，從而涉及價值觀念，並且必然是要因立場不同，而賦以正負不同之價值的。很顯然地，對於戴氏所領導的工作，只見其利，或只見其害的人，評價將大不相同。

不過，任何一種公正的評判，都必須先求瞭解當時環境與歷史背景，其所依據的，是客觀事實，而不是流俗之好惡。

就戴氏而言：他因軍統局而成名，亦因軍統局而招怨叢謗。而在事實上，軍統局並非由他所創立，其所負任務，亦不是他所能決定的。民國二十一年，成立軍委會，同時設立軍統局，是由國民黨中央所決定。二十七年，軍統局改組以前，別有負責人，他只不過是其中之一幹部而已。改組以後，一分為二，另設中統局，直隸黨中央，兩個機構業務，頗有相同之處。這顯示當時的國民黨中央，認定這種工作，有其必要。從這一歷史背景，可以確認戴氏所領導的是國民黨的革命工作之一部份。即或說特種工作是一種政治工具，亦應當是國民黨的工具。因此，他是一切行為，不論功過，有應由他負責地方，亦有應由國民黨負責地方。

戴氏生前，毀謗他的人，是來自各方面的，有敵人中敵人，亦有朋友中敵人。吾人覺得：如國民黨的各種敵人，憎恨戴笠，斥為「國特」，污陷醜詆，將他形容為一大壞人，是不足為異的。若是若干依存國民黨，與共休戚，或非仗國民黨之勢，不能出頭的人，亦嘲笑訕謗，以罵特務為清高，則可謂「快感錯倒」，是一種反常現象。若是國民黨人，亦致怨於戴氏，則直可說是敵我不分。一個國家，不講政治革命則已；如果標榜革命，就必定因有利害衝突，而形成人與人間之對立，因亦必須要分清敵我。讀過世界革命史的人，都知道有許多革命，就是因敵我不分，而終歸失敗的。

吾人要提出一個概念問題，並略加分析，不是因有某種主觀成見，而是為求瞭解軍統局這一組織的性質，及其與中國革命的關係，從而判明戴氏之立場，這是研究戴氏歷史所必須知道的。質言之，如戴氏工作，與中國革命毫無關係，則他只不過是政府所僱用之一出色的情報人員。如其非是，則不但應當承認他是一個革命家，亦當承認他個人歷史，為國民黨革命歷史之一部份。

四十六、勝利時睿智而果敢的應變才能

我國苦戰八年之後，敵人突然宣佈投降，可說是一新的變局。長江中游以下、黃河南北、全部沿海地帶，除去敵軍，遍地皆是偽組織、偽軍、中共武裝勢力和土匪。如何控制廣大陷區，維持必要秩序，以利復員？為當時最大問題，亦最難解決問題。戴笠在當時，可稱是一關鍵人物，他的作為，充分表現出他勇於任責，及其睿智的應變才能。

勝利當時的複雜問題

民國三十四年八月六日及九日，美軍在廣島與長崎，先後投下原子彈，使敵不得不向事實低頭，於十日通過瑞士，表示接受波茨坦宣言。十四日，正式宣佈無條件投降。十五日，盟軍接受其投降。同日，日本天皇昭和發表停戰「詔書」。戰爭至此正式結束。

在此以前，國內外瞭解世局情勢的人，都料定敵人最後除投降外，別無可走之路。惟沒有人料到如此之速。甚至美國亦大感意外。因為當時日本尚有七百萬以上軍事成員，並聲言要在其本土決戰。如果敵人以防守琉球決心防衛其本土，則美國尚不知要犧牲多少生命？他們不顧一切後果，促使蘇俄出兵，就因其對日本估計過高。

戴氏素以善於料敵著稱，亦是當時最瞭解世界局勢的人，他亦顯然未料到敵人會在八月以前投降。所以他當時仍在前線佈置，準備截斷京滬、津浦、浙贛等路及長江方面的敵軍重要運輸路線，並乘其撤退時，予以重大打擊。

日本敵寇無條件投降，對八年苦戰的中國來說，當是一大喜訊，沒有一件事，比一場大規模的民族戰爭之勝利結束，更為令人興奮的。

但是，對於我國政府，亦是一重大考驗。這不僅是因為淪陷地區太廣，偽軍太多。亦不僅是因為中共已藉抗戰機會而坐大，正加強其顛覆活動。還有更要緊的，是伴隨抗戰而來的各種問題，亂如棼絲，政府中人，沒有人曾經過這樣大的戰爭，有充分的復員經驗。而一次大戰爭之復員，是非常重要，可以影響國家前途的。

在敵人戰敗已可逆睹，而尚猶未投降之前，整個淪陷地區，已實際存在兩個非常明顯而可慮的問題：

第一自然是中共問題。早在二十八年，張國燾歸誠時，已透露中共若干企圖。二十九年，中共另一重要幹部李某投降，又帶來若干中共機要文件，其中之一，明白載有所謂「長期計劃三階段」。其第三階段之重要部份，就是要在敵人戰敗時，阻止破壞政府的復員。其在中原，是要「穿入華中，建立基地，並割斷中央軍之交通」。例如他們從西北抽調勁旅王震部，由山西踏冰渡河，竄擾湘鄂贛邊區，就是為實現其計劃。

在三十三年－三十四年間，軍統局已偵悉中共正加強其在大城市活動，暗中進行組織城市「解放委員會」，包括京滬等地在內。其武裝組織，亦逐漸向大城市潛移，等待敵人撤退機會。敵人宣佈投降時，中共命令其所屬：「立即接受日軍與偽軍投降，並盡力佔據任何城市與交通中心。」目的是要乘國軍尚未到達陷區城市之先，造成既成事實，阻止政府復員。同時，搜括城市財物，奪取敵人武器，以充實叛亂資本。故當時陷區各大城市，皆有中共代表，向敵軍與偽軍接洽，脅迫他們與之合作。

第二：自然是偽軍問題。吾人前已指出，當時策動偽軍歸順，是在一種矛盾情勢下進行——若干人士，堅持他們「名教」觀念？不許和偽軍聯絡，更不允給予任何名義。而事實上，偽軍如此之多，如不策動，又必然要被敵人或中共所利用，為政府增加困擾。據說戴氏當時策動偽軍，並進而加以控制，除報告軍委會外，在後方亦必須嚴守秘密，以防「衛道」人士作梗。

軍統局能策動大部份偽軍，除仰仗　蔣中正威望之外，所憑藉的，就是戴氏個人信譽。他在抗戰時期的表現，使他名震一時，很多偽軍頭目，認定他是喑嗚叱吒，千人皆靡的英雄人物，對他具有相當信心（這一點，從許多偽方人員談話，可得到證明。）。但軍統局並未能為偽軍解決問題，更未予偽軍以確實保障。

敵既投降，偽軍已到途窮時候，他們希望洗脫漢奸罪名，更希望予以出路。儘管若干人士高喊「漢賊不兩立」。而他們都自覺組織偽軍，是環境所迫，出於不得已，並無危害國家之意。如果政府無明白表示，他們可投中共，亦可能潰散，淪為土匪。有為數百萬以上的土匪，到處流竄，就必定會影響政府復員，而增加人民痛苦。

另外一個問題，可能是出於很多官員意料之外，但又相當嚴重的事。遠在重慶的各衙門，或許從未想到戰俘的題。在想像中，昭和已宣佈投降，一切皆可責成敵軍司令部負責處理，只須一紙命令，便可高枕無憂。殊不知在昭和宣佈投降時，敵軍的心理狀態，是極不平衡的。日本人原本就是心胸不寬的，更加上他們的教育方式，使他們有一種莫明其妙的自大狂心態，尤其是軍人。他們不承認自己是戰敗者，甚至寧願戰死，而不願披投降之名。

因此，在各地敵軍，大都潛在著一種反抗意識，特別是少壯軍人。他們暗中所有醞釀，都是對我不利的。例如當時在武漢，就有人主張：「集中華中所有軍力，作一次大決戰後，再決定應否投降。」一在其他地區，「拖槍上山下海，自謀生路」的醞釀，亦很普遍。若干過激份子，並有在上海等重要城市，作一次大焚掠後，再拖槍打游擊之說。

又不但敵軍少壯派言動偏激，若干敵軍高級將領，亦有人反對投降。例如敵「派遣軍」總司令岡村寧次，就曾於八月十二日兩度密電東京，內有「幾百萬陸軍，未行決戰，即告投降，如此恥辱，在世界戰史上尚無前例。……向中國軍無條件投降，無論如何，不能服從」等語。

當時的陷區，可說到處都是火藥。如敵軍與偽軍合流，供給械彈，同時蜂起，就可成燎原之勢。不幸如此，即殺岡村寧次，又何補於事？

前舉幾個重大問題，都有其關聯性。很顯然地，因為中共存在，日本軍人，才有拖槍打游擊念頭；偽軍才另有一條可走之路，而有「蔣家不要毛家要」的謠言。故三個問題之中，又以中共問題，為最可慮。

國家面臨這一新的變局，吾人不知究竟應由誰來負責解決問題，亦不知「廊廟」之上，有何定策。惟依常識判斷，是不當由戴氏負責的，因為在政府中，尚有很多顯官，高高在上，戴氏只不過職司情報的小官而已。而在實際上，暗中策劃，並肩負此一艱鉅任務的，竟然是戴氏。這是出人意料之外的。但許多可以考信的資料，不僅能證明其為事實，且能證明惟他具有條件，別人是無從為力的。

應變才能與方法

在適應一個新變局中，戴氏之所表現的才能、魄力與熱忱，是足以令人驚訝的！在其佈置方面，亦可說是他的力量之展示。

三十四年八月十日，戴氏與梅樂斯將軍，正在浙江昌化、於潛一帶，策劃一次新的奇襲－大舉截斷敵人運輸路線，策應我軍與盟軍反攻。突然之間，聽到敵人有投降消息。當時由浙江前線至重慶的交通，非常不便。他既離開指揮中心，又有很多問題，必須請示上級，才能決定，面臨這一變局，自不免有許多困難。

但是，他握有一項人所未有的利器－靈活而周密的電訊網，無論他在何處，都可通過電台，指揮全面工作。他對於敵人一旦撤退，如何應變，雖未必有何腹案，但對於淪陷地區各種情形，他卻比別人知道更多，洞見利害。所以他雖不在重慶，仍能從容籌畫，指揮若定。

戴氏當時所作重要決策是：加強控制偽軍與偽組織、運用各種力量，維持地方治安、嚴防中共破壞、保護交通要道、安撫戰俘、協助國軍接管。這幾項工作，都是針對前述幾個問題，所應採取對策。

大約在敵人宣佈投降，已經確定時，戴氏即電令軍統局：「速根據既定方案，就本局歷年所策動偽軍一百二十五部中之實力較大者，呈請委座給予先遣軍名義。其次，則給予縱隊或支隊名義。」軍委會採納他的建議，凡經策動有案，實力在五千人以上者，均由軍委會權宜給予番號。五千人以下者，亦得視情形，准由軍統局或就近軍事機關酌給名義。其中有九十七股，並循戴氏之請，賦予維持當地秩序責任「以防共軍之滋擾。」，除周佛海被派為京滬行動總指揮外，餘如南京任援道、徐淮郝鵬舉、武漢葉蓬、北平門致中、開封龐炳勛、泰州孫良誠、歸綏李守信、商邱張嵐峰、蚌埠吳化文、濰縣厲文禮、舞陽關震亞、新鄉孫殿英、永年楊法賢、汾陽趙瑞、上黨趙維藩、許昌李雨霖、彰德李英等股，平均兵力在兩萬人以上，均給予暫編某路先遣軍司令名義。其餘九十餘股，亦分別給予暫編軍、師、縱隊、支隊等名義。

吾人前曾指出：偽軍雖是在敵人卵翼之下所成長，並非全是死心塌地為敵效命的，因而敵亦早有戒心，從不予以大量武器之補充。故一般偽軍，均缺乏彈藥。為使其有戰鬥能力，足以抗拒中共，戴氏特呈請軍委會，特准已予名義偽軍：「就近商請敵軍，酌撥子彈，交與中央委任之部隊使用。」這是一項大膽嘗試。但亦因其自信能確實掌握。

與此同時，戴氏又復分電各偽軍頭目，諄諄勸勉，要他們善自乘機贖罪，努力立功，達成政府所賦予任務。於是凡軍統局所策動偽軍，皆拒絕中共脅誘，並掉轉槍口，以對付中共。

戴氏力主給予偽軍名義，顯然是因在一特殊情勢下，需要權宜處置。他在當時，曾嚴令各地負責策反之員，絕對不許充任偽軍首長，或在偽軍中負任何名義，可見其心無它。一個謀國的人若不知通權達變，但知剛愎自用，未有不誤國的。

或許有人以為國家擁有幾百萬大軍，又何愁小醜跳樑？而經驗告訴世人，一場大火災，往往就是由星星之火所引發，而在遠水難濟近火情況下，被燒得焦頭爛額的。如以當時國軍與偽軍比，誠然是微不足道。惟須知道當時國軍，大部份均遠在西南與西北，以最速方法行動，亦需相當時間。如新六軍空運南京，是在九月五日以後；第四方面軍空運上海，亦在六日以後；第十集團軍沿漢宜路急馳武漢，七日以後；始陸續到達。東南地區如此，華北更不須說。在這平均約一個月以上的空虛時間，以陷區情形之複雜，無事不可以發生，不權宜處置，又將如何？

在綏撫戰俘方面，戴氏亦曾盡其心力之所及。惟在政府方面，　蔣中正以外，知者似乎不多。且先舉一故事：三十四年八月十日，戴氏得知敵投降消息後，立即派其幹劉方雄馳赴南京，與敵「派遣軍」總司令岡村寧次約：「在我軍未接管前，在京、滬、杭等重要城市日軍，如縱容中共進入，或以武器交與中共，中國政府，將視彼為第一戰犯，盡法懲治。反之，我政府將予以優待，並使其安全返國。」這不但使岡村在心理上得到安定，亦使其有所準備，是一件很要緊的事。

早在二十八年，劉方雄被派在香港工作，由於任務關係，得以結識當時日本陸軍省派駐香港代表今井武夫，經戴氏授意，與之交往，情感日增。今井後調敵軍總部參謀官，繼升副參謀長，劉方雄轉介曾政忠與之保持聯絡，未曾中斷。迨他到南京，今井始知他是戴氏幹部。他通過今井關係，得與岡村晤談。今井又特為解釋，戴氏為一可以信賴之人，彼既負責保證，就不須猶疑。於是岡村乃嚴令所屬堅拒中共要脅，不得以防區與武器，給予中共。

政府以後給予岡村以「遺俘聯絡官」名義，據說亦是出於戴氏之建議。

這一段公案，在當時為一秘密。直到翌年審訊戰俘時，始由岡村親口說出。他並指陳戴氏所約諸事，他已忠實執行，其經過情形，如何如何。法庭認為可以採信，乃據以宣判無罪開釋。

為求安定戰俘，免其滋生事端，軍統局所作的事，不止一端。當戰俘中過激份子，醞釀反抗，並到處出現酗酒、自殺與犯上情事時，戴氏要求他在前方幹部，力持冷靜態度，並嚴肅而婉和的勸告戰俘：「……此次日本之戰敗，係由日本發動盧溝橋事變與太平洋事變所造成，其責任，應由日本自負。中國是為抵抗侵略，不得已而應戰。且中國明是為求世界和平而戰，絕非好戰者。今後為求得東亞和平與世界和平之實現與保障，中日兩國，正應不計前怨，相親相敬，與世界民主國家，真誠合作，此乃正當努力途徑。惟有如此，則此次戰爭慘痛之教訓，方有代價，兩國前途，實利賴之。」為此，軍統局若干單位，特將所獲俘虜，提早釋放，助其歸隊，以便於傳達此類忠告。

戴氏同時嚴戒所屬，對於戰俘，絕不許存報仇心理。在可能範圍內，當予以協助。對於敵方商民婦孺，必須供應糧食薪炭，予以照顧。後者頗為敵方所稱道。

自敵投降，以迄政府還都，這一段時間，可慮之事甚多。幸而沒有發生重大事故，當是由於很多人之努力而來，絕非一人之功。即如安撫戰俘，就賴有日軍中級以上軍官，臨事鎮定，盡力約束，所以雖有部分少壯軍人意圖滋事，而終於難以得逞，否則岡村亦無能為力，又何論戴氏？不過，在適應此一新變局中，戴氏之勇於任責，建樹獨多，應為不爭之事實。

與中共競走

三十四年八月十日起，在淪陷地區的中共組織，便積極展開活動，主要是爭取敵偽軍向他們投降，幾乎所有大城市，都有中共代表出現。在上海，中共代表章克，要求敵軍「登部隊」（敵十三軍團）交出防區，許以很多優待條件。在武漢，中共代表蘇海山，要求敵軍「圓部隊」（敵六方面軍）

向他們投降，否則攜帶武器，到大別山區去入夥。在其他大城市，如南京、北平，……皆有類似活動。在山西之中共，且早已揚言：「一夜即可克復太原。」顯然他們早已有所企圖－在敵人撤退時，迅速佔據各大城市。

對於偽軍，中共更易於施展其詐術，他們可以不擇手段，委派偽軍任何名義，而不必計較邪正之分。

八月十五日以後，各地敵軍，事實上，已呈現靜止狀態，警戒線亦縮小範圍，抱著人不犯我，我不犯人態度。中共武裝組織，便乘虛而入。他處不論，只說長江下游一帶，宣城突被中共「新四軍」佔領；蕪湖被圍；六合告急；南京亦岌岌可危。在蘇北共軍，大部撲向京滬杭區，其「三五支隊」，且迫近上海。……

在這種遠水難濟近火情勢下，有人預料有若干城市，可能落於中共之手，至少幾條重要交通路線，將被截斷。

「敵寇不除，是吾人之恥。如京滬克復，非本軍之衝鋒陷陣，首先衝入，即吾人之失職。」這是戴氏在敵人投降以前不久，書勉忠義救國軍之一段話。他是否因已感覺到局勢將有變化而希望如此，不得而知。惟一旦局勢有變，中共絕不會放過掠奪京滬機會，他是早已料到的。

八月十六日，戴氏再度要求進軍京滬，已不是希望，而是嚴格命令。進軍且不限於京滬兩地，他要求所有軍統局武裝組織，一律動員，分向就近城市進軍。並且要以最高速度，達到目標地區，原因是中共正圖搶先進入各大城市，已形成競走之勢。

八月十一日起，戴氏即命所屬緊急集中待命。他的分途挺進計劃，旋奉軍委會「未巧侍」電核准，立即行動。所指定的任務，大體是確實掌握偽軍，盡力安撫戰俘，維持治安，保護交通。更要緊的，是防止中共破壞性的活動。這皆是針對當時實況而策定的。以次，是當時部署的概況：

京滬方面：

（一）派忠義救國軍溫台區指揮官郭履洲，率領所部及海上行動總隊與中美所第八班之三個教導營，進佔崇明、浦東，扼守上海前門。這支部隊，在第三方面軍到達後，即改為護路司令部，擔任京滬、滬杭兩線護路工作。

（二）派忠義救國軍淞滬區指揮官阮清源，率領所部，由太湖沿岸，挺進至吳淞一帶，在各要地設防，以固上海側背。

（三）派中美所參謀長李崇詩，率部推進至上海市區，協助維護市郊治安。這支部隊，純由中美所第一及第八班學生所編組而成。

（四）派軍統局京滬行動總隊，並配屬忠義救國軍之一部，挺進至南京近郊，以監視中共活動。

浙江方面：

（一）派忠義救國軍杭鄞區指揮官鮑步超，率部推進至杭州近郊設防。

（二）派中美所第七訓練班副主任林超，率該班各教導營，經淳安推進至滬杭線，相機支援上海。

（三）派忠義救國軍第一第二兩縱隊，沿天目山區要地設防，監視浙西一帶中共，並相機支援杭州。

（四）派忠義救國軍第三縱隊，向滬杭線挺進，準備必要時，再推進至上海市郊。同時，以滬杭行動總隊，負維護交通之責。

福建方面：

派中美所第六訓練班副主任陳達元，率領該班各教導營，推進至漳廈地區，負責維持廈門一帶治安。

華中地方：

（一）派軍統局湘鄂贛區區長唐新，以軍事特派員名義，率領該區行動總隊，及中美所第二技訓班學生，由修水挺進至武漢，督同偽軍，維持武漢三鎮治安。該部在第十集團軍到達後，再奉命擔任漢水下游警備任務。

（二）派別動軍第二縱隊司令盛瑜，率部由湘南挺進至鄂南，維護粵漢路南段交通，並為湘鄂贛區之後援。

（三）派別動軍華中指揮官陶一珊，率部挺進至長沙近郊，維護水陸交通。

山東方面：派中美所第三訓練班副主任楊蔚，率領該班各教導營，挺進至徐州，維護津浦路交通安全。並預定俟接管部隊到達，即空運轉往濟南一帶。

綏遠方面：派景震泰率中美所第四班各教導營，協防包頭。

華南方面：亦派有別動軍，分向廣州、梧州等地進發。

其餘尚有甚多單位，在奉命之後，向各城市挺進。類皆日夜奔馳，急如星火，無敢稍有延誤，終於走在中共前面，達成戴氏期望。其兵力多寡不一，而其任務則完全相同，茲不備述。

與中共再度展開鬥爭

軍統局與中共這一次鬥爭，主要是雙方都要爭取最先進入各大城市與交通要道。軍統局是要安定陷區，以利政府復員；中共是要擾亂秩序，阻止政府復員。故凡有雙方工作組織地區，無處未發生鬥爭。吾人於此，亦只能略述較為重要的實例：

上海地區，由郭履洲所率部隊，剛在崇明登陸，共軍即實施突擊，接戰三日，始被擊退。中共陳毅部，於第四日，復增派四個團兵力，由粟裕率領，再度圍攻崇明城。幸得該部副指揮官張為邦率部自海上應援，內外夾擊，始被擊潰。

同時，日海軍部份激烈份子，受中共煽動，組成所謂「特種部隊」，準備大舉劫奪軍艦，逃往外海。幸軍統局發覺尚早，適時攔截，截獲日艦「安宅」號，查出陰謀份子及其計劃，再分路在外海搜索，又捕獲滿載敵軍之大機帆船六艘及大量武器。此一陰謀，乃被粉碎。

鎮江與嘉興地區，中共為阻止政府復員，盡力破壞京滬、滬杭兩路交通，與擔任護路之軍統局部隊，經過多次戰鬥，始被驅逐，維持兩路安全。

武漢地區，湘鄂贛區部隊，行抵武昌境內之法泗洲地方，即遭中共「江漢支隊」偷襲，幸未得逞。

在此以前，中共「華中局」代表，正與敵軍中過激份子密洽，願無限的收容不願為俘虜敵軍，在大別山打游擊，並充份供給糧食，以敵軍交出步槍十萬枝，機槍四千挺，大砲四百門為合作條件。同時，煽動偽軍，參加「大武漢解放委員會」，許以改編，給予軍、師以上番號。經湘鄂贛區爭取敵六方面軍特務部之合作，並督同偽軍徹底清查，始將中共代表蘇海山等捕獲，其陰謀亦隨之破滅。

徐州地區中共，以強大兵力分路圍攻，企圖一舉而佔據此一戰略要地。駐徐州敵軍司令坂田，已先受中共煽動，以已經投降為藉口，持旁觀態度。經軍統局人員督同先遣軍郝鵬舉部，說服坂田，共同抵抗，激戰兩晝夜，始將共軍擊退，徐州乃得保全。

淮陰地區，軍統局單位，與所控制之先遣軍第一路潘幹丞部，在進軍入淮陰時，被共軍包圍，血戰兩日，潘幹丞戰死，餘眾力戰不退，淮陰要地，乃得保勿失。

這種爭城爭地鬥爭，在華北亦很激烈。由中共頭目賀龍所率領共軍，號稱十萬，他們企圖控制平綏路，打通通往東北交通線，乃大舉圍攻包頭。由中美所第四訓練班所組成之獨立支隊，協同國軍第六十七軍之一部，堅守包頭，血戰一晝夜，包頭失而復得，守軍傷亡亦重，幸而終被擊退。

餘如淄川、臨圻、豫北、沁陽、宣城、吳興以及東莞等數十處，無一不是經過戰鬥，始得保全的。

吾人深信在這種戰鬥中堅苦奮鬥的人，他們頸血，不會白流，對於國家，有其貢獻。但很不幸的是彼時抗日戰爭，已告結束，而以後戡亂，又另自有人主持，故抗戰史與戡亂史，俱略而不言！

絲毫不可放鬆半點不容糊塗

在敵人投降後，握有權力的人，以勝利者姿態，進入陷區大城市，滿眼皆是黃金、美色、汽車、洋房與「順民」，唯其所欲，無敢反抗，這種誘惑力，是很容易使人喪名敗節，而不自覺的。

戴氏是一個社會經驗非常豐富的人，對於他的部屬，雖有相當信心，而工作人員既多，情況又如此複雜，一二人的行為失檢，就可敗壞一個團體名譽。因此，他一面希望充分使用軍統局人力，達成各種別人所不能達成的任務，以見其忠與能。一面又耽憂他的部屬，受環境誘惑，喪名敗節，使人怨恨。這種心情，可從他手令函件中明顯看出。

自八月十六日，決定迅速採取行動後，至九月底，戴氏連續有十幾次電令或手扎，講紀律問題，措詞不但嚴峻，且多警策激勸語，讀之足可發人深省！他說：

「……諸同志乎！吾人為革命救國而來，非為禍國殃民而來。時至今日，國步方艱，焉有個人升官發財之餘地？故凡以圖謀奪取或報復為手段者，實屬形同漢奸，跡近叛逆。……」

「應想到我內外勤同志，在此十餘年中，出生入死，忍辱挨餓的工作環境與生活環境之下，苦幹苦守精神，為山九仞，豈容功虧一簣？故必須緊緊把握此最後五分鐘，絲毫不可放鬆，半點不容糊塗。」

「吾人如不能把握此緊張之局勢，加倍努力，勇往邁進，則此勝利之戰果，不久必歸於夢幻泡影，我國家民族，亦將萬劫不復矣！……事有可為，而成敗利鈍，則完全要看我各級負責同志，能否覺悟，能否努力，以為斷也。」

「在今日情況之下，吾人工作，應以安定日本軍心與當地民心，協同各方，維持社會秩序，以嚴防奸匪之活動為要。至其他一切，須聽命於委座，吾人不得擅作主張，擅自行動，致引起各方之不安，而為奸匪所乘，且為社會所詬病。凡我工作同志，在此種局勢之下，必須檢點生活，謹言慎行。凡願效忠黨國，效忠領袖之各方人士，吾人均應與之密切聯繫，通力合作，絕不可各立門戶，分散力量也。」

「……處本局有關之同志，更應協力同心，共濟時艱，不爭權，不爭功，明大義，識大體，不乘人之危，不逼人太甚。」

軍統局的敵後工作組織，遍佈各地，因而得有機會，最先與敵人正面接觸。很多工作人員，潛伏多年，飽受折磨，亦當希望儘早露面伸頭，吐一口怨氣。戴氏深知其然，他在命令中，有兩項嚴格規定：一是除經指定的負責人之外，所有工作人員，嚴禁與敵軍接觸，辦理任何交涉。一是非經許可，「不可因抗戰勝利，就『地下鑽出來，尾巴蹺起來』，暴露身份，作威作福。」

前項不許與敵直接交涉，當是顧慮處置不當，引起糾紛。後項他當時並未作何解釋。稍後，在另一電令中，他說：「本局不能出面，因今後特種工作之使命，更須將吾人之靈魂，裝進其他機關之軀殼。」意思是說中國革命，並未因抗戰勝利而完成，還須繼續革命，因亦還須有一個革命的特種工作，而這種工作最重要條件，就是秘密。在敵人投降，很多人志得意滿時，認定中國還須繼續革命的，戴氏以外，尚不多見。

當所謂「接收」時期，自後方奔往陷區者，若赴急難，披髮纓冠，猶恐後時，名色之多，難以數計。軍統局人員，亦其中之一。一時千百萬隻手，伸向各方面，利欲薰心，不擇手段者，亦難以數計。嚴峻如戴氏，雖苦口婆心，勤教嚴繩，亦未必能保證他的工作人員，人人都必束身自愛，絕無沾染。不過，他本人但求利國，而無一毫自利之心，是可以相信的。

四十七、獨負全面肅奸重責

戰後整肅漢奸，重振紀綱，乃國家一大事，故為舉國所矚目。顧陷區既廣，四郊多壘，更加各種複雜因素，又使肅奸為一難事。正因其難，所以全面肅奸重責，獨由戴笠一肩任之。他亦不負所期，善能運用其才智，明畫深謀，於咄嗟之間，達成此一重任。所逮捕元惡大憝以千計，而民無驚擾，事無株蔓，一切皆以溫和手段行之，而且公私皎然。這是古今中外所罕見的事。

肅奸為何責成戴笠

所謂整肅漢奸，就是要將曾經參加偽組織，背叛國家，罪行顯著的人，逮捕歸案，繩之以法，以伸正義，而儆效尤。這種任務，是可以由司法機關承擔，亦可以另組機構承辦的。責成於一情報機關，顯得不合常情，難免不有人以為草率，亦難免不有人以為戴氏攬權。

在三十四年八月以前，尚無人能確知戰爭將於何時在何種情況下結束，對於漢奸整肅問題，似亦無人認真考慮。一旦敵人投降，國土重光，要掃除污垢，首先就要整肅漢奸。傳戴氏在當時，曾對於處理漢奸問題，向當局提供甚多意見，並請於肅奸時，准許軍統局派員參加。故外間猜疑，不能說毫無理由。不過事實並非如此。

很多資料顯示，責成戴氏負責肅奸，是經過當局審慎考慮，才作決定的。戴氏之所以請求准其派員參加，是因其敵後工作單位，曾有多人，奉准打入偽組織，亦有若干偽組織人員，曾掩護敵後工作，他要派員參加目的，只不過是為便分辨涇渭，免於誣枉而已。

事實上，全國淪陷地區，多至二十餘省，除東北以外，已經建立偽組織的，在十五省以上。逮捕審訊漢奸，需要就地處理，而且必須把握時機。當時交通極為不便，無論司法機關力量薄弱，即有足夠力量，亦無法於短期內，達到各地。加之參加偽組織的人並非少數，必須按其罪行，擇尤懲治，因亦必須有調查資料，方可逮捕。更重要的，是一種政治環境，必須兼顧。

軍統局在淪陷地區，均有工作組織。並有部份武裝人員，已經進入各大城市。經過多年調查，對各地漢奸活動，有較為完整資料。重要的偽軍與偽組織人員如周佛海、鮑文樾等，惟獨軍統局可以掌握運用。這些條件，為任何機關之所無。於是戴氏便成為一最適當的負責人選。

不過，假設此一任務，不是出於當局之決定，戴氏還有推辭餘地，吾人相信他將婉拒，因為肅奸是一件很難做到盡如人意的事。當時國內情勢，是很明顯的，戰爭雖已結束，而由於抗戰所造成的許多後遺症，卻日趨嚴重。肅奸勢在必行，而政府對於偽組織的處理，似乎尚無定策。甚至懲治漢奸條例，亦尚未著手修訂。若干人士，高唱「漢賊兩兩立」，亦不過膚言闊論而已，他們對於實際問題，並無定見。懲治漢奸，法網稍疏，則無以伸法紀，而正人心。亦難免不受輿論之指責（事實上，頗有人指責戴氏尺度過寬。）。但如誅求太甚，又不啻是為淵敺魚。再加上百萬偽軍，散佈各地，政府將如何處置？似亦懸而未決。在這種情形下，不論是誰來主持肅奸工作，都將感到困難。

但是，事經　蔣中正考慮決定，他是無法推辭的。

謀定而後動

政府決定肅奸之日，只有若干原則性決定，例如：

因為東北地區，情形特殊，對於偽滿人員，一律不咎既往。

其他地區，亦本「首惡必懲，脅從罔究」之旨，從寬處理。

逮捕奸嫌，一律送交法院審理定罪。

戴氏奉命後，即於軍統局內，組設「肅奸委員會，派其幹部葉翔之、王唯一等負責，本於以上原則，研議相關事宜。他所決定辦法是：（一）中央肅奸範圍，以全國二十五個大城市為度，分別設立肅奸分會，主持其事。（二）以外地區之肅奸工作，責令各地方政府依法辦理。（三）軍統局所屬各地工作單位，一律加強調查，搜集證據，但非奉命令，不得擅行逮捕。（四）請政府指定法院，集中審理漢奸案件。（五）屬於漢奸所有財物，一律交由「敵偽財產管理局」處理。（六）對於經過策反，歸命政府，與掩護協助工作的偽方人員，由軍統局依據事實，為之證明。

資料中沒有發現對於偽軍中奸嫌份子，作何規定。這顯然是因局勢尚不能完全控制，還須運用偽軍力量，維持地方安定。惟不僅是如此。

三十四年九月初，戴氏飛往上海，主要是為加強維護京滬治安，為復員作準備。要使政府復員無所顧慮，他必須設法使偽方力量，轉移到政府手上，亦必須解決有關人民生活的迫切問題。因之他在上海，與握有實力的周佛海接觸最多。在作好各種佈置，並運用偽方力量，解決各地水電、糧食與交通問題之後，即離開上海。

至九月二十七日，戴氏認定準備已經就緒，乃下令除平津、廣州以外，一律採取行動。到十月中旬，各地捕獲有漢奸罪嫌份子，已達四千人，所有經過政府通緝有案與檢舉調查屬實者，已全部落網，包括由日本押解回國之偽代主席陳公博在內。

於此，有一事須加說明：即在九月二十七日以前，或者更早，實際上，很多地方，已有逮捕漢奸情事，在各地擅行逮捕人犯的，有十之七八，都和中央若干機關有相當關係。例如在南京，有自稱「地下」工作人員的周鎬、陳默等，擅將偽司法部長吳頌臯、南京市長周學昌等加以逮捕。在上海，有姜公英等隨意捕人，擅作威福。在武漢，有李九臯等，竟以漢奸罪名，加於殷商，綁架勒索。……但均與軍統局肅奸無關。這一群敗類，是由軍統局檢舉或逮捕，交主管機關定罪的。

自八月十六日起，陷區各大城市情形，是很混亂的。十六日，南京偽組織，即宣佈解散。兩天以後，北平、廣州、武漢各地偽組織，亦相繼停止活動。敵軍已不再過問地方治安。遍地皆是中共份子，與所謂「地下」工作人員，大家都頂著中央黨政軍機關或戰區代表招牌，人民亦不辨真偽。

偽組織人員，在心理上，已感到惶恐與不安。他們不知道明天將發生何種事，更不知道自己命運如何。只有少數人，覺得自己雖有嫌疑，並未為惡；或者恃有故舊在政府，可為奧援，不難脫罪；因而靜觀風色，未作逃亡之計。

或許有人以為敵人已經投降，漢奸已失去依托，只須派人率領槍兵，按圖索驥，唾手可得。若真作如是想，適足以見其無知。

試舉一個例子：當周鎬其人，擅入南京，逮捕偽軍政部長肖叔萱，在忿爭之下，將其擊斃後，偽方人員，兔死狐悲，群情憤激，中共乘機煽動，偽警衛師與軍校學生武裝反抗，幾於激成重大變亂。

依當時情形，許多漢奸，即不投共，只是四散逃匿，要迅速緝捕歸案，就很不容易。這不僅因地面遼闊，亦因政府力量，尚難於完全達到鄉村。即如偽司法院長梁鴻志，就曾逃匿到蘇州鄉間一極為隱僻地方，無人知其蹤跡。若非其妾侍往來上海，被人發現可疑，跟蹤追查，就很難及時逮捕歸案。

另一實際情形，是陷區人民，久苦敵人暴虐，對於曾為敵人張目之漢奸，無不痛恨。雖敵已投降，而在情緒上，仍難完全抑制報仇雪恨之忿。很多地區偽方人員，仍握有武力，他們亦不甘於受群眾之凌辱。在處理漢奸方面，稍一不慎，就可以引起群眾盲動，閭閻騷擾，乃至造成暴亂。

因此種種，戴氏要考慮各種情況，妥為佈置，謀定而後動。並在行動以前，持以鎮定，不露聲色。

有幾件事，對於肅奸工作，是有助益的。首先是給予偽軍名義，不僅對傍徨歧途的偽軍頭目，發生安定作用，亦使偽組織人員，在心理上，受到間接影響。當他們見到若干叛徒如周佛海、丁默村等罪在不赦的人，亦給予官職時，便自然的有一種安全之感。次之，是若干假冒政府工作人員之名，擅行逮捕殺害偽方人員，作惡多端之徒，經過軍統局各地單位清查之後，均曾給予重懲。其中如周鎬、姜公英等，並立即就地正法。這使得偽方人員，都覺得他們安全，仍能受到政府的保障，即由法律制裁，猶遠勝於逃亡。再次，是敵人投降以後，各地盛傳政府對於偽組織，將循政治途徑解決。吾人前已指出，參加偽政權者，有軍人，有黨人，其中亦有很多知識份子。在他們看來，當時情勢，需要安定，政府是很可能為求安定，而予以寬容的，因其寄以希望，所以不但不逃避，且很合作。

一切在和平中進行

在整個肅奸過程中，戴氏極為謹慎，一直持一種嚴肅而不失忠厚的態度，他不希望縱容一個惡徒，亦不希望誣枉一個好人。在處理廣東漢奸時，更表現出他的耐心。當時全國重要漢奸，大都集中在上海、北平與廣州三地。因這三處環境，各不相同，所以處理方法，亦因地而異。惟三地都在平靜中進行。

在上海，因所有偽軍，已確實掌握，所以行動時間較早。在決定行動以前，戴氏特將調查名單，略告周佛海，命他轉知有罪嫌者，自動投案。逾限而不投案者，即行派人逮捕。

在北平，因須配合國軍接管，並兼顧當地特殊情形，延至三十四年十一月以後，始採取行動。眾料北平肅奸，必較上海棘手。惟因戴氏事前佈置妥善，反較上海順利。北平群奸，是在一次集會中，杯酒談笑之際，一網成擒的。自奸渠王揖唐以次，無一漏網。

在廣州，則阻力較大，曲折亦較多。主要原因，是汪兆銘一直著意經營廣州，希圖必要時，為負嵎之計。故派其死黨褚民誼為偽廣東省長，並由其妻陳璧君常駐廣州主持。約有三個師以上偽軍，亦掌握在陳璧君之手。廣東人雖不直汪兆銘之所為，而因他早年獻身革命的英勇行為及其文名，猶留有較深印象。更加陳璧君素性傲而且悍，他不放棄反抗意念，他人亦不敢表明態度。如果操之過激，就難保不發生變亂。

在這種情形下，戴氏不得不慎重其事，以計圖之。他先用　蔣中正名義，致電褚民誼，請他陪同陳璧君赴重慶，共商廣東善後事宜。電文中仍稱之為汪夫人，措詞亦極溫婉。褚民誼心為之動，而陳璧君則將信將疑。幾日以後，他再派幹員往晤褚民誼，請其決定行期，以便派專機到穗相迎。又恐其生疑，並出示密電本，請其查閱。褚民誼遂信以為實，極力慫恿陳璧君赴渝。又經過數日，暗中佈置就緒，再派員前往通知，說專機已到，希即成行。萬一因事必須改期，則請待來月，另行派機相迎。陳璧君見來人意甚誠懇，不疑有他，遂與褚民誼隨來人前往機場。車行至珠江橋畔，已入警戒線，乃予以逮捕，改用小船，在不知不覺中，離開廣州，轉運上海。陳璧君既被捕，廣州諸奸，群龍無首，終於一一俯首就擒。

自開始行動，共捕獲有漢奸罪嫌者四千六百九十二人，著名奸徒，無一幸免。其中依法移送各地高等法院審理者，為四千二百九十一人。移送軍法機關審理者，為三百三十四人。移送航空委員會訊辦者，為二十四人。在押病故，經法院檢驗證明死因者，為四十三人。

自二十六年始在關內出現偽組織，八年之間，依存於敵人的城狐社鼠，難以數計。戴氏所逮捕者，共不過數千人，故論者以為過寬。其實，這是整飭紀綱，而不是報復，亦只當去其太甚。這幾千人中，有無檢舉不實，或受冤抑之人？殊難斷言。不過，軍統局所負責任，只限於調查與逮捕。至於審訊定罪，或殺或囚，其權屬之法院，即或有一二無辜之人，亦是不難昭雪的。

所謂「政治解決」

有人說：「周佛海為汪精衛之第一智囊，素以才智自負，卻被戴笠玩弄於股掌之上。」從某一方面看，卻可以作如是觀。周佛海自與戴氏取得聯絡後，對於戴氏之所要求，可以盡心竭力四字形容之。戴氏到上海後，他立即坦白承認中共曾以「東南民主聯軍總司令」職位為餌，要求他合作，他已斷然拒絕。他並將他所掌握，最稱精銳的稅警總團，率先交出，聽由戴氏運用。在承戴氏之命，安定地方秩序，並勸導偽組織人員自動出首之後，即隨同戴氏飛往重慶待罪。其所以如此，就因其相信政府將循政治途徑，解決漢奸問題。而其結果，周佛海卻被送往監獄，並死於獄中。因此，頗有人以為他受戴氏之騙，而「被玩弄於股掌之上」。

吾人為此，曾深入研究，因其與傳主之人品，極有關係。作為一個特種工作負責人，尤其是戴氏，負責甚重，而面臨一甚為複雜環境，他為達成任務，而絕對不用權術，不存心機，是不可能的。不過，就處理漢奸問題而言，他是頗重信義，且願與人相見以誠。這並非表示他袒護漢奸。相反地，他對於不忠於國家的人，是極端痛恨的。但他不能不為大局設想。如果不通權變，見小利而忘大害，絕非國家之福。

在談及漢奸問題時，他確曾說過：「漢奸問題複雜。……故漢奸問題之解決，政治尤重於法律。」

當其第三次到上海，他親往看守所視察時，並曾對在押之唐壽民等具體表示：「抗戰已經勝利，政府不為已甚。有些案子，將會不經法律程序，而以政治手段來解決。」據說他晤陳公博時，亦曾談到政治解決事。

勝利以後局勢，明眼人都會洞若觀火。只有少數短視的「衛道」之士，才會為虛名而不顧實害。故吾人相信當時政府中必有人主張循政治途徑解決者，至少有此意向。戴氏一向出言謹慎，亦從不敢對政治問題自作主張，如其非是，他絕不會作此表示。

偽組織偽軍問題，最後不僅不是循政治途徑解決的，而且在很多地方，顯得顢頇與苟簡。若干國軍，能到達地方，當地負責人，即以勝利者姿態，隨意迫使偽軍繳械遣散，以此邀功，而不問其後果。

法院不作深入查證，又不敢任責，本著罪疑惟「重」宗旨論斷，蓋恐為流言蜚語所中傷。總之，對於偽組織偽軍問題，本是如戴氏所說循政治途徑解決的。但是，這不能責怪戴氏欺騙，因為他已逝世。

假定政治解決，是出於政府之意，而戴氏猶在，他可能力促其成，至少不會如此結局。只以周佛海為例，他有罪亦復有功，乃千真萬確事實。故戴氏歷舉他戴罪立功事實，請求政府准予特赦，他並未負周佛海。

不僅對周佛海一人，對於所有策動歸順的人，他的態度，亦很公正，是則是之，非則非之。他說：「漢奸問題是很複雜的。其中秘密反正，著有事功者，須將其事實，公諸社會，藉司法力量，判明其功罪。」

肅奸與處理偽軍結果，是出於很多人意料之外的。無怪戴氏遇難消息，傳到監獄之後，有人痛哭，亦有人絕食。在受審之時，且有人只說一句話—「無話可說」，不欲為自己辯護。因為他們知道戴氏已死，就不會再有人敢於任責，作任何政治安排，他們辯亦無益。

約束惟恐不嚴

「當此抗戰勝利，吾人之工作同志與部隊，向各收復區推進，此時最重要者，在乎紀律之整飭，行動之慎密，以及刻苦耐勞之生活。……如生活不檢，行為不謹，造成罪惡，必予嚴懲，絕不寬貸。」誠如戴氏之所言，在收復區，第一要緊事，無過於紀律。這與政府聲威，人民向背，均極有關係，特別是在與中共又展開鬥爭時候。

可是，肅奸工作，在無形中，具有一種一般人所難以抗拒的誘力，即使不是存心爭惡，亦可能陷於不義，而不自覺。官場惡習極深，奸吏巧宦，公行賄賂，所在皆有，與受之人，不以為恥，社會亦不以為怪。漢奸亦多來自官場，或至少熟悉官場毛病，他們為圖脫罪，或減輕罪責，當然要窺鑽隙竇，到處活動。在一種混亂情形下，行賄途徑甚多，可以是金錢，亦可以是女色，在很多人觀念中，「天下烏鴉一般黑」，不會有人對於美色金錢，絕不動心。戴氏本人在上海和北平，就曾經有幾次拒賄事實（事詳後章）。有人敢於向他直接行賄，當亦有人可向有關的人行賄。

吾人曾經說過，戴氏心細如毫芒，他不是粗枝大葉的人，而且他很珍惜他十幾年刻苦自律所得來的清譽。他亦早料到有很多事，是在肅奸時可能發生的，所以在肅奸會組織時，他就鄭重警告部屬，如果言行生活不檢，違反紀律「必按軍法治罪。」，並規定：「所有敵偽財產，絕對不准移動。」在查封漢奸財產時，必須會同當地黨政警憲與保甲人員，點驗登記，逐項載明，隨時移送「敵偽財產管理局」接管。

為防工作人員行為不檢，他特親遴選素日謹飭廉介人員，充任督察，派往各單位，負監督考查之責，兼任他的耳目，以防欺矇。

由於約束甚嚴，所以承辦人員，大都兢兢業業，誠恐稍有疏失。例如查封漢奸動產，依他規定，除會同點驗外，還須註明其價值，用意是在防範以假易真。而承辦人員，並不是都能辨別真偽的。於是對於若干可真可偽物品，如珠寶鑽石、書畫古董之類，不得不先聘專家鑑定，然後封固入庫。在全面肅奸時期，二十五個大城市，主持其事的軍統局人員，是否盡如戴氏所期，纖塵不染？這卻是一件很難評量的事。戴氏友好，亦曾對他說過：「你是很好，你的部下，說不定還有偷天換日本領。」這可視為是弦外之音。不過，戴氏本人，絕不會縱容部屬為惡，是可以相信的。試舉一個例子：

三十五年春，北平警備部稽查處，有一王姓職員，為軍統局工作人員，在肅奸時，有受賄之嫌，被督察王蒲臣所查悉。當時有人求情，請免報告戴氏。王蒲臣正色地說：「戴先生與我，言公為長官部屬，言私為同學，十餘年患難相從，我親見他苦心孤詣，力求團體清白，安忍相負？」結果王某遂被槍決。當時北平有人議論其事，都認為王某如非軍統局人員，絕不至死。因他所犯罪行，只不過是因人情包圍，接受他人所贈西服一套、皮鞋一雙而已。

儘管如此，社會對於當時肅奸工作，仍不免有批評和議論。除說戴氏處理過寬，仍有漢奸逍遙法外之外。就是說若干事件，處理失當。例如政府政策，是罪止一人，不及妻孥，而事實上，則有若干漢奸家屬，被視同罪犯，受到虐待。有若干市民，曾因房屋等關係，而受到池魚之災。……亦有人覺得同屬漢奸，而判罪輕重迥異，且有錯亂顛倒情形。

吾人認為這類情形，乃事實上所不可免。不過，前者乃由於執行人員之疏忽，而後者則法院實尸其咎，不能責怪戴氏，他已盡其心力之所及。譬如房屋，他早經告誡：「須先調查清楚，不得率爾查封。」於既查封之後，他復告誡：「如漢奸所住房屋，非其本人所有，切不可永久封閉，必須迅速設法變通辦理。」正賴有此，故全國所查封漢奸房屋，移送財產管理局處理者，共不過一千四百餘幢。對於漢奸家屬，他亦曾嚴禁有虐待情事。在致北平單位負責人馬漢三電令中，他指出：「……對漢奸房屋之封閉，與其家屬之監視，辦法多有未合，應即切實改進，務於國法、人情，均能顧到。」他並命馬漢三「親往各家視察，按現在實際情形，予以改善。」

從已有各種資料看來，戴氏對於全面肅奸這一大事，處理是很得體的，他兼顧到國家威信，與實際環境，苦心策劃，以溫和而迅捷手法，一次了斷，而不拖泥帶水，株累無辜，是頗值稱道的。

四十八、戴笠與中國警察

或稱戴笠為中國「警察之父」，似欠允當。事實上，民國初年，已建立警察體制，以內務部為主管機關。而清末所設之巡警，實為濫觴。惟戴笠在促成警察制度化、現代化，及培養警察人才方面，盡過很大力量，則是事實，可以徵信。他最大願望，是建立全面的新制警察，並以之促成革命之實現。

戴氏介入警察界，始於民國二十一年。在這以前，他的工作，與警察無關，工作人員，亦無出身於警察學校者。其所以介入警察界，與力行社之意圖，似有關係。戴氏在杭州警校第四期畢業生同學錄上，發表一文，大意是：「……今日國家民族之危機，已至最後關頭，如何喚起民眾，共同擔負復興之責任，乃目前極待解決之問題。論者多端，莫衷一是。余以為最能接近民眾，有直接影響，而易於收效者，厥為警察。」從這一段話，可以窺見當時力行社，是希望通過警察，促使民眾力量，與復興運動相結合的。當然亦有以警察配合特種工作之意。

不過，戴氏個人，無意於模仿西方某些國家，使特種工作，蛻變為「政治警察」，或使警察特務化。所以他以後雖掌握大多數警政機構，比較重要的警政官員，皆出於他之介派，但警察機關，仍保持其獨立的法定體制。他除希望互相配合以外，別無要求。

二十一年六月，特務處呈准設立「特務警察幹部訓練班」，名義上隸屬於參謀本部，以王固磐為班主任，而由戴氏兼任總務組長，負實際責任。參加受訓者，多為黃埔學生。目的是要訓練特種工作幹部，瞭解警察業務，便於配合工作。

同年十月，戴氏奉派兼任浙江省杭州警官學校政治特派員，乃正式與警察界發生關係。並在該校設立特派員辦公室，選派軍校出身幹部簡樸、王孔安等主其事。隨又增派史銘、柯建安等為訓育主任，文強、汪祖華、李希純、周烈範、王志超等分任指導員，並協助浙江省會警察局革新警政。這似有兩種目的：一是要從警校中物色新的幹部；一是要以之作為訓練基地。其所以選擇杭州警校為基地，是因其已具規模。當時的杭州警校，不僅師資設備，為各省之冠，而且是與北平警官高等學校齊名的。

民國二十二年，屬於特務處之「乙」、「丙」兩訓練班，附設於杭州警校。同時，第一班電訊人員，亦從該校畢業生中甄選。這使警察與特種工作之關係，更進一步。

在此以後，特務處之工作任務日重，需要與警察配合之處亦日多。戴氏一面於警察界吸收優秀人員，充實特務處工作。一面獲得當局許可，介派其幹部，參加警察工作：兩者關係，遂日益密切。

不過，早期的警察，是有統一之名，而無其實的。各地比較重要的警政人員，大都來自軍中，而強有力者，皆視為利藪，位置親信。故在二十四年以前，首都之外，僅有上海、杭州、漢口等地，可以介派人員。

於此，須將當時警察方面一般情況，略加敘述。

自北伐底定幽燕，政府即決定改革全國警政，使之統一，因於內政部設立警政司，主管警察行政。而在實際上，各地不但各自為政，體制、行政，都不相同，名稱亦不是完全一致的。警察機構首長，多為軍人，不諳警察業務。並且都隨軍政大員而進退，五日京兆，其志亦不在於革新警政。全國並無規劃一致的警察學校，僅有不同的訓練機構，時興時廢。警察學校師資，亦異常缺乏，設備殊為簡陋。很多地方警察機構經費，並無的款，有賴臨時捐派度日者。……其時講警政革新，實為侈言。

不寧唯是，當時警察系統，亦甚複雜，且有若干機構，並不屬於政府。只就縣級以上名目而言，有行政、交通、鐵路、航業、司法、礦廠、稅務、鹽務等等警察。少數強有力者，擇肥而噬，視同禁臠，不容他人指染。其經費出於某一機關或團體者，如招商局之航警、鹽務局之鹽警，亦不容主管機構過問。……這種情形，直到二十四年，仍少改變。

二十五年，中央為策劃必要時全面動員問題，舉辦全國行政講習，各地警察首長，齊集南京，戴氏本其幾年體驗，與之交換意見，以共同努力，革新警政相期勉。他的見解、熱忱與豪氣，頗為人所敬重。

與此同時，各省主席，亦在南京參與行政會議，警政革新，亦列入議題。在革新政聲中，不意浙江省主席黃紹竑，突倡「廢警改團」之論，主張將所有警察，一律改為團隊，如早年廣西之所為者。使警察變為團隊，以武裝團隊，代替警察，不僅不能達成警察任務，且將使人民與政府隔閡加深，實為不智之舉。然竟亦有人附和其說。主管警政之內政部，當然不同意。可是，警察經費出於地方，各省主席又握有實權，而且有準備抗戰之理由。故一時廢警之說，甚囂塵上。

戴氏以為廢警無異於開倒車，且與建國方針相悖謬，斷不可行。於是邀集各地警察首長王固磐、徐會之、趙龍文、吳廼憲等多人，晉見　蔣中正，力陳利害，請予阻止。卒因　蔣中正之開導，行政會議，始撤銷「廢警改團」案。最後並決定逐步縮減團隊，以其經費，移作建警之用。

我國自清末始有團練自衛，逐漸演變為地方性團隊，產生所謂「團閥」，多由地方豪劣把持，派捐徵丁，魚肉鄉里，恣所欲為，人民已不勝其害。有野心者，又用此為擴充勢力之一項資本，小者稱霸一方，大者形同割據。故建立警察制度，逐漸取代團隊，從法治觀點看，是正確的。

警察之名，雖因力爭而保存，而建警與一應興革事宜，仍議論紛紜，主管機關，並無具體計劃。戴氏乃把握時機，邀請專家與有經驗之警政人員，共同研商，策定建警方案。同時組織「警察協進會」（後改稱「中國警察學會」），繼續策進改革事宜。他被一致推舉為此一警察團體負責人。

由戴氏領銜提出之全面建警方案，其要點是：

警察幹部之培養，由中央統籌辦理。

儘先將北平警官高等學校與杭州警官學校，合併改稱為中央警官學校，以為全國規範。

各地所辦各種警察幹部訓練，限期停辦，所需警察幹部，以中央警校學生分發充任。

各地警察工作幹部，限定以警察學校出身，或曾受警察訓練人員充任，不得以私人濫竽充數。

有關警政法制規章，由內政部統一編訂頒行。
各地舊有之公安局、警務局等，一律改稱為警察局。
建議案中，並請主管機關，針對實況，研擬進步的警察法，以為警察行政之依據。
此一方案，側重在建立制度，提高素質，並統一警察指揮權，乃革新警政之必要措施，故蒙當局採納。

依於上項建議，中央警官學校，旋即在南京成立，首任校長，並請 蔣中正兼任，以示鄭重。同時設立校務委員會，派戴笠、王固磐、李士珍、酆裕坤等為校務委員，並以戴笠為主任委員。於是戴氏由幕後策動，而公開負責，且隱然成為全國警察之首腦人物。

進入二十六年，特務處工作人員，介派在警察界服務者，日益加多，且有充任各地警政首長者，如南京王固磐、杭州趙龍文、蘭州馬志超、西安杭毅、廈門沈覲康、鄭州楊蔚、九江柯建安等，均任局長，負建警責任。其任分局長，偵緝隊長等職者，又多於此。

同年，戴氏又介派其幹部陳紹平，任鐵道警備總局副局長，掌握交通警務工作。稍後，招商局之航警總隊，亦由戴氏派喻耀離負責。

特務處能順利介入警察界，使其工作獲得很大助益，有兩個明顯原因：一為當局與力行社之支持；一為戴氏本身之努力；後者尤為重要。早期特務處，並無諳習警察業務人員。他在首次主辦訓練時，始挑選部份軍校學生，研習警察業務。繼之，又從外界羅致在國內外學習警政人員及警校學生，參加工作。二十七年，再創辦特警班，並抽調工作人員，接受警察訓練。同時，遴派黃佑等多人，出國研習警政。由於他預為之備，儲備這一方面人才，所以他能隨宜應付各種需要，而不感到人手缺乏。

特警班創立以後，先後在湖南臨澧、黔陽、貴州息烽、四川重慶、甘肅蘭州、福建建甌及勝利後之北平等處，陸續舉辦，規模均甚大。重慶班且分設十餘科系，自基本的警察業務，至外事、邊政等皆備。美國聯邦調查局，並應戴氏之請，派專家多人來華協助訓練。全部畢業生，共達一萬三千餘人。其畢業於中央警校，參加戴氏工作者，尚不在內。

於是，在警察界，戴氏可說桃李滿天下，全國警政機關中級以下人員，十有六七，出其門下。他亦可說是自有警察以來，為眾望所歸的領導人物。

依於戴氏理想，全面建立新制警察，有三個必經歷程：先是制度化，自中央至地方，建立統一制度，遵循制度，而集中事權。其次是普及化，自城市以至鄉村，皆有警察，負責維護社會安全，與法律尊嚴。再次是現代化，要各種警務機構，都具備有現代知識與技能的工作人員，與工作設備，能夠負荷日益複雜的任務。他亦知道這不是容易事，而他卻一直朝此方向在努力。

抗戰勝利不久，戴氏認定最迫切需要，莫過於維護全面交通，於是建議設立交通警察總局，毅然決然將軍統局所屬武裝組織，除部份行動隊與稅警之外，一概交出，改編為十八個交通警察總隊。在改編命令中，他要求各單位，一人一槍，都須報繳，不得擅自留作他用，因其一切是屬於國家的。

三十五年一月，政府核准成立交通警察總局，由戴氏保薦幹部吉章簡任局長，受交通部指揮。同年五月，政府核准成立全國性的警政主管機構－警察總署，隸屬內政部，派唐縱任署長，亦為戴氏幹部。

非常可惜的，是國家變亂，有增無減！許多有關建警的計劃，無法實施。即如交通警察，原是配屬於全國各重要交通幹線，負責維持秩序，以利政府與人民復員的。而局勢惡化，被迫用於軍事方面，實為始料未及。這十八個總隊，與國軍並肩作戰，轉戰南北，歷時數年，戰鬥之烈，傷亡之重，較之對日作戰，且有過之（戡亂文獻，亦未記載）。

就中國警政而言，民國二十年以前，可說人自為政，混亂至極；北伐以前，更不待言。自戴氏幕後盡力推動，力謀團結，始建立一新觀念，逐漸走上一元化的新制警察之路。二十五年前後，他在警察界，已具有相當號召力。例如二十五年　蔣中正五十壽辰，他先期發動全國警察界捐機祝壽；是年十一月二十一日，在南京明故宮機場，舉行「警察號」飛機命名典禮，各省警界代表及警校學生，到會者達萬人，為警察界前所未有之盛舉。

二十七年以後，戴氏在全國警察界之影響力，已無第二人可與之並論。他亦將建警工作，引以為己任。在致警政幹部文電中，他說：「……今日中國社會，紊亂極矣！法律既已破產，道德又復淪亡，人不圖強，國將安託？撫今思昔，未嘗不致恨於曩時之謀國者。……吾人既負改革中國警察之責任，必須腳踏實地，切實做去，萬不可有所怠忽，更不能有所偏私。」

全面建立新制警察，以配合憲政之實施，以國家多故，顯然沒有達到戴氏之理想。但他對於中國警政之革新，影響很多人改變觀念，重視警政；建立規制，促使警政走上統一之路；訓練大量警政幹部，使警察人員素質，大為提高；並有很多改進方法，亦為他所策劃或推動；皆有事實可證。而吾人尚須特別指出者，是中國刑事警察，摒棄陳規舊法，盡量採用科學方法辦案，乃戴氏所首創，殊值稱道。

四十九、戴笠軼事摭談

一個可稱為磊落奇偉的人，其素所存養，大都有與眾不同處，故立身行事，常能高尚其志，矯然不群，有所為、有所不為。戴笠銳意功業，皇皇若不及。而接物處事，卻能把持自己，高懷遠致，別具風格，有時且詘己以利人安人，此為不可及處。這類所謂存養工夫，為一種高尚的心智運用，可於其眾多軼事中體察得之。

戴笠與胡漢民

民國二十一年春，國民政府立法院長胡漢民，以對「訓政時期約法案」有異議，憤而辭職。是年秋，胡氏自南京移居上海。戴氏心儀其人，暗中為之張羅寓所，供其匱乏，而不使之聞知。稍後，胡氏將經由香港返粵，又復轉託杜月笙，精選鏢手數人，沿途保護。當時有人認為胡氏已去職，且有歧見，無供應保護之必要。戴氏大不以為然。他說：「胡先生為開國元勛，剛正無邪，道德文章，人所共欽。我輩為國民黨人，對於黨國耆宿，宜常存尊禮之心。況不軌之徒，正伺機構釁，如其不擇手段，加害於胡先生，為叛亂製造藉口，不僅有失保善尊賢之意，且將增加政府困難。身為幹部，當為領袖分勞，亦當為之分憂。」

當他在一群全是黃埔同學集會中，申述他的意見時，頗有人以為他是過慮。不久之後，發生汪兆銘被刺事件，緝獲兇犯，審訊結果，果係一種政治陰謀，意圖嫁禍政府，製造分裂。至此，人乃服其遠見。

戴笠與黃紹竑

二十六年十一月初，敵軍登陸金山衛，全浙震動。有人高唱「焦土抗戰」之說，主張將省垣閘口經南星橋至杭州城內一帶房屋，盡行焚毀，以示抵抗決心。其實，乃因心存畏怯，欲藉此以阻止敵人西犯。正當人心惶惶之際，戴氏適到杭州，警察局長趙龍文，即舉以相告。戴氏認為政府並未預定在杭州決戰，斷不可無端毀此名城，置八十萬市民生命財產於不顧。於是急電　蔣中正，請予制止，杭城乃免於浩劫。他本知道倡議者為某軍人，浙江省政府主席黃紹竑力贊其議。而在電文中，但云：

「請電令黃主席制止」，而不明言主謀者為誰，更無一字涉及黃紹竑。蓋以人事關係複雜，正當團結禦侮之際，不宜直指其非，增加隔閡。

戴笠與川局之安定

二十七年春，統治四川多年之劉湘，病歿於漢口。一向多事之四川，因少數人搬弄是非，又復呈現紛錯不安之狀。傳說有部份軍人，暗中鼓動，要拒絕政府遷川，並有所謂「聯合對付中央」方案。軍委會成都行轅主任賀國光，為此邀宴若干軍人，加以疏導。不意在宴會之中，竟有人公然詆毀中央，並說：「再演一次西安事變，非無可能。」因此謠言更熾。

戴氏在接獲報告，慎重研判之後，認定肆言無忌的，只是少數偏激份子，而多數川軍將領，是深明大義的，不能不分涇渭，更不可採操切處置。他立即向　蔣中正建議：即將主謀滋事，已被憲兵扣押之嚴筱虎其人開釋，以安反側。准許川軍將領推派代表，直接向　蔣中正陳述意見。其願率部出川抗敵者，准予補給軍械，並與國軍同等待遇。這三項建議，經採納實施後，紛擾局面，立告安定，政府遂得順利西遷，川軍亦得伸其報國之願。

戴氏協力安定川局事，外間知者殊少。若非賀國光與川軍代表周某，透露其與戴氏接洽，及由他陪同晉見　蔣中正經過情形，政府與民間，並不知有此一段公案。

戴笠與郭懺

二十七年初，敵沿長江水陸並進，進犯武漢，政府策定在外圍與敵決戰，必不得已，放棄武漢。如果放棄，則須將武漢三鎮重要的軍事、交通設施、兵工廠、鐵廠等，施以破壞，以免資敵。這樁任務，責成戴氏主持，因而組成一爆破隊，專司其事。但軍委會規定，爆破隊須與武漢警備部協力，並受其節制。因為在何種情況下撤退，是應由警備部決定的。當時擔任警備司令的是郭懺。

郭懺為一淺薄而氣燄甚高的人，他雖不敢公然反抗統帥部命令，卻以為自己有權，每事都有自己意見，因而使爆破工作，受到許多無謂阻礙，以至於令人不能忍受。對戴氏而言，郭懺其人，誠不值一瞬。而他仍以最大耐性，與之周旋，見面時，輒以鄉晚輩自居。他並告誡部屬：「目前情勢，必須忍耐，爭辨無益，當盡力避免誤會，減少阻力。一個革命者，不患不伸，患不能屈。吾人目的，在於達成任務，而不在於與人爭閒氣。」在任務達成，覆命之時，他仍稱武漢警備司令部，對於爆破工作，頗多協助，而於郭懺之無理刁難，隻字不提。

戴笠與張治中

武漢三鎮，於二十七年十月二十五日棄守，戴氏於翌日黎明離此危城，轉往長沙。他往長沙的目的，除視察工作佈置之外，是要察看一批難童安頓情形。當武漢危急時，他目睹成群難童，在街頭流浪，狀至可憫，乃派員協同警察機關調查，凡無親屬可依者，即予以收容。共收容男女兒童三百餘人，於淪陷前數日，送往長沙安頓。

到達長沙當天，他曾便中訪晤湖南省政府主席張治中，純係禮貌性質。他與張治中會面時，長沙警備司令酆悌亦在座（一說係由酆悌陪往）。張治中曾問酆悌「一切準備如何」？或許酆悌已先告訴戴氏，亦或許是他在情報中已有所聞，他知所謂「準備」，就是要縱火焚毀長沙市，便立即加以勸阻。他說：「情報顯示汨羅北岸，雖已發現少數敵人，乃係騷擾性質。敵軍經過數月苦戰，剛佔領武漢，可能需要休息整補，長沙仍有準備防禦時間。縱火之事，關係甚大，希望慎重考慮！」回寓之後，他曾將此事以急電報告　蔣中正。

在這以後不久，他即轉往沅陵，察看軍統局遷移情形，未再到過長沙。

十一月十三日，長沙大火，慘況空前，中外震驚！受害外僑，紛紛責難，湘籍人士，尤為憤慨，蔣中正不得不於萬忙之中，親往撫慰。比及詢問主謀，張治中竟信口的說：「縱火乃酆悌受戴笠之命所為。」　蔣中正說：「雨農跟隨我多年，我知道他未奉命令，不會亂來。」張治中為圖卸責，仍堅執其說。於是　蔣中正乃急電沅陵，召戴氏至長沙質詢。他除將當時勸阻經過，歷歷如繪的報告蔣中正之外，並出示電稿為證，張治中始為之語塞。

這是一種重大誣陷，可以使人蒙覆盆之冤。而戴氏對於張治中，不僅不修怨，亦從未對外提及此事。外間知其事者，乃得之於　蔣中正侍從人員。

戴笠與張發奎、李漢魂

二十八年九月，戴氏出巡東南，路經曲江。其時傳說廣州敵軍，有分三路北上，與進犯長沙之敵相呼應，奪取曲江之說。這是意料中的事，因敵攻佔廣州以後，即有打通粵漢路，以利運輸企圖。曲江在當時，已成為華南重鎮，第四戰區長官部，與廣東省政府，俱遷移於此。湘桂粵贛幾省交通，亦以此為樞紐。

戴氏到達曲江之前，即聞重要軍政機關，有遷移樂昌之說。及抵曲江，又聞守軍決將曲江大橋炸毀，希圖阻敵於湞水之南。市面又驚傳敵軍已攻至土坑口，距市區已不遠。因之人心惶惶，皆作逃避之計。

他和當地負責幹部，將各方情報綜合研判之後，立即往訪軍政首長，向他們解釋：「根據情報判斷，北上之敵，為數不多，目的似在於策應長沙，而不在於攻取曲江。在曲江附近活動者，內有便衣隊，似為敵諜與漢奸，烏合之眾，不難擊破。如果遽然後撤，並破壞鐵橋，不特人心動搖，軍民都將蒙受損害，反而啟敵行險僥倖之念。」當時仍有人猶疑不決，因恐陷於包圍，難以撤退。他復力言：「廣州撤退，因北站鐵路大橋破壞過早，致使數十列車重要軍品，無法運出，而全部資敵，可以為鑑。」

經過商談之後，終於同意戴氏主張，先派兵往土坑口一帶搜索。結果發現敵軍果無深入意，在附近騷擾者，為敵諜所率偽軍，很快就被驅散。此一重鎮，復歸安堵，人民既免流離之苦，鐵路交通，亦賴以保全。

很難得的，是戴氏回渝，在視察報告中，對曲江事隻字未提。偶與粵籍人士談及，仍極口稱讚張長官、李主席臨危不亂，應變有方，而無一語自炫其能。

戴笠與陳誠

北伐以後，軍人內筦兵符，外兼封圻，號稱貴顯者，似以陳誠將軍為首屈一指。戴氏向以先進視之。他們兩人，都因　蔣中正而成事，本無利害衝突之可言。可是，陳將軍既雄偉自喜，傲睨一世；戴氏亦以氣自豪，思欲自樹功業；而且其勢不相上下；在無形中，予人以一種同門異戶，並驅爭先的感覺。好事者遂妄加猜測，說兩雄不並立，還有許多傳說，幾近挑撥。如說「陳誠最不滿於戴笠；軍政部將取消若干游雜部隊如忠義軍之類；某戰區情報單位，將取代軍統局。……」當亦說戴笠如何如何。雖全屬子虛烏有，而眀眀之讒，日入於耳，聽者不能全無芥蒂。

戴氏知道外間種種謠傳之後，即嚴誡部屬，不得輕信謠言，妄議是非。他並很坦然地說：「中國革命，是否需要吾人之工作？是否由我戴某終身為之？此非吾人所應爭持者，當一切聽命於領袖。」他不便逕向陳將軍作何解釋，又慮誤會日深，乃婉託陳之至戚譚伯羽，代為表明態度。在致蕭勃電中，他並說：「……辭修先生，為現在高級將領中之不要錢，肯苦幹者，吾人自應多多接近，以先進事之。余對辭修先生，素甚敬仰，可與伯羽先生婉言之。」這種不卑不亢，亦不甚著痕跡的態度，處陳將軍，是很得體的。所以外間雖有許多傳說，而在他生前，沒有發生過重大不愉快的事。他死之後，時局日益艱困，疾風之下，斯見勁草。故素來不輕許人的陳誠將軍，在東北軍政長官任內，亦不得不嘆息地說：「到現在，我才知道戴雨農兄，確有籠罩全局的本領！」

戴笠與宋子文

與戴氏同時眾多政要，對於他所領導的特種工作，不存猜忌之心，而略有愛護之念的，只有極少數人，宋子文是其中之一。或許因他被謀刺時，戴氏曾為之效力；亦或許因其自恃；他對戴氏，從無敵意。戴氏對於這一位特殊人物，亦自然格外敬重。所以他們兩人之間，一直保持良好關係。但人際關係，亦如棋局，變化莫測，而偶然突發之事，雖智者不能預見，故白首相知，亦難免按劍相眄。

三十一年，宋子文歸自美國，傳將出任顯職，戴氏時正為某權要所扼，對於宋子文，更加勤於周旋，兩人至為親切，不意突有廣東銀行事件之發生。

設於香港之廣東銀行，為宋子文私有業產，由其親信鄧惟仁經理，香港淪陷，不及撤出。敵人查悉鄧惟仁背景，迫使他為「和平使者」，為敵游說，不則予以危害。鄧惟仁亟圖脫身，只好姑且佯允。他在離港之前，一時疏忽，消息外洩，軍統局澳門單位，據以電台，層報極峰。鄧惟仁到重慶，剛住進宋子文公館，緝捕令已下。案由軍統局舉發，事涉宋子文，戴氏當很感困難。他特約鄧惟仁面談，求一解救之法，他認定鄧惟仁所稱受敵脅迫，為脫身計，情非得已，絕無為敵工作意圖之說可信，即為呈復，請予從寬免究。

通常這種請求，是可以獲准的。又不意此一報告，已交與孔祥熙，徵詢其意見，於是變出意外，命將鄧惟仁移軍法嚴辦，結果被處以死刑。宋子文以顏面所關，極為不滿。戴氏平時遇到此類情事，總是甘願代人受過，毀譽聽之於人。他心知鄧惟仁案突然生變，別有原因，亦不願明言。但又不能開罪宋子文，只有曲意求全，冀其諒解。當宋子文得知此案發生，係由於廣東銀行內部摩擦，而出賣鄧惟仁者，亦係彼之親信後，對於戴氏，始漸釋前嫌。

戴笠與閻錫山

抗戰以前，干戈擾攘，縱橫之術大行，局勢一日數變，封疆大員，能保境安民，屹立不搖者，只有一個閻錫山；能自用其明，隨事而應者，亦只有一個閻錫山。這顯示他才智較高，他亦因而很自負，於時人少有稱許。但他獨於戴氏非常器重，許為「不世奇才」。

其實，他們兩人，交往並不甚深。民國二十三年，　蔣中正出巡太原，戴氏以南昌行營調查課長名義隨行，始與閻錫山見面，僅通姓名而已。多年以來，山西保有很大獨立性，無形中有一種排外傾向，特務處派在山西機構，特力求精簡嚴密，並避免與閻錫山接觸，以免誤會。以後中共幹部薄一波等，為閻所重用，對於軍統局工作，破壞惟恐不力，因而先有冀察綏區李果諶所組織之游擊武力，被迫解散；後有閻之幹部楊貞吉將西北區臨汾組人員全部活埋（僅組長李希純一人幸免），電台亦被沒收情事發生。閻錫山皆推為他不知情，戴氏亦莫可奈何。

迨二十八年底，閻錫山所訓練之新兵四十個團，悉數被薄一波等裹脅而去，並建立「晉冀察解放區」，幾佔踞整個山西之一半。閻錫山態度乃有所改變。惟在其防區之內，仍有其拘限，故有很多中央監察、檢查等機構，各省皆有設置，惟山西獨付闕如。

戴氏長處，是不計前嫌。他為開展華北工作，當希望得到閻錫山之諒解與協助，因授意其幹部喬家才，以晉冀豫邊區黨政軍工作總隊長身份，試與聯絡，反應頗好，至此始建立友誼關係。雖是事在三十三年，為時略晚，但對於軍統局在華北工作，頗多幫助。

三十四年，戴氏派張子奇赴華北陷區宣撫偽軍，特繞道訪晤閻錫山，代戴氏致問候意。這時他對戴氏才能及其為人，已有較深認識，他對張子奇說：「雨農認定日本已打不下去，是正確的。正因敵人即將崩潰，所以安撫偽軍，更為重要。」

戴氏與閻錫山，於勝利後，在重慶晤面，兩人抵掌而談，對於當時及以後許多政治問題，廣泛交換意見。歷時甚久，猶覺餘意未盡，可見他們談話很投契。事後，閻錫山對其左右說：「我所見到的中央幹部，言器局、才識與愛國熱忱，無過於戴笠者。」正因他有此感覺，所以戴氏死後，他破例主持太原各界追悼會，談話之間，不勝婉惜。

戴笠與王耀武

戴母藍太夫人，為一虔誠佛徒，每逢齋期，必親到關頂仙霞寺拈香禮佛，三十年秋，敵軍竄擾江山，保安鄉一帶房屋，多被敵縱火焚毀，仙霞寺亦在其內。鄉人之信佛者，咸望藍太夫人為首倡導，修復此一古廟。藍太夫人屢以鄉人之意，告知戴氏，他每次答覆，總是「俟抗戰勝利再議」。

時值戴氏友人王耀武七十四軍軍長，駐防江山，知藍太夫人有此心願，特贈金參萬元，送往戴家，以為修廟之助。事為戴氏所悉，立命家人璧還。他平時對於官場中脂韋逢迎，餽遺相報，以圖巴結，是深惡痛恨的。雖是他對王耀武很愛護，常予提挈，王耀武對他亦甚敬重，兩人交情不薄，亦極為不滿。然亦不願予人以難堪，仍派其幹部毛萬里婉謝，說軍情緊急，士卒勞苦，不敢以地方俗務相累。

關頂修廟，傳說已久，眾信戴氏必有所助，不料他將別人贈款亦退還，興建無期，又不免有許多閒言。藍太夫人亦自不快。他在事後亦覺重違母意，心有難安，乃派人在仙霞寺舊址，搭蓋平房三間，一以供佛，餘為地方公益之用。他回籍省親，間亦借住該處。

抗戰勝利後，鄉人復有修廟之議，以為戴氏有言在先，以他的力量，登高一呼，不難集事。但亦有人說戴某表示「勝利以後再議」乃是托詞，他家房屋破爛，他亦視若無睹，回家時，寧願借住破廟，他豈肯以有用之錢，為此無益之事？誠如所言。戴氏一生用錢甚多，但很講效益，他絕不會以金錢用在佞佛一類事務上。

戴笠與宣鐵吾

三十二年前後，戴氏事業，譬之登山，行將達到頂點。亦如登山一樣，越是步入高峰，途程越加險棘。好在他能把持自己，每遇拂逆之來，輒能「寧靜、忍耐」，絕不意氣用事。當許多不利於戴氏的謠言，正在重慶流傳時，緝私署突然改組，署長一職，由曾任侍衛長之宣鐵吾繼任。於是又有一新謠言，說此乃若干黃埔前期學生有計劃之安排，勢非傾倒戴笠不止。

緝私署為一龐大機構，基層以上幹部，均為軍統局工作人員，在戴氏領導下，無不戮力同心，唯命是從。一旦更換首長，恩信不孚，人有異心，情形就會不同。戴氏深知其然，乃毅然決定：在移交之前，絕不作任何人事調動；移交之後，亦絕不撤退一人；即使是重要幕僚，亦不許與其共進退。同時，嚴令將配屬於緝私方面之通訊人員與設備，全部移交後任接管，「無論軍統局電台如何缺乏，在此移交之時，萬不可抽調一部為軍統局之用」。凡屬緝私署結餘經費，亦點滴歸庫，嚴禁挪移。總之，他在緝私署移交方面，不僅充分表現出冷靜與理智，亦可說為官場交代，開一良好先例。

有人認為當時因有各種潛在壓力，使他不得不降心相從。吾人亦覺一個人的任何動機，都難免不與環境因素有關。譬如當戴氏獲准辭職時， 蔣中正即曾面囑：「緝私署人事，不可隨意調動。」這亦可說是一種壓力，而且是不容他違抗的。不過，所謂潛在壓力，實際上，並不如傳說之甚，戴氏亦並非因受到壓力，而不惜詘己以徇人意。他的動機，似乎仍是出於一念敬事愛人之誠——他認為緝私是國家的事，他在職分上，應盡力維護；認為宣鐵吾是學長，他在道義上，應盡力協助；且必如此，始為心安。

在緝私署交代以後，戴氏有很多函電，分致其各地幹部。首先是表明他離開緝私署，「實因兼職太多，不得不縮短戰線」。他知道他的同志，正在這一條戰線上認真作戰，亦知道有很多謠言，正在社會流傳，如果感覺到他是被迫離職，就必會影響作戰情緒。他要求所有在緝私方面工作人員，都「必須照常工作，接受宣署長領導，不准有畛域之見」。在另一函中，他並懇切地勸告黃埔同學之服務於緝私署者，他說：「緝私工作，為國家要政，亦為我同學分內應做之事。新任宣署長，亦同學也，內外諸同志，均應繼續努力，協助宣署長，以求工作之推進。」……這一類事，大都是在他交代以後，思慮所及，便默默地自動去做，不僅沒有酬報之念，且無取悅於人之意，他只希望緝私工作，仍能有效執行，不因他去職，而受影響。

戴笠與傅作義

綏遠省的歸綏、包頭，相繼陷落以後，偏遠的陝垻地方，遂為重鎮，由傅作義率部防守。他是當時第八戰區副長官兼綏遠省政府主席，亦是當地最有權勢人物，儼然一方之雄。

陝垻即成為華北軍事據點，進出察、熱、晉、冀各省，較為便利，故中美合作所擇定該處，設立第四訓練班，以謀敵後突擊破壞工作之加強。訓練班之設立，係基於地理條件，正如戴氏所說：「各有各的職責和工作範圍，」對於當地軍政機關，絕無妨礙，原是可以相安無事的。

可是，陝垻突然出現一個中央訓練機構，規模很大，而且是由戴某領導，在若干封建意識很深的人看來，已經很不尋常。加之有美國人參加，所使用的，又是較為新的武器，自然更加眼紅。於是無端糾紛，接踵而來，且有人暗中誘惑美員，破壞合作，傅作義不但不予制止，反而公然要求將訓練班交由該部接管。所以戴氏說：「這幾年來，我對傅作義幫過多次忙，想不到他對我的工作，一再破壞。」

正當抗戰緊要階段，當局當不會因地區性的人事摩擦，而對一個高級將領過分裁抑。中美所亦不便因有阻礙，放棄既定計劃，失信於友邦。於是形成一個頗難解決問題。

三十四年三月，戴氏於百忙之中，偕同梅樂斯將軍飛抵陝垻，被迎至第八戰區招待所－「塞上新舍」休息。這是塞外僅有的高級賓館，陳設相當華麗，預定為戴氏下榻地方。他不願受官方招待，略事休息，即轉往後套大順成鄉間，與訓練班員生同住。

傅作義是一善於望風應接的人，當天即備晚宴接風，並安排在第二天舉行盛大閱兵、公宴與歡迎大會，這是官場接待大員舊套，可謂禮數隆重，但俱被戴氏所婉拒。他的隨員，覺得不情，從旁勸說，卻被戴氏厲聲斥責，他說：「中央人員最糟糕的，是每到一處，接受招待，花費地方金錢，增加百姓負擔，而毫不知自重，無怪別人看不起。」

第二天，他拜訪傅作義，面致　蔣中正親筆函，及慰問金五百萬元，並代表　蔣中正，對前線將士致慰勞之意。兩人傾談良久，卻於訓練班問題，隻字不提。

戴氏此次到陝壩，名義上是主持訓練班學生結業典禮，而實際是謀消除一種隔閡，使其工作順利推行。而他和傅作義兩次見面，都避免觸及問題，並堅決辭謝招待，使傅作義自覺有失顏面，而感到不快。其實，他對每一件事，都肯用心思，他早已有他自己腹案。

「塞上新舍」在第三天舉行一次規模頗大的宴會，當地軍政首長都受到邀請，惟主人不是傅作義，而是戴氏。他在席間，與來賓廣泛商談抗戰問題，並分析國際情勢，由於他雄姿英發，口若懸河，言之有物，使在座的人為之折服。傅作義又即席宣佈　蔣中正關懷將士之意。於是群情歡欣，頓覺親切。戴氏覺得一種情緒醞釀已達高潮，他才不著形跡的說：「中央在陝壩設訓練班，是要協同友軍，打擊敵人，故凡愛國之士，一律歡迎參加。」他並當場請傅作義選派人員參加受訓。就只這樣幾句話，使存在於若干人心中陰影，已拔去大半。

他如此做，是因他很瞭解傅作義，為一驕矜自大的人，要先略挫他的驕氣。亦知隔閡不在於傅作義一人，必須調適眾情。更知必須坦誠，使人覺得可以信賴。如說這就是政治藝術，他在當時，已表現出高超藝境，做得恰到好處。

雖然傅作義只保送一部份人受訓，沒有履行諾言；同時八戰區副長官部與訓練班之間，仍不免小有煩言，但訓練則非常成功。該班第一二三期學生與美員，曾對平綏路敵人，予以很大打擊。以後中共賀龍部以二十倍之多的兵力，圍攻包頭，全賴中美所學生，固守力戰，使包城失而復得，歸綏亦因之危而復安。

因此，勝利以後，傅作義在北平屢對人言：「戴將軍在後套設訓練班，真有眼光，亦真成功，他們以五百多人，擊敗中共兩萬多人，在勝利後首建奇功，是出乎我們意料之外的。」

幾次拒賄經過

三十四年九月，戴氏到上海不久，偽上海市長周佛海，忽派其親信，送一大型保險櫃到他寓所並附鎖鑰全套。據來人說周佛海是因其在客中，重要公文，需要保存，特購此最新式保險櫃，供其使用。其說詞頗為委婉動聽，沒有理由拒絕。周佛海自以為他的設想周密，乃必售之計。殊不知戴氏一向對任何小事，都心到眼到，從不模糊，取與之際，亦從不輕易假手於人。更加上他的社會經驗，異常豐富，故當他聽到突然有人送來保險櫃，已覺情有可疑。繼見其移動時，似甚沉重，不類空櫃，更料定其中有異。於是命來人當眾開櫃。保險櫃既開，駭然財物纍纍，充塞其中，有美鈔，有黃金，還有房地產契約，可以說是重賄。

對於一個愛惜名節，痛惡貪污的人，直接行賄，並以詭計使其無從拒賄，這是侮辱，亦是挑戰，其人感受如何，是不難想見的。據說戴氏目睹保險櫃內，暗藏大量財物後，頓時臉色大變，默然無語。他內心憤怒與煩惱，可從他眼際眉間，明顯看出。但他並沒有當場發洩，仍顯得和平常一樣鎮定，凝思片刻，始命當來人面逐項清點，登記封存。沒有人知道他將如何處置，因他並未表示拒否。兩天以後，接到重慶覆電，命將保險櫃連同財物，交由中央銀行接管，方知他在當天已據實報告　蔣中正。

此項財賄，究有多少？已無從查悉。惟據偽方資料透露：周佛海在九月某日，曾密令其親信羅君強等四人，各籌集黃金五百條，以應某種急迫需要。如他所說急需，就是用於行賄，則可推斷保險櫃內，僅是黃金一項，亦當在萬兩左右。

戴氏一生作事，以明快著稱，而對此賄案，卻顯得有猶豫難決光景。於是有人猜測，周佛海對軍統局工作，貢獻很大，戴氏是個重義氣的人，他要求一兩全之策，不得不加以考慮。其實，行賄不僅觸犯國法，亦陷人於不義，像這種與名節有關的事，戴氏是絕不會為別人而犧牲自己的。實際情形是偽政權自陳公博脫走後，周佛海為名副其實的負責人，當時京滬局勢，並未完全穩定，還須周佛海協力收拾，不但不便過分予他以難堪，且須顧全他的顏面，使其繼續效力，這就是他經過思考，才作決定的原因。

上海行賄，在技術上，是比較高明的，財物隱藏於保險櫃內，無異於暮夜送金，與者受者之外，別無他人知道。假如戴氏不是律己甚嚴，他穩可發個小財，而不慮有何後果。而北平之行賄，其手法，可說極為拙劣。

三十五年春，戴氏到達北平，視察肅奸工作，假什錦花園為臨時辦公處。其時平津重要漢奸，均已就逮，偽「財政總長」兼「華北儲備銀行」總裁汪時璟，亦在其內。漢奸家屬之暗中活動者，雖知戴氏握重權，卻無人敢於犯厲禁，因為在傳說中，戴某是一個鐵面無私的人。不意汪時璟之妻，竟不顧一切，想以財賄為乃夫脫罪。他不得其門而入，竟然攜帶珠寶一箱，逕往什錦花園求見，還開具禮單，有請點收給據之意。這份禮單，載有禮品若干？價值幾何？不得而知，因當時已併案移送法院。惟以汪時璟之富有，財賄又是珠寶，料必甚為可觀。

當禮單送到戴氏面前時，他憤怒達於極點，幾於睚眥俱裂。他在三月十三日，寫給北平辦事處手諭中說：「汪時璟之妻送來各物，即照其清單，點交肅奸委員會保存，並儘速移送敵偽產業局處理。

如此公然行賄，乃對笠之人格，有所侮辱，令人憤慨！將來該案移送法院時，應將行賄情形，加以註明。」

結果，汪時璟不僅沒有打通關節，反因行賄而加重刑責。

戴笠與李宗仁

故都北平，一直是華北各省的政治中心，勝利之初，更形重要，亦更加複雜。吾人前已指出：「七七」事變以前，日諜漢奸，即甚為猖獗，屢圖叛亂。偽組織出現，散佈各地偽軍頭目，亦多數為軍閥餘孽與亡命之徒。敵人投降時，中共在華北勢力，已因抗戰而擴大，在平津一帶，中共的「晉察冀區」，不但甚為活躍，且傾力脅迫偽組織，蠱惑戰俘，製造變亂。雖然國軍能迅速空運北平，而潛在危機，並不是專靠軍事力量，所能消除的。因此種種，戴氏曾數度親往平津，作最周密之佈置。

經過很多人默默努力，到三十五年春，才可說逐漸進入安定階段。這是因為大部份偽軍，已經確實掌握。中共在城市活動，已被有效遏止。一般認為棘手的肅奸任務，亦已順利達成。而酒井隆被捕，更使一大陰謀，歸於破滅。

酒井隆原為日本在天津「駐屯軍」參謀長，亦是唆使特務擾亂華北的罪魁之一。他在敵軍中頗有號召力，並與華北敵軍各指揮官如根本博等聯絡密切。故他在勝利之前，雖已是退役中將，仍極活躍，並已與中共早有聯絡。勝利之初，中共利用敵軍反投降情緒，與酒井隆密謀煽動戰俘，待機武裝叛變。幸被戴氏幹部張家銓及時發覺，多方設法從北平西山中共區內，將酒井隆誘至城內，暗中密捕，切斷中共與戰俘聯絡線，並嚴加防範，才得保無事。（酒井被解送南京審訊，依戰犯罪，處以死刑。）

三十五年，東北局勢，顯然已日趨惡化，華北亦顯然已成為樞紐地帶，實際存在歧異與困難仍多，如何安定華北，俾中央得以全力來應付東北變局，仍為一大問題。同時，素與中央貌合神離之李宗仁，已出任軍委會北平行營主任，有權過問地方事，他如作梗，又不免增加中央困難。戴氏在勝利後，奔走華北各地，就在於謀安定。他最後一次到北平，一面是為順利結束華北肅奸工作，將漢奸移解所指定法院審理；一面是要求取「李老師」之合作。

戴氏出身於黃埔軍校，他在校時，李宗仁仍是校務委員，在名分上，有師生之誼。而在實際上，彼此之間，不但城府頗深，而且旗幟分明，在幾次桂系事變中，還曾間接交過手。雖說八年抗戰，已使若干政治嫌怨，逐漸沖淡，但有若干痕跡，仍是隱約可見的。這一點，戴氏比別人更瞭解，亦更知道在某種情形下，該採取某種姿勢。他應付李宗仁，是盡量採取低姿勢。

三月某日，北平居仁堂門前，突來一部汽車，從車中走出一人，手攜禮物，衣著普通，不類顯貴，很瀟灑的進入行營客廳，當很多官員知道來人就是名震一時的戴某時，都覺驚奇！他和李宗仁見面後，先親手捧上洋酒四瓶，然後深深一鞠躬，口稱：「向老師請安。」李宗仁知道他不會是專為交際應酬而來，亟問來意。他說：「學生此次來北平，是為視察肅奸工作辦理情形。現已大體就緒，特來向老師報告，並請指示。……」他常告誡部屬，與人相處，要有「孺子可教」態度，虛心受善。從他對李宗仁態度看，不只是很謙虛，而且是很誠懇，使人感到親切。

舊時崛起草莽，僥倖得志的軍人，多半有強烈的自卑感，怕人瞧不起，李宗仁亦無例外。現在在他面前，執弟子禮的，是一個叱吒風雲人物，對他如此恭敬，使他自尊欲得到滿足，甚覺光采，遂不禁面有得色。他沒有等待戴氏辭畢，便欣然的說：「你們辦得很好，我無意見。你如有需要，無論是錢或人，我都盡力支持。」

李宗仁說的話，似有相當誠意。惟戴氏之意不在此，他只希望別人不要強行干預，滋生事端。所以他很委婉的說：「人員經費，毋勞費心。只是肅奸為一大事，國家綱紀所繫，而華北環境複雜，要破除疑畏，齊一眾志，以安定一方，就只有仰仗老師德威，才能辦到。」這是恭維話，亦是旁敲側擊。最後，在一種友善氣氛下，李宗仁終於表示：中央政策，必須貫徹，不容有人破壞。並說他將盡力而為，請戴氏放心。因李宗仁之表明態度，若干懸慮，因而澄清，華北工作，亦因能照預定計劃，順利進行。

對於此次會談，戴氏殊為滿意。在返回寓所途中，他對隨員張家銓說：「從事革命工作，要知道今天環境之複雜，知道革命非僅憑斷然手段，一味直線，所能達成者。」

這幾句話，可視為得意語，表示他知道如何適應複雜環境。然亦足以發人深省，革命是不能完全順從主觀意願，泥於一局而不求變的。

幾項不為人知的美德

從不任意批評他人：在政治場合，異黨異派，乃至同黨同派，互相詬誶，乃常見的事。有些人並不一定有何目的，只是下意識的覺得說別人非，才顯得自己是。所以議論愈多，而是非愈淆。戴氏對於當時一般人之口是心非，互不相信，以及黨同伐異，爭相攻訐的風氣，是深為不滿的。他曾經感嘆的說：「過去中國政治失敗，就在於許多人只知批評人家，而不知道自己省察。」

據幾位最常接近戴氏人士說：「戴先生談鋒甚健，興會所至，上下古今，無所不談，惟獨絕口不言外間事之得失，人之賢愚不肖。偶或有人向他談及，他亦很少作何表示，因他不喜部屬隨便議論別人長短。」

處在戴氏地位，對於政治方面的人與事，感覺必異常銳敏，所知亦必較多。吾人細閱其遺著，發現他不但不論人是非，信口批評別人，且絕少談論外間事。

有人說於事不輕言是否，於人不妄加批評，久於官場的人，類皆有這種「修養功夫？」其實，一般所學的是荀學，而不能稱為修養。一個真有是非觀念的人，絕不會緘默苟容，同俗自媚，更不會模稜兩可，安身取譽。戴氏雖亦是政府官員，但從他歷史看，他所染官場劣習，是很少的。他不隨便批評別人，似乎是因他體會到許多人不肯反躬自省，只知責難別人，是一種壞風氣。他曾講過如此一段話：

「……英國只有四千萬人，為什麼能統治世界上十億餘人？是英國人真了不起麼？我看未必盡然。不過，英國人亦確有他們優點，譬如他們對自己同胞，能互相尊重，不妄批評；如在外國人面前，總是互相恭維，言其所長，不言其所短；背後絕不毀謗自己同胞；目的是要讓外國人看得起。至於我們，正如領袖所說：『恰與英國人相反。』一般的中國人，在外國人面前，常是以國人好壞作話題，盡量說自己同胞壞話。結果，使得外國人誤以為中國人都是壞人，使得外國人看不起我們。」

這一段話，顯示他對當時社會壞風氣，感觸很深。所以他要求他的同志：「一定要腳踏實地，埋頭苦幹，不管人家對不對，首先要問自己有沒有盡到本位責任。」惟其如此，不胡亂批評別人，才可算是一種美德，而不是官場流行的遁藏之術。

對人彬彬有禮：一般人但知戴氏為一神秘人物，與外間接觸甚少，社會一般交際常禮，概不參加；但知他受知於當局，甚見親信；難免不以為他是一倨傲而驕亢的人。其實，在與他同時之眾多顯貴中，他可以說是一個最能克己復禮的人，雖然在這一方面的資料不多，但仍有不少事蹟，足可證明他很重禮節。他不但與人交往，必以禮相接，並常告誡部屬：「我們同志，需要堅強。但堅強並不是狂妄自大，更不是旁若無人，把領袖以次的人，都丟開不理。」

因此，他在平時，不僅對若干大老前輩，和有名望的學人，非常恭敬；對於同學同僚，凡是輩分比他高的人，亦皆視為先進，謙而有禮。因公外出，所經之處，凡軍政首長之資深年長者，他必先造請，致存問之意，執禮甚恭，從未有待人迎迓，始往報謝的事。偶或酬接賓朋，座次高下遠近，亦必親自檢點，一點不容模糊。

從他手擬公牘私函中，亦可看出他比別人更重視禮節地方。譬如他當時出任緝私署長，是由蔣中正指派，經孔祥熙一再敦促他才就職的。如換一個人，就難免不趾高氣揚，輕慢同列。而他在任內，卻能謹守職分，凡他所手擬函電，即對主管官署次長，亦必稱「鈞座」，而自稱「職戴某」。他認為國家體制，是應當遵守的。

又如敵人投降後不久，軍令部突以別動軍「紀律甚壞」為由，簽請當局予以裁撤。戴氏時在前線，正指揮所屬武裝組織，抗拒中共，維護交通與秩序，各地皆在艱苦支撐之中。他得訊之後，立即電令軍統局據理申訴，他說：「目前情勢，雖然改變，但是非黑白，吾人必須爭執。應將別動軍成立以來，與敵偽奸匪作戰之次數、作戰結果，及其所獲戰利品之數字，以及時間地點，呈報委座。別動軍如果有騷擾地方情事，亦須一一查明，據實呈報。吾人官可以不做，人不能不做。國家如無是非與功罪，此國家亦不成其為國家也。」

後面幾句話，措詞很激烈，顯示他內心很憤慨。他知道發端者是軍令部長徐永昌，幕後又別有唆使之人，其所以不待過河，便要拆橋，無非是要排擠他。這種蓄謀傾陷，置國家利害於不顧的事，當然令人憤慨。而戴氏仍嚴守禮防，不願直斥其名，在電文中，只說：「對於軍令部此一簽呈，吾人不敢說駁辯，但必須求得清白。」一個人能在情緒激動時，而不失禮，必是平時很重視禮節的人，才能做到。

常存慊然不足之心：戴氏以一黃埔學生，毫無憑藉，十年之間，頭角崢嶸，對國家貢獻良多，際遇之隆，更少有人可與相比，能有如上成就，應當志滿意得。但他是一有志量而忠於革命的人，不同於一般斗筲之器，僥倖得志，便驕泰自滿。因之他對於自己學養，對於他所領導的事業，總是自視欿然，感覺不足。

抗戰以後，戴氏已隱然是一重要政治人物，他亦警覺到為國家擔當大責重任，須有多方面的學識，所以他求知之心很切，對於學問，亦愈加重視。凡遇國內外學者專家到重慶，他有接觸機會，必定殷勤款接，當面求教。多數時候，是請客人到他寓所，賓主相對，靜聽客人談話，或至深夜，了無倦容。對於若干資深官員，及有名望學人，常存尊禮之心，私下亦皆稱某先生。當其講演時，他如在場，必肅立恭聽，以示崇敬。

同時，他要求軍統局內外工作人員，不論閒劇，每日早起，都須讀書，他認為工作和知識，關係很大，必是勤讀，「才能長進」。還要求定期考試，「遠處的也要打電報去考」。這在當時政府機關，是絕無僅有的。

語云：「知不足，乃能自反。」只有能認真反省的人，才有勇氣認自己短處，才能虛心接受別人長處，從而有一種自知之明，見到別人卓異表現，而有「見賢思齊」之念。

抗戰中期，蔣經國氏出任江西省第四區行政專員，以建設新贛南為職志，政績甚著。他在作風方面，諸如踏實，任勞怨，與不矜不伐，頗與戴氏有相同處。故戴氏視為畏友，每赴東南視察，輒往訪晤，交換意見。當其第三次過贛州時，蔣氏請他參觀地方設施，他細心觀察，發現有很多地方，創新求實，而朝氣蓬勃，不在軍統局之下。他有一種不自欺的好習慣，因而有自愧弗如感覺。在離開贛州後，他似因感觸很深，途中多次電告軍統局，提及贛州所見，其中之一，他說：「弟昨蒙蔣經國同志邀往參觀其所辦之托兒所、幼稚園、正氣中學，及其正在建築中之師範學院，見其規模之宏大，計劃之周詳，與其工作之切實，全體工作人員生活之勤苦，情感之協和，弟實萬分感愧！」他在電文中，並以「吾人十餘年來之工作，耗費大，而成效少，」深自刻責。在另一電中，他還說：「有許多事，何以贛州能做到，別處不能做到？此乃因蔣專員能以身率之。」

我們只有幫助別人

戰時軍事情報，關係重大，是顯而易見的。當時最大困難，是戰區非常遼闊，部隊情形，亦甚複雜，而軍中又普遍缺乏有能力的情報軍官，因而常有錯誤情事。軍統局在軍中，從無工作佈置，為應急迫需要，乃呈准臨時派遣軍事專員或聯絡參謀，前往蒐集情報。雖是人數不多，並未能滿足要求，而軍中已有誤會，說成是為監視軍隊而設的。

稍後當局為加強軍事情報，採納戴氏建議—由軍令部設立參謀訓練班，遴選軍校畢業優秀學生，施以專業訓練分發軍中工作。並指定由戴氏主辦。他深知情形複雜，特告誡受訓人員，不許自稱為戴某學生，或承認與軍統局有何關係。參訓班學生，陸續分發工作之後，據軍令部檢討，軍事情報，已獲得相當改善，對於作戰，頗有助益。同時，謠言亦隨之而來，甚至有人說此乃戴某有計劃的將特務工作，滲入軍隊。若干軍中諜報參謀，並有受排斥情形。

戴氏對於種種謠傳，當有所聞。在三十一年長沙三次大捷以後，他在集會中，講過如次一段話：「我們在某一地方佈置工作，並不是對當地軍政長官表示不信任，更不是蓄意找別人麻煩，而是各有各的職責，和工作範圍。實在地說，我們的工作，是在協助當地軍政長官。即如這次長沙為什麼能打勝仗？就因得力於情報工作。敵軍的調遣與活動，我們派在各地同志，事前都有報告，經領袖許可，我們將所得情報，隨時供給薛司令長官，因而獲得勝利。」

當外間謠傳「特務介入軍中」時，有人勸戴氏有所解釋，以免誤會。他聽過以後，先自放聲一笑，然後坦然地說：「若干年來，我們只有幫助別人，別人都得到應得之功，而我們同志，只是成人之美，從不邀功倖賞。我們抱定宗旨，對人仁至義盡，對事盡忠竭力，一切皆有事實可稽，有何誤會之可言？」

他說「我們只有幫助別人」，亦確有事實可稽。很明顯的，如財政部門之緝私、貨運、經濟檢查與調查；交通部門之運輸管制、交通安全、電訊監察與航空檢查等業務，都屬庖代性質，都可說是幫助別人。其在軍事方面，有形與無形之協助尤多。誠然，他亦有便於開展軍統局工作意圖，並因之而使他聲勢加大，可以說是助人自助。而所作的事，都為戰時當務之急，對於國家有益。很難得的，是他始終抱著但求於國家有益，成功何必自我態度，從不言功，亦從未與人爭功。這種地方，足以見其風格。

戴笠與他的黃埔同學

從北伐時起，到大陸變色為止，黃埔軍校學生，對於中國軍事和政治，是有決定性之影響的。其中志行卓異，有功於國者，頗不乏人。但論才略，能突過戴氏者，指固未易多屈。

民國二十年以前，黃埔學生，知道戴某其人者，似不甚多；知道他是一奇才的人更少。其時在軍政各界，已顯露姓氏者，大都為第一、二、三期畢業學生，四期以下，止於中下級幹部而已。

二十一年，戴氏膺選為力行社中央幹事，有很多黃埔學生，尚不知戴笠為何許人，故當　蔣中正指派他兼任特務處長時，有很多人感到詫異，甚至有人反對。雖然他是以功勞而自致身於青雲之上，而在黃埔學生眼裡，則是平步青雲，亦是躐等，因他只不過是六期同學，而且還是未經正式畢業的。

在這以後，他的事業發展，一日千里，他彷彿是田徑場上一名健將，經常是跑在前面，使很多人望塵莫及。很多黃埔前期學生，不僅不能與他並駕齊驅，反而成為他的部屬，自第一期至第五期皆有，而且不是少數。

進入軍統局時代後，他的聲勢，越來越大，　蔣中正對他信任，亦越久而越加專篤；同時，他的功業，亦相對的越發彪炳。軍統局內所尊稱的戴先生，逐漸成為社會一般人對他共同的稱呼。這三個字，又不僅僅是尊稱，而且象徵一種權威。無怪很多黃埔前期學生產反感，覺得他鋒頭太健。

若干黃埔學生之不滿戴氏，一個基本原因，似仍在於彼此在　蔣中正面前分量之比重，他們覺得雖是自己分量沒有減輕，卻總不及戴某之日益見重。這種情形，通常稱之為爭寵，所謂「女無妍媸，入宮見妒」是官場所必有的。另一原因，是戴氏主持情報，接近　蔣中正，有人以為自己之進退黜陟，與戴氏有關，尤其是自覺失意的人。

其實，很多人想法是片面的，對於戴氏，則為誤解。依吾人觀察，戴氏是很珍視黃埔軍校這一團體；而對其同學具有深厚愛心的。他知道自己是靠黃埔學生關係，而得到當局青睞。亦知道團結才有力量。更要緊的，是當局對於革命大業，寄望於黃埔學生的意向，他很清楚。所以雖在力行社解散之後，他所領導的事業，仍然堅持以黃埔學生為骨幹，每一部門都須有黃埔學生參加，一直保持到他死為止。

據說在抗戰後期，亦即是戴氏最盛時期，確實有人要「打倒戴笠；」其中亦確實有黃埔學生。其實，亦只是企圖而已，要真打倒，並非容易。很顯然地，在抗戰後期，戴氏可說羽毛已經豐滿。軍統局有十幾萬文武青年，對他有堅強信仰，在各種不同戰場作戰，他們所作的事，大都非常艱難困苦，不是一般人所能做到的。沒有戴某，就不會有這樣一個堅強的組織。

又何況　蔣中正重用他，是要他盡力為國家辦事，國家亦正需要他這種能披荊斬棘，任重致遠的人。如果他無大過，或別有人比他更為堅強，　蔣中正不會因若干人之不滿，而棄置不用，是可想見的。這一點，戴氏本人，亦很清楚，所以他說：「……我戴某生不帶失敗而來，死不帶失敗而去。……我不知道什麼叫打倒，什麼叫取消，只怕我們的同志不進步，官僚腐化。……在領袖沒有命令叫我不做以前，一息尚存，我要始終如一，貫徹到底。」

不過，儘管他知道他的進退，要取決於　蔣中正，而他亦不願因流言蜚語而忿爭，尤其是對黃埔學生。他為應付若干前期同學，是很用心思，亦很有誠意的，他曾在各方面表現出對他同學謙讓、容忍與扶助。雖明知某人欠友善，亦總是持一種「犯而不校」態度。在以後幾年，他並常找某種藉口，款宴在重慶的黃埔同學，藉以聯絡增進感情。……

戴氏與若干黃埔學生之間的許多傳說，並不是完全沒有原因的，只不過事實真相，不如傳言之甚。譬如力行社成立時，傳說胡宗南、戴笠等為一派，而以賀衷寒為首的若干黃埔學生，又另為一派，「暗鬥甚烈」。又如抗戰後期，傳說黃埔學生中，有一小組織，其中以張鎮等人，反戴氏最為積極，因而憲兵與軍統局工作人員，時有衝突情事。其實，戴氏與胡宗南、賀衷寒等，亦只因認識有先後，過從較密或較疏而已，說是派系，未免誇張。軍統局人員與各方面偶有衝突，亦未必皆出於預謀。

早期傳說最盛的，是戴氏與鄧文儀、康澤兩人，積不相容，形同水火。這是有可見原因的，因為三人工作性質相近，三人都欲有所表現，而且都為　蔣中正所較為親近之人。

二十三年以後，南昌調查課，歸併於特務處。別動總隊，尋亦裁撤，部份業務，亦由特務處所取代。三個機構，只有特務處一枝獨秀，並發展成為以後聲勢浩大的軍統局。原先聲望較戴氏為高的鄧文儀、康澤，亦漸失勢。這些跡象，益使人相信此起彼落，是經過一番鬥爭的結果。

可是，戴氏和鄧、康等人，卻一直保持很好友情，看不出有何嫌怨。據鄧文儀說：「……戴笠和我，合作無間，情同手足，我們常交換意見，頗有同感。戴笠、康澤兩人，亦互助合作，始終如一，常互相支援，從無事權之爭。有人誤會戴笠與康澤互相責誶，並無其事。」這幾句話，見於他近年所寫的一篇紀念文，他對於已死多年的故友，還感念疇昔，不勝其悼惜之情，他說的話，應屬可信。

鄧文儀的證言，可使人知道若干傳說，雖事出有因，卻未必都實有其事。但並不能證明戴笠絕對與人無爭。又何況他是一個情報工作者，有時不得不爭。不過，從他一生行誼看，他是很少為一己私利，勾心鬥角，與人相爭的。對於黃埔學生，則可說情至義盡。像這樣一個罕有奇才，出於黃埔軍校，他的同學，亦當以他為榮。

戴笠與其胞弟雲林

凡對戴氏認識較深的人，無不承認他有一種特性——感情異常豐富，兼有一種豪氣；同時極重理智，善於克制自己。這一特性，是他能駕馭眾多部屬，建立功業，而且能保清白，樹令名，使人懷念的一個重要因素。在這一方面，故事特多，不勝枚舉。只舉一個最為難能故事如次：

吾人在介紹戴氏身世時，曾提到他同產姐弟，共為三人，他父親死時，他才四歲，其弟雲林，則只有兩歲。兩人共寢餐，饑渴冷暖相關顧，友于之愛，又自不同。其家寒微，供戴氏一人出外遊學，已經很不容易，故雲林亦早失學。戴氏成年後，渴望乃弟有受較好教育機會，而苦於自己多年落魄，無能為力，他對這件事，一直耿耿於懷。

大約在戴氏進黃埔軍校後，雲林亦投身軍旅，稍後畢業於廬山軍官訓練班，任下級軍職。其時戴氏已得志，且有用人之權，雲林對乃兄當存有厚望。舊時官場，往往有人得勢之後，親故鄉黨，乃至門下廝養，都必分享一分「榮耀」，所謂「一人成佛，雞犬皆仙。」而利用權勢，位置私昵，更為習見之事。戴氏獨薄此而不為，他不但對乃弟未直接援引，且從未間接向友好推介。

據說戴雲林之為人，能力有限，而欲望甚高，平時言行，亦欠檢點。這亦可能是他不能見信於乃兄的一個原因。

二十六年，戴氏幹部馬志超，出任蘭州警察局長，代雲林說項，請准其隨往蘭州工作。戴氏起初不允，請之至再，始勉強同意。但他仍放心不下，不時以私函要求馬志超從嚴管教。他在函中說：「事業成敗，全繫乎用人之得失，待人處事，須重理智。雲林務請兄痛責，此後不准對外作任何活動。尤望詳考其生活，嚴稽其進出交往之人！兄如庇護，弟不僅不為雲林恕，且不能恕兄也。」另函並說：「雲林如不安分守己，盡忠職守，即請撤職，否則兄非愛弟，實害弟也。」

依戴雲林想：他有一胞兄，握有權勢，各方巴結之不暇，他不應久居人下。且很多權貴子弟，才能遠不及他，而官位在他之上者，比比皆是。他亦自信能做大官，他知道乃兄亦不過是一個軍事學校畢業，「有為者，當若是。」於是不安於職，要馬志超保薦他出任縣長。戴氏知道，即斷然命馬志超予以撤職。

雲林賦閒一段時間，知胡宗南與戴氏交厚，請其保送軍校高教班受訓。這次因戴氏認定訓練可以改變一個人的氣質，未加阻止。不意雲林因不守校規，而被除名。戴氏在憤怒之下，即予以禁閉，命其思過。並表示如不痛改，不許見面。後因胡宗南之助，再度保送受訓，畢業以後，一度在西北工作。不久，戴氏查覺其言行仍有近似招搖處，認為雖無大過，而人言可畏，乃勒令回籍奉母，不許在外作事。

據軍統局東南辦事處主任毛萬里說：三十三年，戴氏出巡東南，便中回籍省親，他亦隨行，曾親見戴氏兄弟兩人當面爭執。戴雲林質問乃兄：「你的權勢極大，竟不容我在社會上立足，是何居心？」戴氏答言：「政府要用有為有守之人，不能用你這種不守規矩的人。」「既然如此，我只好自己去求出路，」雲林忿然的說。戴氏亦怒形於色的反唇相稽，質問雲林：「你是否想去當共產黨？果爾，我必殺你。」……

戴氏成名後，不僅在軍統局範圍內，有很多人，因他而發達，而各有成就；軍統局以外，亦有很多人，得他吹噓提挈，而在軍政界任要職，乃至位至方面。惟獨戴雲林，未得乃兄蔭庇，反為一最失意之人。戴氏天性極厚，手足之情，人之所同，他非無愛於雲林，只是因他將公與私，看得太過分明。

絕不為情面而徇私

抗戰時期，後方檢查、監察、經檢與緝私等工作，原是以作奸犯科者為對象，對於守法的人，並無不便。但作奸犯之徒，大都有親故鄉黨，出任官職，或聞充「社會賢達」，而自以為應享有各種特權。在官場中，講人情，通關節，交手為市，賣法養交，又是習見的事。於是常有案件，牽涉到部份官員和「社會賢達」身上。間亦有若干官員或「社會賢達」，本身就是作奸犯科者。遇有事件發生，自不免要請託關說。關說無效，亦自不免要顛倒黑白，橫加攻訐，攻擊對象，自然是戴笠。在抗戰後期，對軍統局時常攻擊的，大有人在，其中之一，是國民參政會。戴氏當早知道，所以他說：「我知道這幾年來，參政會內，有些人在攻擊我們。」

攻擊是有原因的。舉個例子：三十三年前後，重慶的黃金，官價只有六百四十塊一兩，黑市則賣到四千九百多塊錢，一轉手就可獲暴利。據戴氏說：「最近有幾位華僑和參政員，私囤黃金三四十兩，或五六十兩不等，被我們破獲，他們來找我多次，我均婉拒未見。他們當然討厭我。」這顯示參政員中，就有人作奸犯科。

在資料中，戴氏對於許多作惡的官員，從不指斥其姓名，對於這批囤積居奇，破壞金融的參政員，亦是如此，可見他宅心是很忠厚的。他只是要求他的部屬，在職一日，必須盡責，不管別人批評如何。他在破獲這批囤積案後，對其部屬說：「我們在苦幹苦守當中，免不了要遭遇到許多不如意、不痛快的事，或者不為人家諒解，或者竟被人家討厭。這種時候，我們更加要虛心謹慎，勞怨不辭，盡其在我，縱然遭受百般嫌怨，亦絕不可灰心喪氣。我們從艱危困頓，盤根錯節當中，磨鍊成為一個鐵漢，本數十年如一日決心，一點不疏忽，一點不懈怠，憑著我們良心血性，至誠至公，來做我們分內事。國家法令，一定要切切實實來執行，絕不可因麻煩而模糊，為情面而徇私。」

精力四注毫芒不遺

戴氏所領導的事業，就其廣闊面與複雜性而言，中國乃至世界，似甚少有一種組織，可與相比。各類之中，還可因工作目標，而再加區分。在表面上，各種業務，各有主管，分層負責，與一般機關略同。而實際上，則因其為情報機關，大有分別。

戴氏生前，無一刻不在應戰或求職，且必須機動，以適應各種不同的戰況，而不能拘於形式，削足適履。易言之，他所需要的，是一支能應變而有效率的特種部隊，而不是正規軍。

如前所述，軍統局是由戴氏單槍匹馬，一手開創的，他憑才略、功勞與忠誠，獲得當局信任，同時獲得甚多權力。於是他在軍統局，成為名符其實的一家之長，他說的話，就是命令，是不容反抗的。

或許這正是一個情報機關應有條件，不如此，不能達成許多艱難的任務。但亦因此而發生一種相反作用，即幾乎所有幕僚，都只能仰成聽命，事無大小，都得請示而後行。正如昔人所說：「百司不敢任責，瑣屑皆決於一人。」於是軍統局便成為全國第一繁劇機關，而戴氏本人，又恰是這一機關第一忙人。從此可知他何以每至深夜，始得就寢，清晨即起辦公，乃至廢寢忘食的原因。

照軍統局業務繁劇情形，一個體力較強的人，即使每日只是批答公文，接見幹部，亦將形勞神疲，再衰而三竭。可是，戴氏彷彿有用不盡的精力，對於任何事，只要與軍統局有關的，即使極為細微，亦必心到口到，正如他所說：「半點都不容模糊。」甚至可說，在軍統局內，沒有一件事，他不曾過問。譬如男職員不宜穿著棉鞋，表現衰頹樣子；女職員髮式長短，應以衣領為度；如何利用廚房殘餘食物，飼養牲畜；如何改進公文處理方式，節省紙墨；……乃至某種標語，應如何張貼；某種盆景，應放置何處；類此瑣屑之事，一般高官所不屑問的，他都不憚其煩，耳提面命，講出一番道理。

他又不僅是興之所至，徒說而已，凡他所關心的事，只要他查覺，必口到身到，或親自料理，求必安而後已。茲各舉其對員工子弟讀書一事為證：

自重慶被敵機轟炸後，戴氏恐其員工子弟失學，特於近郊興辦小學及托兒所，以便就讀。同時，因工作人員待遇偏低，特規定凡有子弟住中等以上學校，成績在七十分以上者，分別補助半數或全數學費，以示鼓勵。一個機關負責人，能如此體恤部屬，已可稱為賢長官。但戴氏卻無意示德於人，博取別人稱讚，他只是覺得在道義上，他有扶助同志，教養其子弟的責任。由於動機在此，所以他對學校辦理好壞，學生成績優劣，無不感到關切。雖然忙碌，他必常抽暇親往學校查看，每有所見，又必從詳指示。甚至核發學生補助費，亦要由他看過作業，評定分數，才決定應發數額。在他遺著中，有很多關於學校方面事，非常瑣碎；然每一句話，都有他一分愛心在內。例如：

「公費生之衣履，尚稱整潔，足見立人小學現在女傭之勤勞，應每人各發特別費三百元。」

「洪培生、洪亮同志之眷屬，對其子女之衣履，能顧到整潔，尤其洪芳之衣服，雖破舊仍整潔，可謂善於持家，應以本人名義致函嘉勉。」

「幼稚園學生服裝，式樣應求簡便，注意整潔。」

「學校飯廳牆壁，應即打通，使老師學生，能在一處共同進餐。桌椅不敷，准予添置。」

「學生課餘作業，無論遊戲勞作，均無人指導。學生之運動器具與圖書設備全無，應迅速改善添設。」

「教職員應嚴加考核，其有教育經驗與服務熱忱者，應查明加薪；否則除李仁慧外，應予撤換。……」

總之，他對於軍統局每一個人，每一樁事，乃至一草一木，都似若有一種情分，無時無地，不感到親切與關懷。

一個人的精神生活，尤其是一個政治人物之心智活動，與其人品，極有關係。而品行德行之自我實現，不在於聲華，而須於平時處世接物幾微之處，體認得之。戴氏在政府，雖為時甚短，而其生活境界，則極為廣闊，其所遇合，又與眾不同，故其軼事特多。前面所略舉者，雖百不逮一，亦足以概見其人品。

五十、一代奇人之死

抗戰勝利後，戴笠依然是全國第一忙人，風塵僕僕，席不暇暖。他要安撫百萬偽軍，使其免為中共利用；要維護全面交通，以利政府復員；要全面整肅漢奸；要聯絡美海軍協助運輸，挽救東北危機。同時，還要重新佈置工作，準備新的戰鬥。不幸就在奔忙之中，齎恨以歿！他死之後，人益懷念，眾信他是一奇才，國家多故，奇才難得！

戴笠殉國經過

民國三十五年（一九四六）三月十日，戴氏在北平懷仁堂主持總理紀念週，講過如下一段話：

「……我們同志，不是幾萬人、幾十萬人，而是幾百幾千萬人。只要是真正愛國，真正革命，抱定不成功，便成仁之決心的人，都是我們同志。我們當前任務，就是繼承總理遺志，完成革命任務。這個任務，能否完成，要看我們有無犧牲決心。此種犧牲決心，不僅在捐軀效死，還要澹泊名利，功成不居。這樣才配稱為一個革命者，配稱為總理忠實信徒。……

現在抗戰雖勝利，而國家內部，仍未安定，建國大業，仍然千頭萬緒，要建設一個現代化國家，我們責任之艱鉅，更十百倍於往時。如果有人以抗戰勝利，革命就算已經成功，就可以停止革命，這種人，如非愚昧，便是不瞭解國內外之情勢，不明白革命道理。……

因此，最近在重慶，有人告訴我，說某些人士，主張『取消軍統局』，要我留意。我一笑置之。軍統局十幾年來，以鐵與血，苦鬥不息，功過如何？社會公正之士，自有評鑑，吾人不須解釋。我要告訴大家的，是真正革命者，必不計較權利名位，沒有軍統局，我們亦仍要革命，絕不放棄責任。……

最後，我在臨走之前，要鄭重叮嚀各同志，今後大家必須精誠團結，繼續為革命大業而奮鬥，並且必須盡力保持我們這個團體一貫的刻苦、踏實、清白，而不苟且的作風。」

三月十二日晚間，戴氏約見他的得力助手鄭介民，商討解救東北危機問題。在未獲結論之前，他突然轉換話題，對鄭介民說：「介民兄：這十幾年來，我們團體，不敢說對國家有大貢獻，犧牲之大，敢說為任何機關所不及。我統計一下，只是幹部同志就死了有幾千人。他們為國家成仁，固是死得其所。可是，人孰無家？黃口白髮，寡婦孤兒，他們的生活，我們有照顧責任。所以我很久以前，就存了一個心願，把許多可省的錢，逐漸節省下來，籌集有一筆撫恤金。我可能不再幹下去，此事只好拜託你，希望你對死難同志遺族的生活，多負點責任。」

吾人說過：戴氏是一富於情感的人，當他說到「寡婦孤兒」四字時，他想到許多和他共患難的同志，內心感到酸楚，幾乎掉下淚來。

鄭介民素來不喜管事務，他聽戴氏提到管錢，忙搖手說：「戴先生：你不要和我談銀錢事，你說什麼，我都遵辦，只是絕不管錢。」鄭介民表示很堅決。雖然他們是同學，又是心腹之交，因戴氏知道他的性情，亦不便相強。他為此沉默良久，似有一種失望光景。

三月十三日，戴氏集合在北平工作幹部講話後，即準備前往天津。很多幹部，要到機場送行，戴氏不允。他的幹部王蒲臣說：「戴先生任何命令，我們從不敢違抗。送行只是表示我們敬意，希望能允許！」戴氏如他往時一樣，先用他極具威嚴的眼色，環視在座幹部一下，然後笑容可掬的說：「好吧，那末，這次送送，以後可不要送了。」

前面幾段話中，有「我在臨走以前；」「我可能不再幹下去；」「以後不要再送了」數語。本出於無心，豈料語語成讖！

三月十五日，戴氏自天津飛抵濟南，與前線將領，商討圻蒙山區中共問題，並曾接見偽軍頭目吳化文等。

三月十六日，由濟南轉往青島。當時青島海港，停泊有美國海軍第七艦隊軍艦多艘，艦隊司令柯克上將，亦在該處。當東北局勢惡化後，遼瀋一帶國軍運輸與補給，多賴美方協助，他到青島，就是要與美方商洽。這一天晚間，他在龍口路三十六號寓所，邀宴柯克上將，美海軍陸戰隊第六師副司令，及其高級幕僚。並曾邀當地軍政首長作陪。非常奇怪的是這一天席間暢談，所談多半為乘坐飛機故事。戴氏並說他經常為爭取時間，須乘飛機。亦常遇到麻煩，其中以在零陵遇霧，飛機迫降沙灘，他奪門跳傘降落，為最危險。

散席以後，時間已晚，他仍如約接見當地工作幹部多人，有所指示。又寫過幾封信，直到深夜三時許，猶未就寢。他常對人言：「我是隨時隨地，在督促自己，怕疏忽，怕落伍。所以每遇一件事未做好，便心不寧，睡不安，飲食乏味。這不為別的，而是我自己覺得所負責任，不容許我有一點怠忽。」

與戴氏共事較久的人，都相信他這幾句話，絕非飾詞。他要作的事，委實太多，他的好勝心與責任感，亦委實太重，所以他常懷一種劍及履及心情，勤勞國事，竭力以赴，乃至廢寢忘餐。

三月十七日，是戴氏人生旅程終點。死生困人，英雄無命，乃千古憾事，永世無法彌補的！戴氏和許多猝遇奇禍的人一樣，自己毫無預感。這一天，他仍如平時，清晨六時即起床，批閱重要文電與報紙後，已是八時左右。他所邀請前來早餐的幾位美軍高級幕僚已到，一面用餐，一面交談。並介紹軍統局青島辦事處人員與之見面，以便聯絡。

隨即接見幹部王洪九等多人，有所指示。又寫函扎數件，其中之一，是給山東省主席王耀武的。因王洪九時任行政專員，在膠濟路沿線抗日反共，孤軍奮鬥已久，死傷甚重，他特託王耀武予以支持，故內有「請在可能範圍內，賜予各種援助，俾得招集所屬，打回臨沂」諸語。

戴氏一向很珍惜時間，亦善能控制時間。在接見賓客之後，他計算在動身之前，還有約一小時空餘時間。因久聞青島市面整潔，風景美麗，乃偷片時之閒，前往匯泉區一帶濱海地方，略事瀏覽，然後反寓；準備動身直飛上海。

十七日上午，青島為陰雨天氣，有人勸他暫留，以待氣候好轉，再行起程。他說：「我已報告主席（ 蔣中正時任國民政府主席），定於十八日趕回重慶，面陳要公，不能愆期。」據說他自二十五年起，每次外出，必預定歸期，報告 蔣中正，非有特殊事故，必如期返回，從不愆期。

戴氏究因何要，須於十八日趕回重慶？傳說不一。一說黨內若干人士，力主裁撤軍統局，並另有一個七人小組，在幕後策動。另一說是有一二特殊有力人物，在抗戰勝利不久，即要求 蔣中正疏遠戴氏，准其出國考察。並傳戴氏早已預料有「鳥盡弓藏」之一日，從三十二年起，便在補習英文，準備必要時，赴國外定居。他要於十八日返渝，是因有一重要會議即將舉行，他打算為軍統局存廢事，作最後之努力。揣測之言，無從證實。不過，當時在重慶，有人夥謀排斥戴氏，毫無疑問。

十七日午前十一時，戴氏與其隨行人員，到達青島滄口機場。其時煙雨矇矓，天色陰沉，他下車後，先問機場執事人員：「氣候如何？」當有一飛行員答稱：「氣候惡劣。」前往送行者，又復勸他延後一日。正當他沉思未決時，忽有一氣象人員說：「南京天氣尚好。」這是一句生死攸關的話。他聽過以後，微微點頭，覺得如上海不宜降落，尚可改飛南京，遂決計按時起飛。所乘飛機，為航空委員會所派專機D.C.47型二二二號。起飛時間，是上午十一時四十五分。

是日午後一時許，戴氏座機與上海機場聯絡，竟然不通。大約因判斷上海氣候很壞，乃改飛南京。又不意南京並非「天氣尚好」，不但細雨濛濛，而且雲層極厚。

在這一段時間，北平機場曾接獲電訊，說二二二號飛機將折返青島。繼又有訊號，說準備穿雲下降南京機場。在此以後，消息即告中斷，京、滬、平、津各機場，皆不知其下落。南京機場判斷飛機已遇險，立即通知航空委員會。

當天下午四時，軍統局上海辦事處，見戴氏座機，逾時尚未到達，即向南京查詢。南京辦事處，又轉詢漢口機場，皆無音耗。於是急電重慶，洽請美空軍派機沿途搜尋。亦無結果。

三月十九日，天津大公報，據中共「新華社」消息，略稱：「戴笠座機已失事。」雖然仍有人不信，說是中共造謠。而飛機離青島，便已失蹤，則是事實。南京陸軍總部，與警憲機關，決定派人分途搜尋。軍統局人員，雖心知凶多吉少，仍望有奇蹟出現，他們希望戴氏和許多幸運者一樣，在飛機失事之後，仍有生存希望。

由軍統局南京辦事處主任劉啟瑞所率領的一路人，冒著風雨，尋至江寧板橋鎮，詢問鄉民，據告十七日午後，曾聞附近山間有爆炸聲，乃請為嚮導，進入山區。入山不久，即望見有飛機殘骸。再前進數百步，又發現地上有一手槍，乃戴氏所常佩用者。其旁另有一印章，分明為其隨員龔仙舫私章。隨即見到十餘具屍體。至此，戴氏遇難，已無可疑。乃連夜購買白綾，於翌晨將屍體一一包裹，運回南京（一說最先發現骸骨者為李葉、黃加持、李人士、何龍慶四人，均戴氏幹部。）

這一空難，除機上服務人員外，尚有戴氏隨員龔仙舫、金玉坡等十餘人。其能辨識者，則僅戴氏一人，因其假牙位置相符。

戴氏座機墜毀處，名「岱山」，飛機殘骸所在地，名「困雨溝」，與其姓字字音隱合。因有人說此乃定數，非人力所能改變者。世俗對於窮通壽夭，理不可解者，皆委之於數。冥冥之中，豈真有所謂定數?!

又由於中共能先期得知其死耗，最先發佈消息，遂有人懷疑戴氏飛機失事，乃出於中共預謀。戴氏生前，曾多次遭遇危險，如在昌化河橋鎮，遭遇暗殺，在桂林、贛州飛機場，遇到預藏炸彈，……傳說皆為中共之預謀。故此說亦非絕不可信。

惟吾人以為如非中共陰謀，則戴氏之死，與他個性及地位，甚有關係。很顯然地，十七日天候，是不宜飛行的。其所以勉強成行，就因戴氏在飛行人員心目中，為偉大人物，必須將順，故雖知氣候惡劣，亦不敢爭執。當其折返南京，穿雲迫降，亦極可能是出於戴氏本人之決定。他有時不免過於矜持，凡當眾決定的事，即心知不妥，亦不肯自變其說，失信於部屬。他的部屬，視之如神明，習於阿順，又不敢力諫。合此數因，遂鑄成大錯！

於此，吾人於劉啟瑞、賈金南兩人，須略作介紹，以見其長官部屬間之真摯情分。劉啟瑞是最先發現戴氏骸骨的人。他自北京大學畢業後，即參加革命，以後追隨戴氏，一度出任國民參政員。他有一足微跛，不良於行。但一聞戴氏座機失蹤，即冒風雨，跋涉於山嶺泥濘之間，且行且哭。或勸他稍休息，他說：「為戴先生而死，亦固所願。」終於被他找到戴氏骸骨。賈金南是在風雨之中，徹夜守護戴氏骸骨的人。亦是民國十七年，在徐州前線，每日身揹行囊，追隨「戴參謀」，勤勞而無怨的人。從十七年起，他很少離開戴氏左右。曾經有人慫恿他，說戴將軍已貴顯，應乘機謀一前途。他回答說：「高官厚祿，並不比我侍候戴先生，更為光彩。何況他孑然一身，而日夕辛勤，他正需要人照料，我又何忍離去？」只說這兩個人之敬愛戴氏情形，可概見其得士心。

戴氏殉國之日，猶未滿五十歲－距五旬誕辰，尚少兩月又八天，可稱盛年。若言精力，且為很多青年人所不及。他愛國根於至性，真有苟利國家，生死以之的決心。國家亦正需要他這種貞亮而果敢的人。可惜天下假年！

身後榮哀

政府於三月二十五日，正式公佈戴氏殉國消息，並派朱紹良上將主持治喪事宜，噩耗驚傳，海內外有正義感人士，知與不知，無不悼惜！

自三月二十六日，至六月十四日公葬之期，各方弔唁文電，不可計數，包括甚多美國人士在內。全國報章，在戴氏死訊證實以後，都為文悼念，十之八九，認定他有功於國家。在同時期，各大城市，陸續舉行追悼大會，由各地軍政首長主持，到會官民，多者達萬人。軍統局人員，為他們家長所舉行之追悼會，更是如喪考妣，悲痛萬分！大約在三月二十日前後。散佈在全國各地的軍統局同志，都已得到消息，於是凡受戴氏領導的工作單位，或由軍統局幹部主持的機關，均設置靈堂，舉行祭禮。個別的人員，並在私人家中，懸掛戴氏遺像，率其家人致祭。亦有很多警察與軍士，並非軍統局同志，只因敬仰戴氏，自動的臂纏黑紗，以表示他們的敬意。這種普遍而真誠的哀悼情形，是開國以來，所僅見的。

四月一日，軍統局仍在重慶召開大會，以悼念其家長，到會人員，比往年更多。當他們一步入會場，見到戴氏遺像時，無人不觸目心傷，淚如雨下。而在場的死難烈士遺族，更不期而同聲痛哭，真可說：「八百孤寒齊下淚，一時回首望『岱』山。」

當晚聚餐，放戴氏錄音講詞，聲音猶是，容貌已渺，琴在人亡，倍增傷感。餐廳為一種淒涼氣氛所籠罩，人人都在低頭回想十幾年中，他們家長，分甘共苦，懃拳愛誨，如同家人父子的情分，淚眼相向，食不下嚥。這分情誼，發自每一個人內心深處，沒有半點虛假。

戴氏生前，對於他的同志之獎率、愛護、規勸與砥礪，可謂無微不至。誠如他所說：「我每到各處，總要找機會與各同志談話，以至誠至懇心情，披肝瀝膽的向大家報告。」其用意，無非是勸人向上，勉人為善。雖然他很自謙地說：「我做大家良師，當然不夠。但最低限度，可以做大家同志益友。」而軍統局人員，無不以良師益友視之。他們猝然失去心愛的良師而兼益友，眷念過去，瞻望未來，安得不黯然神傷?!

六月十一日，國民政府頒發褒揚令：「軍事委員會調查統計局局長戴笠，智慮忠純，謀勇兼備，早歲參加革命，屢瀕於危。北伐之後，戮力戎行，厥功甚偉。抗戰軍興，綜調軍事情報，精勤益勵，因能制敵機先，克奏膚功。比以兼辦肅奸工作，不遑寧處。詎料航機失事，竟以身殉，緬懷往績，痛悼良深！該故局長戴笠，應予明令褒揚；著追贈中將；准照集團軍總司令陣亡例公葬；並交部議恤。生平事蹟，存備宣付史館，用示政府篤念勛勞之至意，此令。」

稍後，又奉令准予入祀忠烈祠。

六月十二日，國民政府在南京舉行公祭，由　蔣中正以國家元首身份親臨主祭，並由行政院長宋子文、國防部長白崇禧，分率文武官員陪祭。參加祭典的外賓，尚有美國柯克上將、貝樂利上校等多人。

靈堂之中，懸有國民政府特頒「碧血千秋」四字匾額。兩旁為　蔣中正輓章：「雄才冠群英，山河澄清仗汝績；奇禍從天降，風雲變幻痛予心！」這一匾額與輓章，可使人想見其人雖死之日，猶生之年。

祭典更因有　蔣中正一篇肅穆而沉痛的祭文之宣讀，而益悲壯。這是一篇寫實而富有情感的韻文，寫盡戴氏一生事功，亦寫出他們師生之間真摯情誼。茲摘錄如次：

「……胡期一朝，殞此英賢，心傷天喪，五內俱煎！憶昔黃埔，君受陶鑄，天資英敏，慧眼獨具。智慮超群，先邁驥步，涉險履危，靡有瞻顧。洎乎北伐，乃效前驅，出沒虎穴，妙應戎謨。安瀾江表，多所詢于，剖疑陳籌，參從彌劬。廼維紀綱，車航重勞，刺微入隱，洗髓伐毛。……抗倭軍興，咸懼將壓，料敵鋤奸，廟謨咸洽。財蠹政螯，無遠不察，以振頹風，以正國法。爰寄股肱，幹濟中樞，素繩直道，民頌來蘇。更勤捍衛，別出鴻圖，盪決之功，埒於虎符。友邦刮目，譽為奇謨，庶績之茂，堪冠吾徒。介節皎然，持躬寅亮，名位數頒，均表謙讓。……中道云殂，口存心想，皓月孤光，繁星昭朗；惓念時艱，深哀吾黨，惟君之死，不可補償！……」

戴氏一生行事，風起雷動，虎視蛟騰，人莫能知其變化。而他對 蔣中正，則從來不敢稍有欺隱，事之較為重大者，必秉命而後行，所以 蔣中正對其志業，知之特深，言之特詳。

「如果對不起領袖，對不起國家，死了當然有愧。如對得起領袖，對得起國家，雖然死了沒有遺囑，但自問亦心安理得。」這是戴氏在一次病中所說的話。他猝遇空難，未留下遺囑。如其地下有知，見到自己死後哀榮，應該心安理得。

六月十四日，戴氏忠骨，由南京城內，移靈於紫金山麓。這一天，亦如他死時一樣，愁雲慘霧，苦雨淒風，整日不停，彷彿是天公嫉才，又悲其不幸，故作雨泣，以助淒涼！

可是，送殯的人仍多，估計不下數萬人。有很多人與戴氏素不相識，只是慕名而來。靈輀所過地方，多處設有路祭，有人在泥濘中遙拜，亦有人拾到戴氏紀念冊，睹其遺容，悲其早逝，而不覺淚下。其實，多數人都不知道戴氏官居何職，有何貢獻，僅知他在國家危難時期，是出力最多，最能表現民族氣節的愛國英雄。

戴氏在世之日，不僅從不自我宣傳，沽名釣譽，而且以虛聲賈譽為可恥。不意死後得人之愛慕如此。昔人云：「桃李無言，下自成蹊」，豈不信然?!

雖是風雨如晦，自京城至紫金山，步履維艱，而前往執紼的戴氏同學與同志，仍願櫛風沐雨，送他到墓地，盡最後一分情誼。靈櫬送達紫金山，當天並未告窆，權厝古廟靈谷寺。行過安靈禮後，仍有很多人不忍離去，他們大都是戴氏故舊門生，亦是他的革命夥伴。黃昏以後，東山零雨，夜色蒼涼，萬籟俱寂，而靈谷寺內，猶隱約可聞哭聲。這是私情，卻不僅僅是私情。蓋以氣運闓之數百千年，始生一奇才，而萬方多難，奇才難得！他們之哭，正如蘇子瞻所說：「上為天下哭，下以哭其私。」

民國三十六年三月四日，政府公葬戴氏於紫金山麓「國民革命將士公墓」，這是一光榮的埋骨之所。墓碑書有「故戴笠中將之墓」七字，為革命耆宿吳敬恒氏手筆。「青山有幸埋忠骨」，一代奇人戴笠，即長眠於此地。

從此，不但叱吒風雲的戴笠其人，在政治上迅速消逝，其轟轟烈烈的事蹟，亦一併被埋葬。政治本是最現實的，他殉國之時，一般人正沉迷於「調處、和談」，不敢倡言反共，自亦不敢談「著名反共人物」。隨之又是自由民主浪潮，「浩浩滔天」，社會諱言特務。於是官方文書，私家記載，言革命、抗戰故事者，汗牛充棟，而獨不復見戴笠之名！「嗚呼大名爭自娛，他人頸血購得來！嗚呼論功行賞客，憶否昔人刀頭摧？」讀此數語，不勝嘆息！

最後，須將若干美國人士，在戴氏死後的不同反映，略加敘述，因他在若干美國人士喜愛與憎惡他的心目中，是一個很重要的人。

前已說過，美國國務院、戰略局，以及部份陸軍人士，對於戴氏，是絕無好感的。他們一提到中國內部問題，就必定牽到戴氏身上，不僅認定戴氏是惡人，是「維護一黨專政的」，還認為要國共合作，須先打倒戴笠，撤銷軍統局。在美國持此論調最力的，是部份國務院官員，亦即是以後被其國會認為是可疑份子。而對中國來說，非常不幸的，是終戰不到兩月，與一群可疑份子持相同觀點的馬歇爾將軍，出任國務卿，並被派來華擔任「調處」工作。

馬歇爾將軍，立即要求完全撤銷中美合作所。並傳說他是正面要求中國當局，撤銷軍統局的第一個外國人（戴氏之被排擠，曾受馬歇爾影響，是無可疑的。）。所以戴氏之死，對於馬歇爾等一群有偏見的人來說，是正中下懷。

可是，在美國海軍方面，以及瞭解共黨真目的人士，觀點恰正相反，尤其是若干海軍將領，他們不能忘情於一個最忠實的中國戰友，在幾年艱苦戰鬥中，所予他們幫助，曾經挽救他們眾多子弟的性命，並使他們能提早擊潰敵人。所以他們一得知戴氏死難噩耗，立即請美國政府頒給戴氏褒揚狀，並頒發懋績勳章一枚，以表彰其功。

三月二十四日（？），美國海軍軍令部部長尼米茲元帥，召見梅樂斯將軍，表示決定派他為代表，來華致祭。但此一消息，立被國務院偵悉，剛自華返美的馬歇爾，便趕至海軍部長福萊斯特辦公室，表示反對。開始他只說美國派員參加戴氏喪禮，將影響他調處國共關係的微妙地位，「因為戴笠是中國著名反共人物。」海軍方面，不同意他所持理由。他竟仗勢凌人的說：如派梅樂斯為代表赴華，他將要求杜魯門總統，「取消所發出的命令。」

於是海軍部只好命第七艦隊司令，就近代為贈勛。當柯克上將將往南京參加戴氏葬禮時，馬歇爾辦公處，再出面攔阻，說他不應正式參加喪禮，亦不能代表贈勛。這枚代表萬千美國友人心意的禮物—懋績勛章，最後傳到駐華武官肯尼上校手上，使他甚為作難，因馬歇爾命其使館，不得有正式贈勛儀式，而戴氏家人，則表示如不按國際禮節，鄭重其事，則拒不接受。

五十一、一個革命家論調與踐履

如果承認北伐、統一與抗戰，為中國革命大業之延續，承認戴笠所領導的工作，並沒有違背國民革命的主義與政策，就不能不承認他是一個革命家。作為一個革命家，必須有大英雄氣概，不懾不屈，奮然自必；亦須有宗教家的虔誠，不因否泰而易其志；始能蘊之為德行，發之為事業。質言之，戴笠是否配稱為革命家？不能只看他事業，只看他表面論調，還須看他實際踐履如何。

戴笠所信所守

戴氏生前，不僅以革命家自詡，而且寢饋不忘革命。吾人閱讀他的遺著，在私人函扎中，十有六七，是鼓勵他的同志，盡忠於革命；而所有演講詞，幾無一篇未談及革命問題。雖然講革命理論，非他之所長，他的志趣，亦不在此。而他對中國革命，有其認識與信念，則無可疑。

以次，吾人將略舉他在這一方面較有深度的許多觀點，或說他的革命觀。而他在三十三年底的一次講詞，可以說是在他心裏蘊藏已久，最為真誠的一段話，足以代表他的思想，亦足以發人深省，不妨摘錄在最前面。

他說：「……我們天天談革命，大聲疾呼救國。須知要救國，必先明瞭國家衰敗原因及補救方法。中國一方面受不平等條約束縛；一方面有地痞、流氓、土豪、劣紳、貪官、污吏、軍閥、奸偽的為非作歹；內外交相為害，才使國家支離破碎。為了補救這些弱點，革命便應運而生。」

總理手創三民主義，對內是根據國情與迫切需要，對外是根據時代趨勢與世界潮流，而以國民黨為實行革命，實現主義的機構。當總理逝世時，曾經遺囑黨員：『革命尚未成功，同志仍須努力。』可是，最近召開之六全大會，決定十一月召開國民大會，還政於民，要取消以黨領政。我們可以冷靜的來檢討一下，究竟國民大會，是不是到了應行召開時期？國家情勢是不是已到可以還政於民的時期？

再談到救國問題：救國大部份責任，無疑的，要寄託在全體黨員身上。且來考察一下黨內的人，他們對於主義，是否已認識清楚？他們對於作為一個革命者的條件，是否已經具備？他們在思想、行為、言論、操守方面，是否沒有缺陷？這一切都不能不使人感到懷疑。事實已經充分告訴我們，即使本黨內部，尚且有欠健全，又何論非革命的團體與民眾？

我們生在一個艱苦的時代，只能作幸福的開拓者，讓自己努力的血汗結晶，留給下一代人享受。這種為革命而犧牲自己的情操，又有幾人能夠信守？

今天有很多人高談闊論，說抗戰一方面是為了國家，一方面是為了世界。所謂為了世界，只不過是吹吹牛皮而已。很顯然地，我們本身，還不能自立自強。譬如大砲飛機，不如列強，是因科學太幼稚，還有詞可託。而以一個以農立國的國家，最近還須從美國運來棉紗，為冬衣衣料，豈不是一個明顯的弱點？

國家前途，依我看來，今後將更艱難。而作為一個革命者，卻不能畏懼不前。我們亦可說越是艱苦，越要奮鬥，越是革命事業成功的絕好機會。但必須要大家覺悟，忠於革命。

今天我們若能犧牲一己生命，就可使很多人得到安樂與享受。為革命而犧牲，是有代價的，所以我們應當不避艱難，不辭勞苦，勇敢的擔負起革命的使命與責任。……」

前面所引，為戴氏對其同志講話，自有激勸之意。但有一點，頗值注意！即他認定中國革命，距成功之路，還很遙遠，還須繼續奮鬥。認為革命已成功，或尚未成功，雖屬於個人觀點，見仁見智，可以不同。卻於國家前途，有極重大影響。譬之作戰，如果本未獲得決定性勝利，卻自我粉飾，裝做勝利，先自放下武器，其結果，就只能是，亦必定是被持有武器的敵人擊敗。

在其他講詞與函扎中，語及革命主義與革命問題時，戴氏亦多半和常見的革命「理論家」一樣，以舊有的人生哲學、心學、歷史人物忠勇故事，以及「讀訓心得」來證道。雖是出於他之口，頗具煽動力，往往能使聽者動容；卻無新義，更說不上思想體系。不過，其中不乏警策語；亦有多處，能表達他堅定不移的意志，與幽憂牢落的情懷。略舉如次：

「……革命事業，原是為人，而非為己，其出發點純係對人類之同情心。志士仁人，殺身以成仁，肝腦塗地而不辭，全由其悲天憫人之志願與熱忱所驅使。故吾人應抱定此革命人生觀，發下宏願，以熱血來灌溉先烈所種之革命的燦爛鮮花，以流汗來滋潤將要成熟之革命鮮果，以千千萬萬之淚水，匯為一奔騰澎湃之怒潮，使成為促進革命之動力。」

「革命者所要永久追求的，是公道、正義與真理。中國革命目的，在為救國家、救民族、救人類世界、實現獨立、自由、平等的三民主義社會。亦即是要求得公道伸張，正義存在，真理實現。……故必須鞏固本黨政權，而後三民主義始可實現，必須努力不懈，革命始可成功。」

「今天的時代，是組織的時代，而組織力量，則寄託在每一個細胞身上。如果每一個革命同志，都能竭忠盡智，盡心盡力而為之，那麼，千萬人血與汗凝聚的結果，便可以成為雄偉無比的力量。」

「吾人要革命，必先革心，健全本身，樹立正氣。正人非先正己，救人非先自救不可。」

「總理的偉大，就在於有多數人心悅誠服的擁護他所倡導的國民革命，與他所手創的三民主義；他自己不顧生死，不計成敗，犧牲一切，來求取多數人的幸福與利益；所以能夠感召許多志士仁人，跟著他犧牲流血，寫下萬古千秋永垂不朽的光榮歷史。……如革命同志，不求進步，我深恐這光榮的革命，不能再繼續五十年！（按其講話時，為國民黨成立五十週年紀念日。）？如果到了今天，本黨同志，還有自私自利企圖，還在為個人利益作打算，那麼，革命前途，就更不堪設想！」

「我們一貫宗旨，就是以黨國利益，為唯一前提，從來未想到為自己打算。可說只有一個革命團體，而沒有個人。……我可以告訴所有革命同志，我個人作風，是人家認為有利而要搶的東西我不搶；人家怕困難，不願做的事情，我受命之後，就決心要做成功；別人搶官，我們搶事；我相信站在革命者立場，人家是往死路上跑，我們是向生路上跑。」

「吾人革命，要先講血性，絕不可有禽獸之行。應當視革命榮譽，為第一大事，為革命爭取更大榮譽，始不虛此生，不愧為革命鬥士。」

「革命歷史，如同志都覺寶貴，都肯努力，將會繼續百年、千年，乃至三民主義的大同世界已實現，還要繼續寫下去。而這部歷史所記載的豐功偉績，將因不斷革命，而更偉大無比。可是，歷史未必有我們姓名，又何必要有我輩姓名？從來很多光榮歷史，不都是無名英雄締造的嗎？因為有千千萬萬的無名英雄，慷慨犧牲，所革命歷史，才更有價值，更加輝煌燦爛。……別人如何批評，我們不必爭辯，只要我們是本著中國固有的道德─忠孝仁愛、信義和平精神，堅守三民主義的革命立場，刻苦耐勞，犧牲奮鬥，我們就敢於自信，我們是在繼續創造輝煌燦爛的革命歷史，為歷史寫出別開生面的一頁。……」

由於他的認識、信念是如此，所以他很嚴肅而誠懇的要求他的工作人員：

「登此堂，而不激發良心血性，誓死以救國家者，非人也。入此門，而不入孝父母，出愛國家者，亦非人他。」

「吾人既為革命而生，本身之生活，就必須堅守刻苦耐勞之原則，以良好行為，為他人作模範，絕對不做貪污瀆職，賣國求榮的無恥勾當，而使道德蕩然，人格掃地。」

「如果招搖撞騙，濫用職權，或者作威作福，欺壓人民，那就是團體的敗類，革命的罪人。」

「紀律之整飭，風氣之整頓，必須處處留心，事事注意，不可有絲毫放鬆，半點疏忽。……」

他還多次當眾鄭重的說：「只要一息尚存，我戴某必始終如一，生死成敗，在所不計，只求無愧於革命，無愧於領袖，無愧於同志。」忠義之言，出於肺腑，讀之令人肅然。

在戴氏遺著中，此類論調甚多，吾人只是信手拈來，還不能說已擷其菁華，包舉無遺。不過，他平生所信所守，亦不外於此。

儘管他的論調，如此美麗動聽，仍不能但憑空言，遽予評價，說戴某確是如何如何，還要看他實際踐履，是否表裏如一。在吾人經驗中，世界上有不少的人，以革命為職業，高談闊論，目無餘子。而十有八九，「掛羊頭，賣狗肉」，自欺欺人。所以羅蘭夫人很憤慨地說：「嗚呼！革命！天下許多罪惡，假汝之名以行！」

不寧唯是，即使是一個真正參加革命行動，真為革命出過力，而未假革命之名作大惡的人；其外在言行，與內在修持，如不一致，其人格就大有問題，縱使有功於革命，亦不值稱道。因為革命兩字，含有純潔而高尚意義，革命其名，自私自利，其實就與政治騙子無異。

戴氏盛時，社會上，對他有真正認識的人，實在極少；他所擔當的事，亦實在極不尋常；故他名氣愈大，流言愈多。這並不表示完全是別人對他有成見，而與流俗對人所持尺度，甚有關係。「流俗之權重」，又很顯然是受社會風氣之影響。譬如所謂廉潔，本是官吏應守本分，古人說：「卿大夫以循法為節。」但當貪風甚熾，一般人並未親眼看到一個真正廉潔者時候，任何人標榜廉潔，都會有人懷疑。餘如門第、資格、職業等，對於世俗觀感，亦有其影響。在一般想像中，戴某出身寒門，只是小學畢業，在外流浪多年，在黃埔亦未正式畢業，而且是幹特務工作，說他是革命園地中一奇葩，有為有守，又有誰能相信？然而，事實證明確是如此。

戴笠得勢時的清介門風

社會一人般人，所望於有賢子弟，能自樹立，就是要改換門楣，光宗耀祖。而寒素之家，望之尤切。戴氏在其江山故里，不僅是寒素之家，且曾因門衰祚薄，受人欺凌，當更加希望有子成名，光大戴家。據說當戴氏失意時，鄉里親故，頗有人私下指責，料他必無出息。獨藍太夫人不以為然，他常對人說「春風這孩子，只是時運不濟，他性情高傲，絕不會做什麼下流事。……我總覺得他有男子氣概，只看他那一雙炯炯有神的眼睛，我就不相信他會沒有出息。」這幾句話，反映藍太夫人內心裏，一種殷切希望。

戴氏沒有使他母親失望，他不但出人頭地，而且聲勢宣赫。但出人意外的是戴家門庭如舊，略無改變。他的子弟，亦沒有因他有權勢，而被視為貴介，得到任何名利。

自南京陷落以後，藍太夫人便一直居住在故里，仍守著祖先所留下一幢簡陋房屋。據說僅因其次子完婚，增建兩間小房，舉家大小，足可容身而已。三十年秋，敵沿浙贛路進犯，一度攻陷江山，竄至仙霞嶺。因保安一帶人民堅決抵抗，常在黑夜襲擊敵人，將其屍首投人水中。敵深恨之，乃縱火焚毀保安街，戴家房屋亦被焚。以後略事修葺，僅復其舊。故戴氏途經江山，便道歸省時，隨行人員，都借住鄰里家。三十二年，他因其母親染病，抽一日之暇，回家省視，事後致朱惠清電，他說：「弟日前回保安，因天雨，家中無容足之所，故留宿仙霞破廟一宵，次日即行。目睹刧後鄉里一切情狀，益增遊子之傷感！家慈年老，咳嗽未愈，近且患咳血之疾，老人不願離鄉，弟當在家侍奉。其所以寧負不孝之罪，而奔馳在外，因國難嚴重，忠孝不能兩全也。」這些事實，說明戴家寒素如故，並未改換門楣。

大約在抗戰時，戴家尚有田產數十畝，山地一區，然皆為其祖父之所遺，並未另置產業。其時戴氏子與媳，皆在學校供職，足以自給。家中僅有藍太夫人及其養女淑芝兩人，生活所需無多。戴氏亦僅間以清俸少許，寄充甘旨之奉。故戴家在鄉間，生活情形，仍和往時一樣的平淡。

民國三十一年夏，敵一度攻陷衢州，地方人士，咸望戴氏調派忠義救國軍到江山，保衛他的鄉梓。但，為他所婉拒。於是又有人請他支持組織一個保安隊，理由很充足——戴某名氣太大，漢奸間諜太多，藍太夫人住在鄉間，安全可慮。他復電說：「人民自衛，殊屬重要，但須各鄉合作，方能防止奸暴。聞峽口區署，已電丁縣長調派姚萬祥矣。」意思是說各鄉都該自衛，不只是保安一鄉，這是地方政府事，他不便干預。

繼因地方人士請求不已，鄉情難卻，他有條件的同意協助鄉人，辦理自衛工作。他在致姚萬祥電中說：「保安鄉地方自衛隊，不必超過二十人，隊員必須挑選忠實強健，無升官發財思想，與絕對服從法紀者充任之。不准任意干涉地方行政。嚴加訓練，專事剿匪鋤奸。其所需餉項，我可代為籌措。有空暇時間，須幫助各鄉壯丁之訓練。與各鄉務取得聯絡，仙霞、廣渡、峽口、二十七都與二十八都各鄉，必須做到守望相助，真誠合作，使地方無一土匪與漢奸，且能幫助政府，推行政令。希與丁縣長暨地方各士紳切商之！」他一再強調各鄉，在於表明這種自衛工作，不是為他一人一家。

在另一電中，他更明白說出他的顧慮：「弟可幫助各鄉訓練自衛團隊，但不可事事拋頭露面，致有干預各鄉鄉政之嫌，因我不願我之家人及我之左右的言論行動，為人所注意。」

在世俗眼中，所謂光大門戶，增光鄉里，一是擁有財富，造大房屋，置多田產，家裏呼奴使婢，一切與眾不同。一是子弟家人，親故鄉黨，都得到蔭庇，混進官場，或獲得特權。所以從前郭子儀家「袍笏滿床」，一直被人羨慕不已。戴氏雖不算是大官，而他比很多大官，更有權勢，他要介薦幾個家人親故做官，是易如吹灰的事。援引家人親故，成為官場習俗以後，社會不但不以為怪，反而要稱讚某人很有面子，很重感情。可是在一個重理智，知廉恥的人看來，必須先理而後情。若是人人都私家人，私親故，只講情而不講理，又何必革命？戴氏就是這種人，他對他的獨生子，就是一最好證明。

戴氏只有一子，名藏宜，字善武，畢業於上海大同大學。自離開學校，戴氏始終未為他介薦工作，要他不存倚賴，獨立謀生。他最初在保安鄉戴氏宗祠，辦樹德小學，繼而在江山、衢州學校執教，皆由於自力，未嘗假借戴氏聲勢。

三十一年，敵犯浙贛路時，偽軍與敵諜到處活動，江山鄰近各縣，紛紛組織自衛武力，群起保鄉抗敵。戴藏宜年少氣盛，受人慫恿，出面收容流散部隊，籌組自衛團，並自任團長。

吾人前已說過，戴氏在入黃埔軍校前，曾在家辦自衛團，事修而謗興，使他幾乎難於在故鄉立足。此一痛苦經驗，他當牢記在心。所以他得悉戴藏宜組織團隊事，極為不滿，勒令立時解散，鄉人說情，皆置不理。在致第三戰區督導組長郭履洲電中，他說：「小兒善武，受人愚弄，於敵寇佔領衢州時收編鄰縣散匪及零星部隊，企圖以之抗敵自衛。只憑血氣，不知利害。已迭令其速將部隊完全交由兄負責，以善其後。現敵寇已節節撤退，此項部隊，必須迅速處置，不可再任無知小兒，受人愚弄，將來貽害地方，使弟亦受其拖累。」

與此同時，他電請毛萬里協同辦理善後。其予戴藏宜最後一電，尤為嚴峻，內有：「本局無收編軍隊權力，你亦非軍統局工作人員，何能擅自收編部隊？你如再不覺悟，將部隊迅速交出，我必與你斷絕父子關係，並斷一切接濟。」

戴氏銜勒其子，惟恐不嚴，對於家人親故，不輕於推薦，自有他的苦衷，譬如他覺得人言可畏；他對部屬不止一次的講過革命者，絕不能有自私之念。不論他動機如何，戴家有一個威名赫赫的賢父兄，卻沒有子弟在官場濫竽充數，乃是事實。

有人說他的兄弟戴雲林在家鄉，頗有困擾官廳，欺壓鄉民行為。惟吾人推測，如其有之，亦當是戴氏死後的事，或者他雖在而不知道。以他的性格，他是絕不會縱容子弟為惡的。

戴笠殉國後的淒涼蕭索景況

先說戴氏本人：他生前被目為是最有權勢人物，依於「比例配分」他亦應是鉅富，因為很多人的財富之多少，是因其權勢之大小而來。但如真作此想，就必定是錯誤的。諸葛武候曾說他自己：「衣食皆仰給於官，不別治生，以長尺寸。」亦即是說他的生活費用，皆由公家供給，他以政府為家，沒有經營私人業產。戴氏任職十幾年，在這一方面，頗為相似。

據幾位熟知內情的人士說：自特務處時代起，戴氏就將他所謂團體看成是他的家，他是當然家長，家裏經濟權，亦當然操在他手。但皆由經理人員看管，他私人所需生活交際各種費用，皆取給於此。他最善於用錢，幾乎每天都有額外開支，但亦無人對他有何懷疑，因為都瞭解他的性格，知道他是為工作而用錢。他絕不會用公帑去謀任何私人利益。他在全國各地，沒有一椽片瓦之殖，沒有任何銀行，有他私人存款，就是明證。

在曾家岩的戴公館，照「比例配分」法，必是聚積甚厚，因戴氏寓此多年，且正是他鼎盛時期。誠然，戴公館確藏有外間所少有的東西，據說其中有名貴西藥、手錶、鋼筆和衣料，為數頗不在少。不過，皆為公物，是非因工作，不能動用的。他的私物，只有幾個舊衣箱，他死之後，他的部屬整理遺物，才知箱內僅有若干舊中山服，無一新製者。吾人追述這一令人難以置信的故事，亦不禁為之心酸！

戴母藍太夫人，盛年守志，望子成龍，天佑其衷，他果有一令子，不但成名，而且是名震一時的英雄人物。卻未料到投老殘年，竟遭喪子之痛。

在平時，戴氏雖遠在重慶，或半月，或兼旬，必有竹報，告慰老母。他是一個很重孝道的人，每有便人回江山，寄語問安之外，必親手揀選老母所喜愛物品帶回，聊表孝思。三十一年，戴氏以慈母年事已高，聞成都織綿有名，特託何芝園夫人，代為訂製繡花壽衣霞帔全套，擬俟老母百年之後，遵古禮營葬，藉增風光，以報罔極。又豈知奇禍從天降，未曾了此心願，先自倏爾奄忽！

戴氏死時，藍太夫人，年已七十有二，戴家的人，慮其春秋已高，遭此劇變，情所不堪，誆言他已出國。而藍太夫人雖一時被瞞過，終以愛子久無音訊，心知已發生事故，日夜憂思，因而成疾。三十八年春，病益沉重，彌留之際，猶頻頻呼愛子之名不絕口。其親族鄉黨，見此情景，無不隨聲而隕淚者！藍太夫人葬禮，因時局不靖，未得到應有榮光。但他如有知，應以有子如戴氏為榮。

三十八年入春以後，中共在江南，已實際佔有多數農村，江山保安鄉，亦早有中共出沒，戴氏家人，勢不得不逃避。而家無餘儲，又不能為遠走之計。戴藏宜攜眷先走衢州，繼逃省垣暫避。嗣見局勢日壞，杭垣亦難以存身，乃隻身返江山，欲變賣田產，籌措川資，南走廣州，投乃父故友。戴氏之弟雲林情形亦略同，於是先後折返保安。不意浙贛路沿線守軍，迅速潰散，交通阻斷，叔侄二人，皆不幸被中共所殺害。

倘使戴氏在世，稍為身家計，或只稍私其子弟，戴藏宜等，即不必攜鉅金至國外作寓公，亦大可聞風先逃，又何至因缺乏資斧，而遭被慘殺命運?!

戴藏宜死後，其妻鄭錫瑛女士，率子女五人，變姓名，作苦工，輾轉流徙至上海，歷人世間少有之困苦，幸遇一年老退休之市民，早年曾充戴氏司機，顯念舊恩，不顧危險，予以收留。國防部情報局，因戴氏故舊紛紛請求，乃派人至上海尋訪，得其下落，設法使鄭錫瑛及其長子以寬、次子以昶，脫離魔掌，餘則仍陷大陸。

當鄭錫瑛等到達台灣時，　蔣中正追思戴氏之功，垂念忠良之裔，立賜召見，面予慰問，並與合照留念。

戴家雖非素封，猶有祖遺田產，承平之日，子孫溫飽，可以無慮。今客居異鄉，窮無置錐之地，其生計艱難可知。雖是他們無怨尤，但回想乃翁當年，勛名赫赫，而子孫一寒至此，又豈能不撫今思昔，惻然興悲？

五十二、戴雨農如不死

「戴雨農如不死，局勢何至於此?!」這兩句不勝惋惜的話，在大陸變色後，很多知名之士，和戴笠相識的與不相識的，都曾說過。意思無非是說當中共擴大叛亂時，如戴笠猶在，他們未必能得逞，大陸亦未必會遽然一敗而不可收拾。戴笠究竟有無這樣旋乾轉坤本領？吾人答案是否定的。但相信局面將大不相同。

社會一般人，都不免有崇拜英雄心理，自古已然。譬如昔人都覺得諸葛武侯如不死，曹魏必難得志。岳武穆如在，金人必可消滅。由於太過於重視個別人的因素，遂不免不究實際，而忽略客觀整體情勢，導致許多評估上的錯覺。

如實地說：大陸危機，探本溯源，乘除消長之跡，皆灼然可見。遠因勿論，只說八年抗戰，清清楚楚的是兩面作戰，所謂勝利，只不過是對日本作戰之結束。而對中共作戰，則不但是升高與擴大，且因蘇俄之介入，而益艱苦。更清楚的是反共鬥爭，不全勝，即全敗，絕無調和餘地。

抗戰結束前後，中共已在各地建立十七個「大解放區」，還有無數的游擊區。事實上，不僅已在廣大農村生根，且有若干地區，已使人民與政府完全隔離。其在城市，雖沒有中共正面組織，而由於他們「統戰」之成功，已使形形色色的不滿現實份子，包括所謂「自由、進步」人士在內，有意或無意的，成為有力幫兇，他們活動，常使政府窮於應付。總之，勝利後的中共力量，已到不容忽視地步。

最基本的困境，是經過八年苦戰，經濟趨於涸竭，失業人口日多，由此而孳生的經濟問題，社會問題，……遂日趨嚴重。

這真是艱難之會，亦正是政府大官乾乾惕厲，深謀慎斷時候。非常可惜的，是一部份人，已被勝利沖昏頭腦，對於這種險象環生的危局，懵然罔覺！而另一部份人，則本無知識，而「予智自雄」，以為中共問題，只是一個單純的軍事問題，不足為慮。還說：「只要幾個月就可以解決。」根本不瞭解中共，亦不瞭解自己，及客觀實際上所存在問題，一味誇張，將中共說成是枯腐，不堪一擊，是致敗重要原因。

再到三十七年，全面已成魚爛之局，一個大而且壞的形勢，已經形成。戴氏猶在，吾人不信他能以一木支大廈。所以說答案是否定的。

但是，「戴雨農如不死」，情勢發展，將大不相同，又是可以肯定的。這有很多明顯的理由：

首先是他對中共，一直保有極高警覺性。他雖在對中共鬥爭中，屢佔上風，卻從不浮誇，或藐視敵人。相反地，他總是告誡部屬，處處嚴密戒備。在抗戰勝利以前很久，他就指出：「敵人如撤退，奸匪勢必著著進逼。」因而他要求各地黨政工作隊、調查室及有關單位，加強組訓民眾，務必與民眾力量打成一片，並設立特別站組，深入中共出沒地區，調查中共活動情形。

三十三年，他在一次手令中說：「就當前敵偽奸匪之情勢看來，吾人今後工作重要地區，應特別注意江淮、山東、河北、山西、皖北、蘇北、鄂東，及平津、察綏等地。」他要求這些地區負責人員，各設法物色知識青年至少三千人，同時擴大吸收東北籍青年，加以訓練，然後派回原籍潛伏。顯然他是準備在上述地區，和中共展開劇烈鬥爭。

勝利以後不久，他即決定：「本局工作重心，應即轉移到如何對付奸黨，如何制止奸黨與匪軍活動方面。」他又命所屬七百餘座電台，一律「恢復秘密通訊。」工作人員，亦不得因抗戰已經勝利，而暴露身份。這顯示他已料到反共鬥爭，將愈演愈烈。

還有一特點，是他從未和許多軍政大員一樣，將反共鬥爭，看得那樣容易。他一直認定：「對奸匪之工作，較難於對敵偽。」在致其內外負責幹部手書中，他並沉痛地說：「……吾國抗戰，固已勝利。但衡量國內外之情勢，吾人如不能把握此緊張之局面，加倍努力，勇往邁進，則此勝利之戰果，不久必歸於夢幻泡影，我中華民族將萬劫不復矣！」

戴氏這一長函，寫於三十四年十一月三日，恰正是朝野歡騰，粉飾承平時候。而字裏行間，已充分流露出他的隱憂。

毫無疑問，戴氏在當時政府官員中，是對中共認識最深的人。其所以認識最深，一是他有近二十年未曾間斷的實際鬥爭經驗；一是他的幹部中，有一群過來人，經常在研究中共問題。因此，他不認為反共只是一個軍事問題。

惟其如此，所以中共對於很多政府顯官，藐而視之，而獨對於戴氏之一舉一動，無不注意。此可於他座機墜毀，軍統局尚猶不知其生死時，中共最先發佈消息一事，得到證明。傳說當時中共根據地－延安，並曾集會稱慶，這是很可能的，因為他們已少一勁敵。

當朝野因勝利而陶醉，少數有權的人，又復剛愎自用，無視各種危機時，戴氏既「為領袖作耳目」，又對內外情勢有較多瞭解，他如不死，就必定會將許多真實情況，忠實的報告當局，使其目益明，耳益聰，決斷益加切合實際。即只如此，相信對於局勢，必有很大幫助。

其次，三十五年下半年及其以後，有一明顯趨勢，即反共重點，幾乎完全放在軍事方面，因而軍事人員意見，涵蓋一切，決定一切，而且不容別人置喙。數百萬大軍，在各地不同環境中，倉卒應戰，民匪混雜，彼暗我明，這就必須依靠確實情報，知彼已，審虛實，用其所長，而舍其所短，而不能依靠一二人之智慧。戴氏在全國有工作組織，有較多有經驗的工作人員，並普遍設有電台，他如不死，就必可提供軍隊所需要的情報，有助於作戰。至少不致使若干部隊，盲目應戰，處處陷於被動地位，乃至誤入中共陷阱，或被困死，而不自覺。

再次，在八年抗戰中，戴氏所主持的保密防諜工作，其成效，其力量，是有目共睹的。所以敵人雖百計滲透，並未發生作用，影響抗戰。其在大後方，對於中共活動之遏阻與防範，亦有其顯著功效。這皆有事實可證。

三十六年以後，不僅到處皆是共諜，且已滲透到軍事部門（軍統局人員在北平破獲共諜，一案之中，就有中少將軍官謝世炎等六人，皆受中共重賄，出賣軍事機密，確鑿有據。），甚至策劃作戰的重要參謀人員，本身就是共諜。因此之故，中共曾誇言：「我們一面要指揮解放軍作戰，一面還要指揮國民黨軍隊作戰。」意思是說他們能通過共諜，造成錯誤，誘使國軍處於挨打地位。戴氏如不死，他絕不會容許共諜如此猖獗。

復次，龐大偽軍之轉而投共，偽組織份子由畏懼中共，轉而趨附中共，與戴氏之死，亦是極有關係的。

當敵人投降後不久，軍政部門在未通盤策劃以前，即貿然下令，要將若干地區偽軍，交由地方軍政機關處理。戴氏是一個很尊重國家體制的人，他立即命令所屬遵辦。但，他知道這是見小失大的盲目行動，所以當江蘇地區若干偽軍，交由江蘇省政府處理時，他很感嘆的說：「我們同志，費盡心力，策動掌握若干偽軍，皆所以為國家計。現在交給王主席（懋功），無非給他們幾個錢，把槍枝一收繳，交差了事。這樣是讓他們各自散去，再為害地方，並為叢敺雀，幫共匪的忙，遺害無窮。這真令我欲哭無淚！」

當時若干人士思想之固陋，根源在於自大，以為中共不足慮，而偽軍又皆烏合之眾，抗日且能勝利，其他曷足齒數？這班坐井觀天的人，根本不曾正視客觀實際情形。只就偽軍而言：固然有所謂烏合之眾。但亦間有經過訓練，具有戰鬥力的。譬如東北幾十萬偽軍，一夕之間，投靠中共，立刻被用之戰場，與國軍相抗，就是明證。

戴氏對於偽軍處置，可說深具苦心，其目的，無非是不讓中共利用偽軍，不使偽軍散為土匪，他個人並無其他企圖。當若干人士堅執凡國軍所到之處，強令不顧一切，解散偽軍時，他當然深感苦惱。但他對外隱忍不言，只在對其幹部指示中，約略表明他的態度，他說：「奸匪猖獗之地區，尚擁有部隊之漢奸，應當加以斟酌。……漢奸必須懲辦，但對於當地之治安，與對局勢之利害，亦必須密切注意，詳加考量。」

吾人前已提及循政治途徑，解決漢奸問題事。雖然結果並未成為事實，但有理由相信戴氏仍在暗中策動，至少他會對當局陳明利害，希望有一種權宜處置辦法。

在另一方面，很多偽軍與偽組織人員，對於戴氏，是頗具信心的。且以吳化文為例：他自經軍統局人員策動之後，便非常信服戴氏，倚為泰山之靠。當他聽到戴氏殉國消息後，他就感到「非常難過」。他對戴氏幹部劉紫劍很沉痛的說：「我曾當過漢奸，反正以後，別人瞧不起我，惟獨戴先生對我好，勉我向上，我真感激刻骨。戴先生這一去世，我就沒有依靠了，別人也就愈加瞧不起我。現在我覺得我的問題，越想越嚴重。戴先生在世時，給我一種安全感，我沒有這種想法。……」言下不勝傷感。他所謂問題嚴重，是中共正向他進逼，要他入夥。而他的上司－山東省政府主席王耀武，又歧視他。他當時擁有一支為數兩萬以上，戰鬥力頗強的部隊，正負責防守濟南城北及飛機場。就因戴氏之死，失去依托，而徘徊歧途。最後終於投共，濟南重鎮，亦因而迅速陷落。

偽組織人員，對於循政治途徑解決漢奸問題，是寄於很大希望的，因這句話，最先出於戴氏之口，他們對於戴氏，具有信心。吾人可以鮑文樾一段談話，來說明一群偽組織人員之心理狀態。鮑文樾原為張學良部屬，在「西安事變」後，因見戴氏對東北軍善後事宜，處理迅捷而公正，非常佩服。以後參加偽組織，任職參謀總長。經戴氏派員聯絡，立即表示歸誠，並協助敵後單位工作。勝利以後，被捕入獄，並被判罪。據鮑文樾語人：「當時我們都信得過戴先生，只要他一句話，不須任何證件，也能信賴，因大家都知他講信義、有擔待、不會騙人。……及至聞他殉國，無不痛感失望！有很多人，幾天食不下嚥。大家心裏很清楚，戴先生一死，無人負責，一切皆無從說起，所以在受審之時，有人默不作聲，亦有人只說『活不了，就當漢奸』。任令法院胡亂判罪，而不置辯。」

吾人不知究竟有多少偽軍與偽組織人員，因戴氏之死，轉而投入中共懷抱。惟依據各種資料判斷，他如不死，處理偽組織人員，不會泥於一途，而置利害於不顧，至少不會為淵毆魚。

最後，要略說戴氏本身力量。軍統局有五萬左右的工作人員，多數為知識份子與黃埔學生，當時平均年齡，不過三十歲，都有實際工作經驗。直屬於軍統局的武裝部隊，約在七萬人以上，因中美合作，取得較新裝備。由軍統局間接指揮之武裝部隊，如稅警、保安警察與地方部隊，為數亦不在少。雖不如正規軍之完整，而言組織，言向心力，則為任何正規軍所不及。

此外，戴氏在軍方，亦有很多志同道合朋友，少壯軍人之握有兵權者，如胡宗南、湯恩伯、黃杰、杜聿明、關麟徵、王敬久、李仙舟、范漢傑、丘清泉、李延年、鄭洞國、李默菴、王耀武，……都和他有頗為深厚友誼。以戴氏縱橫捭闔之才，與其素所建立之聲勢，他還可能結合社會其他力量。

因此種種，故吾人敢於論斷：「戴雨農如不死，」情勢發展，將大不相同。

但是，這有一個大前提，或說主要條件，即必須予他以施展機會，並信任他的忠誠與才能，容他放手去做。否則他亦無能為力。

照當時情形看，這幾乎是不可能的事。勝利以後，戴氏不但是中共眼裏一死敵，亦是若干國民黨人士眼中釘，彷彿有一種可以不打倒中共，卻必須打倒戴笠的氣勢。誠如梅樂斯將軍所說：「他被一些對事實真相，不求甚解者，要將其從政治上消滅。」這亦就是才剛勝利，就有人要裁撤軍統局的原因。

在一種旗靡轍亂，「快感錯倒」情勢下，戴氏如果勉強的留在政府，他將一無所為。如果他勉強的扛起反共大纛，就註定他必失敗！

一個國家，不幸遇到大變亂時，往往有如舞台上演出一齣大悲劇，劇中最出色腳色，即是最主要的悲劇人物。戴氏生前，在各方面表現，最為出色，被人稱為英雄，聲勢赫赫。而究其實，亦不過大悲劇中一主要角色而已！

五十三、戴笠一生應有定評

昔人有言：「大丈夫蓋棺事方定。」意謂人之賢愚不肖，必待身死，方可論定。戴笠不愧為一大丈夫，一生施為，磊落奇偉，極不平凡。因亦名滿天下，謗亦隨之。他殉國已數十年，依然毀譽不一，迄無定評。對於此一忠義絕倫，有功於國家的人，實不應讓他生被惡聲，死負疑謗。時至今日，風塵已定，政府方獎勵忠義愛國之士，應是將戴笠行誼，依於事實真相，公之於社會，任人評判，以明是非時候。不然，後世將議其人，議其事，甚至懷疑這一時代史實，以為真有所謂「特務橫行」的事實存在。

何以蓋棺猶不能論定

戴氏生前所作所為，多半是風起雷動，立竿見影的事，其動機與目的，以及因果關係，都很明顯，並且十有八九，都對國家很有益處。例如當年發生在重慶的囤積居奇案，嚴重影響軍糈民食，經他迅速破獲，誅除首惡之後，糧價普偏下跌，軍民俱受其益，其對國家為利為害，是不待智者而後知的。申言之，他所作的事，並非一種思想或政策，必待數十百年，影響已經顯現，才能判明是非。故他一生，蓋棺之日，即可論定。

可是，在另一方面，戴氏一生，又是最難論定的。這不僅因他為一極特殊人物，所作的事，不同尋常；還別有很多特殊原因，是一般人所未有的。

首先是他雖對國家有極卓越貢獻，而除敵後殺賊鋤奸之外，餘皆不甚顯著，並且大部份是視同禁秘，從不宜揚的，實際上，不僅外間一般人無從知道，即當時在政府任顯職的人，亦未必知道。即就抗戰而言，首先第一，當時軍事戰，一城一地之得失，都非常重要。但抗戰經過八年長時間，如果沒有政治戰、經濟戰、宣傳戰、心理戰、情報戰，特別是後方的嚴密防衛，協助配合，能否支持八年之久，內外謐然，屹立不搖，則殊難料。易言之，抗日民族戰爭，是由總體戰之成功，而獲得勝利的。在總體戰中，戴氏對於各種戰鬥，都盡過相當力量，有其相當貢獻。而情報戰，與後方防衛，尤為功效卓著。正如梅樂斯將軍所說：「戴將軍的工作，強化了中國抗戰陣容。」可是，這種貢獻，國人多數是不知道，或不完全知道的。一般人都覺得他管的事太多，權力太大，在某些方面，常予人以不便。很少有人視其所以，觀其所由，從而為國家利益設想。這是指他所領導的公開與半公開工作而言。至於更多的秘密工作，即軍統局幹部，亦甚少有人完全知道，更無論外間。

其次，一個政治性人物，功業固甚重要，然亦要看其平時踐履如何，不能只憑功業，論定其一生。因而要評論某人，就必須對某人有確實而充分之瞭解。

吾人研究戴氏在軍統局時代的行誼，不得不承認他與人有相同處，而有更多與人不同之處。譬如他在事業上，看來是大開大闔，豪氣干雲，使人覺得他放縱而近於跋扈。可是，實際上，他卻非常謹慎，很守尺度，從不妄言妄行。他把事業，看得極重，事事刻意求勝，一毫不肯放鬆。而在人際關係上，卻盡量謙讓，寧可自己吃虧，絕不與人爭一時之長短。在除暴懲貪，殺敵誅奸方面，他總是雷厲風行，不計個人利害，予人以一種凶猛強烈印象。而他心地，卻異常善良，從不用陰謀詭計陷害別人。沒有和他接觸的人，會猜想戴某必是一個凌於冰霜，十分冷酷的人。而他對人卻十分友善，甚至想憑他滿腔義氣熱情，盡交天下賢俊。他對於當時若干政治、社會風氣，極為不滿。而有時亦能如老吏一樣圓通，和別人虛與委蛇，不露聲色。當其落魄時，他奮不顧命，追求功名。已然青雲得路，又視富貴如浮雲，有時且想擺脫名韁利鎖，寧願回鄉作一太平百姓。……戴氏就是這樣一個非常奇特，而難於瞭解的人。他長期將自己封閉在一小天地內，不但與社會一般人，接觸機會極少，即與政府官員，亦保持一定距離，不相聞問，外間自然難於瞭解。

再次，社會上各種風氣，對於一個人的衡量，及所賦予價值，亦是大有問題的。在從前，累代相傳的若干概念，諸如忠與奸、廉與貪、勇與怯、誠信與詐偽等，尚可支配一部份人心，用以別人之善惡。多年以來，變亂相尋，越是動盪不寧，人心受社會、政治風氣影響越大，忌諱越多，講公道話的人越少。社會對於任何人的善與惡，不但失去客觀的衡量標準，而且越來越漠不關心。故士大夫之在官場，較有地望者，有人蓋棺之後，社會並不知其為善人抑為惡人；亦有人善惡昭昭在人耳目，卻無人敢議其是非，更無論彰善癉惡。有鑑評能力的人，相率而為鄉愿，是非遂不可問！

就戴氏而言，他所受影響，還不只此。很顯然地，他是一政治性的特殊人物，有眾多有形與無形敵人。當社會趨向逐漸改變，所謂「清議」，已變為應聲蟲，馴至非依傍門戶，伺察顏色，不能論列是非。於是如其黨，則褒毫毛之善，「舉之欲使上天」，甚至誤國禍民皆不問。非其黨，則貶纖芥之惡，「按之欲使入地」，並將其人格事功，一概抹煞之。門戶之見，錮及人心，是非之說，淆於唇舌，自不免濁亂是非，顛倒黑白。

戴氏生前，自己曾說：「社會各方面，對於我們是毀譽參半。」其實毀謗或稱譽的人，並不知道軍統局工作任務及其績效，更非深知戴氏之為人，大都只有某種感覺，或是模糊印象。在政治圈內，毀謗的人，將戴氏比之為佞幸，擬之為惡棍，有人是由於某種原因，亦有人並無原因，只是覺得他親近當局，他一日不去，彼輩一日不便。稱譽的人，亦多數是不見車馬，望塵而拜，他們亦同樣不瞭解戴氏，所說皆細微故事，大節反為所揜。故毀譽皆不免失實。

至於社會一般人，議論戴氏，仍是認定他為特務，特務是不道德的。這一成見，經由中共渲染、擴散以後，一面成為一種「罪名」？一面又成為一種禁忌，彷彿是不祥之物。

客觀地看：二十六年以前，戴氏所主持的特務處，採取秘密活動，在形態上，與西方特務，不無近似之處。儘管他說他所做的是革命工作，別人不能無疑。二十六年以後，軍統局所擔任工作，百分之九十以上，都與抗戰有關，其在後方，在前線之所表現，都有血有淚，可說是一種狂熱的愛國行為，不但與人所想像中的特務全然不同，而且無一不有裨於抗戰。這是事實。非常遺憾的，是血淋淋的事實，擺在眼前，仍不能使若干人士成見，有所改變！

抗戰勝利，使中國驀地跨進一大步，結束黨治，還政於民。特務在「自由、進步」人士眼中，是妨害人權，和民主不相容的。亦是若干顯貴所不喜的。於是在不同立場的人之心理上，形成不同禁忌。敏感的人，並深恐因談戴笠，而牽涉到許多是非。於是有關戴笠的事，遂為社會所諱言。

一種成見，已經擴散，被人有意或無意地接受以後，要破除是很難的。譬如宋代反王安石之一派人，蓄謀誣衊，說他「大奸似忠，陰賊害物」。這分明是倒是為非。而到明代，竟然還有人說他是「合莽、操、懿、溫、伯鯀、商鞅為一人。」成見之害如此。大陸變色以後，「彼黍離離」，若干人士，播越餘命，對於戴氏，似沒有再爭索其過，公開毀謗。但吾人相信必仍有人，心誹腹謗，只是不願說出。

由此，可知戴氏雖已蓋棺數十年，尚猶不能論定原因。要使他一生功罪，獲得定論，就只有將其一生事蹟，公之於世，使人瞭解，作公正的評判。

時代必然性

無論評判任何人，都必須先知道其人所處的時代背景。

對於戴氏，吾人曾聽到某評論家說：「戴笠可稱得是一豪傑之士，只是，他所作的事，不盡合乎法度。」意思是指他有若干作為，是不合於法治精神的。其實，早在重慶時代，就有「自由、進步」人士，指責戴氏有妨害自由、侵犯人權之嫌。尊重法治和人權，是一種好現象。可惜說者拘名遺實，不知道有一種時代必然性。

很顯然地，中國在三十六年行憲以前，仍是革命時代。政治革命，有時必須超越常軌，以非常手段，排除一切革命障礙（英文 Revolution 一詞，本義就是掃除社會之腐敗。），以蘄革命理想之實現。這在西方國家是如此，在中國亦是如此。辛亥革命諸先烈，亦曾以非常手段，對付革命敵人，國人對於當時的激烈行動，未聞有責言，蓋知其志在救國。

辛亥革命，推翻專制以後，三十多年，在國內所發生的各種政治鬥爭，包括多次戰爭在內，溯其遠因，都可概括地說是愛國之士所領導的革命力量，與各種反革命力量之鬥爭。就是抗日民族戰爭，在政治意義上，仍是肇因於日本不願見中國革命之成功。

又如抗戰，人人都知道兵凶戰危，亦知道敵人船堅砲利，開戰以後，必不免烽火遍地，死傷慘重。但舉國上下，仍不顧一切，奮起抗戰。因為不如此，不足以表現民族氣節，挽救國家危亡。這是最易理解的例子。

至於特種工作，亦是有其時代必然性的，在當時情勢下，沒有戴笠，亦必出現這種工作組織，擔負相同任務，只不過由他領導，更為出色而已。很明顯地，在民國二十年代，沒有綿延不絕的內部變亂，就不會有「九一八」事變，亦不會無故興起一個民族復興運動。沒有從內憂外患的經驗中，領略到政治鬥爭的複雜性，就不會感覺到特種工作的重要。進入三十年代以後，特種工作，已實際肩負起保衛政治，掃除障礙的任務，成為敉平內亂、抵禦外侮的有力工具，並已發揮其最大功用。政府處於戰亂之際，第一目標，是克敵制勝，當然不能放棄這種有利武器。這就是特種工作，在當時雖有若干人憎惡，而仍能蓬勃發展的原因。

特種工作，既以掃除礙障、保衛政治，為其主要任務，自必不能事事都循常軌，亦自必不免要使用非常手段，有時且令人覺得過於凌厲。但置身在實際而劇烈的鬥爭中，水火薄射，危疑震撼，為求制勝，有時就不得不出之以權奇，劫之以威勢，乃至予敵人以酷烈打擊，尤其是在淪陷地區，這是無可避免的事。如以今天所謂法治的尺度來衡量，軍統局之所施為，亦有部份，可說不盡合乎法度。而在當時，則不但合法，且認為有功（可參看國民政府歷次明令）。這一差別，就在於當時還是革命時代。

有一件事，可能是社會猜疑最多的，即戴氏所領導的軍統局，權力甚大，在當時曾否隨便殺人？其中又是否有無辜之人？吾人於此，曾注意蒐集有關資料，並發現確有殺人事實。惟細查各種資料，十幾年中，由軍統局直或間接（經法院判處死刑者）所誅鋤，而比較重要者，大約不出兩百人。其中多數是敵酋、漢奸與叛徒；次多的是趁火打劫之惡徒與顛覆份子；餘則為貪官污吏與違紀亂法之徒。一般而言，亦皆只是去其太甚。

敵酋是民族敵人，「九世之仇」，尚不忘報，又何況敵人已侵佔中國領土，正圖滅亡中國？漢奸是賣國賊。趁火打劫，危害政府的是叛逆，所謂「亂臣賊子，人人得而誅之。」即使不是革命時代，國家為維持秩序與法紀，「殺人以安人」，亦是應當做的事。

還有一點，必須指出：政府當時並未賦予軍統局以殺人權力，即在敵後誅鋤漢奸，亦是先舉罪證報經核准，才予以制裁的。

總之，每一個人，不論生在何種環境，其觀念、意志與言行，都不能不受時代的影響。北伐以後，內有變亂，外有敵寇，只有安內攘外，才符合國家最高利益，所以稱為時代的使命。這種時候，作為一個政府官員，都必須服從國家意志。作為一個忠實的革命黨員，更只能服從黨的命令，維護黨的利益，別無選擇。這是批評戴氏的人，所當知道的。

天下有公是非

昔人云：「天下有公是非，感恩而欲刎頸者不能私，報仇而欲剸腹者不能誣也。」這是說一個人的是非功罪，都必須依於事實來評判，事實是客觀存在的，不會因甲之喜愛而加多，亦不會因乙之憎惡而減少。譬如戴氏所主持的中美合作業務，中國戰史，不予表揚；而美國政府公報，則讚譽備至，並謂如非中美所之貢獻，美海軍將甚難迅速擊遺敵人。這就是因為確有一個合作事實，而且確有貢獻。

現在正是評判戴氏一生的最好時機，此不僅因為考於聞見，訪於故舊，還有甚多可以採信的證據，還有甚多可以信任的證人；亦因政府正在獎勵國人自強愛國，倡導廉恥與氣節。戴氏十幾年百折不撓，艱苦奮鬥經過，以及許多忠勇愛國之士，有敵無我，為國犧牲事蹟，正可作一好榜樣。

當然，要評斷戴氏，亦有難處，因他所作的事，千頭萬緒，間有難於測度者。吾人雖已盡其可能，蒐集其事蹟之可考信者，記述如上，亦難免不有缺失。惟依我國傳統，論人當論其所立之大者，即先論志節、人品，次乃才略與功業。在這一範圍之內，可以假設以次幾項標準：

其一、戴笠為政府官員，亦為國民黨黨員，應看他是否忠於黨國。

其二、他被人稱道，非因其為神秘人物，有若干傳奇故事，是因其有功於國家，應看他對於國家貢獻，究竟如何。

其三、他一生標榜革命，矢言「絕不貪財」，應看他是否言行一致，稱得是真正廉潔。

其四、他生前握有相當權力，可以作威作福，應看他有否濫用權力，以私意傾陷殘害善良之人。

只從這幾方面，察其誠偽，審其虛實，推量其心跡，持平而裁量之，就可論定戴氏一生。茲略述吾人所見：

戴氏崛起草莽，能受知於　蔣中正，當是由於他的才略。而十八年任之不疑，則可斷言，是由於他的忠心。在此一長時間內，如他有一二不忠於國家之事，　蔣中正就不會倚畀如此之殷，更不會因他之死，而深感痛心。

自力行社成立，即以忠貞為入社第一條件，故戴氏常說：「我們對於同志的選擇，是要絕對忠於領袖，忠於革命，忠於國家。我們是頭可斷，而志不可移的。」雖然這近似門面語，官場中人，常有類似說法，未足憑信。但他十幾年中，處處將黨國利益，置於個人利益之上，是有事實可證的。從來批評他的人，吹毛求疵，百端詆毀，亦未聞有人對他忠黨愛國的情操，有何懷疑。

或許正因他太過於忠愛黨國，不肯以公徇私，所以在重慶時代，尤其是勝利前後，「自由、進步」人士，才對他特別仇視。當重慶「自由、進步」人士攻擊軍統局時，在美國的同路人，亦「申申而詈」，指責戴氏所領導的特種工作，「是維護中國一黨政府的。」中國方面，對此批評，竟然毫無感覺，反而有一位美國海軍官員麥滋爾（J.C.Mltzel）憤慨的說：「中國的聯邦調查局，如不保衛中國唯一的合法政府，他又應該幹什麼？」麥滋爾的駁辯，是很公正的。由此引申，吾人亦可說當時中國，是革命政府，　蔣中正是政府主席，又是黨的總裁，負黨之重，秉國之鈞，他將保衛黨與政府重任，付託戴氏。戴氏是黨員，是官員，又是他的門生，戴氏不忠實於黨與政府，不忠實於　蔣中正，又該忠實於誰？這一點，一切毀謗戴氏的人，無論敵友，都該知道，包括國民黨人士在內。

說到功績，不論是否因故使戴氏事蹟，秘而不宣，抑或是有意抹煞，他有功於國家，是無可否認的。舉例言之：兩廣事變，發生於抗戰前夕，其勢足以使兵連禍結，全國糜爛。戴氏以奇謀策反，不戰而屈人之兵，一次重大禍變，賴以迅速敉平。抗戰以後，全面保密防諜，禁暴止亂，查緝奸究，疏導交通，維護經濟等重要任務，他以一肩任之，岌岌皇皇，奮鬥不懈，整個大後方，賴以保持安定。抗戰勝利，中共到處騷擾，百萬偽軍，徘徊歧途，局勢異常險惡。他以各種手段，控制陷區，遏止變亂，使政府得以順利復員，人民得免兵匪交殘之苦。……只說這幾件事，豈不比一般顯宦之所誇耀者，更具有建設性，更加十百倍重要？這不但證明戴氏在國家安內攘外之時，有很多貢獻，且可說是匡濟盪定之大功。十目所視，又豈能一概抹煞？

再說到廉潔與否，吾人前已略舉事實，證明其清白。所須補充以便於比較者，即凡屬貪墨之徒，其目的，無非為本身與其子孫享受計。享受是無止境的，故在職之日，百計聚歛，或利用職權，貪叨罔利，或以其親昵，霸持公務，擅眾所利，而且老死猶不知止。已然盜取財賄，類皆厚殖產業，廣蓄姬妾，良田美宅，玉食錦衣，以稱愜其私欲。這一類人，又多半是貌為廉介，而包藏貪心，有時且故作窮態。然其贓私幾何，何地有產業，何處有存款，則路人皆知，因為天下耳目，非一手所能盡掩。戴氏恰與相反，他生前常怕人說他窮，有時且故作富態。而死後僅有幾口舊衣箱，別無長物，更無一地有他房屋，一處有他存款，或在其家鄉，添置半點產業。

有人說：「戴笠如果要錢，可以堆成金山銀山。」「金山銀山」，未免過誇。惟他如稍存嗜利之念，他確有機會，可以致富，而且是不必公然貪贓枉法的。認真地說：戴氏自供職政府，以迄殉國，其刻苦，其廉介，可以說是三十～四十年代的官場所罕見的。無論他死後，很多事實，能證明他兩袖清風，纖塵未染；即在他生前，最憎惡的人，似都對他廉潔，沒有異言。

至於曾否濫用權力，涉及一種潛在的心理問題，與一個人的倫理情操，意志作用，及其人際關係，俱有關聯，不能只從某一方面來判斷。以戴氏而言，他當年確握有權力，而且隱約之間，無所不在。他如心術不端，或是恩怨太過分明，他要作惡，是很容易的。假設他曾濫用權力，摶擊善類，摧折正士，則他實質上為一傾危奸邪之徒，品德大有問題。這種人，即使有功，亦當為名教所不容。

可是，在吾人所能見到資料中，沒有發現他與任何人，曾發生過任何事，可以稱為私人嫌怨（公事除外）；亦未見到他對任何人，在文字口語之間，顯露出妒嫉或報復之意。在謠言最多時，他被形容為「聲名狼籍」。卻未聞有人指證他曾經傾陷誣害某人。如有其事，在他死後，怨恨他的人，斷乎不會默無一言。依此，可以說他雖握有權力，而其心術是很光明的。

還有一實際情況，必須指出：即「為領袖作耳目」，而可接近當局的人，比外間所知道的為多。傳說當時的侍衛人員，即有人心害其能，對他側目而視。更另有一機構，與戴氏競爭，窺釁伺隙，為時已久。如他仗勢而日尋干戈，挾私而快意恩仇，當局必會知道，他亦必不免受譴責或被罷黜，至少不會再假以事權。而事實證明，當局對戴氏之信任，則是久而彌篤。

吾人對於戴氏之奇，尤其對他忠肝義膽，勞身苦志，二十年永肩一德，摩頂放踵而勇為之的精神，誠不勝景仰。然亦不願盲目崇拜，更無為他文過飾非之意，因為一切皆有事實在。誠然，在客觀實際上，民國十七～三十五年間，政治上所發生事故，千變萬化，尚有吾人所不知道的事。惟無論如何，講立身大節，戴氏是經得起考驗的。

就吾人所知，　蔣中正當年柄政，幕府人才濟濟，言資格、言學問，戴氏誠難與相比。但言磊落奇偉，能與戴氏並論者，實不多見。而功績能突過他的，以吾人孤陋，尚未之前聞。故綜論戴氏生平，稱他為一真正愛國英雄，為一傑出革命家，或稱之為一錚錚奇男子，俱不為過。當他落寞無所遇時，　蔣中正獨具慧眼，拔識他於廣眾之中，寄以心膂，他因而感激知遇，然諾相許，誓以死報。他的突出表現，適足以證明他為一奇才。　蔣中正能信用他，亦足以證明其大過人處。

瑕瑜應互不相掩

任何歷史人物，不論為惡為善，都不免要被當時或以後的人批評。亦須有公正批評，褒善貶惡，才能使賢者有所勸；一切造偽飾詐，盜名欺世之輩，知所鑑戒。似批評必須依於客觀事實，不可為成心所囿，以為近我者是；亦不可為陋見所蔽，以為只要是大人物，就必是毫無瑕疵的。吾人覺得一個特出人物，可能因學養、境遇與志量之不同，而有較多優點，卻絕不可能沒有缺點。如有人以為「堯舜不勝其美，桀紂不勝其惡」，此乃流俗之見，是不合於實情的。

實際上，自古英雄行事，類皆乘時而興，因勢而動，自出機杼，大破常格，才得滌瑕盪污，開創功業。如國家危難之際，國事皆以庸庸者充數，循敝轍，守故常，以求苟安於一時，而沒有特出之士，奮死出奇，為人之所不敢為，又何能開創機運，興建事功？所以昔人主張：「功過相除－士有大功，當掩小過。」歷史亦仍予有功於社會的人以應有地位，並不「以一眚掩大德。」

戴氏為一特出人物，有功於國家，立身行事，有過人之處，是有事實可以考信的。然亦只能說他優點較多，而不能說他絕無缺點。以他當時所處險惡環境，所艱鉅任務，可謂至難，正如他所說：「做人之所不願做，為人之所不敢為。」當棋局屢變，公務鞅掌之際，他剖繁理劇，應機處變，又焉能毫無過舉，毫無缺點？而無心之失，尤為勢所難免。不過，平情而論，在戴氏供職政府期內，並未發現他有何重大過失。在人格方面，更無重大瑕疵，可以指訾。即如外間傳說最多之男女私情，藉曰有之，亦只是私生活不謹，與大節無關。孔子曾說：「大德不踰閑，小德出入可也。」一個人如真有功績，只要大節無虧，小有不謹，亦是可以原恕的。吾人認為如依道學標準去衡量人，每一方面，都求全責備，則一切歷史人物，所謂「芳烈奮乎百世，令譽顯於無窮」者，必皆有可訾議之處，而萬古將無一完人。

戴氏在生前，不僅對於名利看得很淡，對於生與死，人情之所甚畏者，亦看得很淡，他所希望的，是「生不枉生，死不枉死。」惟對於是非與毀譽，仍不能全然無動於衷，他畢竟是好勝心極強，而很珍惜名節的。當許多謗言在社會流傳時，他雖不欲置辯，仍感慨繫之的說：「但求蓋棺論定，讓歷去證明！」吾人相信他個人歷史，足可為他作證。

五十四、撰後贍言

寫此奇人傳難處

綜觀戴笠將軍一生歷史，察其行能，考其聲實，益信他之所以受殊遇，膺重寄，樹奇功，英名遠播，令人景仰，絕非偶然。生為人中雄，死留俠骨香，用此以讚戴氏，足可當之無愧。

不管誰毀誰譽，亦不問別人對他評價如何，戴笠為一罕見的奇才，生前忠於謀事，勇於任責，有功於國家，乃無可否認之事實。

如以戴氏之出任特務處長，為其事業之開始，則他策名政府，勤勞國事，尚不滿十五年，可說為時甚暫。而此十五年中，他除情報工作之外，所作貢獻甚多，都有事實可證。他在此十五年中之事蹟，真可謂罄竹難書。吾人曾將他所領導的事業，約略區分，即多達四十餘類。其中任何一類，無不有實功實績；亦無不是戴氏及其同志之艱苦、辛酸，有血、有激的奮鬥史；信手拈來，皆可寫成專書，或演為傳奇。

近年戴氏軼聞舊事，已有部份刊載於書報，雖是一鱗半爪，不足以概其平生，仍極為社會所重視，有甚多有血性的人，並對他佩服至於五體投地。這顯示社會仍有人致思於戴氏，亦顯示他是一個值得懷念的人。

因此，戴氏友好舊屬，均主張寫一戴氏傳記，將此奇人奇事，作有系統之敘述，忠實地介紹於社會，一則使人對他有較正確瞭解，藉以澄清許多無根之言；一則供史家采擇，使他一生功烈，免於湮沒。在想像中，寫戴氏傳，較寫一般要人傳易於為力，因他所遺留事蹟特多，真可說五色繽紛，美不勝收，只須稍加編次，不待緣飾，亦必可觀。

其實，如認真寫戴笠將軍傳，寫得平實綿密，是非分明，無浮泛語，而有可讀性，使人讀其傳，如見其人，並非易事。如更求事事精審，無疵可指，且具有文學價值，尤難。

傳記文學在我國，史遷之後，即已定型，幾千年來，略無改變。大抵皆以舊瓶裝新酒，摭拾傳主部份故事，再加一派歌頌濫調，便可敷衍成章。故多數僅能略窺傳主之服色冠帶，而無從見其面貌精神。

其在外國，近兩百年來，經過不斷研究改進，已創立很多新觀念與新規範，且已與文學分途—「成為文學之一支」，被視為一項專門學問。其最主要的幾項規範是：

(一)不可憑作者自己感覺或想像，隨意塑造編排，一切必須有事實根據。因而作者對於傳主，必須有完全而透徹之瞭解。

(二)傳記為「各別人物歷史」，亦即傳主一生經歷之完整紀錄，舉凡其人之家庭、出身、性格、志趣、習尚、社會關係，以及千變萬化之生活情態，固無所不包；其內在情操，與心理狀態，亦不可少。

(三)對於傳主不可存愛憎之念，其優點與缺點，須作客觀而公正評判，且不可有兩歧語。若是傳主為一偉大人物，其思想或行為，與社會有關係者，記述更須明確，不可含混，因其為歷史之一部份。

(四)傳記文字，不在於華麗典雅，而在於洗鍊條暢，且有感情，能將事實真相，與優美藝術溶合為一體，使其具有文學價值。

由此可見寫一本可讀性較高傳記，很不容易。

實際存在的問題

戴氏一生，自甘澹泊，不求聞達，不要時譽，更從不為身後之名計。他有兩句口號是：「有功歸之領袖，有過我們承當。」他終日屹屹，批答如流，其所留手跡，多為公文書。其能反映出他的心曲、思緒、才情者，如筆記，回憶錄之類，似尚無人見到。一般所見，多為公家檔案，僅記載部份別事情，未經整理，或緣起不明，或首尾不相連貫。中經變亂，亦難免不有散佚。而且事實上被視為不傳之秘，即有完整資料，亦非局外人所能見到。故資料之蒐集，顯為一大問題。

次一更重要問題，是戴氏為一非常特殊人物。雖然他一生任軍職，未嘗從政，而他在三十至四十年代，可以確信其為一政治人物，其在幕後影響力，初不在任何政要之下。因之他有若干行為，和當時政治，不能絕無關聯。亦難免不有若干政治上是非，牽涉到他身上。即使作者瞭解，知其宅心正大，亦無權代為解釋。且有若干地方，難於作何解釋。如果所採資料不實，或是措詞不當，被人誤解，小則引起爭論，大則可以賈禍。

另一問題，是若干人士，認為時機不宜。

再加上戴氏事業，端緒紛繁，如同滿園奇花，一時怒放，耀眼奪目，無一不是園主經心栽培而來。故敘述戴氏生平，不能不舉要說明。而事事詳備，又必失之繁冗。因而在剪裁舖陳方面，要求繁簡適當，頗不容易。

故有人覺得既有困難，只好再待若干年，俟困難因素自然消失，再行著手，庶免草率，且省煩擾。好在傳記並無時間性，越是經過時間較長，蒐集的資料，越加完備。再過數十百年，寫戴氏傳，不但時間不算過遲，且較現在方便。

誠如所言。傳記是無時間性的，愈是晚出的書，其資料愈豐贍，考證愈精審。世界很多名人傳記，都經過很長時間，蒐集資料，探幽索隱，體察入微，才著手編撰。例如格倫斯頓傳作者J.Morley所參考文獻，多達三十萬種。而哈定傳作者F.Russell，曾易稿多次，歷時數十年，乃得成書。故他們著作，甚受重視。如果傳主為一不平凡的大人物，還可以有多種傳記，例如拿破倫、林肯等人，傳記都不止一種，即使是最近寫成的書，仍能流傳於世。

吾人對於上述困難與問題，曾經慎重思考，認為戴氏傳之編撰，不宜再緩，更不能寄望於遙遠而渺茫之將來。所持理由是：

民國三十八年以前，社會對於戴氏，尚可說是毀譽參半。而且部份毀謗他的人，並不曾完全抹煞他對國家之貢獻。大陸易手之後，中共惡意誣衊，將他說成是第一「頑兇」、是國民黨「劊子手」，不勝其惡。社會上只有人揚其惡，而無人稱其善。日久就難免不有人信以為實。如任令黑白顛倒，以訛傳訛，是與非，就將因誤信者多，而一定不變。戴氏耿耿孤忠，鞠躬盡瘁，生受流俗之謗，死為燼餘之灰，其事已屬可悲！若更令後世疑其人，目之為惡徒，則死不瞑目矣。

戴氏殉國至今，已三十年，資料誠難蒐集。差幸他的故舊門生，猶多健在，尚可諮詢，遇有謬誤，亦可及時糾正。然而昔年與戴氏曾共艱虞，識其性情者，亦皆垂垂老矣。更歷歲月，故舊凋零，此中秘辛，益少知者。將來即或有名家大手筆為之寫傳，而於事在疑似兩可之間，難於求證者，就只能以疑傳疑。若干年後，欲明嫌疑，別曲直，正是非，求與事實真相相吻合，豈不甚難？

個別人物歷史，不論由何人撰寫，都不可能絲絲入扣，絕無疏失缺漏。只要在大的方面，諸如品德、志量、功業，與夫用事行權，取與進退，與名節有關者，沒有舛誤，則小疵固無妨大醇。因為以後發現，仍有改正機會。就戴氏而言，其人其事，皆可傳世，吾人相信將來必有傳之者。並相信在出版自由環境中，作者將依於自己意思，以不同形式寫出。先有一略傳，依據事實真相，將若干疑似兩可之事，加以肯定，實有必要。一個明顯理由，是社會對於戴氏之毀譽，迄猶未定。

職是之故，筆者雖明知其難，仍不揣言譾陋，先發其端，試將戴氏一生歷史，凡可考信者，皆撮要而記述之，但求無愧於良知，無愧於戴氏，工拙非所敢計。至於鴻文鉅製，傳之久遠，則有待於大雅博學之士！

筆者感覺與淺見

據傳自戴笠將軍故舊倡議撰寫傳記之日起，即眾說紛紜，莫衷一是。然皆本於敬愛戴氏之誠意，希能一舉百當，無所顧慮，完美無瑕，並非真正有何歧見。

迨至戴氏摯友喬家才君之大作《戴雨農及其同志》問世，始有觀點上的歧異。喬君認為戴氏不但忠勇絕倫，有功於國，而更重要的，是他所代表的是一種正義力量；他的同志，為正義而犧牲甚大。現在政府注重獎勵忠義，以激發人心，他與戴氏共患難二十年，深知其為人，他有表揚故交的責任。他的觀點，並沒有錯，因而同情他的人頗多。

與喬君意見相左的少數人，並未提出具體意見，甚至可說根本沒有觀點，只是在伺察別人顏色，覺得別人諱言特務，不管戴某為人如何，都不宜再提他。這彷彿是默認戴氏為一眾所厭惡的特務，而不是一傑出革命家。

吾人對於任何歧見，不欲論列是非。只是覺得有許多傳說，近乎離奇，與事理人情，不甚相合，值得商榷。吾人觀點，具詳於幾封私函之內，茲錄其要者如次：

致甲先生函：

「……頃聞若干人士，對於宣揚戴笠將軍忠勇愛國事蹟，不表贊同，逖聽之下，曷勝駭異！

戴將軍主持軍統局工作，凡十五年，正當國家危難之日，其任甚重，其事甚難，其處境亦甚險惡。彼於艱難困苦之中，悉力以赴，勞怨危險皆不顧，以無比忠心，翊讚故總統　蔣中正，扶危定傾，救亡圖存；而且成功之後，不矜不伐，更不居功。此皆國人之所共見，毋煩殫述。

當其在職之日，勇於負責，不惜身為怨府，甚至不復計身為已有，盡其心力，以濟國家之急。因是頗為少數人所不諒，明肆詆毀者有之，陰謀傾陷者亦有之，可謂機阱滿前，而彼奮勵如故，不因仕途險巇，稍易其忠黨愛國之志。

尤難能者，為彼雖有權勢，而始終清介自矢，皎然不利，從不為一己身家計，故名震一時，而家無餘儲。彼之廉與能，在中美合作時期，備受外人推崇，尤足為國人吐氣。

戴將軍殉國後，政府明令褒揚，賜予公葬，並著將其平生事蹟，「宣付史館」，證明彼實有功於國家。而　蔣中正以國民政府主席身份，賜頒輓章，有「山河澄清仗汝績」語，又足見其非尋常之功。

不寧唯是，軍統局忠義之士，在戴將軍領導下，為國死節殉職者，達數千人，為全國任何機關所未有。其幸而猶存者，亦無不盡忠職守，於國有勞。故民國三十七年四月，國民政府，特予明令嘉獎，以彰有功。雖有多人因故向隅，未能提名，而受頒寶鼎、雲麾、忠勇、忠勤勛章者，仍多達四百三十餘人，此亦全國任何機關所未有。

此皆事實，不難覆按。雖然時至今日，世變滄桑，「舉目有河山之異！」而法統未改，典常猶在，豈嘵嘵之口，所可淆混？

不佞曾致力於戴將軍行誼研究，為其貢獻之多，而感到驚奇！他不具論，只言其攘外之功，彼固無愧為民族英雄。如幸而生在外國，即非血食千秋，亦當名垂竹帛，其國人且必引以為榮。而不幸生在中國，國家多故，以致為人所遺忘。喬君古道熱腸，篤念故友，本政府旌忠褒善之意，宣揚戴將軍光榮事蹟，其意至善。而此時此地，欲振作人心，倡導忠義，亦正可以戴將軍作一榜樣。

不久以前，曾聞人言：「以功績論，戴笠實為一歷史人物。惟史家自有權衡，將來如何評斷，尚未可料。」不佞以為此乃鄉愿之見。所貴於有良史，就正因其有是非觀念，「筆則筆，削則削」，一切皆以客觀事實為準，用能示勸懲，昭法誡，以勵來茲。故志行卓犖之士，皆欲樹奇節，求令名，光照簡策。倘若史家不依客觀事實與道德標準，別賢否，明是非，褒善貶惡，使人知名節之可貴，則後人孰願抉面碎首，乃至破家沉族，而勉於為忠臣義士？國家又何必提倡禮義廉恥？

辱荷下問，一陳其愚。先生固精研史學，以宏揚傳統歷史文化精神為已任者，不識以為然否？」

覆乙君第二函：

「手翰奉悉。戴笠將軍事蹟，政府曾有明令宣付史館，此際宣揚其功烈，與政府意旨，並無抵牾，可以確認。若干人士之反對，乃私見而非公意，亦可以確認。彼等之所吸吸不已者，果皆如兄所言，則可謂過慮，亦可謂膚闊之見。

且先略說所謂「機密」：凡屬國家機密，國民皆有保守義務，故意洩露，視為罪行，此中外之所同。但機密亦因時因事而異，並非固定不變者，當看是何種情況，不能執一而論，譬如故總統　蔣中正秘錄，其中甚多情節，在昔年屬於國家最高機密；而時移勢變，公之於世，昭示國人以處人自處之道，不惟無損，而且有益。

就軍統局當年業務言，確有若干機密，為當時絕不容外洩者。然而事隔數十年，時移境遷，已非機密。例如電訊密碼破譯，其重要性在於方式；而事實上，斷乎無人再用幾十年前之密碼，更無人死守相同破譯方式，則其機密性已自然消失，其理至為明顯。

戴將軍生前之所施為，皆應國家急迫之需要，彼固未嘗違背政府政策，獨行其是。縱然在執行任務時，難免不使用非常手段，亦皆是為國家。如彼無私欲存乎其間，固無隱諱之必要。且其已見之於行事者，萬目睽睽，人所共見，即圖掩飾，亦不可能。如果動輒藉口機密，閃爍其詞，故作神秘，徒然啟人猜疑，誤以彼之所為，必皆陰謀詭計，不可對人言之事。若然，則名為愛之，而實害之。

其次，略言所謂「恩怨」問題：竊說者之意，以為如宣揚戴將軍事蹟，將刺激他人，發生不良影響，馴至子孫相仇。依此，則不但戴將軍事蹟，必須等待所謂「恩怨」，俱已消歇，始可公之於世；國家且不可再言忠奸，再論是非，說某人是漢奸，某人是污吏，因其子孫必將報仇。此種論調，實屬不可思議！

殊不知戴將軍昔年擿奸發伏，是為國家行法，而非私恩私怨。如受國法制裁者，罪有應得，絕無冤抑，其子孫竟與執法者為仇，則不啻是與國家為敵。如其子孫皆賢，相信必不如此。再說一切事情，皆發生在三十年前，一切經過，久已盡人皆知，並非秘密，因亦不必等待宣揚戴將軍事蹟，始發生何種影響。

譬如肅奸，全國重要漢奸，幾無一不是戴將軍所逮捕，交付法院定罪，此亦是為國家執法。當時國人皆主張用重典。並有人批評彼「過於寬大。」而戴將軍本人一則曰：「漢奸情形複雜，當循政治途徑解決。」再則曰：「其中秘密反正，著有事功者，須將其事實，公諸大眾，藉司法力量，判明其功罪。如此，始可刷洗其漢奸罪名，俾其子孫好做人。故漢奸之解決，政治尤重於法律。」觀此，可見其持論之平，與宅心之厚。故弟以為若干事蹟，公之社會，不特不致引起反感，反而可以消除許多誤解。

再次，是所謂「時宜」或「時機」之說，其意無非是以為現在為「民主、開放」社會，特務兩字，人所諱言，不宜重提戴笠事。戴將軍所領導之工作，為國民革命事業之一部份，與西方國家特務不同，弟已辨之屢矣。所謂民主制度，非自空而降，乃國民黨經數十年之奮鬥而來。戴將軍不但為國民黨忠實信徒，為奮鬥最力，流血汗最多之人。民主社會之實現，公認為國民革命之成就，黨人咸與有功。惟獨戴將軍，於無形中被摒棄，事之與彼有關者，且不可以言傳。彷彿其人為可疑之人，其事為不光明之事，言之足為盛世之累。其故安在？弟實百思不得其解。

如言「民主、開放」，舉世無過於美國。而美國之聯邦調查局，中央情報局，語其實質，亦可稱之為特務。但美國人並不諱言。不久以前，其國會檢討工作時，並公開議論：「禁止對外國政治領袖，使用暗中謀害手段。」但主張「對於敵國，不在此限。」可見美國不僅有特務，且涉及外國。最稱開放之美國人，未聞有何異議。其故在於此種工作，為保衛國家安全之所必需，民主國家，亦無例外。

其實，昔年軍統局所負任務，如保密防諜，除惡懲貪，殺敵鋤奸，皆國家之所必需，亦皆為光明正大之事。戴將軍稱為革命工作，從未自承為特務。最早指之為「國特」者，乃是中共；指「國特」「無法無天」者，亦為中共。如中共之言可信，則不但是非不可問，反共亦屬多餘。淺見如此，未審高明以為如何？

昔人有言：「將有非常之大事，必生希世之異人。」北伐以還，內安外攘，實屬非常大事。而戴將軍之瑰偉雄奇，清操亮節，信其為希世之異人。寫此異人歷史，必待海內名家，始能發揚潛德，致其瑩美，而傳之不朽。弟愧不敏，何敢語此。惟年來蒐集資料日多，反覆研考，回憶昔時艱難之局，益加敬佩其人，情不已，勉寫此略傳。率爾操觚，舛錯在所難免。惟每事皆有所據，絕不為穿鑿附會之說，以阿流俗之所好，乃可以自信者。

閣下與戴將軍共事最久，相知最深，非如弟宮牆外望，僅見一斑者可比。尚希不吝指正，為幸！」

覆丙君函：

「雨農先生在世之日，銳意革命，獨立不懼，致使怨者訾之為惡徒，嫉者比之為佞幸，無知者目之為『特務頭子』，皆揑造浮言，以騰謗為快。於是所謂『清流』，遂亦望望然，以為其人其事不足道。

然弟觀其立身行事，察其一生踐履，無論彼所興發建樹，卓爾不群；即其磊落之胸懷，清介之操守，亦足使一般造偽飾詐，盜竊功名者，聞之汗顏。今日之社會，正當傳其人，傳其事，使人聞風興起，稍知廉恥節義。

惟彼為一大人物，須有如椽之大筆，將其豐功峻節，規模氣概，一一道出，婉約而不落俗套，雅馴而得其精神，方能為世所重，傳之久遠。弟學殖荒蕪，傳記尤非所擅長。其所以勉力而為之者，蓋以雨農先生逝世已三十年矣，更歷歲月，其事蹟將因日久而愈益漫漶，即有大手筆，無所取材，亦難於為言。現傳記之學，方流行於世，倘有雅士，踵其事而增華之，則茲篇之作，尚不失為嚆矢。

拙稿承兄撥冗披閱，有所指正，不勝感荷。尊見以為『寫大人物傳，不宜太過恭維，盡說好話，當批評處，須加以批評。文字亦當只求曉暢，避免繁瑣。』此與淺見正相合。弟生平不妄恭維人，於大人先生，輒憫而藐之，絕不說半句阿諛奉承話，豈肯以濫調浮詞諛鬼。但看雨農先生之志量，審其既往，揣彼未形，其可批評處，實亦不多。拙稿確嫌繁冗，不合探驪得珠之旨。然皆為真情實事，絕非嚮壁虛構。真正事實，不僅可塞悠悠之口，且可以服人心，故雖嫌冗，亦不願刪節也。

雨農先生之同志，多士濟濟，皆一時俊傑，同心戮力，有功於國家。傳中因事及人，曾略舉其姓名。其名未附麗於此傳者，尚有萬千。弟非於人有所厚薄，實以事不相屬，所知亦少，故未能盡舉，以彰其名。承兄詢及，敬以奉告。尚希在事有功諸君，有以諒之！」

致丁君函：

「承轉告某君高見，以此際寫戴笠傳，乃屬一種挑戰性傻事，謂為愚不可及。昔人有言：『流俗之權重，則天下之人歸流俗。』弟屬草之初，即有此感覺。其所以願為此傻事，而覺心安理得者，以其人其事皆可傳，而自信此心如稱，更無任何企圖。

傳中所述，皆為事實，皆有根據。如有人以為不實，儘可舉出具體事實，提出證據，以證明其情偽。甚至一概否定之，亦無不可。「天下有公是非」，弟甚願接受社會人士公正之評判，好評固欣然，壞評亦可喜，絕不敢矜奇立異，自以為是。

竊某君之意，無非以戴笠為特務，乃士大夫之風雅者所不屑道。然弟嘗自靜思三十年前之大變局，國家阽危，人民塗炭之故，不能不惓懷忠良，而致思於戴笠。並深信其人其事，自有一定價值，斷非少數人之故意輕蔑，蒙以特務之名，所能抹煞者。倘使若干士大夫稍有恥心，肯於反躬自問：自問其志節，其才略，其對國家貢獻，究比戴笠如何？自問其不圖名，不貪財，不畏難，不妥協，又比戴笠如何？弟相信其人必曰：『而今而後，吾知勉夫。』即不然，稍有良知，持公正之論，不為昧心之言，褒善癉惡，亦將大有裨於世道人心。

總之，戴笠為一絕對愛國主義者，忠於國家，有功於國家，堅苦奮鬥，生死以之，皆是事實。彼之事蹟，公之於世，相信真誠愛國，心懷忠義之士，必將寄予同情。」

筆者動機、目的與若干觀點，俱詳於以上四函，特照錄於此，以代序言。

此傳編撰之初，幸得戴將軍友好及有關人士，提供資料，熱情贊助；脫稿之後，復承惠予審閱，多所指正；謹此致謝。

筆者　民國六十八年一月二十三日

此書編撰要旨

一、政府在大陸時期，尊重人權，崇尚法治，有目共睹，絕無以非法手段劫持社會之意念，更絕無所謂「國特橫行」之事實。

二、昔年軍統局工作，乃安內攘外，貫徹革命主義之所不可少，所著績效，皆可覆按，亦皆符合國家利益。

三、當國家危難之際，戴笠肩鉅承艱，任勞任怨，其卓越表現，證明其確為一傑出人才。　蔣中正知人善任，使盡其才，更有大過人處。

四、戴笠志行堅卓，不務名利，忠黨愛國，永肩一德。其事　蔣中正，至誠至懇，不欺不隱。其馭部屬，勤教嚴繩，以忠義相砥礪。凡此，皆足為後人效法。

五、軍統局萬千志士，為主義、為國家，犧牲奮鬥，前仆後繼之革命精神，尤足以廉頑立懦，使人聞風興起。

以上各點，關係一代史實，必須澄清，並以事實證明，不容有何歪曲成誣衊，疑以傳疑，導致後世史家之誤解。而此時此地，亦正應表彰貞烈，獎勵忠義，激濁揚清，以激發國人自強愛國精神。

國家圖書館出版品預行編目(CIP)資料

戴笠：蔣中正的特務頭子 / 良雄著. -- 再版. -- 新北市：傳記文學, 民103.04

面；　公分

ISBN 978-957-8506-77-0(平裝)

1.戴笠 2.傳記

782.886　　103007288

戴笠：蔣中正的特務頭子

著者：良雄
出版者：傳記文學出版社股份有限公司
傳記文學出版社社長：成嘉玲
責任編輯：謝佳妤
特約美編：張文馨
封面設計：張文馨
封面繪者：陳彥名

地址：231-50 新北市新店區復興路43號1樓
客服部電話：(02)8667-5461
編輯部電話：(02)8667-6489
傳真：(02)8667-5476
E-mail：nice.book@msa.hinet.net；biogra-phies@umail.hinet.net
郵政劃撥：00036910 • 傳記文學出版社股份有限公司
登記證：局版臺業字第○七一九號

總經銷：聯合發行股份有限公司
地址：231-45 新北市新店區寶橋路235巷6弄6號4樓
電話：(02)2917-8022
印刷：皇輝彩藝印刷事業有限公司

定價：新台幣四五○元
出版日期：中華民國一百零三年四月十五日　再版

ISBN